アップデートされた「反日」の法則

安江伸夫
NOBUO YASUE

ANTI-JAPAN 2.0

集広舎

アップデートされた「反日」の法則

安江伸夫
NOBUO YASUE

ANTI-JAPAN 2.0

集広舎

アップデートされた「反日」の法則

安江伸夫
NOBUO YASUE

第3篇　台頭する中国の「仮面」を見ていた日米 153

第七章　米国はなぜ中国の民主化に失敗したか　

Anti-Japan 2.0

はじめに

現在地

共産党独裁体制の安定を維持し世界最強の国になること。中国が最も重視していることはこれだ。そして世界一の経済大国だったアヘン戦争前の中国中心の秩序になぞらえて日本など周辺国を従えようとしている。米国とは国際政治の主導権をめぐって対立する。二〇二三年八月に開始された日本の福島原発「処理水」の海洋放出に対する中国の反発はそうした米中対立のワンシーンだといえよう。

中国政府による「処理水」への批判と追及は、二〇二一年四月に当時の菅義偉《すがよしひで》政権が海洋放出方針を決定したときに、「深刻な懸念」※1の声明を出して以来、継続されてきた。当初は処理した水を許容するか否かの価値観の問題だった。二〇一一年の原発事故から中国の民衆が放射性物質に懸念を抱いているのは事実であり、明確な態度を示さねば、国内で原発建設を進める中国政府への反発に飛び火しかねない。韓国の文在寅《ムンジェイン》政権も反発し国際海洋法裁判所への提訴を示唆していた。日本国内でも反対意見は強かった。ところが米中対立の過程で、韓国は親米政権に交代した。日韓関係は改善した。日本は米国に同調して台湾問題に介入を深めていった。処理水問題もその争いに巻き込まれたといえる。

実は二〇二一年四月の海洋放出決定表明の数日後に、菅義偉総理大臣はワシントンでバイデン大統領と会談し、日米共同声明に「台湾海峡の平和と安定の重要性」という文言を初めて明記した。中国の中では当初から処理水問題と台湾問題とは関連づけて認識されていた可能性がある。日本政府がこのことを意識していたのかどうかは分からない。

だが二〇二二年十一月の岸田習近平《しゅうきんぺい》の日中首脳会談では発表を見る限り議題に上らなかった。二〇二三年一月に日本政府が放出時期を「春から夏ごろ」と方針決定する。中国は三月の全人代で三期目の習近平政権が誕生する。このときから中国側のモードが上がった。『人民日報』が「汚染水放出の日本は無責任だ」と批判する。三月下旬の習近平ロシア訪問時の中ロ共同声明では、ウクライナ和平よりも先に「福島処理水への深刻な懸念」と「協議の要求」

を記した。中国では「核汚染水」「放射性汚染水」という言葉を使っている。

外相当時の秦剛《しんごう》が四月初めに北京で林芳正《はやしよしまさ》外務大臣と会談したときに、日本は責任を持って「汚染水」問題に対処せよと要求した。秦剛は五月下旬に北京でＩＡＥＡ国際原子力機関のグロッシ事務局長と会談した。秦剛が「汚染水」問題での適切な処理を求めると、グロッシは「国際安全基準に違反した行為には同意しない」と答え、このとき双方の意思疎通に問題はないように見えた。しかしその二週間後の六月上旬、中国の怒りがエスカレートする。ＩＡＥＡ調査団が福島原発の視察を終えた直後だ。ＩＡＥＡの理事会で中国国家原子能機構の代表が、中国の意向が無視されていると猛反発した。※2「日本は都合の良い情報だけを提供した。ＩＡＥＡは関係各国との十分な協議もないまま報告書を作り、日本はそれを免罪符にしようとしている」。後述するが、秦剛が解任された時期と重なる。この問題でも秦剛は責任追及されたのではないか。

対日批判のモードをさらに上げたのは、ＩＡＥＡのグロッシが七月初めに「安全基準に合致している」と記した調査報告書を日本政府に提出してからだ。日本は中立だったはずのＩＡＥＡも取り込んだ。グロッシはその足で韓国へ行って反発する野党指導者らにも報告書について説明をした。韓国も日本側にプレーヤーとして加わる。処理水問題で日本に反発を続けてきたのは韓国も中国と同列だったはずだ。日本は韓国への対応を中国と差別化したのだ。すでに韓国から政府や野党の代表団を受け入れ福島の現場を視察させていた。韓国には政府間での明確な報告と意見交換があったが中国に対しては行われない。これが中国には日米韓とＩＡＥＡとの連携から外されたと映った。『人民日報』が日本批判、ＩＡＥＡ批判のキャンペーン報道を始めた。一方、岸田文雄《きしだふみお》総理大臣は韓国・尹錫悦《ユンソンニョル》大統領と直接会って理解を求めた。両指導者は中国が嫌うＮＡＴＯ北大西洋条約機構の首脳会議の場で同席した。この時期、日本は中国の怒りを買うことをさらに三つ進めていた。いずれも「台湾の武力統一」などの中国の行動を牽制《けんせい》するものだ。米国の対中包囲網に参加した半導体技術の輸出規制、東京事務所の設置構想などのＮＡＴＯへの接近、そして前年末以来、「国家安全保障戦略」『外交青書』『防衛白書』の重要文書に三連発で「中国」の位置づけを「最大の戦略的挑戦」として記した。七月中旬に国際会議の場で林芳正外務大臣と会談した王毅《おうき》は、「汚染水」問題より先に「最大の戦略的挑戦」という位置づけに反発した。このワードはバイデン政権の「国家安全保障戦略（NSS）」に合わせたものだ。中国政府の処理水への反発は二〇二一年から続く日本の台湾問題介入に対する反発の代替行為だという見方ができる。日米が同一歩調をとる中で、中国が反発を行動で示すのは米国ではなく日本に対してだ。しかし米中関係が悪化している間は日本を敵に回しにくい。王毅は「汚染水」で日本は独断専行せず周辺国との十分な意思疎通を行うよう要求した。※3 止めろとは言っていない。日本の「態度」が問題だと述べた。反対する中国の意向を尊重しろということだ。メンツをつぶされたというのだ。また「放射性物質」については、中国では国内の原発においても民衆の反発は強い。王毅は林大臣に「原発事故の汚染水と正常な原発の排水とは異なるものだ」と指摘するのを忘れなかった。

ここで六月以降、米中が近づき日本というカードの重要度は下がっていった。米国の風向きが変わってきたのだ。中国に日米を離反させて日本だけを牽制するチャンスがやってきた。ブリンケン国務長官、イエレン財務長官、ケリー大統領特使と、要人の訪中が相次いだ。中国が特別扱いする米国は中国に接近し始めた。日本だけが中国に盾突くという三角関係になった。米国は一方では八月中旬に、バイデンが岸田、尹錫悦を招いて日米韓首脳会談を行い、中国の海洋権益への主張を名指しで批判する共同声明を発表した。そして日本は米国陣営の対中包囲に参加し、中国から見るとまさに対日牽制の条件がそろった八月二十四日に処理水の放出を始めた。中国は「意思」を示した。

中国商務省や税関は日本産水産物の全面禁輸を発表した。※4 民衆も政府の態度を見て行動パターンを変える。日本に嫌がらせ電話を掛けるなどの反日行動に出た。政府は民衆の目を国内経済状況への不満からそらすとともに、人海戦術で日本を威圧した。だが政府に対する弱腰批判に結び付く前に、中国政府は行動の自制を求めるメッセージを人民日報系の『環球時報』で発表した。※5 動きは徐々に鎮静化した。対日牽制は寸止めにされたのだ。商務省も禁輸は「全面暫停進口（暫定的な全面禁輸）」だとリミットをつけたことを強調した。中国がこの問題で揺さぶってきたのは日本の「世論」だ。『人民日報』が批判報道を行うとき、必ず日本国内の「原発反対派」のデモ活動を好意的に伝えている。東京で行われたデモの写真もしばしば掲載される。中国国内の民衆にとっては「味方が日本にいるのだ」という安心材料になる。原発反対派は、冷戦時代には親中のリベラル勢力と重なっていた。中国は戦略的に日本の親中派を取り込み、彼らの協力を得て日本全体を動かそうとしているのだ。

そしてこの混乱の中で、中国が日本と韓国を取り込んだ三か国で米国と正面から向き合う姿勢が見えてきた。「処理水」対立が激化したばかりの八月末に王毅は韓国外相と電話会談し「中韓両国の関係は第三国から影響を受けるべきではない。中日韓の協力でも韓国が積極的役割を果たして欲しい」と申し渡したのである。九月下旬、杭州《こうしゅう》で開催されたアジアスポーツ大会の開幕式に参加した韓国首相に、習近平主席が「適切な時期の中日韓三か国の首脳会議開催を歓迎する」と述べた。その三日後、二つの動きが重なった。ソウルで開催された日中韓の外交当局者の会談で日中韓の首脳会議開催が決まった。中国の参加者は李強《りきょう》首相になるとみられる。同じ日に王毅が北京で記者会見を行い、米国による同盟国関係の軍事同盟化に反対する一方、米国サンフランシスコで開催されるAPEC首脳会議に習近平主席が参加することを示唆する発言を行ったのである。習近平が米国へ行ってバイデンと会談しなければ逆に不安が広がる状態だ。王毅は先立って十月下旬にワシントンを訪れた。直接バイデン大統領と会談し、翌月のAPECで二度目の対面となる米中首脳会談開催に向け協力することで合意した。米国も中国の弱体化を狙《ねら》って圧力はかけても、米国自身の経済の行方や台湾情勢が不透明になるまでの混乱は望んでいない。日中の首脳会談も長らく実現しなかったが、米中が冷却期間を経て十一月の首脳会談開催を決めると、日中の会談の日程もまもなく決まった。会談は米中が先で、日中会談はその米中会談を「補強」するかのように、翌日に行われた。韓国に対して理解を求めたように、日本が中国を外さず丁寧に説明していれば、水産物禁輸から嫌がらせ電話を使った反日行動の容認に至るまでの対立激化は避けられた可能性もある。

　中国は米国とは別の国際秩序を構築して併存させようとしている。いま多くの知恵をロシアの境遇に学んでいるはずだ。中国はロシアと同様、広い国土に多くの民族を擁し、民主化や分離独立要求を強権で抑え込み、安定を確保し発展を目指してきた。ウクライナ戦争でロシアがつぶれれば米国は次に中国の弱体化を狙うだろう。今日の世界は二つの秩序に分かれて対立している。米国中心の西側式と中国式の秩序だ。中国にとってロシアは西側からの揺さぶりを避ける防波堤だ。中国はロシアを生かさねばならない。だがロシアと同じ失敗は繰り返せない。孤立を避けねばならない。

　二〇二三年七月、秦剛外相が更迭された。「不倫が原因」と報じられたが理由についての公式発表はない。彼のスピード出世は習近平主席による抜擢《ばってき》がなければあり得ず、習近平の責任問題にもなる。「ロシア」という補助線を引くと背景が見えてくる。秦剛はロシア対応で致命的な間違いを犯したのではないか。秦剛はどこで間違えたか。不倫が原因だとする報道だけをうのみにするわけには行かない。戦争前の二〇二二年二月初めにさかのぼる。北京冬季五輪開幕式出席でプーチン大統領が訪中した。共同声明で「両国は無制限に協力する」と宣言した。ロシアは二月二十四日にウクライナに侵攻した。その一か月後、駐米大使だった秦剛は香港『フェニックステレビ』の傅暁田《ふぎょうでん》キャスターの単独インタビューを受けた。この女性と不倫関係になったと言われている。秦剛は彼女の質問に「中ロの協力に上限はない。しかしエンドラインはある」[※6]と述べて共同声明の一部を事実上否定した。秦剛は二〇二二年末に外相に就任し、二〇二三年三月上旬の全人代で国務委員に就任する。その全人代の会見ではロシア国営タス通信記者の質問で、「中ロ関係は冷戦時代とは異なり非同盟だ。いかなる国にも脅威にならない」と答えた。この後だ。傅暁田キャスターが四月中旬に突然、秦剛との間にできたと思われる子供の顔写真とメッセージをSNSに公開したのだ。この前後、国際政治の現場では中国が軸足をロシアからＥＵ寄りに移す。四月の上旬にフランスのマクロン大統領らが訪中し融和姿勢を示す。下旬に習近平主席はウクライナのゼレンスキー大統領と電話会談する。会談と同じ日に国連ではロシアのウクライナ侵略に反対するＥＵへの支援と協力を促進する決議が採択され、中国はこれに賛成票を投じた。※7 このロシアと距離を置く姿勢にロシアはもちろん、中国国内の親ロシア派も反発を高めたはずだ。秦剛外相はそつなく外交日程をこなすが六月二十五日に訪中したスリランカ及びベトナムの外相、ロシアのルデンコ外務次官との会談後に姿を消す。ここで秦剛に関する噂《うわさ》が広がる。七月上旬、香港の親中派メディアの『星島日報』は「秦剛がコロナにかかったという情報がある」と報じる。続いて「女性問題でトラブル」という噂を中国の独立派ジャーナリストの高瑜《こうゆ》がツイッターで発信し、在米華人系メディアが拡散する。さらに台湾の親中派メディアの『聯《れん》合報《ごうほう》』が失踪《しっそう》の原因は傅暁田キャスターとの不倫で彼女を米国のスパイだとする情報があると伝えた。七月下旬、中国政府が秦剛の解任と王毅の就任、政治局委員と外相の兼任を主席命令として発表した。共産党中央党校の機関紙「学習時報」は「習近平総書記は、若手幹部には美徳と才能が兼備されていなければならないと強調した」と報じた。だが世論がスキャンダルに夢中になっている間に本筋の事件がうやむやにされることもある。

中国は動揺するロシアを反面教師にリスク回避の手段を検討するが、対応は二転三転する。ロシアへの向き合いをめぐって習近平を揺さぶる勢力がいると思われる。秦剛が姿を消したのは、「ワグネル事件」直後の二十五日に訪中したロシアのルデンコ外務次官との会談後だという奇妙な一致が気になる。ここで「事件」の善後策を協議したはずだ。中国の指導部にとってもワグネルやプリゴジンは疎ましい存在だ。

ロシアで民間軍事組織ワグネルのリーダー、プリゴジンがプーチン大統領に反乱を宣言したのは六月二十三日夜だ。ワグネルはウクライナとの国境近くのロシアの軍事施設を占拠し首都モスクワの二百キロ手前まで軍を進めた。わずか一日だったが一時的にクーデターの様相を呈した。翌々日に中国共産党の機関紙『人民日報』がプーチン大統領の決意演説を伝えた。だが演説では処罰を訴えたものの進軍停止と引き換えに放免したことを中国の民衆は知ったのだ。ワグネルのニュースはすでにネットで中国に大量に流入し炎上していた。CCTV（中国中央テレビ）がワグネルの装甲車部隊が撤収し夜の街を進む映像を速報で流した。[※8] これで民衆のみならず軍部も中南海も、ロシアのプーチン政権下で反旗を翻す勢力がいたことを知ってしまった。中国共産党・中央宣伝部はこのネット時代にプリゴジンらの情報を遮断することは国内世論に逆にマイナスに働くと考えたのだろう。上海・復旦《ふくたん》大学のロシア専門家の馮《ふう》玉軍《ぎょくぐん》は、「ウクライナ戦争でロシアが不利に立ったことでワグネル事件は必然的に起きた」[※9]と分析した。その上で「中国は外部の動きに影響されることなく、世界の大国として国際情勢を的確に把握し、中国自身が国際環境を変えねばならない」と訴えた。

ロシアが不利に立ったことと、最大の後ろ盾である中国がロシアと若干距離を置きEUと接近したこととは関係がある。そのことはワグネルを勢いづけたはずだ。ワグネル事件後の中国外務省の定例会見でのメッセージは「ロシアの安定を望む」だった。外交の中心にいた秦剛は責任を取らされたのではないか。判断が合理的であったかどうかは評価が分かれるだろうが、習近平も政権内部や軍部、そして社会の不満に対処し掌握せねばならない。七月には全軍に党の絶対的指導を堅持せよと指示した。[※10] 八月には突然、弾道ミサイル部隊に関わるロケット軍のトップ二人が交代した。前任者二人の汚職や機密漏洩《ろうえい》が疑われている。国防相の李尚福《りしょうふく》も八月以降、動静が不明となった後、解任された。李尚福はロシアからの戦闘機やミサイルの購入で米国政府から制裁対象になっていた。そのロシアでは反乱から丸二か月たった八月二十三日、プリゴジンが乗った航空機が墜落した。米国防総省は「航空機搭乗中に殺害された可能性が高い」という見方を示した。背景が不明のままプーチン大統領は遺族に哀悼の意を表した。

中国は米国とはどう向き合っているのか。外に向かって中国が目指すのは米国を凌駕《りょうが》することだ。中国は米国の力を削ごうとする。日本に対する政策もそのモチベーションの中に位置づけられる。追われる立場の米国は中国の発展阻止を図っている。米国など西側の世論は、中国がウクライナ侵攻と同じ混乱を招くことを連想する。注視されるのが台湾の武力統一だ。中国は統一をあきらめることはない。米国からの揺さぶりに抗わねばならない。そして台湾をめぐる小さな動きにも米中双方が過剰に反応する傾向が強まっている。しかし仮にプーチン政権が倒れでもしたら、一九九一年のソ連崩壊のときと同様、中国が一時的に米国接近に舵《かじ》を切る可能性も捨てきれない。

米中の喧嘩《けんか》は激しい。だが双方の指導部レベルでは本格的な衝突を回避する。超大国同士がぶつかれば世界戦争になることも、協力すれば世界の利益を山分けできることも分かっている。仮に中国が倒れれば米国の経済にも影響する。よって米国は武力以外のあらゆる手段を使って中国の弱体化を図る一方、衝突を寸止めにして決定的対立を避けている。基本的にはゲームのようにドライな関係だ。特に中国にとって米国だけは特別扱いだ。もちろん米中とも、世界にも国民にも「弱腰だ」と思わせるわけにはいかない。習近平政権の方は強権によって比較的、国内のコントロールが可能だ。しかし米国の社会は違う。対中政策は世論や野党・共和党によって内側で揺さぶられる。トランプ時代には政権内部で、戦争の危険を冒してでも中国に民主化への圧力をかけ続け、米国自身や台湾の民主主義を守ることを優先しようとした。中国を感情的に毛嫌いし、中国がロシアと同じ失敗にはまるのを期待する勢力もいる。バイデン政権になってからは、中国との関係改善の動きが、共和党の反発に加え民主党内からの突き上げも受けて、頓《とん》挫《ざ》することが繰り返されてきた。

ウクライナ戦争が一周年を迎えた二〇二三年二月初め、米国からブリンケン国務長官が訪中し、習近平国家主席との会見を目指すはずだった。いかに停戦に持ち込むかが国際社会のテーマになっていた。まさにその出発直前に、米国本土上空に中国の偵察用とみられる気球が飛来する事件が起きた。米国中が「スパイ気球だ」「中国だ」と怒り狂い共和党が政権を突き上げた。ブリンケン訪中はキャンセルになった。中国政府は米国政府の発表後、すぐに遺憾の意を表明するとともに「気象観測の気球だ」と釈明した。冷戦時代に米国が行った気球によるスパイ活動を中国は模倣したのだと『ニューヨーク・タイムズ』は分析した。ここで米中が折り合えば、対話の軌道を外れなかった可能性があった。しかし米国は追い打ちをかけるように戦闘機で気球を撃墜した。米中改善の機運は一気に遠ざかった。この対話が停止した時間を利用して中国は何をやったか。独自のウクライナ和平案で仲介交渉に乗り出したのだ。これを評価したEUやフランスは中国に接近し始めた。中国はサウジアラビアとイランの外交関係修復でも注目を浴び、中央アジア諸国との関係も強化した。

米国との正面衝突を避ける中国が、その代替として狙うのは、叩《たた》けば米国に痛みが響くミゾオチのような同盟国だ。ここで日本や韓国、カナダ、オーストラリアなどが標的になる。ただしこれらの国々は中国との歴史的な関係や地理的、軍事的な立ち位置はそれぞれ異なり、中国の戦い方も違う。

中国は日本に対して価値観で同調しやすい「民衆」を取り込んで政府を動かそうとする作戦をとっている。福島原発処理水の海洋放出決定以来、中国は「汚染水」と呼び、問題点を指摘して圧力をかけてきた。日本でも反対する者は多い。中国は、反発する各国の「民衆」を連帯させて日本政府の牽制を図る「国際政治の主導権争い」に転換させようとした。

二〇二三年に中国はもう一つ、琉球《りゆうきゆう》王国時代の沖縄と中国の関係を持ち出して日本を不安に陥れるようになった。五月には人民解放軍の元副総参謀長が東京で自民党との会合に参加し、沖縄独立への中国の介入を例え話にして台湾問題への日米の介入、特に日本の干渉に反発を示した。おりしも七月には玉城デニー知事が北京と福建省福州を訪問する。習近平主席が党中央宣伝部所属の歴史博物館を視察し、琉球王国や尖閣《せんかく》諸島と中国福建省との歴史的関係に言及したことを、六月四日の『人民日報』が一面トップで伝えたのが日本揺さぶりの号砲となった。[※11]中国は、沖縄では県民の多くが米軍基地の存在や台湾有事への介入に反発しているのを計算している。インバウンド収入では沖縄は中国人観光客に頼っている。中国の狙いは日本の民衆の協力を突破口に沖縄県を動かし、防衛問題で米国に連なる岸田政権に圧力をかけることだ。

だが現実の日本は、米国と中国をともに最重要国家と位置づけ、米中の間で股裂《またさ》き状態だ。きのうは「いつ戦争になるか」「スパイ容疑で拘束か」と安全保障でも感情的にも中国を警戒し、きょうは「爆買いに期待」だ。米国に同盟国として追随し軍備増強を図りながら、経済では中国に頼りたい。日中関係は米中という大国関係の中で動いてきた。米中はそれぞれ民主主義の国家集団と民主化しない権威主義の国家集団を従え、どちらも自国中心の別個のグローバリズムを唱道する。

一方の中国は内政で、疲弊した経済と市民生活を同時に回復軌道に乗せねばならない。二〇二二年十月の第二十回共産党大会で党指導部をすべて「習近平派」でそろえ、二〇二三年三月の全人代で三期目の習近平政権の人事に反映させた。考え方の異なるグループを登用せずあくまでも習近平の「ワンオペ」で進めるというのだ。

もし中国が日本や米国と同じ民主主義の道を歩んでいれば私たちの受け止めは変わっただろうか。中国が民主・人権・憲政といった「普遍的価値」を擁護し、共産党体制内での民主化を目指した時期があった。私たちのいる西側に近づこうとしていた。あの胡錦濤《こきんとう》の時代だ。WTO（世界貿易機関）加盟直後の二〇〇二年から二〇一二年まで共産党総書記、国家主席を務め、「米国好みの中国」になると期待された。ロシアを含めたG8だったサミット（主要国首脳会議）にゲストで招かれるなどブッシュやオバマといった歴代米大統領との関係も良好だった。だが民主化の過程でデモが多発し政権を揺るがす。中国にとって「民主化」は共産党独裁がいずれ終わることを意味する。中国はアヘン戦争前の栄華復興を目指してきた。そして北京五輪が成功し、リーマン・ショックの米国救済で過剰な自信をつけたころ、「米国を模倣するのは終わりだ。ここまで発展した。もう米国好みは卒業して中国式で行こう」と中国共産党の総意で決まった。そこでは「皇帝」のような指導者が求められる。習近平はそこにはまったのだ。胡錦濤とその仲間たちは使い捨てられた。二〇二二年十月、第二十回共産党大会では白髪の前国家主席の胡錦濤が二千人超の党員の前でひな壇からつまみ出される象徴的場面が世界の眼にさらされた。

日本にとって胡錦濤政権とは何だったのか。胡錦濤は実は親日だった。だが大きな反日暴動は過去三回、いずれも胡錦濤政権の時代に起きた。反日暴動が起きるごとに日本の私たちは反中感情を高めてきた。中国の民主化を大きな目で見守るべきだったのか。二〇一二年に習近平体制に替わり強権を振るい始めてから十年以上たつ。尖閣諸島への威圧は常態化した。しかし反日暴動は起きていない。習近平は言論を弾圧し、軍部の掌握に努めた。反腐敗による粛清で政敵をおさえ込んだ。一方、あの胡錦濤時代の体制内民主化が進んでいたら、中国にもプリゴジンやワグネルが登場し、国家を弱体化させていたかもしれない。

そもそも中国は現状では独裁体制の放棄も民主化も困難だ。中国は自ら民主化することはない。これを出発点に中国像を描かねばならない。中国が対外政策を決定する要件は日本など西側の国とは異なる。だがかつての華夷《かい》秩序では皇帝は弾圧ばかりでなく異なる民族に対する「包容力」もあった。西側秩序と出会いアヘン戦争以降、列強に負け続けてから中国は「変わった」。以来、民主化により異なる意見を許容すれば転覆につながるのではないかと常に警戒するようになった。異なる理念との衝突が体制を不安定にすることを中国は極端に恐れている。よって地理的・文化的に近い日本を米国と離反させようとしているのだ。

この先、中国が自国の方式で周辺国を従え新たな華夷秩序を作って行く上で、隣国であり米国同盟国である日本に対し中国はどう出るのか。日本はどうカウンター・バランスを取り、抗っていくべきか。いたずらにおびえていれば中国はその世論を動かそうとするだろう。

日本は米国と中国が交わる真ん中にいる。日中関係を確認する上では、米中対立の構図や舞台設定を冷静に見据えなければならないはずだ。私たちの中国認識は、米中双方の情報発信を比べ、立ち位置やその変遷を確認することが必要になる。これを示すのが本論をまとめた目的だ。日本は米国の価値観に親しみ、米国の情報空間の中で発展してきた。米国から出て来る情報の方を信頼してきた。ここで日本にいる私たちは米国と同様に、中国を感情的に毛嫌いする頭で判断しがちではないだろうか。そして情報とは感情が求める方向に偏って行くものだ。確かに「台湾への軍事進攻」はいつ起きてもおかしくない。だが必ず起きるのと、中国が暴走しないように防衛力強化で抑止するのとは違う。このいつ起きてもおかしくないという懸念を頻繁に伝え、起こりうる被害のデータを示すことで踏みとどまらせるのとは違う。不安に駆られる社会を安心させるのと、世間の注目を浴びるために煽《あお》るのとは違う。日本が極論に走れば中国は警戒心を高め、日本と融和を図ろうとする人々を隅に追いやってしまう。それは中国を民主化から遠ざけることを意味する。中国を動かすモチベーション。グローバル経済に加わったものの民主化せず強大化した背景で起きたこと。日本を動かすときに見られる中国の法則。反主流派や「世論」の動き。米国や日本の落とし穴を追跡し、私たちが取るべき道を解き明かしたい。

ANTI-JAPAN 2.0

第1篇

中国の「パワー外交」と影

第一章

強国を築いたモチベーション

中国が脅威を感じさせてまで米国式とは異なる「中国式現代化」を目指すモチベーションは何か。その先には「華《か》夷《い》秩序」再興がある。十九世紀の前半までこの華夷秩序で中国は世界最強を誇った。これで中国は外にパワー外交を展開する。国内社会の糾合には日本や米国を敵に回すナショナリズムが使われる。ただしそれを野放しにするのでなく政府でコントロールしようとしている。仮に西側式の民主化の道を進めば反日暴動を含めた下から沸き起こる混乱は不可避だと中国は認識している。その民主化要求の声が西側と結びつき転覆圧力につながることを警戒する。香港で起きた民主化要求運動を、中国本土でも起きると恐れて徹底弾圧した。華夷秩序は尖閣《せんかく》諸島など周辺部を威圧する。これで国内の不満を晴らす。威圧を寸止めにすることで日本を牽制《けんせい》する。だがこうした経緯の積み重ねは日本など周辺国の反中感情を高めている。

なぜ共産党独裁で行くのか。それは格差が拡大し、司法や言論の自由が整わない状態では民主化はほぼ不可能だからだ。胡錦濤《こきんとう》時代に腐敗した利権集団が跋扈《ばっこ》した。政治エリートの間では党派対立が生まれ、利権集団と癒着した。尖閣諸島への威圧は胡錦濤時代から始まったが、ここにもエネルギー企業や軍などの利権集団が加担した。異議申し立て活動はデモや暴動につながった。中国が民主化すれば反日暴動も汚職も確実に増えるだろう。胡錦濤ら共青団が進めようとした「普遍的価値」はそぐわないのだ。米国が好む中国は共産党体制内の民主化を描いた胡錦濤時代の中国だ。民主化していれば米中関係も日中関係もまた別の展開になっていただろう。あの暴動が続いた胡錦濤政権当時、日本は「反日暴動が起きるのは民主化が進んだからだ」と大局的見地で捉《とら》えるべきだったのだろうか。

1 「米国」と併存する「華夷秩序」

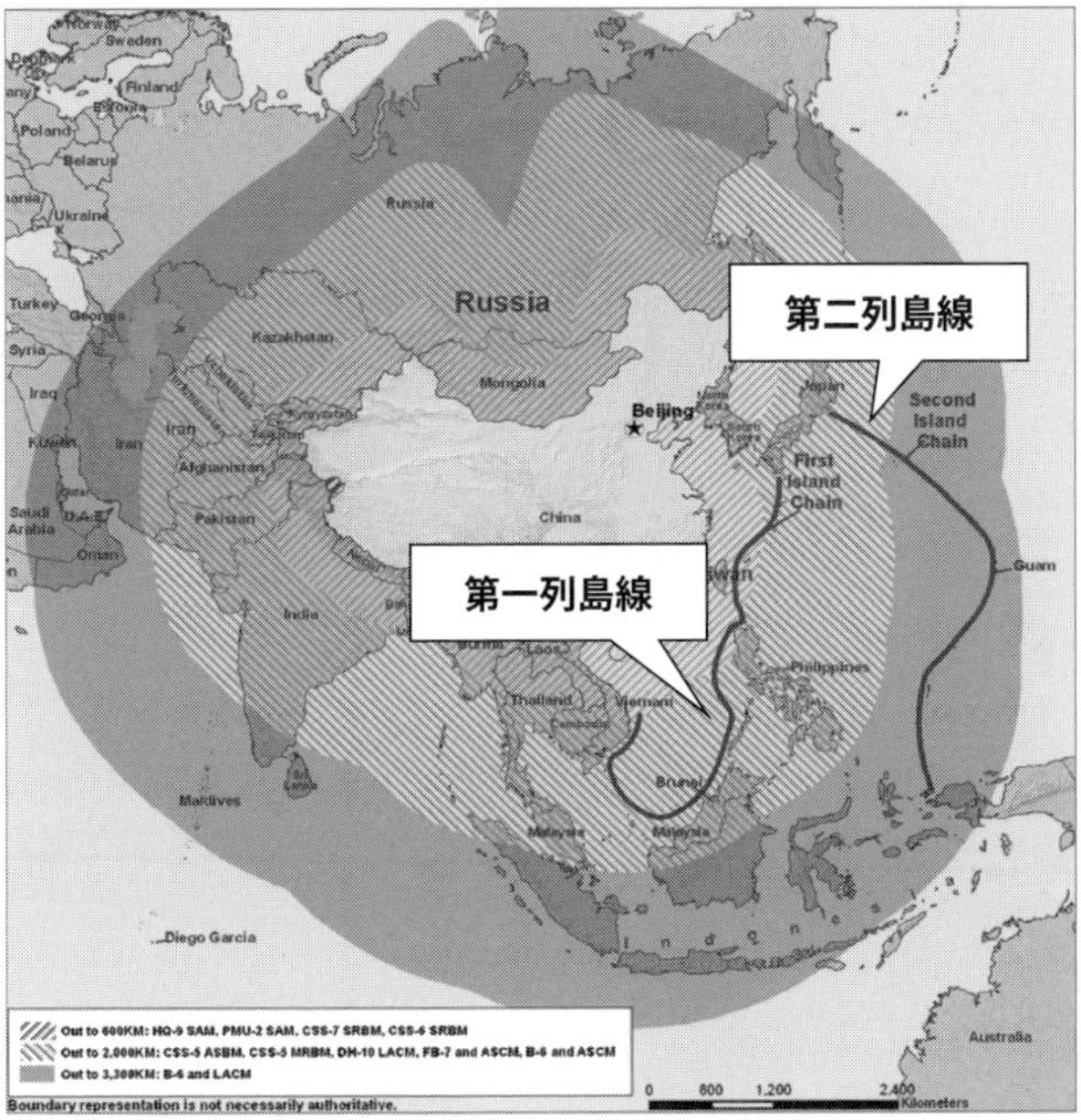

Figure 5. Conventional Anti-Access Capabilities. The PLA's conventional forces are currently capable of striking targets well beyond China's immediate periphery. Not included are ranges for naval surface- and sub-surface-based weapons, whose employment at distances from China would be determined by doctrine and the scenario in which they are employed.

1 第一列島線（東シナ海と南シナ海）と第二列島線（西太平洋）
Military Power of the People's Republic of China 2009：中国の軍事力：米国防総省

中国のモチベーションを説明できる三つの図を示したい。いずれの図でも北京を中心にして同心円状に影響力が広がる様子が示されている。ここから中国が尖閣諸島を狙いその先の太平洋に進出する背景、一帯一路構想で周辺国に影響を及ぼす意図、国内外の連続した「総体国家安全観」を持つ理由が見えてくる。

最初の図は米国防総省作成の中国軍事報告書、二〇〇九年版「中国の軍事力」で示された中国のミサイルや海上防衛の概念図だ。**図表1** 中国は二〇〇八年十二月に初めて尖閣諸島の領海に政府の船を侵入させた。西太平洋での中国軍の動きも活発化した。これを受けて米国防総省は「第一列島線（island chain）」「第二列島線」

という概念を初めて示し、中国が米空母の接近を妨げる戦略を構築したと訴えて警鐘を鳴らした。

次の図は建国五年後の一九五四年出版の歴史地図だ。**図表2** アヘン戦争（一八四〇）から五四運動（一九一九）の間に帝国主義列強に奪われたとする領土を示す。西側は中国の国土分断を図りバラバラにする意図を持っていると国内社会に認識させ、警戒心を持たせた。このアヘン戦争開戦時の中国の境界線、すなわち「疆界《きょうかい》」の東南部分は、米国防総省が示した米空母侵入拒否の「第一列島線」と重なる。疆界内には、中国が「譲れない核心利益」「レッドライン」だと主張する台湾・チベット・ウイグル及び尖閣諸島などが含まれている。

三つめは歴史学者の濱《はま》下《した》武《たけ》志《し》による東アジア秩序「華夷秩序」の概念図だ。**図表3** 地球規模の経済史が専門のアンガス・マディソンによると、アヘン戦争で英国に敗北するまでの中国は、世界一の大国だったといわれる。[※12] 当時の清朝では皇帝を中心に周辺国に影響力を広げていた。華夷秩序では、中国皇帝を中心に自国の延長線上で隣の国との「疆界・辺界」を認識していた。今日の国際政治における国境とは異なる。すなわち「国のさかい」だ。〝疆界〟の中にある国は中国との貿易が優先的に認められ、中国が防衛を担う朝貢関係にあった。日本も脱亜入欧までは華夷秩序の影響下にいた。回部と呼ばれたウイグルやチベットの両自治区に関しては列強、西側の強国が常に奪おうとし

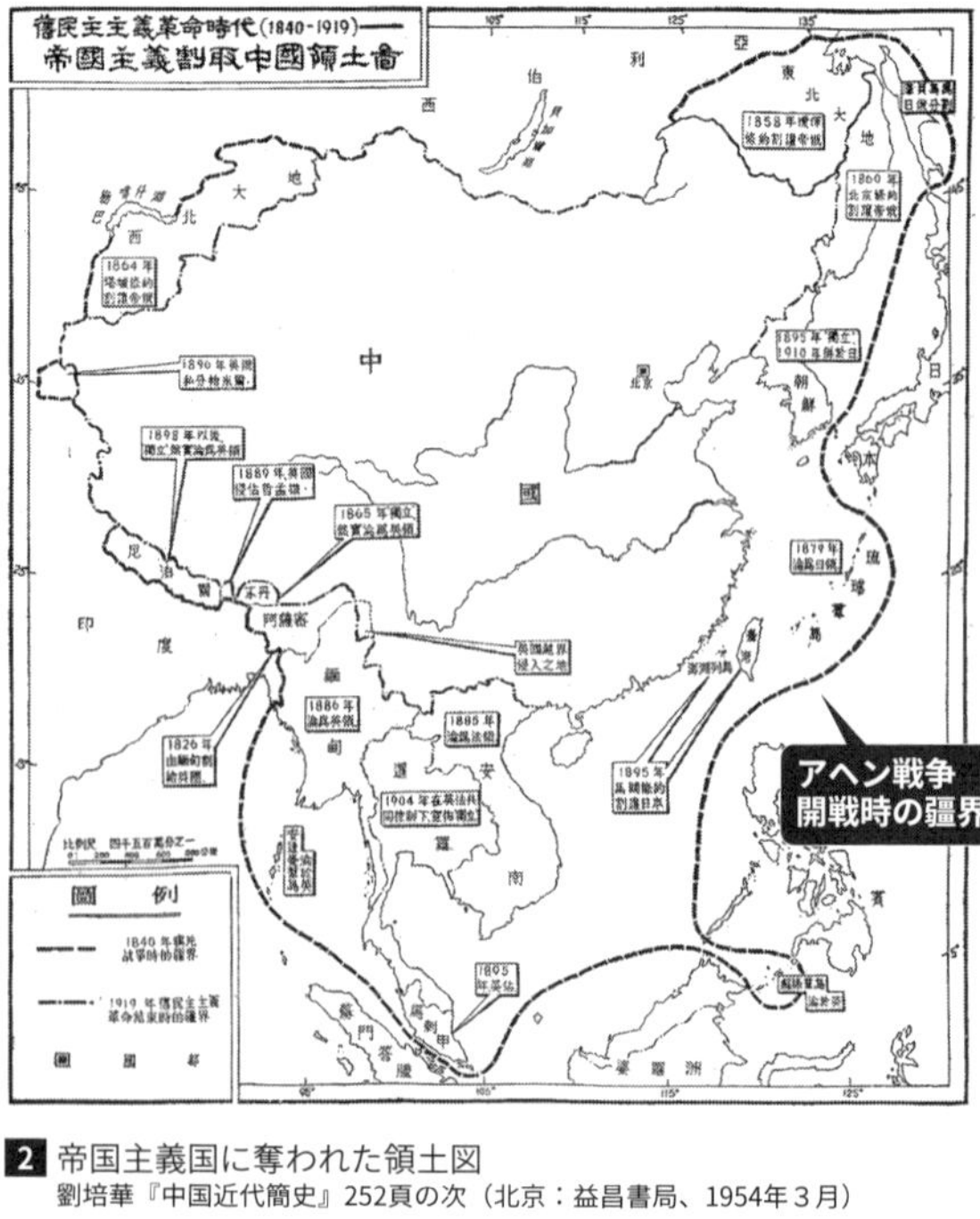

2 帝国主義国に奪われた領土図
劉培華『中国近代簡史』252頁の次（北京：益昌書局、1954年３月）

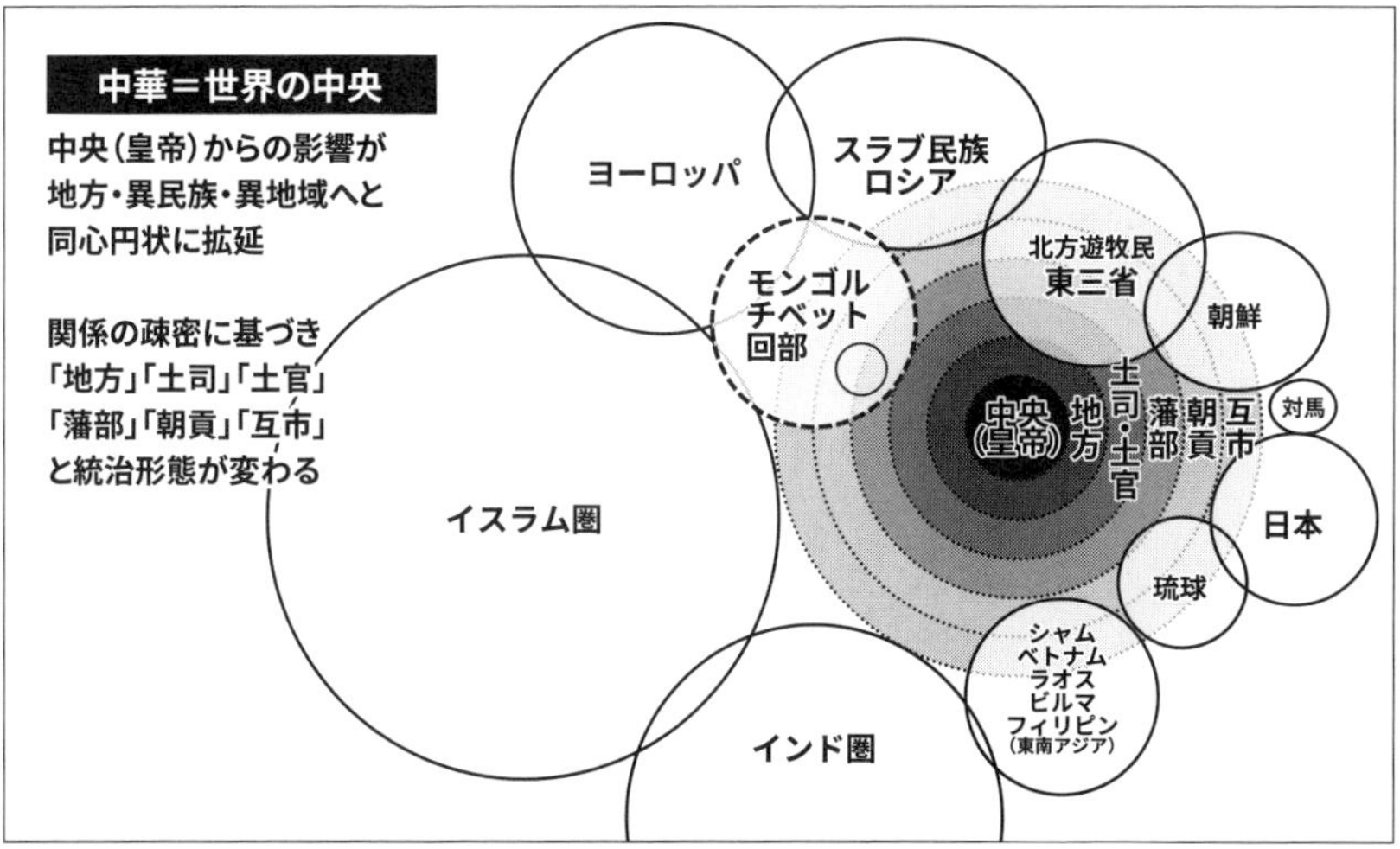

3 華夷秩序に基づいた四囲認識
濱下武志『朝貢システムと近代アジア』（岩波書店、1997年5月28日）より

ていると認識する。習近平《しゅうきんぺい》主席は二〇一七年四月のトランプ大統領との初会談では「かつて朝鮮半島は事実上、中国の一部だった」[※13]と発言したという。北朝鮮・韓国に対する「身内」意識は、日本に対してよりも強い。権力は中心から近いところは強く周辺に離れるほど弱くなる。米国は別の秩序の中心にいる。そして今日、中国の相手が米国周辺にあるカナダ、オーストラリアか。身内の韓国か。あるいは脱亜入欧した日本なのかによって中国の威圧のかけ方は異なる。

中国政府が日本や韓国、北朝鮮など周辺国に働きかける手法には、過去の華夷秩序における疆界の管理、冊封体制、羈縻《きび》政策と似ているものがある。七世紀の唐王朝の時代、北方の少数民族に対しては管理をより厳しくした「羈縻政策」を行っていた。羈縻政策では融和と強硬が並走する。異民族が中国に従わない場合には、懐柔（手なずけ）や羈縻などの手段を用いた。「羈」は馬の手綱であり「縻」は牛の鼻に付けて引く綱を意味する。綱をある長さにしたまま中国が摑《つか》んでおき、その綱の長さの範囲内では相手を自由に振る舞わせる。しかし綱の長さの外へは行かせない。今日でいえば反スパイ法と半導体の材料の輸出規制で日米欧を縛る。それでも中国に依存する国々を歓迎し優遇

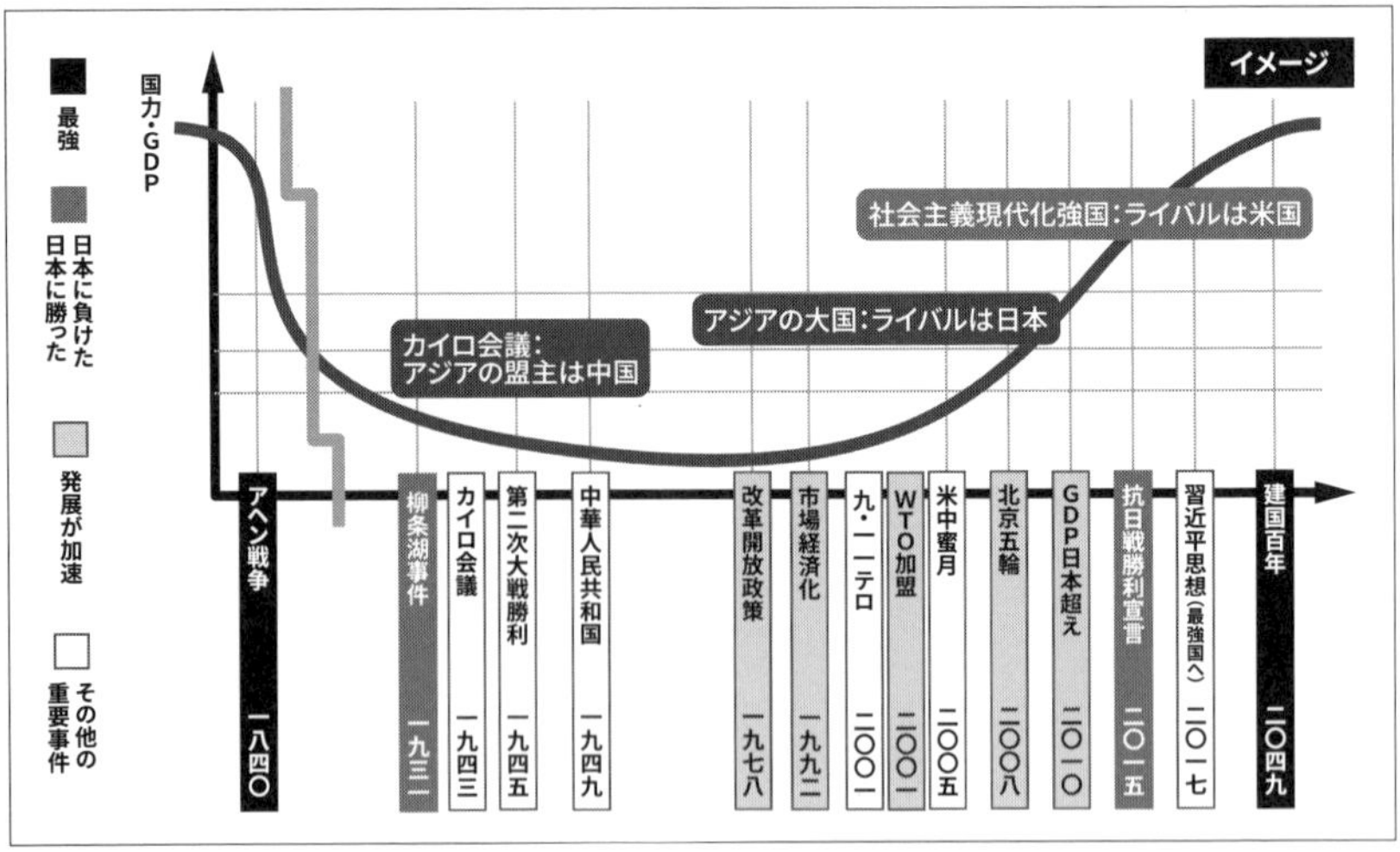

4 アヘン戦争前の栄華を取り戻す

する。

またこんな現象もある。訪日観光客の激増を受け、二〇一五年ごろから中国で流行した言葉だ。「看唐代去日本，看明代去韓国，看民国去台湾，看蘇聯来大陸（唐代の文化に触れたかったら日本へ行こう。明代なら韓国へ。中華民国の時代は台湾で。旧ソ連が見たければ中国大陸へどうぞ）」。民衆の意識の中にも日本など周辺国は中国文化圏の延長というイメージがすり込まれているのではないかと感じた。中国に由来する除夜の鐘を見て興奮し、茶道を京都で学び、奈良の唐招提寺に唐代の様式を意識して観光する。周辺国には中国文化が伝搬した。しかし本国では王朝が替わるごとに古い文化を壊してきた。その唐代、宋《そう》代の伝統文化が日本には生き残っている。それは失われた中国文化の延長だと考えているのだ。

北京の書店に行くとナポレオンなど歴史上の大国指導者をテーマにした書籍がずらりと並ぶ。軍事パレードに庶民が喝采《かっさい》を送る姿からは、超大国を目指すことが当たり前となったと認識していることが感じられる。

習近平政権の「中国式現代化」のモチベーションは、アヘン戦争前の栄華を取り戻すことだ。人々は中国式で幸福だったというわけだ。この「中国式復興」の道を進むモチベーションは一九〇五年の孫文《そんぶん》の「三民主義」以来、中華人民共和国建国、市場経済化を経て今日まで一貫している。勢力圏を拡大し周辺国に対しては取り込みを図る。今日では民主化できない世界の国々に賛同する「仲間」を広げ、巨大な華夷秩序を作ろうとしている。図表4

華夷秩序の復興に対する執念はすさまじい。しかしアヘン戦争前と異なり、今日では米国が列強の後継者として世界秩序を築いていると中国も認識している。勢力争いはしても、米中は「併存」するしかない。米国など民主主義国家群に取って代わるのは不可能だ。併存が前提である以上、トップの米国は特別扱いになる。日本は二つの範疇《はんちゅう》に入る。中国の周辺国だが同時に米国の同盟国だ。日本は中国が米国に向き合うとき間にある国だ。日本を通して米国を動かすことができる。そしてここまで台頭する上で友好も対立もあったが、結果的には日本を踏み台として中国は利用してきたのだ。

具体的に中国は日本に対してどう働きかけてきただろうか。かつて日中関係の対立点は「靖国《やすくに》神社」「南京事件」といった歴史認識問題だった。これが今日ではあまり見られなくなった。なぜか。日中両国とも世代が替わり歴史で同調する集団は極めて少数派となった。中国側では歴史認識問題は弱かったころの中国の屈辱を想起させてむしろ反感を買う。今日の日本威圧では、尖閣諸島や「台湾防衛」介入など、中国の海洋権益・国益の問題をストレートに訴える。だが中国は日本国内の世論の分断を利用し対中融和派だけを取り込もうとする「癖」がある。冷戦時代には日本の反中の「軍国主義者」を切り捨て、社会主義に理解のある「人民」と団結し、経済利益をテコに自民党政権内の親中派を動かした。今日でも歴史問題に言及はなくても、日本社会の分断を利用する手法は変わらない。中国は共産党体制の持続発展しか考えていないといえる。米国がいる「上層部」へ行くためには手段は何でもよかったのだ。核実験における中国の立ち位置をたどってみるとその変遷が見えてくる。

建国当初の弱かった中国は核兵器や核実験、放射性物質に対する態度を、「反対」「賛成」とコロコロ変えた。そこに中国の、米ソと日本という大国が居並ぶ中を割って入る「出世過程」のなりふり構わぬ姿が見えてくる。かつて核兵器への反対を表明していた時代があった。原爆投下から十年となる一九五五年八月六日に広島で開催された第一回原水爆禁止世界大会に中国は、日本と国交がないにもかかわらず代表団を派遣した。米国の原爆投下や米英ソが行っていた核実験に反対を表明した。しかし米ソの人工衛星打ち上げ競争に加えフランスが核実験に成功したのを見て、百八十度方針転換し核実験を肯定した。毛沢東は原爆、水爆、ロケット発射を一連で行う計画「両弾一星（二つの爆弾と人工衛星）」を一九六〇年六月に発表した。国力が弱く通常兵器ではまだ仮想敵国に対抗できない中で、核実験は国際社会に存在感を示す究極の手段だ。そして中国は初の核実験を何と一九六四年の東京五輪の真最中に実施した。当時、国連に加盟し世界の紛争解決で責任を持つ安保理常任理事国を務めていたのは台湾の中華民国の方であったが、理事国五か国のうち台湾だけが核兵器を持っていなかった。米国は国交がないにもかかわらず北京政府をソ連と英仏に続く核保有国として認め、核兵器の寡占を図った。中国はこのあとで一九六七年六月に初の水爆実験を行う。五か国を核保有国とするＮＰＴ（核拡散防止条約）は国連での審議を経て一九七〇年三月に発効する。大阪万博開催が始まり華やいでいた頃《ころ》だ。日本は一九七〇年四月に初の人工衛星発射実験を行った。中国も初の人工衛星打ち上げを行った。日本のすぐあと。しかも日本の衛星よりはるかに重かった。

翌一九七一年、ベトナム戦争を終わらせたい米国が中国に接近した。中国は北ベトナムに太いパイプを持っていた。大統領補佐官だったキッシンジャーが訪中した。中国もソ連や台湾を引きずり下ろすために米国を利用した。中国は台湾と入れ替わって国連に加盟した。翌年にはニクソン大統領も北京に来た。米中の頭越し接近に焦った日本から、総理就任直後の田中角栄が訪中する。そして田中の滞在中の数日間に日中国交正常化が実現する。核実験、ミサイル発射成功から日本、米国との国交正常化を実現させる。この「流れ」を今日の北朝鮮も意識している。北朝鮮がミサイルを発射した直後の二〇一七年十一月、北京で中国の朝鮮半島情勢の専門家に筆者がインタビューして聞いた話だ。北朝鮮は「一九七〇年代始めの中国と同じです。核兵器を持って強国になるとすぐに米国と国交を正常化した」と主張しているという。

中国は、米国や日本の政治イベントに合わせて何度も政策を転換した。そして米国と対等に立つと、中国自身の発言権を死守した。いつもその中にテコとしての日本がいた。一九七八年に改革開放政策の開始を決定し、日本や米国企業が参入しやすい体制を構築した。これは日中平和友好条約締結直後であり、米中国交正常化の直前だった。しかし米国との距離は台湾問題の扱いですぐには埋まらず日本との関係を優先した。胡耀邦《こようほう》が総書記になった一九八二年の第十二回党大会※14では、外交政策で日本を重要三か国の最初に取り上げ、以下、米国、ソ連が続いた。そしてまた百八十度転換したかのように見えた。一九八三年十一月に訪日した胡耀邦総書記は、原爆投下に反対の意思を示したのだ。中曾根康弘《なかそねやすひろ》総理大臣との会談後に長崎を訪れ、平和公園の平和祈念像前に「献給遭受原子弾災害的死難者（原爆被災の死者に捧げる）」と書かれた供花を手向けた。だが中国は自国の核実験を続け、一九九〇年代にはいると核実験が条約で禁止になるまでの間、核保有国としての存在を示すために実験の数を増やした。日本が反発すると中国は日本が米国の核の傘によって守られていることを指摘し反論した。

テコとして日本を戦術的に利用した。それは戦国時代の戦術に似ている。すなわち合従連衡（強国に対抗するため、その時々によって組む相手を変える）、遠交近攻（敵の隣国を孤立させて攻撃するため背後と連携する）、避実撃虚（勝てる敵と戦う、強い敵と戦わず。正面突破ではなく、敵の勢力を切り崩し相手が隙《すき》を見せたところを突く）などだ。日米の足並みの乱れと日本国内の分断は、中国にとって好機になる。

中国はGDPで抜くまで日本を大国と位置づけていた。だが米国を目標にグローバル経済の中で台頭する過程で日本とはライバル関係になり、中国は米国と日本の離反を図ってきた。社会主義市場経済転換前後の動きから見えてくる。社会主義市場経済への切り替えは一九九二年秋の米大統領選挙にタイミングを合わせた。その年の秋に天皇（現在の上皇）が訪中すると日本を追いかけるように米国が中国に接近し、翌一九九三年には米中首脳会談が復活、以後定例化した。反主流派を引き締め民衆の団結を促す上でも日本を利用した。尖閣諸島領有を法制化し「反日ナショナリズム」を煽《あお》った。そして二〇〇一年にWTOに加盟し、米国の敷いたレールにタダ乗りしたことで発展は加速した。しかし後に米中が対立するようになると、日本を米中の橋渡しとして使い始める。日米を牽制するテコとしてロシアとの結束を強化するのだ。

　WTO加盟で米国が中国に期待したのは市場経済化の深化拡大と国内の民主化だ。G8サミットへのゲスト参加や六か国協議でも重要な役割を果たし始めた。だが国力のついた中国が主張したのは国際関係における中国の発言権強化だった。国内民衆もそこに同調した。胡錦濤は二〇〇四年に中国の外交政策を大転換させる重要方針を出した。在外大使らを集めた駐外使節会議で「国際関係民主化（国際関係の民主化）」という言葉を使い、中国の存在感を世界に示すよう訴えた。中国は米国中心の国際秩序で「周辺」に立ち、米国から改革に向けた様々な圧力を受けていたのだ。胡錦濤政権は可能な限り西側に合わせていた。「和諧《わかい》世界（調和のとれた世界秩序）」という言葉で西側と共存し、国内では「和諧社会（調和ある社会）」で多様性ある社会実現を提唱していたのだ。しかし学者の閻学通《えんがくつう》は二〇〇五年一月に「国際関係の民主化」をさらに発展させて、「中国は米国と対等な『発言権』[※15]を要求すべきだ」と主張した。米国従属から脱却し中国周辺国との関係重視に軸足を置く。米国の協力で参加したいかなる組織においても中国の「発言権」、国際ルールの決定権を拡大させ、さらなる国際的責任を負うべきだというのだ。そして閻学通は鄧小平《とうしょうへい》時代の控えめな外交路線「韜光養晦《とうこうようかい》（能力を隠す）」を見直すよう訴えた。閻学通はこうした主張が評価されて後に習近平政権のブレーンになる。

　中国が意図することは米国との併存だ。米国の作った秩序やリーダーシップ、その価値観に従うことはない。だが米国はまだ中国の意図が理解できていなかった。反テロ戦争により米国経済が疲弊し始めた二〇〇五年、ブッシュ政権は、西側に融和的だった胡錦濤政権に「責任のある利害共有者（ステークホルダー）」として米国へのさらなる協力を求めた。しかし中国は米国の後塵《こうじん》を拝し模倣するだけの「利害共有者」では満足せず、二〇〇六年に共産党主催で初開催された中央外事工作会議で、改めて「国際関係の民主化」「和諧世界（調和のとれた世界秩序）」「走出去（対外進出）」という言葉を使って、米国と平等な立場での国際政治への参加を要求した。二〇〇七年八月には中国側が太平洋を東西に分割し米中で管理しようと提案したので、キーティング米太平洋軍司令官が拒否したという。しかし当時は米保守系メディア『ワシントン・タイムズ』の報道を他メディアが転載した程度で、リアリティーを持って認識されていなかった。

二〇〇八年、北京五輪成功後のリーマン・ショックでは中国は米国経済の救済を名乗り出た。軍事力でも米国に勝りつつあった。そして二〇〇九年に米国防総省が驚愕《きょうがく》のレポート「中国の軍事力」をまとめた。中国海軍が米空母を西太平洋に寄せ付けない「Ａ２ＡＤ（Anti Access Area Denial：接近阻止・領域拒否）」戦略を取っていると警告した。先述したミサイル防衛や海上防衛の概念図はここに掲載された。だが二〇〇九年に訪中したオバマ大統領は依然として中国の民主化に期待し続けた。胡錦濤に対し「世界の舞台で大きな役割を担って欲しい」と述べ、米中が世界の問題解決で手を携える「Ｇ２論」の理念を示した。しかし中国は受け入れない。次の習近平が二〇一三年の国家主席就任直後に訪米すると、太平洋を両国で分担管理するという「新型大国関係」の理念を示し、オバマのＧ２論に答えた。中国は表では「米国主導の国際秩序に挑戦するつもりはない」と言い続ける。だが二〇一七年の党大会で「世界最強の国を目指す」という習近平の決意表明に、次のトランプ政権が逆切れした。トランプは事実上の「中国封じ込め」に転換した。二〇一九年の米国防総省の「中国の軍事力」ではミサイルによる覇権確立の実態が報告され、軍事分野で米国本土に対する牽制が完成に近づいたと認識された。二〇二二年五月に発表されたバイデン政権の対中政策「中国へのアプローチ」では中国だけが既存の国際秩序の形を変える意図と経済、外交、軍事、技術力を備えた競争相手、挑戦者だと位置づけられた。これが米国の「国家安全保障戦略」に踏襲され、日本政府の「国家安全保障戦略」にも反映されている。

2 国家安全、反スパイ法――転覆圧力は内外から

中国には独特の国家安全認識「総体国家安全観」がある。内と外の双方からの揺さぶりが結びついて転覆させられるのではという警戒心が強い。市場経済化してからは国内民衆が国外と結びつくことを恐れている。かつての華夷秩序では皇帝を中心として影響力を広げるとともに、政敵、農民、そして周辺部（疆界の外）といった「横・下・外」からの転覆を警戒した。今日ではこの皇帝がそのまま共産党独裁体制に置き換わっている。しかも米国や日本など西側国家と直接、隣り合っている。市場経済化し言論が自由化してからは民衆の突き上げがある。逆に西側は中国のような一元的に命令する体制に自陣営が取り込まれるのを恐れ、言論自由や普遍的価値を尊重する変革を中国に要求してきた。ここに中国国内社会と外の米国などとが連携した体制転覆を図る勢力がでてくる。共産党体制の生き残りが至上命題になってくる。中国には政権交代がない。西側式の民主化理念は通用しない。そして外への国防と国内の治安が連続する独特の国家安全観で取り締まるという発想が出てくるのだ。

中国が米国を凌駕《りょうが》するような力を持ってからの米国は、中国の台頭をあらゆる手段を使って阻止するようになった。だが中国共産党の方は逆に「被害者だ」と思っている。二〇一三年に「国家安全委員会」を設置した。さらに二〇一八年以降のトランプ政権による対中牽制の乱発。二〇二〇年からのコロナ禍による国内外の不安定。二〇二二年からのウクライナ戦争。この三つの「事件」を経て中国は「全球安全倡議《ぜんきゅうあんぜんしょうぎ》（GSI：グローバル安全保障イニシアチブ）」

という中国式安保構想を築き、中国同様に被害者意識の強いロシア、民主化要求に耐えられない中東、中央アジアなどを引き寄せ、米国に対抗していこうとする。この流れは中国の安全意識から発し、これに共鳴した世界が厳然として存在することを示すものだ。

国内では民衆の突き上げ、外へは「中国」を主張

内外からの揺さぶりに対する政府の対処法は二つある。西側では民主化、政治改革だ。政党やメディアが不満を吸い上げ政治に反映させる。だが中国は一元管理の独裁をやめれば社会は混乱する。そこに西側は付け入り、切り崩しにかかるだろうと中国は捉えている。市場経済化以降の中国は、国内からの民主化や言論の自由の要求を弾圧・排除しコントロールする。その一方で国際社会に対しては中国の軍事力と経済力を強くし、強国としての発言権を要求する。感情を国外に向けることで民衆のナショナリズムがそこに同調する。社会の忠誠心を引き出していく。

天安門事件後の社会がコントロール不能になったのは、インターネット登場から間もなく起きた、一九九九年の「法輪功」事件が最初だ。圧力団体と化した法輪功の集団一万人が北京の中南海を包囲し、デモ活動で逮捕された仲間の釈放を求めたのだ。「天安門事件以来の集団デモだ」[※16]と江沢民《こうたくみん》は怒りを露わにした。中国政府にとって国家転覆の未遂事件だ。もともと気功を愛好する人々の集団だったが、そこに脱落した共産党員の一部も加わる新興宗教の全国的組織に発展していた。デモで中南海を包囲した人々は、登場したばかりの「電子郵件（メール）」と「騰訊《テンセント》QQ（チャット）」の呼びかけに応じたものだ。ネットの時代に入りデモのみならず暴動も増えた。社会の変化に政府の管理が追いつかなくなったのだ。江沢民は事件を受けてネット規制に乗り出すとともに、ネット上のアジェンダ設定（議題設定）の主導権を政府自身が握る、発信力強化と世論誘導の研究を命じた。だがその後もデモの暴徒化は激しくなり、二〇〇五年には全国で八万七千件の暴動が起きた。反日デモの暴徒化もこの流動化の中で起きた。

一方、法輪功の組織は国内では弾圧されたものの、今日も米国で生き延びている。米国に置いたネット・メディアの『大紀元』やテレビ局『新唐人電視台』を使って中国国内から入手した体制批判の情報を、世界に発信する「圧力団体」になっている。

閻学通は二〇〇五年に中国は米国と対等な発言権を要求すべきだと訴えたとき、国家安全を最優先し軍備増強で中国に有利な国際秩序を作りアヘン戦争前の民族復興を果たそうと主張した。外に強く出るとともに国内外の政府に対する転覆圧力を制御せよというのだ。だがそこに北京五輪が近づいていた。まずは開放的なイメージを先行させるため、胡錦濤政権は共産党の総意で逆を行った。西側の「普遍的価値の理解と追求」を約束し言論自由化でネット規制を緩めた。そこに「国家安全」が内と外から揺さぶりを受ける隙ができた。チベット自治区でのデモ弾圧で多数の死者が出た。中国政府の認識としては言論解放によってデモが起き、暴徒化した。治安対策で鎮圧したというものだ。しかし西側の反応は中国とは異なるものだった。流出した写真や動画を見た欧米から五輪ボイコット論が出た。海外で行った聖火リレーが妨害された。中国は「西側が中国の台頭を妨害した」と主張した。

胡錦濤政権は事態を乗り切るため、国内では政府の意向に沿わない「ウイグル独立派のテロリスト」「チベット独立過激派」「法輪功」「社会に不満を持つ人」「国際テロリスト」の五つのグループを、「彼らが北京五輪の敵だ」※17として具体的に名指しし弾圧を強化した。このうちウイグル族の独立派武装勢力「ＥＴＩＭ（東トルキスタン・イスラム運動）」に関しては、二〇〇一年に九・一一テロが起きた際に、米国政府が九・一一テロ犯行グループのアルカイダと関係があるとして、中国政府の弾圧を支持したという経緯があった。「テロリストの弾圧」をめぐる米国の認識が九・一一テロ当時と北京五輪の時とで異なることに、ダブル・スタンダードだと中国は違和感を持ったはずだ。一方、日本を通して西側社会に対し改めて融和を訴えた。「普遍的価値」の共有を日中共同声明の文書で約束したのだ。

この中国が認めた「普遍的価値」を、北京五輪後の十一月の米大統領選で選出されたばかりのオバマが高く評価した。だが米国の期待とは裏腹に、五輪後の中国は政治の志向を変えた。十二月に「普遍的価値」重視の民主化宣言「零八憲章」への賛同を国内民主活動家の劉暁波《りゅうぎょうは》がネット上で展開した。すぐに中国政府は劉暁波を拘束した。翌年のオバマ新政権発足直後には「普遍的価値は西側の理念だ」と『人民日報』を使って完全否定した。外に対する国家安全でも、二〇〇八年十二月に尖閣諸島の領海に中国政府船二隻を初めて侵入させた。中国の「領有」主張のデモンストレーションだ。米大統領選の直後、初の日中韓首脳会談が十二月に福岡で開催される直前の実力行使だ。二〇〇九年には閻学通の主張通り、「韜光養晦（能力を隠す）」路線の否定を宣言した。中華民族復興と中国式秩序開始の狼煙《のろし》だ。

反面教師は「ロシア」と「胡錦濤」

尖閣諸島で強気に出るようになった背景の一つには、NATOの東方拡大を許して苦しむロシアがあった。ソ連解体以降、西側に近づくグルジア（現・ジョージア）とは二〇〇八年の北京五輪開催中に紛争を起こしていた。尖閣沖漁船衝突事件後の二〇一〇年十二月、中国政府のシンクタンク社会科学院がロシアを「反面教師」にせよと提言する報告書を出した。「大人しくしていると米国が勢力範囲を拡大する。中国はロシアのようになる」※18。報告書は「尖閣諸島棚上げも引き延ばすと失敗する」「米国は日本とともに、中国の安全戦略に悪影響を及ぼしている」と強調し、政府に対応強化を訴えた。

一方、多様化する国内社会は、ネットの影響を受けて動揺していた。二〇〇九年には広東省での漢族と出稼ぎウイグル族との衝突事件が飛び火し新疆《しんきょう》ウイグル自治区のウルムチで暴動が起きた。ウルムチ暴動の後、米国系SNSのフェイスブック、ツイッターなどを禁止し、中国版ツイッターの「微博」に一本化した。だが政府に不都合な情報の投稿は取り締まりを強化しても後を絶たない。この後も共有や拡散は巧妙になり、違法アプリでVPN（Virtual

Private Network：仮想専用ネットワーク）を構築して海外のツイッターから入手した情報を、中国のSNS微博を使って国内で拡散するケースが常態化した。

二〇一一年一月にはチュニジアの政権崩壊を皮切りに北アフリカ・中東でジャスミン革命と呼ばれた民主化が広がった。翌二月下旬に「茉莉花革命（ジャスミン革命）」と名付けられた民主化運動が「壁越え」して中国各地で起きた。北京中心部には一千人が集まり六人が拘束された。三月の日本の福島原発事故後は中国でも反原発運動が盛んになった。二〇一二年六月に東京に一万人が集まった反原発デモ「八仙花革命（アジサイ革命）」からは、政党「緑の党」が生まれた。これが中国では日本は理性的で運動の秩序を守っていると絶賛された。しかし三か月後に起きた中国の反日デモは暴動に発展した。

二〇一二年九月十一日に日本が尖閣諸島の国有化を閣議決定すると、中国の民衆が怒りを爆発させた。「中国の消費者が理性的なやり方で自らの立場や考えを表現することは彼らの権利だ」と十三日に中国商務省が日本製品不買運動を容認することを発表したところ、これが全土で反日暴動を引き起こした。抗日・反日は共産党を形成させた愛国ナショナリズムの理念だ。取り締まりも言論統制も弱くなる。とはいえ形を変えた一種の民主主義だ。高揚しすぎれば弱腰の政権を突き上げる。

このときの胡錦濤政権の混乱を、国家副主席だった習近平はそばで見ていた。政権につくと国内の言論統制強化と、人権派弁護士やジャーナリストなど「不都合な人物」の取り締まり。反腐敗による反主流派の弾圧を始めた。外に対するにらみでは総書記就任早々の二〇一三年一月、「党や軍の力を疎かにするとソ連のように崩壊する」と中央党校で党幹部らに檄《げき》を飛ばし、共産党と軍の指導力強化を要求した。※19 国家主席になった習近平の最初の外遊先はロシアだった。プーチンとは、内政干渉反対で一致し、西側の世界秩序や価値観と距離を置くアピールを行った。そのロシアは二〇一四年三月にウクライナ・クリミア半島に侵攻した。

尖閣諸島に対しては、二〇一二年の日本の国有化後に発足した習近平政権は、中国政府船の領海侵入を常態化させた。だが政府の船を漁船よりも先行させて誘導している。民間漁船単独での侵入はない。規則的に領海侵入の隻数を増減させ、思い通りに日本を動かすためのメッセージにしている。日本の活動家の船が尖閣諸島に近づくときや、南シナ海などで日本が米国と行う合同演習に反発を示すときには、中国は侵入する隻数や日数を増加させ、逆に日本の新政権誕生時など関係改善に期待するときには侵入を減らしている。

「国家安全委員会」から「反スパイ法」

習近平は政権に就くと内外に対する国家安全と言論統制に執着した。軍事も含めた国家安全、安全保障の法制充実を急がせ、二〇一三年十一月の三中全会で「国家安全委員会」設置を決定した。三中全会の直前には習近平の懸念に追い打ちをかけるように北京の天安門前と山西省の共産党委員会の前でテロが起きた。翌二〇一四年四月には国家安全委員会設置理念としての「総体国家安全観」が示された。習近平政権の意図は何か。

従来の安全認識では国内の「国家安全」と国外の「安全保障」は分かれていた。それを「国家安全委員会」設置で国内外を一元統制する体制に変え、社会治安、言論統制、情報収集などから軍事、外交、経済安保など、内外の安全維持を連続させたのだ。従来は守りの姿勢であったのが攻めに転じ、中国が核になって国内の安全維持に資する周辺各国との国際関係を構築できるという自信が生まれたのだろう。

三中全会の国家安全委員会立ち上げの直前に、周辺国との外交で融和を促進する方針が「周辺外交工作座談会」で示されたばかりだった。しかし三中全会の直後には一か月前と正反対のことを行った。尖閣諸島上空に「防空識別圏」を設定し、日本の航空機の接近を阻止することが決まったのだ。正反対のことのようで実はつながっている。中国式のやり方に相手が馴染《なじ》むのであれば抱擁する。拒絶されれば叩《たた》くという見方をすれば矛盾はない。スパルタ教育の親子関係のようだ。

ただし私たち外国人が接する中国外務省は対外融和をつかさどる部門で、強硬路線においては日中間で板挟みにあう。十一月の中国の防空識別圏設定は、たまたま日中の外務当局者同士で会議を開いていたとき判明した。だが日本との協議に参加していた中国側外交官はこの自国の防空識別圏のことは知らされていなかったそうだ。

一方、強硬路線を担当する国家安全委員会や人民解放軍、国防省は外務省よりも上位の部門であり、彼らにとって「融和」より「強硬」の優先順位の方が上だ。二〇一七年三月、中国海軍艦艇が沖縄本島と宮古島の間を通過し太平洋に出た。発見した日本政府が公表したところ、中国国防省の報道官は「今後我々が多く通過することに日本側が『慣れればよい』だけ」だと答えた。二〇一八年には尖閣諸島領海などで中国側から取り締まりに関わる中国政府国家海警局が軍の傘下に入ったうえ、二〇二一年二月に取り締まりを厳格化する「海警法」を施行した。領海警備が一気に戦争にまで直結する体制だ。

厳しくなったのは空や海の警備だけではない。人に対しても二〇一四年以降、「反スパイ法」施行などの法制強化で規制が厳しくなった。スパイ容疑などで日本人が中国で立て続けに拘束された事件も二〇一五年以降だ。「反スパイ法」は定義を拡大した「改正」が行われ二〇二三年四月に成立した。改正法発表に際して中国政府は「外国の機関や敵対勢力が中国に侵入し、様々な分野で機密を盗み、中国の国家安全と国益に深刻な脅威をもたらしている」[※20]というコメントを発表した。この「反スパイ法」による情報の安全に関しては他にも、中国人が海外で情報提供を強いられるケースや、SNSを通じて漏洩《ろうえい》するケースに対して警戒を高めている。

二〇一五年には国外での世論誘導対策を強化するため党員以外も含めた知識人を体制内に取り込むよう指示を出した。「中国共産党統一戦線工作条例試行」[※21]を制定したのだ（施行は二〇二〇年）。これが海外における反体制派中国人に対する監視や締め上げを強めたと見られている。二〇一七年には企業に中国政府への情報提供を義務付ける「国家情報法」を施行した。

以来、習近平の主導権はさらに盤石になった。しかしいずれも適用範囲や基準が示されておらず、法律の是非についても議論ができる国ではない。国家に忠誠心を示そうとする一般民衆の間では密告に走る場面も出てくるだろう。

しかも国内外の安全維持をシームレスに規制していくと、西側と接触する結節点の場所で摩擦が増えてくる。空間的には海外の情報や外国人と接触できる都市部だ。地理的には周辺部の尖閣諸島。チベットやウイグル自治区、香港などだ。ネット上は際限がない。よって西側では「ファーウェイ」など通信機器メーカーや「ＴｉｋＴｏｋ（ティックトック）」など通信アプリに対する警戒に繋《つな》がっていく。今後も適用範囲、空間、対象がどこまで広がるのかは不詳だ。

米中の「結節点」をめぐる〝国内論争〟

中国の対日姿勢が改善から暗転へ、悪化から改善へと突然変化するのはなぜか。それは日本そのものが中国と米国の「結節点」、内と外の交わるところに位置し、国内論争につながるからだ。二〇一〇年に尖閣諸島沖漁船衝突事件をめぐって反日暴動があった。その翌年二〇一一年の東日本大震災のときには、温家宝《おんかほう》首相が福島の被災地を訪れ避難所を慰問した。しかし二〇一二年には尖閣諸島国有化をめぐってまた暴動が起きた。

対日「融和」と「強硬」が並走する理由の一つは、「米国式秩序」との併存によって国内で起きる綱引きにある。

かつての「華夷秩序」では列強・西側は遠くにいて視野に入らなかった。だが今日の列強は米国であり、米国を中心としたグローバル化であり、市場経済、自由、民主、人権、法治といった理念だ。中国も国内改革のために「列強」、すなわち米国の持つ市場経済システムなど都合のいい部分だけを模倣し有効活用してきた。間にある地域は取り合いになる。政治でも社会でも、「中国周辺国の日本」と「米国同盟国の日本」の認識がせめぎ合う。併存するためには日本が米国の同盟国であることを強く中国は意識せねばならない。それが中国国内では論争になるのだ。

米国に近づく過程では、日米を離反・分断させ、日本をスルーして米国に接近するときもある。しかし日本の協力が必要になるとき、抗日・反日とは矛盾する。日本に接近するには抗日・反日を志向する集団を事前に納得させる必要がある。胡錦濤政権下では反主流派が抗日・反日感情を煽って民衆を動員し、指導部に揺さぶりを掛けることもあった。日本でいえば、対立する中国や韓国に接近する上で右派を納得させるようなものだ。

3 「抗日」が束ねた「バラバラの砂」

「法則」の一つにナショナリズムがある。「抗日・反日」とは江沢民が一九九四年に愛国主義教育を行って急に降ってわいたものだろうか。一般論としてナショナリズムは国内外に対する社会結束の源泉だ。指導者が国内社会を掌握するときに触媒として使う。中国の場合は「抗日・反日」だ。歴史的経緯から「日本」への対抗意識は社会の接着剤となった。

始まりは日本の対中二十一カ条要求という侵略に反発した「五四運動（一九一九年）」だ。

中国人は「砂のようにバラバラ（散沙）」だ。「国家意識」を持たねば滅亡する――日本から屈辱を受け、孫文は『三民主義』でこのように訴えた。[※22] そして日本と戦うことで中国人に初めて「中国人」「中国」意識が生まれたのだ。

中国国民党も中国共産党も「抗日・反日」運動の中で組織を発展させた。そして孫文の死後の一九二八年、南京国民政府（中華民国）として全土を統一した蔣介石《しょうかいせき》は、「アヘン戦争以降に失われたものを取り戻そう」という気宇壮大なスローガンを出した。「中国」を壊したのは列強だ。そのうち日本は同じアジアであるがゆえ、特に許せなかった。抗日・反日で競い合い、抗日・反日で心を一つにして「国共合作」にも至った。

中華民国国民政府（国民党）は一九四一年から列強だった米英仏と組むことになった。日本が彼らと開戦したからだ。中国は清王朝時代の不平等条約を撤廃させ租界の返還を果たした。一九四三年のカイロ会議には蒋介石が招かれ日本の戦後処理を協議した。米英から「アジアの盟主」として認められたこのカイロ会議参加が、中国にとっての「戦後秩序」の出発点だ。そして「中華民国」は内戦で台湾に逃げたため、「中華人民共和国」が後継者になっている。

歴史を経て今日でもこの百年前に「孫文が述べた言葉」は党成立の記念イベントで繰り返し出て来る。「砂のようにバラバラだった旧時代の中国を共産党が終わらせた」[※23]「抗日戦争などを通じて中華人民共和国を建国した」。二〇〇一年の八十周年の江沢民、二〇一一年の九十周年の胡錦濤、二〇二一年の百周年の習近平。「砂」と「抗日」。「中国」意識。いずれも同じ孫文演説を踏襲した言葉で党の栄光の歴史を振り返った。この歴史の記憶が社会を束ね、国家への忠誠心を盛り上げる山場づくりに利用され、中国国内のみならず外へは日本を動かすのに使われる。米国社会や台湾の国民党というかつての「戦友」との結びつきを想起させる触媒にもなっているのだ。

国内を同調させる抗日――対日圧力の歴史認識

江沢民の愛国主義教育まで、中国社会が経験した「戦争の記憶」は家族の物語として口承されるものの、戦後しばらく民衆を動員、同調させる力として利用されることはなかった。戦後まもなく冷戦が始まったからだ。民衆を束ねたのは共産党主導の社会主義、共産主義であり、愛国心や民族主義といった下から沸き起こるナショナリズムは、世界人民が横断団結する上でむしろ障害になったからだろう。

筆者は冷戦終焉《しゅうえん》直前の一九八八年から翌年にかけて中国の大学に留学した。当時は戦争経験者が健在だった。春節休みに実家に帰省した同世代の女子大学院生を訪ねて、雲南省昆明に行った。彼女の家は祖母と両親、親戚《しんせき》との大家族だった。祖母は戦時中に首都だった南京で日本軍の侵略を受け、「日本人だ」という声を聞いて、昆明まで決死の脱出をしたのだという。そして今度は筆者という日本人が孫娘を訪ねてやって来た。だがそれはそれ、これはこれだった。一家は地元の名物料理で温かくもてなしてくれた。しかし祖母は言わずにはおれなかったのだろう。「日本人が南京で何をしたのかあなたは知っているか」「日本人を迎えるべきか。我が家で一日話し合ったんだよ」とじっと私の顔を見た。苦しそうな顔と静かな怒りが心に突き刺さった。その後、北京で再会した大学院生の彼女とは疎遠になってしまった。

ナショナリズムは日本では「反中」であり、政治や世論における反中嫌中は冷戦後に拡大した。それまではあえて「侵略」や「南京事件」などの言葉を持ち出す人は少なかった。冷戦時代、五五年体制時代の日本社会は左と右、親中派と台湾派とに分かれていた。社会主義の中国を左派が支持し、右派は台湾を支持し続けた。中国が積極的に交流したのも親中派である。特に社会主義者とは国境を超えて団結した。彼らを通じて日本の経済界、さらには自民党にも働きかけた。親中派の政治家やメディアを取り込み、彼らの力を借りて日本政府を動かそうとした。今日の日本で同じことが起きれば転覆工作だとして警戒されるだろう。だが当時は珍しくなかった。日本でも友好の強い志を持つ政治家が中国に接近した。そして台湾派であっても是々非々で中国と交流した。そのときは、お互いが礼節を保ち歴史観がぶつかる話は避けてきた。この空気が変わったのは冷戦が終わってからだ。

世界は冷戦後、ナショナリズムに目覚め、新しい対立が始まった。民衆が発言力を強めた。そして指導者が民衆をまとめ、求心力を得る上ではナショナリズムが使われる。隣国との間でナショナリズムによる摩擦が生じた。中国では市場経済化、経済交流の拡大とメディアの発達による日中交流の大衆化が同時に進んだ。

中国は常に上昇志向だ。絶えず日本の上を行こうとする。日本を牽制する手段に「歴史認識批判」がまず使われた。つまり中国は米国が社長を務める会社で出世を目指していた。それはライバルである日本を蹴落《けお》とすことを意味する。一九九四年に江沢民が「愛国主義教育」を始めた。反日感情を思い起こさせ、民衆の団結に利用した。そこにファミリー・ストーリーとして存在してきた「抗日・反日」がはまった。

一九九八年に外交責任者を集めた会議の前段で江沢民は、「世界の多極化と経済グローバル化を資本主義国がリードする中で中国は中心に立たねばならない」と述べた。そして後段の最後で「日本に対しては歴史問題を常に永遠に言い続けなければならない」と訴えた。実際その直後の訪日では天皇晩さん会でも歴史認識批判を繰り返した。しかし中国のこのやりすぎが日本のナショナリズムにも火をつけた。石原慎太郎《いしはらしんたろう》都知事の中国を蔑視《べっし》した「シナ発言」や小泉純一郎《こいずみじゅんいちろう》総理大臣の靖国神社参拝はここに連続した出来事だ。

胡錦濤時代に暴動が続く。反日暴動はその一つのカテゴリーだ。ただし共産党の歴史観と重なるためほかの暴動と異なる性格を持つのだ。二〇〇四年にも北京などのサッカー競技場で日本の国際試合をめぐり小規模な暴動が起きた。二〇〇五年には北京と上海の中心部を含む全土で反日暴動が起きる。さらに二〇一〇年と二〇一二年にも反日デモは全土で暴徒化した。中国政府は抗日・反日ナショナリズムのコントロールの難しさを痛感することになった。「反日教育」と揶揄《やゆ》される愛国主義教育が始まるのは一九九四年だが、ナショナリズムの政府による誘導と管理が狙いであり、反日が暴動になり国内秩序を揺るがすことまでは想像していなかったはずだ。台湾問題や靖国神社参拝、尖閣諸島問題といった暴動のきっかけが何であれ、民主化運動と同じで政府が容認すれば最後は炎上し、弱腰の政府を突き上げる。歴史認識問題は民衆の間に長く浸透してきたものだ。「尖閣問題」も「俺《おれ》たちは損をしている」と認識されれば民衆は沸騰する。特に抗日・反日を母体に生まれた共産党の運動への対応は後手に回る。そこから反日を隠れ蓑《みの》に官僚の腐敗や物価高騰への不満を訴える「借題発揮（別のテーマを口実にした運動）」という現象も起きた。普段は取り締まりにあう訴えも抗日とセットであれば見逃される。反胡錦濤派も反日を煽り立てて勢いを示す。この中国の暴動をメディアで見た日本は反中で盛り上がる。これがネットで逆流し中国国内を刺激する悪循環になる。下からも横からも外からも揺さぶりにあう。これを政権は鎮静化させねばならないが、改革派の胡錦濤はナショナリズムをコントロールできなかった。反主流派を弾圧することもできず、最後は政権の生き残りを懸けて「抗日・反日」の高揚を容認したのだろう。

結局、胡錦濤政権は、政治的な目的のために日本への牽制と接近とで「抗日・反日」を出したり引っ込めたりした。ナショナリズムには民衆レベルだけでなく石油などの利権集団も関わり、影響力を示す上で利用した。二〇〇三年以降、東シナ海ガス田開発で日中が対立した。だが二〇〇八年には胡錦濤の訪日時に一部鉱区で日本との共同開発で合意した。しかし共同開発は進まず中国側は単独開発を続けた。その後もガス田開発は日中が協力するところまでには至っていない。二〇一〇年には尖閣諸島沖で海上保安庁の巡視船に衝突した漁船の中国人船長を逮捕、拘束したところ、中国側は中国産出のレアアースを禁輸した。反日暴動も起きた。このあと首脳同士の相互訪問や、二〇一一年には東日本大震災での支援もあった。二〇一二年には尖閣諸島国有化でまた反日暴動が起きた。日本は震え上がった。

習近平が就任すると、民衆が参加したデモ運動に対しては抗日・反日を含めて厳しく取り締まった。二〇一四年十一月の北京APEC直後に開催した中央外事工作会議で、中国式の秩序理念を提唱した。米国には「新型国際関係」を示し、日本など周辺国に対しては利益を尊重しあう「周辺運命共同体」を訴えた。シルクロードに沿った周辺国との経済圏構想として「一帯一路」を示した。この一帯一路に日本が協力姿勢を示すと、日中関係はスイッチが入ったように接近のスピードを上げた。二〇一五年の抗日戦争勝利七十周年で習近平は「日本に勝利した」と宣言し、日本を克服した自信を持つよう呼びかけた。世論調査における中国人の対日意識も大幅に改善した。習近平は「歴史認識」という、下からも沸き起こる「抗日・反日」をコントロールしたのだ。草の根レベルの日中関係も改善に向かった。

だが今日でも「反日」は顔を出す。国内社会に同調を促す暗黙のルールとしても日本への不満の出口としても。日本が福島原発の「処理水」の海洋放出を決定してからは、海洋汚染への懸念を煽ることが、世論を使った中国の日本牽制手段になった。日本がほぼ同時期に米国や韓国とともに中国抑止を強めたことに反発を示す上でカードにした。二〇二三年八月に日本政府が放出を開始すると、対抗措置として中国商務省が日本産水産物を暫定的に輸入禁止にした。政府の顔色を見た中国の一部の民衆が日本への国際電話を使った反日行動に出た。だが過剰な行動を慎むよう訴えると鎮静化した。

ANTI-JAPAN
2.0

第2篇

反日暴動は胡錦濤時代に
——日中関係を動かす法則

日中関係を方向付けるものは、そのときの米中の関係、日米中の力関係、日中両国内の指導者と反主流派や世論といったプレーヤーをめぐる国内情勢が絡み合ってできるベクトルだ。超大国になった中国は米国と並ぶ世界のゲーム・チェンジャーだ。そして中国国内の動向によって「抗日・反日」のナショナリズムが利用される関係の先にあるのが日本だ。

過去三回の反日暴動はいずれも胡錦濤《こきんとう》政権のときに起きた。だがこの十年、中国では反日暴動が起きていない。中国が日本に対して「怒り」に至る沸点は明らかに上がった。日本の「台湾」問題への介入に対する中国の反応を軸にして見ても変化は明らかだ。二〇〇五年には日米で「台湾防衛」に言及すると、中国は反日暴動容認や日本に対する経済制裁で対抗した。しかし今日、日本は日米共同声明に「台湾海峡の平和と安定」という言葉を記し、「台湾防衛」でさらに踏み込んでいる。二〇二二年にペロシ下院議長が訪台後に東京入りした。岸田総理大臣との朝食会が予定されていた。米軍横田基地到着直前に、中国は発射したミサイルの一部を与那国《よなぐに》島周辺や波照間島沖の日本の排他的経済水域（EEZ）内に落下させた。日本の処理水放出に対しては水産物禁輸という経済制裁を科したほか、民衆の日本への迷惑電話という反日行動を容認した。放出は中国から見れば日本の台湾問題介入と同時進行であり、処理水への反発は台湾問題に対する反発と関連づけられたものとみられる。だがピンポイントで反発のメッセージを伝えつつ、国際会議で同席した岸田文雄《きしだふみお》総理大臣と李強《りきょう》首相は会話を交わし、このことを中国政府も発表した。決定的悪化は避けたといえる。

背景に何があるのだろうか。一つには米国と中国の関係が、二〇一八年ごろから悪化し対立に転じた。このとき、米国との仲介役として使える日本との関係を悪化させるのは中国にとって損になるということがある。中国の国際的地位や経済力、軍事力が米国を狙《ねら》えるところにまで向上し、民衆の間に余裕ができたこと。日中間で首脳同士のコミュニケーションが取れていること。日米関係の結束が固く、日本とぶつかることは確実に米中の衝突につながること。習近平《しゅうきんぺい》が強権体制を敷き、民衆の言動を取り締まっていることなどが関係しているといえる。米国はその中国のアキレス腱《けん》を知っている。習近平政権は反主流派や民衆の不満を力で抑え込まざるを得ない状態だ。そして米国は中国が反発し「世論」が炎上するような情報を意図的に流す、いわゆる「情報戦」を行っている。日本も含めた西側社会全体がそこに乗る。習近平は全方位と闘っている。日中関係の安定はその結果だろう。

習近平が反面教師にした胡錦濤の時代は、中国が力関係で日本を追い抜く過程にあった。世界レベルでは冷戦後の緊張緩和が進む過程にあった。米中関係は良好で、タガが外れた日米関係には軋《きし》みが見られた。豊かになった中国では民衆や利権集団が政権に反旗を翻した。ナショナリズムで盛り上がるのは日本も同じだった。だが当時の胡錦濤は共産党体制の枠内でギリギリの自由化を進めていた。結局、胡錦濤は洪水のように押し寄せる異議申し立ての中国空間を牛耳ることができなかったのだ。複雑な法則を整理してみた。

第二章

米中関係が日中関係を決める

日中関係を規定し日米関係にも影響するのは、米中関係だ。中国も米国も日本を利用した。日米は同盟関係だ。地理的には中間に位置する上、距離は中国に近い。文化的には中国の事情を理解しやすい。単なる緩衝地帯やカードというよりも、米中双方にとって仲介役にふさわしいからだ。

中国の目標は米国と対等に立つことにある。それは中国が既存の米国中心の国際秩序やルール、同盟国関係に匹敵する力や秩序を持つことを意味する。そこに至るテコとして日本を利用している。一方の米国は中国に対して、長らく理想的な「米国好みの中国」に改造するため牽制《けんせい》と誘導で関与した。対中関与政策だ。日米同盟は盾と矛の関係とはいえこの牽制部分に「盾」の日本は協力する。

だが米中関係の良し悪しによって米中双方の日本に対する利用の仕方は変わってくる。今日の米国は中国の発展阻止を狙い、牽制を乱発している。しかも米国と中国との力関係の差は縮まっている。米国の力は日本の協力がなければ中国に及ばない関係になっている。中国は日本に対して二つの思惑を抱いている。米中関係が悪化しているとき、「協力者になりうる日本」を敵に回すことは中国にとって得にならない。しかし米中は喧嘩《けんか》をしても衝突に至る直前で双方が譲歩し首脳会談開催に転じる関係にある。一方、中国は日本を米国の代替として牽制することがある。特に米国に協力する日本が中国牽制で米国よりも前に出過ぎたときにおいてだ。だが日本は、米中双方と良好なコミュニケーションを保てば、キャスティング・ボートを握る地位に立つことも可能になる。

1 「西方」と「東方」のあいだの日本

図表5・6

日本は米国から見れば西側の最前線だ。だが中国から見れば華夷《かい》秩序の最東端になる。西側の最前線であるなら切り崩そうとする力が働く。日本は明治維新の脱亜入欧でアジアに決別をした。西洋が持つ理念や秩序を理想のものとしてきた。『脱亜論』[※24]に記された福沢諭吉の言葉は冷たい。「悪友を親しむ者はともに悪名を免るべからず。我は心においてアジア東方の悪友を謝絶するものなり」。国際政治は友情などではない。日本はさらに日清戦争で中国を敗北させて列強の一部になった。だが中国は敵の日本を欧米との結節点として生かしたのだ。日本の知識人が使用した文語や西欧近代用語の「経済」「法律」「哲学」といった和製漢語は漢文に近く中国人も理解できた。[※25]そのまま中国で使用され中華民国建国の礎になった。孫文《そんぶん》は亡命していた東京で「中国同盟会」や「中華革命党」を結成し

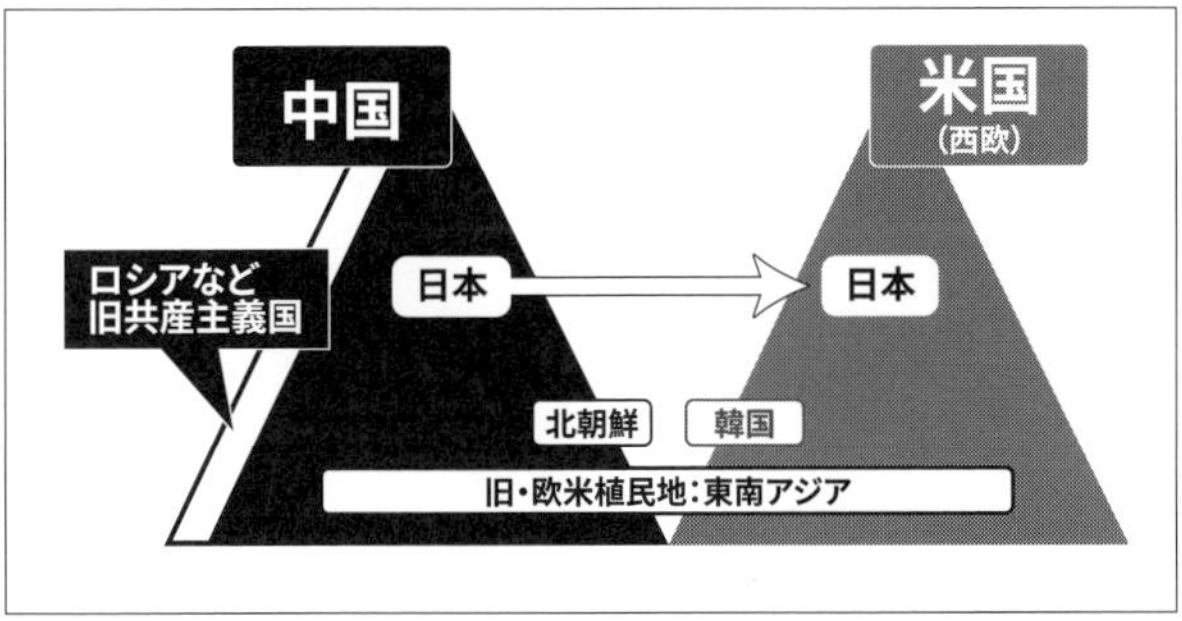

5 脱亜入欧した日本：特殊な立ち位置

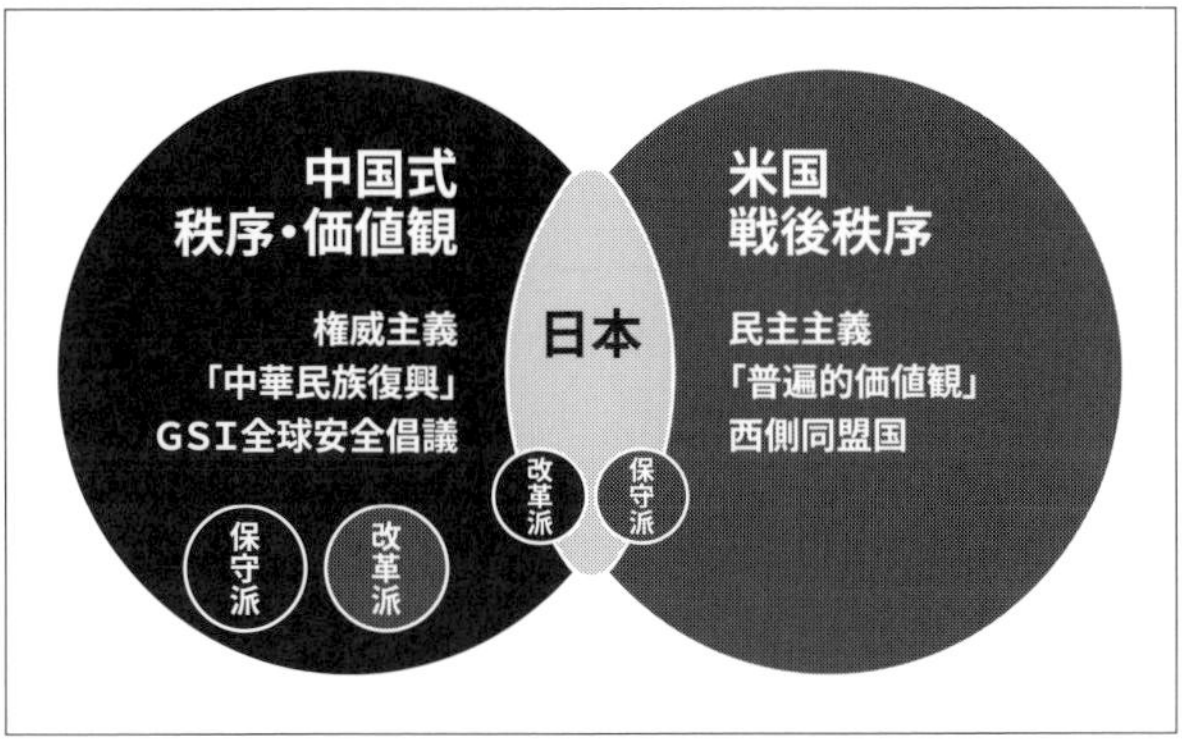

6 米中の間に立つ日本

一九一九年に中国国民党に改組した。一九一九年に中国人を結集させたのは「抗日」だ。その五四運動から一九二一年に中国共産党が生まれた。これはCommunist Partyの日本語訳をそのまま中国語にしたものだ。マルクス、エンゲルス『共産党宣言』の日本語訳版が一九二〇年に中国語に翻訳出版されたときに入ってきた言葉だ。[※26]孫文の日本への思い入れは強く、病死の前年一九二四年には神戸で「大アジア主義」[※27]をテーマに講演した。そこで歴史の十字路にいた日本に対し「西洋の覇道の番犬となるのか、あるいは東洋の王道の干城となるのか」と述べて、中国との連携に強い期待を示した。

中国では今日でも、欧米をさす言葉として西方国家(xi-fang guo-jia：西洋の国家)という言葉が使われ、「我々と価値観を異にする」というニュアンスも持っている。反対語は中国がある東方国家(dong-fang guo-jia：東洋・東アジアの国家)だ。中国の認識では日本はこの両方に入って来る。ただし冷戦時代の「西側」と「東側」の概念も影響を残し、中国は都合よく解釈している。民衆が求める人権や民主は西側の理念であり、東側の中国では、指導者が上から民を保護するものだという考え方にある。

この西方・東方の関係は列強と東アジアの関係に受け継がれ、そのまま米中関係になった。そして冷戦終焉《しゅうえん》後の日中関係は米中関係によって規定されてきた。これが米中のトランプ政権以降の対立、コロナ禍での分断、ウクライナとロシアの戦争における米中代理戦争状態を経て、今日では民主主義と権威主義の国家群同士の関係に変化している。米中それぞれが民主化した国、民主化できない国、地域大国、グローバル・サウス(南半球を中心とした新興途上国)、戦略上の要衝となる国を囲い込み、グループ間で対決している。中国は世界の中心が米国・西欧から東アジアに遷移する「東昇西降」という大局観の中で捉《とら》えている。日本はその最東端だ。中国との関係を探るとき、日本は米中関係の良し悪しを見て判断した。それがいまや双方の国家群の国々が米中をどう見ているのかを日本は意識し、判断せねばならない時代になったのだ。

2　日本の重要度は変転する

「日中関係」の接近、離反はそのときの「米中関係」によって規定されてきた。これに抗える変数は中国から見た「日本の不可欠性」、「日米関係の強靭《きょうじん》性、緊密度」、「日本の政権基盤の強さと対中政策の継続性」だ。

「中国」と「米国」は世界の頂上で争うパワーゲームを展開している。米中が「喧嘩」をする一方で首脳会談を継続する理由は利益を山分けにできるところにある。中国が米国を揺さぶるには足元の日本を叩《たた》いた方が早いときがある。中国は「日本」をその米国の「子分」「傀儡《かいらい》」だと喧伝《けんでん》する。

中国から見た米国の位置づけには三つある。

(一) 米国は「戦後秩序を形成したリーダー」であることだ。改革開放路線は一貫して米国由来の政策、秩序、グローバル経済を意識して構築されている。国内の改革を目指す上で中国はこの秩序に乗り、世界最強の文明国が蓄積した資金、技術、軍事、政治などのノウハウを、米国や追随する日本を通して獲得してきた。

(二) 中国国内の保守派にとって米国は「列強の後継者」として認識されている。中国は建国当初から、列強に蹂躙されたことへの反発を愛国のエネルギーに替え、冷戦終焉後は、ソ連東欧の共産党政権を倒した「和平演変(平和的転覆)」を今度は中国にも仕掛けることを警戒し、強国化を目指してきた。対等に立つために経済力を強化し、先端技術開発を進め、軍備を増強してきた。

(三) 国内政治は振れ続けてきた。米国式グローバル経済を意識した改革志向と、改革に対する反作用でもある旧来の中国式秩序による抵抗の間を行き来した。変革に抵抗する保守勢力に対して、改革派は米国の圧力を「ガイアツ」として利用する。このガイアツを口実に、途中で腰砕けのように米国に譲歩することがある。だが最終的には制度も技術も米国由来のものを中国式に作り替え、中国のルールで動かし、中国の伝統的価値観と秩序体系によって栄華を取り戻すことにこだわっている。

日本への接近か抗日・反日かを中国が選択する流れは、日本の幕末から明治にかけての開国と比べると分かりやすい。日本のナショナリズムは単純化すれば尊王攘夷《じょうい》か開国かに分かれた。だが団結せねば列強から侵略されるという危機感から開国と富国強兵を同時に進めた。

今日の中国も発展には日本や米国に接近することがプラスになることは分かっている。しかし単純ではない。米国や日本が求める民主化は中国には条件がそろわず困難だ。一方、米国は日本など同盟国を誘って中国包囲に動く。米国の狙いは中国の発展阻止だ。中国はソ連で起きたような米国による体制転覆を警戒する。その米国に向かう入り口に日本は位置し、中国は日本に「役割」を担わせる。日本を米国への接近に利用する場合がある。良い役割は「仲介者」、米国との改善の「突破口」でもある。否定的に見た場合は牽制を加える米国の「手先」として位置づけられる。米国を攻撃する代わりに日本を叩く。日本が出過ぎたときには米国ではなく、その代替の日本と戦う。日本に勝つという口実であれば、国内が一致団結する。反主流派との権力闘争、世論の突き上げなどの雑音を抑えられる。米中が近づき蜜月関係のときには間にいる日本が邪魔になる。**図表7**

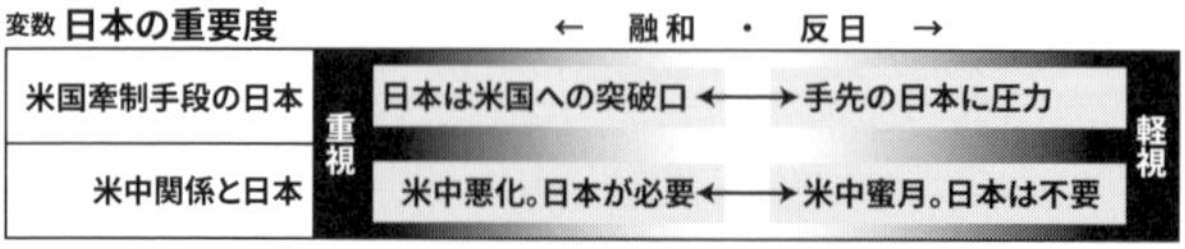

7 対日姿勢を動かす変数：米中関係でみた日本の重要度

日本は米中双方が相手に働きかけるときに、駆け引きの中で「カード（切り札）」として、利用されやすい立ち位置にいる。どんな性格のカードになるかは、日・米・中の関係によって変わってくる。

3　米中双方のカードになる日本

中国は西側と政治体制が異なる。台頭する上で資金と技術を必要とした中国は日本を様々な役割で利用してきた。中国の改革に役立った日本にとって好ましい時代もあった。だが客観的に見れば日本は踏み台になったのだ。冷戦直後の中国は米国主導のグローバル経済に融合するものと思われてきた。そこで米国は発展する中国から利益獲得を狙うとともに、米国好みの中国に変えて行こうと対中「関与政策」で「shape：シェイプ（型はめ・誘導）」と「hedge：ヘッジ（牽制・歯止め）」、すなわちアメとムチを繰り返す政策を始めた。

日本は米中の結節点にあり緩衝地帯でもある。日中が衝突するときは米国と関係がある。中国が米国に接近するとき、日本をテコか突破口として利用する。一方で同盟国として米国に協力する日本とはぶつかる。

しかし日本は米国の安全保障の重要な同盟国だ。米国は矛だ。日本は矢面に立つ盾だ。日本は米国の対中「ヘッジ」の役割を発揮し、中国を念頭に置いた合同演習などの軍事威圧に協力した。日本が紛争に巻き込まれるリスクを覚悟しながら防衛面でヘッジに参加している間に、米国が中国を「型はめ・誘導」に持ち込むために、貿易と投資の対中交渉を日本より先行して進めることもあった。だが国際秩序の中心にいる米国は日本国内の微妙な反発に思いが及ばない。経済で日米は競争関係にある。ここで日米に隙間《すきま》風が吹く。そこに中国が、日米の離反を働きかけるということがしばしば起きた。

尖閣《せんかく》沖漁船衝突事件が国同士の対峙《たいじ》に発展した二〇一〇年と、二〇一二年の尖閣諸島国有化をめぐって衝突したときは日米関係が冷却していた。二〇〇五年の靖国《やすくに》神社参拝で反日暴動が起きたときは、逆に米国が日本を引き寄せ、日本が対中牽制の最前線に立ったときにあたる。今日、日米は中国牽制で強く結束している。だが米中関係が決定的に悪化しており、中国は協力者にしておきたい日本との関係悪化を寸止めで避けている。図表8

中国にとって日本がテコ、ミゾオチ、ガイアツ、パッシングとなるケースを整理する。

(一)テコ──日本は西側を動かす「突破口」「弱い輪」

日本が主体的・積極的に動くことができれば仲介者、窓口役、相談役、補佐役、アドバイザー、知恵袋になる。米中に取り込まれることで突破口、サンドバッグとして利用される。米中関係が対立したときには「協力者」としての日本が重要になる。米中関係が良くないとき、中国が米国に直接には頼れないとき、中国は日本を利用する。日本は米国につながる仲介者突破口であり、米国を動かすテコになる。一方、米中が接近すればテコの重要度は下がる。

米国と国交正常化し改革開放政策を始めた一九七九年から市場経済化する一九九二年ごろまで、中国は日本との関

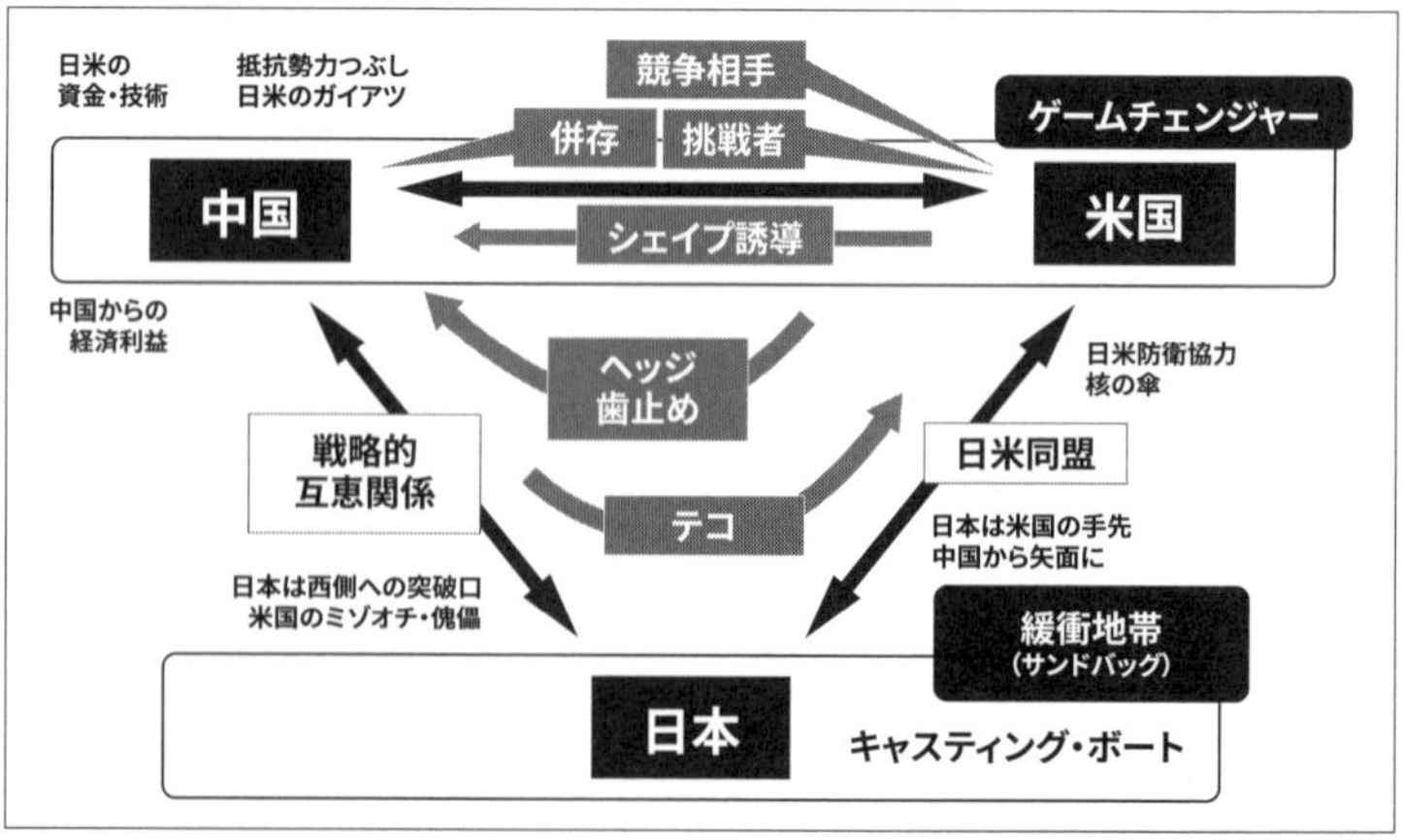

8 日本は米中の仲介者か切り札か

係を優先した。米国が断交した台湾との安全保障条約にあたる「台湾関係法（Taiwan Relations Act）」を施行し武器供与を続けたことが許容できなかったからだ。

天安門事件で孤立した中国は突破口として日本に接近した。一九九二年の天皇訪中で日本を取り込むことで米国を動かした。水面下では事件の翌月以来、米国もニクソン元大統領を派遣するなど中国に接近していた。しかし人権擁護や市場開放、軍事や財務の透明性要求など米中の隔たりは大きかった。よって中国はまず価値観が近い日本との関係改善をめざした。天皇訪中時に中国外相だった銭其琛《せんきしん》は日本の役割を、西側の連合戦線の「最も弱い輪」「突破口」だったと『回顧録』[※28]で表現している。

二〇〇八年、胡錦濤政権は主席の訪日を北京五輪成功に向けた西側との改善の露払いにした。この年三月の北京五輪前のチベット暴動の処理で批判を浴び、西側社会から五輪ボイコットの声も出ていたからだ。胡錦濤国賓訪日の日中共同声明には、民主・人権・憲政の尊重を意味する「普遍的価値の理解と追求」というキーワードを記した。西側世界は納得し、中国は五輪を成功裏に閉幕させた。豊かになれば中国は民主化するという期待を世界が持っていたのはこのときまでだ。

十年たった二〇一八年以降、米中関係がまず貿易問題で悪化し始めた。日本は中国が米国の動きを探る情報源、知恵袋、コンサルタントになった。当時、中国政府は「日米貿易摩擦を日本はどう解決したのか」と、日本に対して盛んにアドバイスを求めてきた。

（二）ミゾオチ――米国の代替として日本を叩く

中国の日・米への対応は異なる。中国は日本を米国に対峙する上での代替に使う。リベンジでは強い米国を狙わず、比較的弱い足元の日本に石を落とす。日本を牽制することで米国に訴える。日本は叩けば米国が痛がるミゾオチだともいえる。米国が中国と対峙するときに矢面に立つのは日本だ。米国の対中牽制に協力する日本が米国よりも前に出過ぎれば、まず日本を叩く。中国にとっては米国が差し向けた中国へのトゲが日本だ。中国を包囲する米国に日本が協力している状態は、中国にとってまさに米国が突き出すトゲが刺さった状態だ。しかし日米の結束が固いときに中国は慎重になる。特に米中関係が悪化しているときの中国は、日本との関係を良好に保ち、日本を取り込むチャンスを狙う。米国との仲介役として日本を利用する利益の方が、傀儡としての日本を叩く利益よりも勝っているからだ。

日本を威圧することで中国が日米関係の強さを試すときもある。沖縄の基地問題などをめぐって日米関係が冷却状態にあった時代、菅直人《かんなおと》・民主党政権時の二〇一〇年の尖閣諸島沖漁船衝突事件のときと、同じ民主党の野田佳彦《のだよしひこ》政権下で二〇一二年に尖閣諸島を国有化したとき、中国の威圧は大きかった。尖閣諸島問題を使って中国が日本を揺さぶる。寸止めのところでストップしただけでも、日本が叫べば米国は動く。米軍が駆けつける。習近平政権では尖閣諸島領海に侵入させる政府船の隻数を増減させて、対日反発の意思を示している。日本はこの緩衝地帯（ショック・アブソーバー）となるリスクに備える覚悟を持たねばならない。

（三）ガイアツ――日米接近を国内改革に利用

中国が日本や米国から受けるガイアツを使って保守派を抑え込み、国内改革に利用するときがある。関係改善の力を改革抵抗勢力つぶしに利用する。ただし日本に接近すれば反日感情を刺激する。接近の前に反発する勢力の抵抗をあらかじめ食い止めておく。改革に向けた対日、対米関係改善と同時に本丸摘発を一気に進めるのだ。権力闘争がすべて露呈する日本とは異なる。

二〇〇六年に日本との関係は小泉政権時代の靖国参拝などで悪化していたが、政権交代をきっかけに中国は接近に舵《かじ》を切った。北京五輪開催（二〇〇八年）を成功させるために協力者になり得る日本との関係を改善する必要があったからだ。第一次・安倍晋三《あべしんぞう》政権発足の二日前に、上海市のトップ（書記）で将来の首相候補と目された陳良宇《ちんりょうう》を汚職の疑いで摘発した。更迭された陳良宇は、反日運動の盛り上がりを胡錦濤の西側への弱腰批判の口実にするため、前年に上海市で起きた反日デモをあえて規制せず、暴動に発展させたといわれている。上海市政府は利権集団化した不動産業者と癒着し、中央政府の改革圧力に抵抗していた。書記の陳良宇の後ろ盾は江沢民《こうたくみん》だ。胡錦濤政権は権力闘争を伴う改革の過程で、日本の政権交代のタイミングを利用したといえる。一般論として民族ナショナリズムは国内結集のポピュリズムに政治利用されやすい。中国社会の底流に流れている感情は抗日・反日だ。

二〇一二年の反日暴動後、習近平体制と第二次・安倍晋三政権は一か月違いでほぼ同時に発足した。二年後の二〇一四年十一月頭に北京APECの場で初会談が設定された。このときも抵抗勢力の摘発と日中改善のタイミングが一致した。首脳会談直後に中国は経済圏構想「一帯一路」を大宣伝する。前年九月にカザフスタンで習近平が「絲綢之路経済帯（シルクロード経済ベルト）」※29の名で提唱した構想を、「一帯一路」とタイトルを変え、日米首脳も参加するAPECで初めて示したのだ。周辺国との安定した関係構築が前提だ。アジアに影響力を持つ日本との改善は不可欠だった。習近平は国内政治では就任直後から腐敗撲滅に力を入れてきた。最大の山場が「周永康《しゅうえいこう》」だ。二〇一二年の反日暴動の黒幕だといわれている。同年の党大会人事で影響力剝奪《はくだつ》に抵抗する過程で、デモの治安対策で手抜きを行い暴徒化させたというのだ。周永康は「チャイナ・ナイン」の中央政治局常務委員時代に、監督する司法警察部門や出身母体の石油部門と癒着していたほか、利権集団化した重慶市トップの薄熙来《はくきらい》とつながっていた。そして二〇一四年七月、周永康摘発が正式発表された。習近平と福田康夫《ふくだやすお》元総理大臣が北京で極秘会談し、十一月の初首脳会談の日程が固まったのは周永康摘発発表の二日前だ。

さかのぼると日本から天皇が訪中した一九九二年、鄧小平《とうしょうへい》が「計画経済」擁護で抵抗する保守派の抑え込みにガイアツを利用した。わざわざ広東省で遊説《ゆうぜい》（南巡講話）して香港メディアで大宣伝させた。香港から情報は世界に広がり、西側諸国に「中国は変わる」と期待を持たせた。そして市場経済移行の党大会決議とほぼ同時期に天皇が訪中し、翌年、天安門事件後初となる米中首脳会談も実現した。このとき国内抵抗勢力の不満の矛先は日本に向けられているように見えた。同じ一九九二年の「核実験再開」と「尖閣」領有を記した「領海法」施行はガス抜きに使われたのではないか。

二〇〇一年のWTO加盟への交渉もガイアツだった。交渉過程で採算の取れない国有企業の改革を進めた。国有企業と癒着した利権集団は抵抗した。この加盟交渉の過程で同時に進められたのが、日本に対する「歴史認識問題」指摘での圧力だ。

（四）パッシング（通過）――米中が接近、日本を頭越し

世界の事は米中が決める。しかし日本から見ると頭越しに米国と中国が接近したという認識になる。「ニクソン・ショック」。これが日本では今日でもトラウマになっている。一九七一年にニクソン政権で大統領補佐官のキッシンジャーが電撃訪中し、一九七二年にニクソン大統領が訪中したとき日本は無視された。米国はベトナム戦争という国際紛争解決での協力を求めた。中国をテコにして北ベトナムを動かそうとした。対ソ連牽制でも米中は一致した。当時まだ戦後の日本を訪問した米大統領はいなかった。貿易をめぐって当時の日米はライバル関係にあった。安全保障面では主従関係でありながら経済面までタガをはめられたくない。国交がなかった「北京」の取り合いになった。ニクソンは日本をめぐって周恩来と議論になり、「在日米軍がなければ日本は核武装する恐れもある。日本の軍事大国化を防ぐことに役立っている」[※30]と脅して日米安全保障条約と米軍駐留を容認させた。「日本の暴発を防ぐ『瓶のふた』が米国だ」。半年後に総理に就任した田中角栄が仕返しのように、初訪中で滞在中に国交を結ぶと、これにキッ

シンジャーは「裏切り」と激怒した。[※31] 東アジアの安全保障は米国が秩序を作ったものだ。日本はこれを揺るがした。米国は台湾の中華民国と同盟関係を結び安全保障の重要な柱にしていた。しかし日本は台北から北京に切り替えたのだ。田中角栄は米国から返還されたばかりの沖縄・尖閣諸島の領有権のことまで話題にした。

それに日米・米中よりも日中が接近すれば、戦前の満州国建国のころの日本と同じ力量になる。米国を排除した形で東アジアをまとめれば、米国にとって逆に脅威になる。米国は東アジアでもプレゼンス維持を譲ることはない。逆に日中が「喧嘩」を続けていた方が米国にとっては駆けつける口実ができるという見方もできる。

一九八九年六月の天安門事件後に中国は西側との関係改善の上で突破口として日本を利用した。実際には日米を競わせた。日本は対中制裁解除を世界に訴え、海部俊樹《かいふとしき》総理大臣は西側首脳として真っ先に訪中する。中国に接近する日本を米ブッシュ（父）政権は批判した。だが表の顔とは異なり米国は十月以降、ニクソン元大統領、キッシンジャー元国務長官を相次いで訪中させた。さらに十二月になって判明したことだが、事件後の七月上旬に隠密裏にスコウクロフト大統領補佐官を北京に派遣し鄧小平と善後策を協議させていた。一九九二年には天皇（現・上皇）が訪中した。これが呼び水となって、一九九三年にクリントン大統領がＡＰＥＣ首脳会議をシアトルで初開催し、江沢民主席と天安門事件後初めて会談する舞台を設定した。冷戦時代の中国に対する封じ込め政策（Containment policy）を見直し、関与政策（Engagement policy）に切り替えた。そしてＷＴＯ加盟交渉で中国がグローバル経済に参入する道筋をつくるのだ。

フリーハンドを持ちたい日本にとっては米国がタンコブになることがある。地球規模の世界を舞台にしたＷＴＯ加盟、朝鮮半島の非核化、地球温暖化といった問題解決では米中が手を結ぼうとする。しかも突然決まる。米国の決定を「クリスマス・プレゼントだ」と揶揄《やゆ》する言葉も日本にはある。自分で中身を決められないからだ。

米国と関係が良いときの中国にとって「日本の重要度」や利用価値は下がる。蜜月《みつげつ》のような関係になってしまえば、双方とも利用価値が落ちた日本を軽視できる。中国がWTO加盟交渉の過程でクリントン政権と関係が良好だったとき、江沢民は一九九七年、訪米途中でハワイの真珠湾攻撃記念館を訪れ、戦時中の米中共闘を想起させる演説で日本を牽制した。クリントンは翌一九九八年に日本に立ち寄ることなく訪中した。このときから日本を通過したことを意味する「ジャパン・パッシング」という言葉が、「中国の台頭で米国が日本を軽視する」という意味で使われるようになった。

習近平政権が一帯一路構想を発表した二〇一四年当時も、米国に参加交渉で先を越されることを日本は懸念した。日米ともにお互いがライバルだという意識からまだ抜け切れていなかった。就任当初の安倍晋三総理大臣が河野談話検証や靖国神社参拝で中国や韓国から批判を受けるのを見て、米国オバマ政権が「安倍は歴史修正主義者」だと批判し中国に同調したのもこの頃《ころ》だ。米中関係は歴史認識では一致するのだ。だが中国が相手に求める役割は対日本と対米国とでは異なる。

バイデン政権になった二〇二一年以降、米中は喧嘩をする一方で、首脳会談も電話とオンラインでほぼ定期的に開催されるようになった。日本は米中の間に挟まれ、基本的に米国に同調する。日米共同声明文書には「台湾海峡」で起こり得る衝突への対処についても記された。喧嘩をしている状態は日中も同じだ。決定的な悪化は避けられている。しかし米国のように関係が悪化しても首脳会談が繰り返される関係にはなれない。出過ぎれば叩かれるのは日本だ。だがまさかのときの突破口として中国は日本を温存しているのだ。

(五)「日米」の悪化、中国の「漁夫の利」に

日本にとって、米国は中国と対峙するときにバランサーとなる。バランサーがないと日本は丸腰になり中国などの威圧を誘発することになる。圧倒的軍事力を持ち中国を牽制し防衛にあたるのは米国だ。そして米国は「日本が呼べ

ば駆けつける関係」を維持してきた。

日米の離反と米中関係の接近が重なると、中国としては日本を抑え込むチャンスとなる。日本を牽制するときのリスクやハードルが下がるからだ。一九九三年、一九九八年、二〇〇九年の三度あった。一度目はクリントン時代の一九九三年、自民党が下野し左派が政権についた時期、日米関係は貿易摩擦で悪化していた。日本新党代表の細川護熙《ほそかわもりひろ》総理大臣による連立政権から始まる短期政権時代だ。自民党政権に戻っても日米関係はすぐには改善しなかった。当時の中国は弱く、歴史認識や核実験で日本を牽制した。二度目の一九九八年は、江沢民政権の情報発信が影響力を発揮し、前年の訪米で世界大戦中の米中共闘がクローズアップされる一方、クリントンの訪中では日本訪問をスルーした。江沢民の訪日では関係悪化もいとわず歴史認識発言で牽制した。三度目、二〇〇九年からの民主党政権のときにも同じ構図になった。日本では短期政権が続いた。基地問題をめぐってオバマ政権と関係冷却した日本を、ストレス・テストのように中国が威圧した。尖閣諸島をめぐって二度対立し、反日暴動が起きた。

逆に日本と米国との関係が良好であれば、日中は悪化しても乗り越えられる。小泉政権のときがそうだった。台湾問題、国連常任理事国入り運動が重なって二〇〇五年に反日暴動が起きた。しかし小泉純一郎《こいずみじゅんいちろう》総理大臣の靖国神社参拝にブッシュは反対表明しないなど、日米の指導者間に信頼関係があった。米中関係も反テロ対策で結託していた。米国は反日暴動直後に中国を「責任のある利害共有者（ステークホルダー）だ」と持ち上げた。そして中国は翌年、日本との改善に動いた。北京五輪開催を控え国際的な歓迎ムードが必要だった中国は、米国の日本に対する目を意識せざるを得なかったのだ。二〇二三年八月以降の処理水をめぐる日中対立のときも、中国は日本に対する反発を持ち続けたが、国際会議の場で李強首相は同席した岸田文雄総理大臣と短い会談を行った。日本は後ろ盾の米国との関係が良好だ。一方、米中関係は悪化しているからだ。日中の政治的な関係においての影響は限定的だ。

4 「台湾」は日米中のカードに

今日の「台湾」は日米中の勢力ゲームの「カード」になっている。台湾は大陸中国より先に経済発展した。当時は台湾も国民党の独裁国家だ。両者は「一つの中国」をめぐって争う関係だ。それが、米国が国交を切り換えたタイミングで北京政府が改革開放政策に乗り出すと、大陸中国の高度成長が予想されるようになった。世界のほとんどの国は台湾の中華民国を承認していた。だがその世界は、冷戦が終わったところで台北よりも北京を選び始めた。天安門事件の悲劇があったとはいえ人道・人権よりも経済だ。台湾の方は一九九一年に「大陸反攻」の奪還統一方針を断念し、選挙を経て民主化に向かう。IT産業が急成長する。以来、国際社会は中台どちらも無視できず、事実上「二つの中国」が併存する。

一九九〇年前後の台湾は中国より豊かで力も強かった。中台雪解けが始まり台湾からテレサ・テンなどの流行歌やマッサージ店などの娯楽が伝わり始めた当時の中国で、人々が台湾に憧《あこが》れていた風景を筆者は覚えている。中国は貧しく弱く、民衆は台湾の人々

図表9

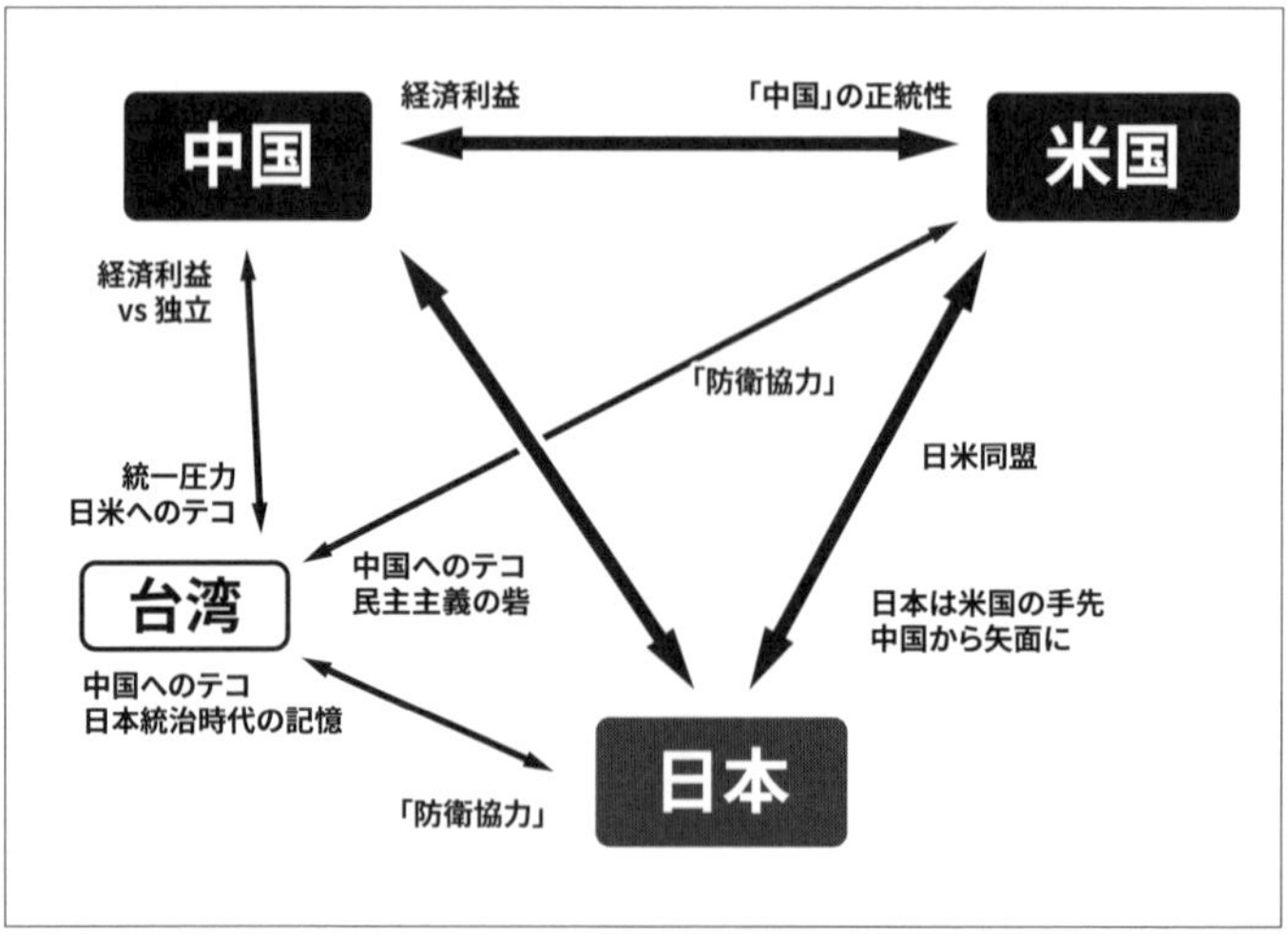

9 台湾と日米中の関係

から明らかに見下されていた。そこから中国は台湾のように民主化するよりも、いつか台湾に勝ち克服することの方が重要だと考えるに至ったのではないか。あの時代の屈辱と報復感情を思い起こすという言葉を今日、大陸の中国人からしばしば聞くのだ。一九八九年二月に筆者が見たシーンだ。地方都市を移動するコンパートメント列車で乗客同士が打ち解けて会話していた。台湾人が一人いた。身なり、身だしなみが洗練された台湾人は中国人を見下した。「台湾では一家に一台、自家用車がある」「収入も多い」「五輪を開催した韓国より発展している」。次から次へと出てくる自慢話に周囲の客が聞き入る。「うらやましい」。一九九一年に北京のレストランで台北から来たビジネス客らをもてなした。みすぼらしい服装の北京人の店員を捕まえて台湾からの客は「お前らは同じ中国人のくせに汚らしい」「そんなことも知らないのか」とけなし続けた。台湾よりさらに発展した日本の人間の前で貧しい中国を見せることを恥に思っているようだった。文化圏は同じでも進歩した台湾の流儀が通じない。日本人以上にストレスをためていた。彼らは北京の華都飯店にあった台湾人が集まるカラオケで「中華民国国歌」を歌い鬱憤《うっぷん》を晴らしていた。筆者が「すでに三年駐在している」と語ると、「我々は耐えられない」という言葉を連発していた。

しかしその後、二〇〇〇年ごろに中国と台湾の力の差が逆転し、関係性も変わった。台湾の人々は逆に中国からの威圧を恐れるようになった。戦争でも経済分断においても対抗するのに一人では戦えない。そして台湾当局は安全保障面で一番頼りになるのは日本と米国だと認識し支援を期待している。「台湾防衛」は米国の対中関与政策において、中国ヘッジのツールとして使われるようになった。米国は自国の台湾関係法に基づいて武器を売却するか、日本とともに「台湾防衛」の意思を示す。そこでは日本も中国の矢面に立つ。台湾問題は本来、中国と台湾のどちらが正統な中国かという問題だったはずだ。だが今日、こうした米国の中国に対する牽制カードとしての「台湾」だけがクローズアップされている。台湾では世界最高水準の半導体企業ＴＳＭＣ（台湾積体電路製造）が外に脱出すれば、世界から見捨てられると危機感を抱く人々もいる。複雑だ。台湾は表では感謝しつつ、静かな反発を感じている。弱く小さな台湾であるがゆえに中国にも神経を使っているのだ。その結果、本音は「独立」だったとしても、独立も統一も宣言しない「現状維持」派が最多を占める。

中国の台湾統一方針は微動だにしない。しかし西側世界では世代が交代したことで、独裁政権だったときの台湾を覚えていない。正統性の問題はもはや、「台湾の民主主義」「価値観を共有する小さくてかわいい台湾」をいかに守るかの問題であり、西側国内政治のポピュリズムの問題に変質している。一方で中国は、この日台双方が民衆レベルでもお互い相手に「親近感」を抱く現象に、「日本は台湾の植民地時代を再来させようとしている」と警戒する。

台湾に日米中の関係が投影される。かつて中国は、日本が「台湾防衛」に言及すると小さな動きでもその都度、反発した。力関係で日本を無視できるようになったことから、日本に対する中国の「許容度」は上がったが、日米中の相関関係は変わらない。日米が一体となって中国を敵に回し、日本は完全に最前線に出過ぎていると判断すれば、中国は日本を様々な手段で威圧する。今日の中国は日本を「米国の手先」と見るか「米国への突破口」として利用するかのあいだで微妙なバランスを保っている。そこに台湾がカードとして入る。台湾の安全保障で米国と日本が協力する。これに中国は反発する。中国にとって台湾問題は譲れない核心利益だ。そして日米への反発は台湾への戦闘機の飛行などの軍事的威圧で示される。日米に対して台湾が中国のテコでありミゾオチになっているのだ。

日本が中国と対峙した山場が五回あった。そのうち一九九六年と二〇〇五年の二回は米国と日本が台湾海峡の防衛に言及した時期だ。この当時の台湾も独立を強く志向していた。一九九六年の日米防衛協力のガイドライン見直し協議で台湾海峡危機を「周辺事態」だとする協議と並行して、中国による核実験が続き歴史認識問題の追及が激しくなった。二回目の山場である二〇〇五年の反日暴動は、台湾問題が直接原因の一つだった。日米の外務防衛協議（2＋2）で台湾海峡を「防衛対象」にした直後だ。尖閣問題も中国にとっては台湾問題に隣接するテーマだ。二〇一〇年、二〇一二年には尖閣諸島問題をめぐって中国で反日暴動が起きた。これが三回目、四回目の山場だ。台湾自身は国民党政権で中国との関係はよかった。そして今日までの流れはこうだ。日米は二〇二一年四月のバイデン大統領と菅《すが》義偉《よしひで》総理との共同声明に「台湾海峡の平和と安定の重要性を強調」※32と初めて明記した。日本国内では政治家が中国に強硬姿勢を示せるか否かは、世論の支持を仰げるかどうかにつながる部分がある。岸田政権発足後、安倍元総理が台湾とオンラインで結んだシンポジウムで「台湾有事は日本有事」だと訴えた。このあと二〇二二年のウクライナ侵攻で中国の台湾武力進攻への懸念が広がる中、岸田総理自身も五月以降、「ウクライナは明日の東アジアかもしれない」と度々発言し、台湾問題を想起させた。五月下旬のバイデンと岸田の共同声明でも「台湾海峡の平和と安定」を継承した。

五回目は二〇二二年八月。米連邦議会下院のペロシ議長の台湾訪問に対し、中国はミサイル発射訓練で反発を示した。台湾の周辺海域に加え、沖縄県沖の日本のＥＥＺ内にも落下させた。この日の夜、東京入りしたペロシ議長は翌朝、岸田総理と朝食をとった。このときはギリギリの「出過ぎている」状態だった。そして日米が取った行動で日本にはさざ波が立ち、台湾には大波が押し寄せた。

二〇二三年の「処理水」放出に対する反発エスカレートの裏には、その二年前からの「台湾」をめぐる日米の対中包囲がＮＡＴＯや韓国との連携にまで強化されたことに対する反発がある。台湾をめぐって押さえつけてきた不

	中国反発	日米が対中牽制	中国→日本	米中関係	台湾独立	日米
1993			歴史、核実験	天安門後初の首脳会談	李登輝	冷却
1996	初の台湾総統選	ガイドライン見直し（台湾）	歴史、核実験	台湾独立に反対表明 1998	李登輝	パッシング 1998
2005	「入常」、靖国	安保協議（台湾）	尖閣、反日暴動	中国は利害共有者	陳水扁	
2010	北朝鮮、尖閣漁船衝突	日本海・南シナ海演習	反日暴動	「世界の警察官でない」	馬英九	普天間冷却 2009～
2012	尖閣諸島国有化		反日暴動		馬英九	冷却
2016	南シナ海権益無効	南シナ海演習	尖閣海警公船	悪化	蔡英文	
2022	ペロシ議長訪台	QUAD、共同声明（台湾）	EEZミサイル、尖閣	悪化	蔡英文	
2023	処理水、対中包囲	半導体、QUAD、台湾	反日電話、禁輸、尖閣	悪化から改善	蔡英文	

※ 黒地白文字は日中悪化の年を示す。また、「入常」は日本の常任理事国入り運動のこと。

10 台湾・尖閣での衝突。背景に日米の冷却、米中の接近

満が処理水で噴出した形だ。日中が対立から悪化に至るとき、日米関係の冷却、あるいは米中関係の改善という外部環境もそのハードルを下げてきた。前頁・図表10

（二）一九九六年／台湾危機は「周辺事態」。「歴史」で日本を牽制

一九九六年四月の日米防衛協力ガイドラインの見直し宣言から一九九七年の新ガイドラインの策定を経て、一九九九年の「周辺事態法」制定に至る過程で「台湾問題」が与えた影響を整理する。日米の防衛対象に台湾海峡を含めることが検討された時代に、中国は歴史認識問題での日本牽制を強めていった。台湾は国民党にいながら台湾独立を志向した李登輝《りとうき》政権だ。

台湾海峡危機の直後だった。当時、米国は冷戦時代のソ連に対応した日米防衛協力のガイドラインについて中国牽制を意識したものに改定するため、一九九六年四月に日本との協議を始めた。前月三月に台湾で民主的な直接投票による総統選挙が行われ、中国のミサイル発射による威嚇が前の年から続いていた。米国は空母二隻を台湾海峡に派遣し牽制した。四月に日本は米国と日米安保条約の防衛対象に台湾海峡を含めることで合意し、後に周辺事態法を施行した。米国は同盟国・日本とともに軍事で中国を牽制した。だが経済では米国は中国に接近した。グローバル経済に中国を引き入れるためWTO加盟協議を始める。ここで米国が日本と完全に歩調をそろえていれば日本への中国の対応はまた違っていたかもしれない。当時、日米関係は貿易摩擦問題で冷却していた。この間、中国は反発の矛先を米国の「手先」の日本に向けた。日本が嫌がる核実験を続けた。これはCTBT包括的核実験禁止条約採択で一九九六年九月以降はできなくなるからだが、日本に気遣うことなく続けられた。歴史問題でも日本を追及した。冷戦が終わってくすぶり始めた中国の民間人による日本政府や企業相手の戦後補償請求を支援したほか、「つくる会」の歴史

教科書作成や映画『プライド』製作など日本における東京裁判史観の見直しの動きに猛反発した。今日のように尖閣諸島の領海侵入で威圧しようにも大型の船舶は持っていない。しかし尖閣諸島奪還を目指し上陸を図る香港や台湾の民間運動を擁護するようになった。北京に活動家が運動団体を作ることを容認した。

一九九七年十月に江沢民が訪米した際、ハワイの真珠湾攻撃記念館に立ち寄り、米中が共闘した歴史を持ち出して日本牽制を訴え、日米の離反を図った。クリントンは一九九八年六月、初訪中したとき日本を通過し無視した。上海では「台湾独立反対」を宣言した。米中関係は改善に向かう。江沢民は一九九八年に外交責任者を集めた会議で、「日本に対しては歴史問題を常に永遠に言い続けなければならない」と宣言し、その直後の訪日では天皇晩さん会など各所で歴史批判を繰り返した。

一方、米中関係では二〇〇一年十二月に中国が米国の協力を得てＷＴＯに加盟する。直前に発生した九・一一同時多発テロ事件で米国は、実行犯のアルカイダにウイグル独立過激派運動組織が関係しているとして、中国が進める弾圧を支持することを決めた。中国は日中離反と日米の離反を米中接近に利用したのだ。

（二）二〇〇五年／「台湾防衛」で日米協議、反日暴動

台湾海峡を日米安保の対象にする動きは二〇〇五年にもあった。このときも日本は矢面に立った。台湾、国連、靖国という中国にとって腹立たしい問題が三つ重なり、四月中旬に中国で反日暴動が起きた。日中関係は二〇〇一年から続く小泉純一郎総理大臣の靖国神社参拝で悪化していた。そこに日本は、二〇〇五年二月の米国との外務防衛協議（２＋２）で台湾海峡を巡る問題の平和的解決を共通戦略目標として明記した。台湾は独立志向の民進党の陳水扁《ちんすいへん》政権だった。中国は台湾独立を武力で阻止する「反国家分裂法」を全人代で制定した。日米協議ではさらに日本の安保理常任理事国入りへの米国の協力についても言及した。常任理事国のポストは中国の特等席だ。アジアの盟主を自負

する中国としてはライバルに譲歩したくない。九月の国連総会は常任理事国入りを却下した。日米関係はブッシュと小泉の個人的信頼で結ばれていたが、米中関係も良好だった。米国は中国を国際秩序における「責任ある利害関係者だ」と称え、さらなる協力強化を呼びかけた。日中が台湾をめぐって衝突する裏では、台湾の野党だった国民党の連戦主席が四月下旬に訪中し、中台分断後初の胡錦濤との「国共トップ会談」が行われた。台湾製品の関税引き下げで共同市場を構築する「両岸経済協力枠組協定（ＥＣＦＡ）[※33]」締結で合意した。大陸で台湾の農産物が大量に売れた。これが追い風となり二〇〇八年に国民党が民進党から政権を奪還した。

(三) 二〇一〇年／北朝鮮で日米が協力、尖閣沖漁船衝突事件

二〇一〇年九月に尖閣沖で中国漁船と日本の海保の巡視船が衝突した。衝突した漁船の船長を日本が逮捕し勾留《こうりゅう》したところ、反発した中国は人質として国内にいた日本人を拘束した。さらにはレアメタルの輸出を禁止する経済制裁を科した。反日暴動も起きた。だが暴動の理由は尖閣諸島をめぐる対立だけだったのだろうか。中国は漁船衝突事件の法的手続きをめぐるトラブルをフレームアップしたのではないかと窺《うかが》えるのだ。

このときはまずベースとして世界の安全保障における米国の存在感が薄れたことがあった。オバマ政権は多額の戦費による財政難から「米国はもはや世界の警察官ではない」と盛んに発言して「力の空白」に注目が集まった。二〇一〇年から北朝鮮と南シナ海が蠕動《ぜんどう》し始めた。一方で普天間基地をめぐる二〇〇九年十一月の「最低でも県外」を訴えた鳩山発言もある意味では米国の力が緩んだことによる「日本の蠕動」だったのかもしれない。

二〇一〇年三月初めに、中国が「南シナ海」は譲れない「核心利益」だと主張した。同じく三月下旬には北朝鮮が韓国海軍艦船「天安号」を撃沈する事件を起こした。その北朝鮮の後ろ盾は中国だ。北朝鮮は二〇一〇年に中国と二度首脳会談を行い急接近していた。金正日《キムジョンイル》総書記が五月に四年ぶりに訪中して胡錦濤主席と会談した。一方、七月

には米韓などが中国に近い日本海で合同演習を行った。そこに日本から海上自衛隊員が参加した。普天間問題で冷却したタガが緩んだ日米関係が二〇一〇年に入って少しずつ回復軌道に乗ったところだった。南シナ海でも五月に七月にかけて米豪加英などの艦隊が巡航しながら周辺各国を訪れ、ここに日本も参加した。一連の動きに中国は反発した。金正日が八月にも長春で胡錦濤と会った。この直後の九月初めだ。尖閣諸島沖で海上保安庁の巡視船に中国漁船が衝突した。衝突は事故だ。中国の反発の直接の理由は日本が一方的に日本の法律を適用したことにある。それが経済制裁や人質事件にまで発展した理由は、南シナ海と北朝鮮の問題で米国と日本が結束する。中国がその結束力を試したことにあったのではないか。

一方、台湾は静かだった。台湾の政権は二〇〇八年に中国に融和的な国民党・馬英九《ばえいきゅう》に替わった。漁船衝突事件直後の二〇一〇年十月、野党・自民党政治家として総理大臣退任後の安倍晋三が台湾で馬英九総統と会見した。安倍は翌二〇一一年九月にもまた訪台した。日本と米国の関係が冷却しているときの台湾はじっとしている。対立する日米のどちらにも台湾としては巻き込まれたくないのだ。中国は静観した。その一方で、尖閣諸島をめぐる日本との争いでは中国も台湾も共闘できると考えている。台湾も尖閣諸島に対しては中国と同様、自身の領土だと認識している。国民党政権は特に厳格に主張する。ただし中国と取り合っているのではなく、尖閣諸島は中国や台湾の行政管理上は台湾・宜蘭《ぎらん》県に属していて、分断する前からの中国の領土、中国の一部である台湾の領土という位置づけだ。この二〇一〇年と次の二〇一二年の日本との対立では、中国は台湾の馬英九政権の反応を見極めたといえる。その後蔡英《さいえい》文《ぶん》政権に替わるまでは台湾問題にからんで中国が日本に反発する事件はなかった。

(四) 二〇一二年／尖閣諸島国有化で反日暴動

中国は二〇一二年にも反日暴動を起こすが、このときは日本の尖閣諸島国有化そのものが原因だった。これ以降、尖閣諸島へ侵入する中国政府船の増減が日本を揺さぶるカードになった。当時は、台湾も国有化に反対を表明した。台湾が有事になれば尖閣諸島の有事と確実に連動する。仮に将来、中国と台湾が共闘することになれば、彼らは尖閣諸島問題でも共闘し、要求をさらに強める展開もあるだろう。

（五）二〇一六年／「南シナ海」牽制で日米が協力、尖閣に中ロの艦船と漁船団

日本の「台湾防衛」を念頭に入れた「周辺事態法」は二〇一五年に米国との防衛協力強化を意識した「重要影響事態法」に改訂された。しかし中国の日本への反発表明は比較的小さかった。首脳会談実現が模索され、「一帯一路」構想に日本が関心を示すなど日中関係が良好だった時期で、悪化を避けた。

翌年二〇一六年、中国が日本を威圧する条件がそろった。「南シナ海」問題での日米協力が中国を刺激した。オバマ政権は中国が軍事施設を建設する南シナ海で「航行の自由作戦」と称し、海上や空からデモンストレーションを行い牽制していた。米国が二〇一六年六月中旬に南シナ海と東シナ海で連続して行ったインドとの共同訓練「マラバール」には、東シナ海海域で日本の自衛隊員も加わった。日本が参加したきっかけは北朝鮮が二〇一六年一月初めに行った核実験とミサイル発射だ。中国軍は尖閣諸島で対抗措置に出た。この六月の日米印の共同訓練に合わせて、ロシア軍と合同演習を行い、尖閣諸島の接続水域に艦船を侵入させた。このあと七月にはハーグ仲裁裁判所が「南シナ海」での中国の権益主張に国際法の根拠なしという決定を下した。安倍総理が「法の支配による解決」を中国に求めたところ、防衛省によると中国は尖閣諸島海域に八月に大量の漁船団と政府公船を投入し、領海侵入も起きた。しかし九月の中国・杭州《こうしゅう》G20で日中首脳会談が行われた。この前後に威圧は収束し単なる中国のパフォーマンスに終わった。反日暴動も経済制裁もなかった。二〇一〇年と異なるのは、当時の中国と北朝鮮との関係は冷却していた。米国は大統領選挙直前で米中関係は漂流していた。大統領がトランプになればその対中貿易赤字を叩く言動からは、米中

関係が悪化することは必至だった。米中が不安定なときの中国は日本に接近する。一方で日米関係は良好だった。台湾独立派の蔡英文政権は五月発足で本格始動していなかった。「言論ＮＰＯ」の二〇一六年の調査を見ると日本の対中世論は悪化したが、言論統制の厳しい中国の「世論」はこれに反応しなかった。

㈥ 二〇二二年／ペロシ議長が訪台後に東京で岸田総理と朝食。日本のEEZにミサイル

二〇二二年は中国の台湾武力統一への懸念が一気に高まった。ウクライナへのロシア侵攻から連想したのだ。バイデン政権の中国包囲に日本は加担し、中国が警戒するＱＵＡＤ（クアッド）首脳会合を東京で開催し、訪日したバイデン大統領との共同声明で「台湾海峡の平和と安定」に言及した。反発する中国はペロシ議長の訪台・訪日のタイミングで、日本の排他的経済水域（ＥＥＺ）内にミサイルを着弾させた。ただし対米関係が悪化するとき、中国は日本の協力が重要になる。反発は寸止めにされた。

㈦ 二〇二三年／対中包囲で日本が米国に同調。処理水放出に中国は水産物禁輸などで牽制

原発を冷却したときの処理水を日本が二〇二三年八月に海に放出すると、中国は日本産水産物を全面禁輸した。経済不安で鬱憤をためる民衆による嫌がらせ国際電話を野放しにするなどの反日行動に出た。だが真相は、二〇二一年以来の日米共同声明が「台湾」に毎回言及したことで対日牽制のチャンスをうかがっていたところ、処理水問題が起きたことで、中国に反発の隙を与えたというのが原因だろう。放出の裏で日本は米国やＮＡＴＯに同調して対中包囲網を強化し、台湾問題に介入し始めた。処理水について日本が韓国だけに丁寧な説明をして中国と差別化を図ったうえ、韓国の包囲網参加を促した。ＩＡＥＡも取り込んだことも反発の理由だろう。米国の片棒を担ぐ日本の動きを牽制したのだ。だが二〇一六年の日中対立当時と状況は似ている。米中関係が不安定で日米関係が良好であるあいだは

日本を敵に回さないのだ。「言論NPO」の二〇二三年の八月から九月にかけて行われた世論調査でも、日本の対中世論は悪化した一方、中国側の対日世論はそれほど悪化していない。ただし米中関係は不安定な中で六月以降接近し始めた。中国にとって日本の重要度は下がり、日本への反発の追い風となった可能性がある。

5 衝突――韓国、オーストラリア、カナダと日本の違い

中国の狙いはアジアの盟主になり米国と対等の地位に立つことである。米国そのものとは正面衝突を避け、中国の周辺国や米国の同盟国といった国々を影響下に置くべく、経済協力や軍事的威圧といったアメとムチを使って切り崩しを図ってきた。中国としては対中包囲で米国とこれらの国々とが一致結束する事態を避けたいのだ。だが対応の形は韓国、オーストラリア、カナダ、日本とではそれぞれ異なる。日本については、二〇〇九年から二〇一二年までの民主党政権時代は、中国から見れば影響力を行使しやすかった。中国の「餌食《えじき》」になったといえよう。しかしトランプ政権、バイデン政権と対立するようになってからの中国は、日本をあえて敵に回さず協力者として重視してきた。

中国の対応は、以下のような背景によって変化したといえる。

まずアジアの国か否か。中国式秩序や価値観に馴染《なじ》むか否かといった立ち位置によって違いを見せた。さらに地理的な中国との距離や周辺の重要な国との関係、後ろ盾の米国との結束の強弱によって、中国の出方は変わった。米国との関係が離反すればそこに付け入る。米国よりも前面に出れば叩く。また相手国の政治状況や政策の継続性が流動化し、中国の介入で政権が「親中」に転がりそうなときには揺さぶりをかける。

隣接する韓国のケースを見てみる。韓国の政権は一九九八年に、革新・親中・親北朝鮮の金大中《キムデジュン》が政権を取って以

降、保守・親米派政権との二大勢力で交代が繰り返された。歴史的にも小国が分立し、内政が不安定なときは中国、日本、米国、ロシアなどの政治的影響下に置かれ利用された。今日も中国は米韓、日韓の分断を図り、接近と牽制で揺さぶりをかけている。二〇一三年から二〇一七年、当時の親米派の朴槿恵《パククネ》政権も痛めつけられた。朴槿恵政権は船舶事故の責任を追及された後、弾劾辞任する過程にあり風前の灯火だった。二〇一六年に朴槿恵政権が米軍の要求で北朝鮮や中国の動きを監視できるミサイル・システムＴＨＡＡＤの配備を決定したところ、翌年敷地のゴルフ場を提供したロッテに対して中国は経済制裁を行った。中国と対立する中で親中・親北朝鮮の文在寅《ムンジェイン》に交代した。文在寅政権は中国との関係は良好だったが、日本と対立し米国との関係も冷却した。その後二〇二二年に政権交代した尹錫悦《ユンソンニョル》は親米派だ。

オーストラリアはどうだろうか。地理的に中国は遠く、衝突の歴史的経験は浅い。このことが反発する中国への対応を遅らせた。しかもそのオーストラリアの対中政策は自由党など保守系と労働党との政権交代ごとに変転した。中国はこの労働党という親中派の取り込みを図った。相手国全体を動かす上で、敵対勢力を分断し融和派を取り込む戦術は中国の得意とするところだ。

二〇一三年まで首相を務めた労働党のケビン・ラッドは中国語を話す知中派だった。駐米大使を務める今日でも鋭い中国政治分析（https://www.kevinrudd.com/）を発信するなど中国の表も裏も知り尽くしている。だが後に自由党のターンブル政権が発足すると習近平政権と対立し始めた。二〇一五年に中国はオーストラリア北部のダーウィン港の長期借入をめぐってぶつかった。そして二〇一七年に中国が関連した政治献金問題が発覚して以来、両国関係は急速に悪化した。同じ自由党のモリソン政権時代の二〇二〇年に新型コロナが拡大した。モリソン首相は中国政府の対応をめぐって独立した国際調査を要求した。これに中国が猛反発して農産物輸入禁止などの経済制裁で威圧した。さらにオーストラリア軍の過去の戦争犯罪をめぐる中国側の指摘や挑発をめぐってモリソン首相が感情的な対応をしたことから両国関係は修復不能の状態になった。中国在住の中国系オーストラリア人、チェン・レイ（成蕾）の機密漏洩《ろうえい》容疑の拘束事件はこのときに起きた。

しかしオーストラリアにとって中国は最大の貿易相手国だ。得る経済利益は大きく、二〇二二年に労働党のアルバニージー政権に替わると徐々に関係改善に傾いてきた。チェン・レイも二〇二三年十月に解放されオーストラリアに帰国した。一国国内の政治や社会の分断、国際政治での同盟国の離反は中国に付け入る隙を与える。さらには分際を超えて出過ぎたと認識されれば打たれる。

この一連の中国とオーストラリアの対立は、二〇〇九年ごろから始まった中国の南太平洋への進出の動きと重なる。ここで両国はぶつかった。特に、オーストラリアの隣、米国との間に位置するソロモン諸島は戦略的要衝となる。国交を二〇一九年に結んで以降、中国は関係を急速に強化した。取り込む上でオーストラリアを懐柔することが重要になった。それを阻止されれば中国には障害になった。二〇二二年には安全保障協定[※34]を結び、オーストラリアとの間にくさびを打った。かつては島嶼《とうしょ》国のリーダーだったオーストラリアを叩けば、中国は力と時代の変化を見せつけられる。オーストラリアが米英とともに二〇二一年以降、ＡＵＫＵＳ（オーカス）という新しい安全保障の枠組みを構成したことにも中国は警戒した。モリソン政権との対立はその過程で起きたのだ。

カナダの場合も中国からは地理的に遠い上、米国同盟国だという点ではオーストラリアと似ている部分がある。ただしカナダは同じ同盟国でも米国と隣接し、安全保障面でも経済関係でも両国はほぼ一体だ。内政は比較的安定している。だがカナダが米国よりも前面に出過ぎているとして中国はカナダに揺さぶりをかけた。米中対立が始まった二〇一八年の十二月、移動途中の中国の大手ＩＴ企業ファーウェイ副会長を、米国の依頼で通過地点のバンクーバーで拘束したことから関係が悪化した。中国も事実上報復でカナダ人二人をスパイ容疑で逮捕した。二〇二一年に米国が動いてファーウェイ副会長を釈放させたことから、中国もカナダ人二人を解放した。今日でも中国とカナダの関係は改善していない。二〇二二年十一月中旬のインドネシア・バリG20ではこんな場面があった。習近平とトルドーがメディアの前で角突きあわせた。立食の席で習近平がトルドー首相にカナダの報道対応を批判する。「(非公表だったはずの) 会談内容が漏れている」というのだ。トルドーは「自由な対話を大切にしている」と少し反発し、習近平は「中国はそんなやり方はしない。お互い尊重するなら対話をするがそうでなければ結果は知らない」といなした。目の前ではカナダの放送局が撮影していて動画を公開した。世界には中国が自国のルールで押し通す空気が伝わった。だが習近平は岸田文雄総理大臣に同じことをするだろうか。中国とカナダの関係も日中関係と同様に米中関係が規定する。同じ米国同盟国でも日本に対してはリーダーのメンツを直接攻撃するのではなく、「世論」から攻めていく。しかも日本には米国との関係が悪化したときに「橋渡し」を期待することがありうるため、カナダとは異なり決定的な悪化を避けている。中国のパワー外交には法則がある。中国は日本にカナダとは異なる法則で向き合っているのだ。

第三章

「力の差」が日中関係を動かす

日中の「力の差」、力関係が中国の対日姿勢を変えた。基本的には日本か、カナダか、インドかにかかわらず、喧嘩して勝てる相手かどうか。中国は常にリスクの大小を計算する。相手に勝てると思えば強く出る。また相手国に指導者が強く出たときと譲歩したときで、どちらが中国国内の反主流派や世論を納得させられるかによっても動きに差が出る。相手が強い国の場合や逆に弱い国には譲歩が可能だ。中国のメンツが保たれるから受忍できるのだ。特に米国だけは常に特別扱いだ。だが相手が中国と同等の国であれば負けは許されない。拮抗《きっこう》する相手は引きずり下ろす。そして米中の間にいる日本に対しては、中国が日本を追い越し米国に迫る過程での「力関係」の変化によって、牽制の手段、タイミング、態様が変化した。図表11

二〇二三年二月の気球事件では、中国は米国にすぐに遺憾の意を表明した。撃墜されたあとも超大国の米国とは中国は修復の機会を探る。ミュンヘンの国際会議で王毅《おうき》とブリンケンが短い会談をした。バイデン大統領も習近平主席との協議の意向をすぐに示した。実際に衝突すれば戦争になる。だが米中双方とも国内の「世論」が許さない。よって芝居のように「喧嘩」と「衝突」が演出される。しかし組み伏せやすい相手に中国は強く出る。日本は中国にとってもはやライバルではなくなりつつある。日本が仮に中国の気球を撃墜すれば、米国よりも日本が突出している

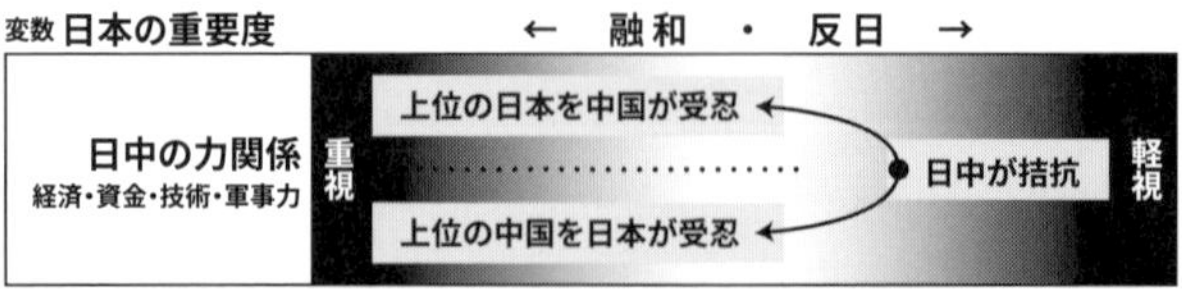

11 対日姿勢を動かす変数：力関係でみた日本の重要度：受忍と拮抗

と認識され、中国は強い報復に出るだろう。そして日本の同盟国の米国を意識し、米国から反撃を受けない程度で寸止めにする。ただし日本とは首脳どころか、外相レベルでも数年間、会談は滞るだろう。二〇一二年に尖閣諸島国有化で衝突した後、二年間、日中の首脳会談はなかった。

「力関係」は強い国が弱い国を威圧し利用する国力の関係だ。強国は「力」を持つだけではなく、「意図」をもって「力」を使い、威圧を与え、相手を自国に有利に動かす。本論では「GDP（国内総生産）」で比較する。図表12

GDPで比較した日米中の力関係の変化から見た日本の重要度の変遷を振り返る。トップの米国は上がり続ける。日本は後を追いかけ競争するが途中で失速し横ばい状態になる。中国は下の方にいたが、市場経済化で急上昇しはじめ、横ばいだった日本を抜く。そして今日、米国を追い越す勢いだ。三国のうち二か国がライバルになるとき、ライバル関係の二か国と残る一つの国との関係は良好だ。米国は競争相手国の経済力が、米国の六割にまで達すると「蹴落《けお》とし」にかかる。特徴が出るのはGDPで見ると次の三回のタイミングだ。特徴が表れる時期のGDPに注目しながら推移を見る。

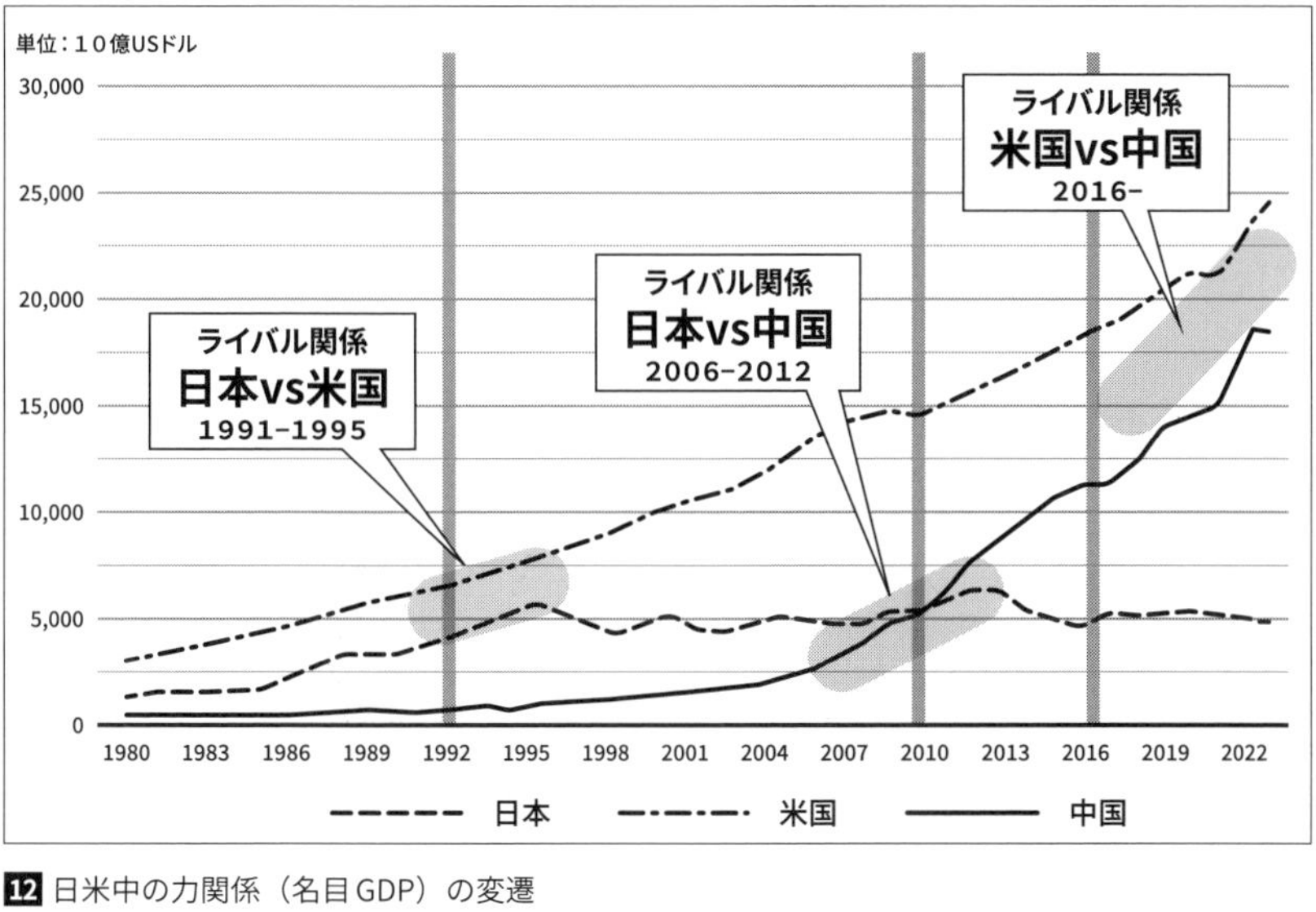

12 日米中の力関係（名目GDP）の変遷

（一）日本が米国の六割になり、中国市場でも日米がライバル関係になった一九九〇年代
中国は米国に取り入ることを狙い日本を米国から分断し切り崩そうと動いた。

（二）日本が中国に抜かれた二〇一〇年前後
蹴落とされる日本。蹴落とす中国。双方が感情的な対立を招いた。

（三）中国の経済力が米国の六割に迫った二〇一六年以降
米国から発展を阻止された中国は日本に接近した。
対中牽制で日米が一体だと見れば日本を牽制し寸止めにした。

1　一九九二年／市場経済化、貧しかった中国が日米の間隙を突く

▼日米中のGDP

米国が六・五兆ドル、日本が三・九兆ドル。中国が四千九百二十二億ドルで日本の十二・六％、米国の七・六％。鄧小平は一月の南巡講話で「中国は何千年も貧しいままだった。もう無駄にはできない」と訴えた。バブル崩壊頃の一九九一年から九五年まで、日本のＧＤＰは米国の六割に達した。

▼日米中の関係性

中国と日本の力の差は大きく、中国は日本の強さを受け入れ、日本には中国の言い分を聞く余裕があった。だが中国は常に米国を意識した上で日本を見据えていた。

中国は天安門事件後の国際社会での孤立から脱出を目指す。中国の外交方針は天安門事件後に鄧小平が提唱した「韜光養晦《とうこうようかい》（能力を隠す）」だった。特にソ連崩壊を見てからは米国の揺さぶりを一層警戒した。中国はソ連崩壊を反面教師に、計画経済をやめて市場経済に切り替える。日米の資金や技術の支援を必要とした。しかしストレートに米国に接近するのではなく、まず日本を間に挟んだ。

日本では冷戦終焉で米ソ陣営内のタガが緩むのに従い「反共親米」へのこだわりが弱くなって行く。リベラルや左派の政権参加が中心テーマになり、クリントン政権誕生の一九九三年に細川政権への交代で五五年体制が崩壊する。下野直前に自民党政権が河野談話で韓国における慰安婦問題を謝罪した。一方日米の間では貿易摩擦が続いていた。細川護熙政権はクリントン政権の不均衡是正要求に反旗を翻した。中国市場への接近をめぐっても日米は競争した。日本は円高で投資先としての中国市場を狙っていた。経済協力で豊かになれば中国は民主化し、香港、台湾、シンガポールと同じような社会になると世界中が思い込んでいた時代だ。

▼概観

中国にとって、天皇訪中が日本のみならず米国との関係改善のカギであった。秋の訪中は一九九二年一月初めに両国で内定した。翌年には米中首脳会談が実現した。天皇訪中の頃の日中関係は、社会レベルでは民衆同士の接触は少ない。ナショナリズム対立も、それを利用する右派政治家もほとんどなく、天安門事件の強権弾圧のネガティブ・イメージも薄まっていた。しかし隣の韓国では慰安婦問題が高揚し始めており、日中の政府間では天皇訪中に際してもこの問題を取り上げないことで合意した。[※35]このことは中国が秋まで社会の抗日・反日の動きをコントロール下に置くことを意味した。

同じ時期に中国は計画経済から市場経済体制に転換を図った。保守派は反発した。鄧小平はあえて広東省で遊説「南巡講話」を行い、香港メディアに報じさせたことで「西側」の世論を味方につけ、ガイアツで保守派をつぶした。保守派のガス抜きのために実施したと思われることが二つある。天皇訪中発表の翌月の二月に施行された「領海法」に尖閣諸島（中国名：釣魚島）領有を明記したこと。さらに五月に核実験を二年ぶりに再開したことだ。中国は弱く貧しかった時代から国連常任理事国や核保有国の地位を影響力行使のテコにしてきた。特に核実験は条約採択で一九九六年九月以降の禁止が予測される中、核保有国としての存在感を世界に示すものだった。同じ核保有国のフランスも核実験を繰り返した。中国の核実験は、一九九二年五月下旬に続いて、九月下旬にも実施が伝えられた。すなわち市場経済化を採択する十月中旬の共産党大会の直前であり、天皇訪中は十月下旬だ。広島市と長崎市の市長が実験に抗議した。日本政府は「慰安婦問題」で中国に自粛を申し入れたことから「借り」ができた。これにより一九九二年の間の尖閣問題や核実験では、抗議しにくくなったのではないか。だが日本社会の対中感情が悪化に転換する最大の原因はこの核実験だ。

そしてクリントン大統領は一九九三年にシアトルで開催するＡＰＥＣを首脳級会談に格上げし、江沢民主席と会談する環境を作った。核実験は、一九九三年には天安門事件後初の米中首脳会談を翌月に控える十月に実施した。中国の核実験を見る眼は米国と日本とでは違う。

米中首脳会談実現は、中国にとってある意味では「日本を蹴落とす段階」に入ったことを意味する。特に「日米」が離反するとき、中国はそこに付け入る。細川政権とクリントン政権は冷却状態にあった。一九九四年には鄧小平から江沢民への地位継承が宣言された前後の六月と十月の二回、核実験が行われた。一九九五年には日本の村山富市《むらやまとみいち》総理大臣の訪中直後の五月と、村山談話直後の八月に行った。最後は禁止になる一九九六年に駆け込みで三回行う。中国は核実験をナショナリズムに利用した。市場経済化で不安定になった国内社会の引き締めに役立ったはずだ。

2　二〇一〇年／尖閣で衝突、日本を追い越した中国「次は米国だ」

▼日米中のGDP

米国が十四・九兆ドル、日本が五・七兆ドル、中国が六兆ドルになる。

日本と中国の序列がシーソーゲームのように入れ替わったのだ。中国の外交政策における日本の位置づけは二〇一二年に「大国」から「周辺国」に変わる。二〇一〇年と二〇一二年の尖閣諸島をめぐる日中の衝突は起きるべくして起きたといえよう。

▼日米中の関係性

日本が中国に抜かれた二〇一〇年前後に、日米の中国に対する認識が変化した。それまでは、中国はいずれ日米と同じ「民主主義」の価値観を持つ。やがて米国の経済規模を抜く中国は米国を支えるようになると都合よく解釈していた。だがこれが幻想だと分かり始めた。

二〇〇八年十二月には尖閣諸島領海に中国政府の船が初めて侵入するなど兆候が表れた。以降、中国は民主化せず強権体制でトップに立つ可能性があると認識されるようになった。

しかし指導者の対応は遅れた。日米関係は沖縄の普天間基地問題をめぐって冷却化する一方、双方とも中国接近で競争を続けていた。二〇〇九年に誕生したオバマ政権は、米中の「G2」で世界の先頭に立とうと呼びかけた。鳩山《はとやま》由紀夫《ゆきお》政権は「東アジア共同体」構想を掲げた。離反する日米を中国が利用しやすい構図だ。

日米中の力関係の差においても、日本だけが上がらず、日米は開き日中は入れ替わる。そして米国は往時の世界の警察官を務める余裕がなくなった。中国との間が近づき始めていた。外に対しては、強い経済力を背景に中国は国際社会に積極的に進出する。その権益を守るために軍事力を強くする。二〇〇九年に西側融和から強権権威主義路線に軸足を変えた。そして日本を対米戦略の一部に取り込んだ。日本への威圧を米国の反応を見る「リトマス試験紙」として、あるいは米国を動かすテコとして使うようになった。国内からは民衆の政治に対する発言力が増した。日本社会は中国の反発を受け入れる余裕を失った。リベラルだったはずの日本の民主党政権の軸足は、世論に阿《おもね》って親中国から反中国にブレた。しかも日本を支えるはずの米国との関係は冷え込んでいた。日本は米国のいない「丸腰」の状態で中国と対峙した。

▼概観

中国の対外姿勢は二〇〇八年の北京五輪の前と後とでガラリと変わった。しかし日米は油断していた。五輪直前に日本では訪日した胡錦濤が「普遍的価値観の理解と追求のために協力」という文言を共同声明に記した。北京五輪開会式には、米国から退任間近のブッシュが出席した。米国経済の救済を申し入れる一方、チベットなどでの人権弾圧を批判することなく帰国した。米国の財政はアフガン戦争、イラク戦争でひっ迫し金融危機に向かっていた。中国は大量の米国国債を買い支える「貸し手」だった。北京五輪成功後、中国は米国で起きた金融危機リーマン・ショックを救済し、「世界経済の牽引車《けんいん》になって欲しい」と米財務省から持ち上げられ自信を深めた。

中国は相手との力関係の差を測るのにストレス・テストをしばしば行う。対外姿勢を転換した中国は日米に軍事的威圧を与え反応を見た。人民解放軍の戦艦が初めて津軽海峡から太平洋に進出した。尖閣諸島の領海にも、十二月の日中韓首脳会談が福岡で初開催される直前に、中国国家海洋局の船二隻が初めて侵入した。そして東シナ海ガス田では、胡錦濤来日で合意した共同開発を無視して一方的に採掘を再開した。日米ではこれ以降、中国は共産党独裁体制で民主化しない状態のままで強国を目指すという懸念が広がる。

政権交代した米国のオバマ大統領訪中直前の二〇〇九年七月、中国は外交路線を鄧小平時代の慎重・融和路線から攻めに転じた。すなわち「韜光養晦有所作為（能力を隠す。なすべきことをなす）」のうち「能力を隠す」が中心だったのを、「なすべきことをなす」に重点を移した。日本では二〇〇九年九月に自民党から政権交代した民主党の鳩山由紀夫総理大臣が、「東アジア共同体」構想を掲げて中国に接近し、沖縄普天間基地問題で米国と対立した。

一方、「米国」の国防総省は中国の変化に気づいていた。二〇〇九年七月、中国の不審な軍事的動向についての報告書を上げた。東シナ海・南シナ海と太平洋において海軍力で米軍を寄せ付けない「A２AD（Anti Access Area Denial：接近阻止・領域拒否）」戦略を取っていると指摘した。だがオバマ大統領は依然として中国に接近していた。鳩山政権誕生後の十一月にオバマはアジアを歴訪した。東京で鳩山と沖縄基地をめぐってぶつかった後、北京では胡錦濤に米中「G２」で世界のことを決めて行こうと誘った。

しかし中国の胡錦濤は訪中したオバマに、外交方針が変わったことを伝えた。「核心利益（決して譲れない国益）」の政治理念だ。台湾・チベット・ウイグルは決して譲れない「核心利益」だ。だがその中国に日本の鳩山政権は米国よりさらに接近した。二〇〇九年十二月、小沢一郎《おざわいちろう》・民主党幹事長が国会議員約百四十人などを連れ胡錦濤を表敬訪問した。翌週には主席就任が内定していた習近平副主席の訪日で天皇会見を強引に実現させ、野党・自民党の批判を浴びた。日本は「中国の強大化」という変化を読み違え、「米国」の抑止力を軽視したといえよう。ここで隙を見せたこと、これが二〇一〇年の尖閣沖での漁船衝突や二〇一二年の尖閣国有化がきっかけとした二度の反日暴動につながったといえる。このあいだ「日中」は二〇一一年の東日本大震災で「協力」した局面もあったが、競争の方が勝った。衝突に追い込んだのは「世論」だ。相手を追い抜いた「中国」のナショナリズム高揚と、抜かれた日本のリベンジ感情だ。そして「世論」を仕切ることのできない日中双方の弱体政権だ。そこに「もはや世界の警察官ではない」と弱音を吐いた米国の油断が加わった。

3　二〇一六年／GDPが六割に達した中国を蹴落とす米国

▼日米中のGDP

米国が十八・七兆ドル、中国が十一・二兆ドル、日本が五兆ドルになった。米中の差は縮まる方向へ進み、激しい競争になり、二〇一八年には貿易戦争に突入した。

▼日米中の関係性

日本を抜いたことで中国には米国が次のライバルとなった。二〇一二年に「日本」の位置づけを「周辺国」に変え、中国には日本を取り込む余裕が出てきた。米国との対立を見据えた後は、日本との関係改善が必要になった。習近平政権の下で日中の関係は安定し始めた。二〇一五年九月の抗日戦勝記念日に、習近平が日本を克服したことを訴え、返り咲いた自民党政権の安倍晋三総理大臣が「一帯一路」に協力を表明した頃から、日中関係改善のアクセルが入った。

一方、米国のオバマ政権は、軍事戦略における中東と東アジアの二正面作戦を止めて中国牽制に集中し始めた。中国の習近平は事実上「G２論」を断り、世界を牛耳る米中二つの国際秩序の併存を訴えたが、オバマ政権は受け入れなかった。

次のトランプ政権の米国は二〇一八年以降、強大化する中国の抑え込みにかかった。牽制はバイデン政権に継承された。力関係が拮抗する状態で、米国は中国の発展阻止を図り、優位を保とうとする。中国は抵抗する。双方とも相手と向き合うときのカウンター・バランスになりうる国々と連携し、グループ間で対峙するようになった。もはや米中が冷戦当時と同じ対立状態になったところで、ウクライナ戦争が始まった。米国同盟国の日本は米中対立の最前線の国として、中国による反発の矢面に立つ恐れが出てきた。それは牽制する中国への明確な説明が絶えず求められているということだ。

▼概観

米中の対立は米国オバマ政権の後半から見え始めた。中国が海軍力で米軍を寄せ付けない戦略を取り始めた報告をうけ、米国は二〇一〇年以降、戦力を「中国」牽制に集中し始めた。「南シナ海」に軍事基地を作り始めた「中国」を威圧するため米国は、二〇一五年から「航行の自由作戦」と称して中国が領有主張する島の「領海」内に艦船を侵入させる作戦を始めた。二〇一六年には日本も米国に協力し周辺海域で行われた合同演習に参加した。「中国」は報復として尖閣諸島領海に政府公船が誘導した大量の漁船を侵入させた。だが当時は日中双方とも首脳同士の会談がすでに復活し、関係悪化には至らなかった。十一月の米国大統領選挙でのトランプ勝利の結果が読めなかった時期であり、中国が日本を敵に回すのを控えた面もある。

二〇一七年に「米国」トランプ政権が発足した。支持層には「中国」の経済成長に批判的な人々が多かった。「米中」対立が本格化する前の二〇一七年六月、「日本」は「一帯一路」構想への協力を表明した。投資、貿易、インバウンド観光など経済成長のカギを中国に期待したからだ。一方、二〇一七年十月の党大会で中国が共産党一党支配で「最強の国」になることを宣言してから米中関係が悪化した。また北朝鮮が二〇一八年に入ってそれまで続けていたミサイル発射や核実験を止め、米国に接近し始めたことも米中の構図を変えた。共通の敵ではなくなったことで米中がともに汗を流す必要もなくなったのだ。トランプ政権は二〇一八年七月から貿易関税や技術分野での制裁発動などで中国を牽制し始めた。目的は中国の共産主義体制を変え、強権・権威主義を抑え込むことであり、牽制手段を台湾防衛や中国への供給網分断などの安全保障問題に発展させた。コロナ禍でのコミュニケーションの欠落が国家の対立と分断にも拍車をかけた。

二〇二一年にバイデン政権に替わると、米国は中国との対話を復活させたものの、もはや中国は米国一国だけでは対抗できる存在ではなくなっていた。ロシアが中国に近づくという新しい要素も出てきた。弱みと油断を見せつけたのが、二〇二一年八月のアフガニスタン親米政権崩壊だ。米国は中国と対抗するために、民主主義の国々で強権・権威主義の国々を包囲する、価値観対立の構図を明確にした。反発を厭《いと》わず「民主主義サミット」を開催し、日本を含む同盟国や米国友好国がそこにいた。中国とロシアを外し、台湾とウクライナを参加させた。このあとサミット参加国を巻き込んだ二〇二二年二月の北京冬季五輪外交的ボイコットが米国の音頭取りで行われた。一方中国は米国に代わる中国式の発展理念「全球発展倡議《ぜんきゅうはってんしょうぎ》（ＧＤＩ：グローバル発展イニシアチブ）」を国連総会で提唱した。民主化を前提とする西側の発展理念に対抗するものだ。

ウクライナ戦争はここで始まった。中国とロシアの二つの強権国家と対峙しなければならなくなった米国は、新たな多国間の防衛協力を進めた。アジアでは日米豪印のＱＵＡＤと米英豪のＡＵＫＵＳの枠組みを強化し、ＮＡＴＯのような安全保障面での結束強化を図る。中国も全球発展倡議（ＧＤＩ）をもとにした安保構想「全球安全倡議《ぜんきゅうあんぜんしょうぎ》（ＧＳＩ）」を立ち上げ、ＢＲＩＣＳ参加国（ブラジル、ロシア、インド、中国、南アフリカ）や、中東や中央アジアなどの、民主化できない国々、米国から離反する国々を糾合した。

日本にとっての米国は、依然として中国よりも上位にいるとはいえ、相対的に弱体化し、手放しで頼り切れる国ではなくなった。このあいだ日本は米国と同一行動を取ってきた。台湾問題でも米国とともに立つ。

一方、中国は米国と対立する中で日本まで敵に回しても利益にならない。むしろ日本を取り込み、日米の離反を図った方が得だ。しかも強国になった中国には余裕ができた。台湾問題で米国と歩調を合わせる日本への牽制も、「寸止め」にしている。

そして米中どちらとも関係を悪化させることのできない日本は、軍事から経済までの安全保障を自国で守る力を強くするとともに、「中国」と向き合うカウンター・バランスになり得る豪州、西欧などの国々のみならず、米中双方と等距離に立つ国々とも連携し、東アジアで米中間での軍事的緊張が高まった場合には、彼らとともに「米国」に自制を働きかける局面も出てくるのではないか。

第四章 変遷した牽制

価値観、国際政治の主導権、国益と権益

中国の日本に対する向き合いには、日本から見ていると、反日もあれば、友好に傾くときもあるという「一つの線上」における変化しか見えてこない。だが中国側から見ると、貧しく弱かった中国が今日、米国と対等な地位に立つという目標を達成するまでの間に、米国の手前にいる日本をタイミングに応じて様々な手段で牽制し、それらが対立の争点になってきたことが分かる。争点はテーマによって概ね「価値観」「国際政治の主導権」「国益・海洋権益」の三つに分けられる。タイミングとしては中国が弱かった時代は歴史問題などのナショナリズムの「価値観」を多用し日本の親中派に働きかけるとともに、中国の民衆を動員した。やがて日中双方のナショナリズムが衝突する。中国が国力をつけ、日本をGDPで抜き、米国をターゲットにする時代になると尖閣諸島などの「国益・海洋権益」をめぐって日本を牽制する。「国際政治の主導権」は常態的に日本と争っている。その変遷と背景を説明する。

1 「衝突」か「融和」か――因果関係と分かれ目

中国が日本との対立点で衝突か融和に転じるかの分かれ目は、日本によって毀損《きそん》されたか否かにポイントがある。大局的には、双方に信頼関係や、相手を受け入れる余裕があれば衝突しない。だが中国は挑戦的だ。「やられたらや

り返す」「イコール・フッティングに立つ」「相手の出方を試す」「だめでもともと」といった行動パターンがある。リスクの大小によってどちらを取るかが決まる。衝突は双方の力が拮抗し、相手を許容できず警戒心が高まるときに起きる。衝突を避けるには以下のような条件が必要になる。

① 相手の主導権、国益の主張を受忍する。お互いが相手の異論を尊重する。
② 衝突したときに相手国が受けるリスクを高める。他国と連携し、威圧を避ける。
③ 技術力、経済力で相手国に依存せず、自律した強靭性を持つ。
④ 補完できる関係、共同で対処せねばならない課題を見出す。

中国と日本の間では今日、「国益・海洋権益」に関わる尖閣諸島や台湾の問題が対立の争点になっている。図表13 衝突を避けながらも、軍事力を誇示し中国の主張を認めさせる行動と意思を示す。中心にある原動力は共産党体制の生き残り、安定、持続的発展だ。その都度、日本や米国を牽制する手段を変えてきたのだ。次頁・図表14

日本との争いは、「価値観」「国際政治の主導権」から「国益・海洋権

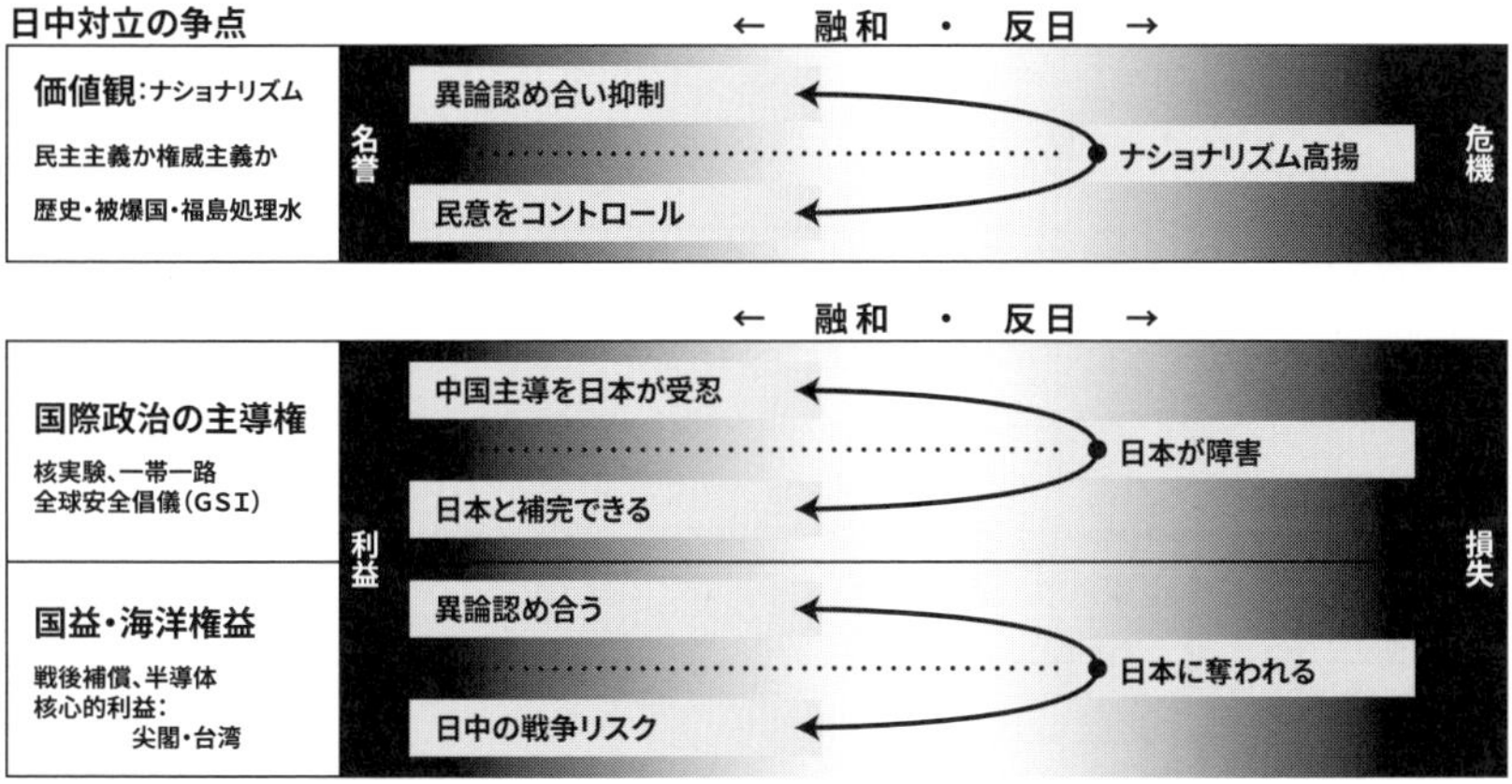

13 日中対立の争点（日本を牽制する手段）

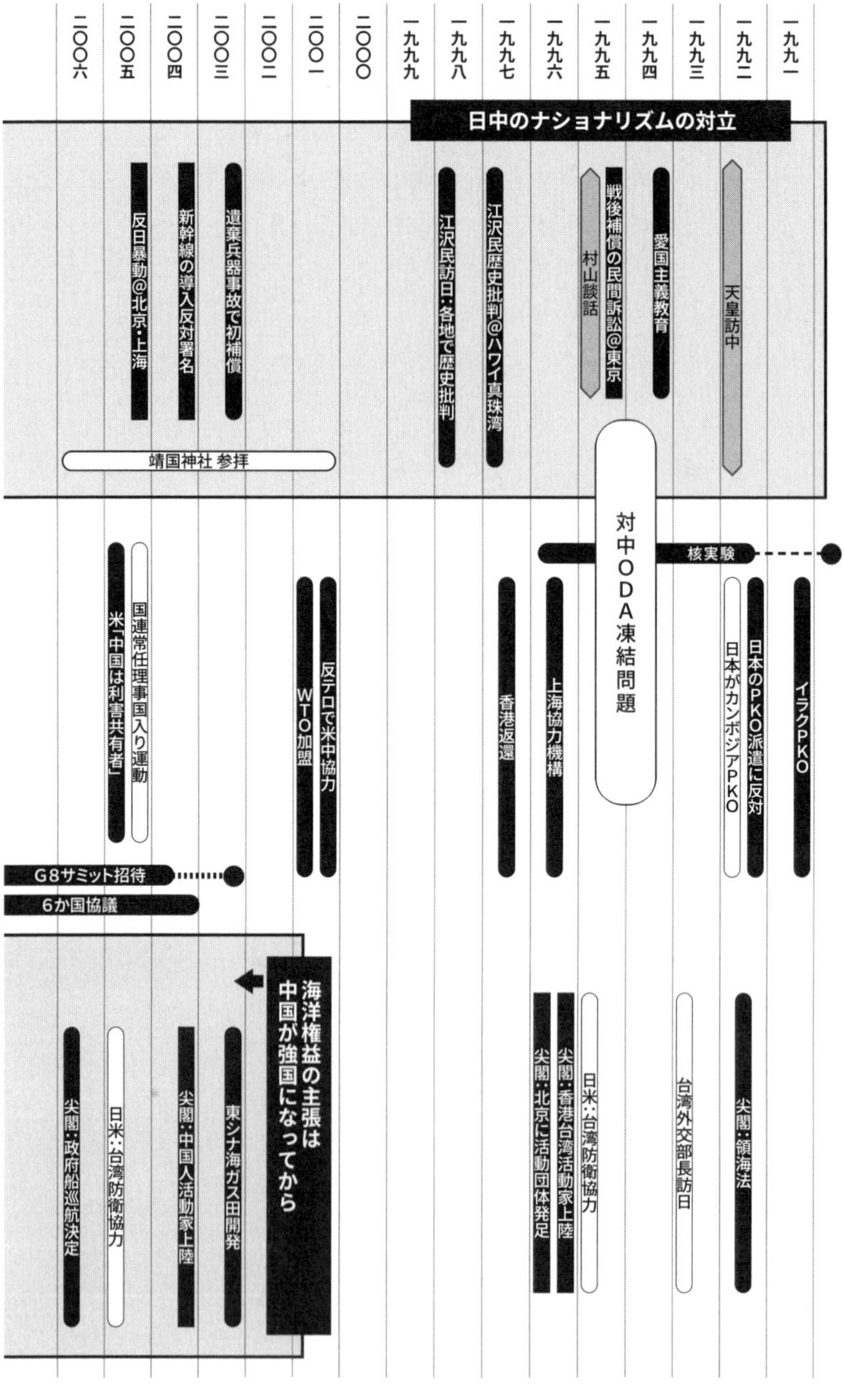
一九九一
一九九二
一九九三
一九九四
一九九五
一九九六
一九九七
一九九八
一九九九
二〇〇〇
二〇〇一
二〇〇二
二〇〇三
二〇〇四
二〇〇五
二〇〇六
価値観
日中のナショナリズムの対立
天皇訪中
愛国主義教育
戦後補償の民間訴訟@東京
村山談話
江沢民歴史批判@ハワイ真珠湾
江沢民訪日・各地で歴史批判
遺棄兵器事故で初補償
新幹線の導入反対署名
反日暴動@北京・上海
靖国神社 参拝
対中ODA凍結問題
国際政治の主導権
核実験
イラクPKO
日本のPKO派遣に反対
日本がカンボジアPKO
上海協力機構
香港返還
反テロで米中協力
WTO加盟
国連常任理事国入り運動
米「中国は利害共有者」
G8サミット招待
6か国協議
国益・海洋権益
尖閣・領海法
台湾外交部長訪日
日米・台湾防衛協力
尖閣・香港台湾活動家上陸
尖閣・北京に活動団体発足
海洋権益の主張は
中国が強国になってから
東シナ海ガス田開発
尖閣・中国人活動家上陸
日米・台湾防衛協力
尖閣・政府船巡航決定

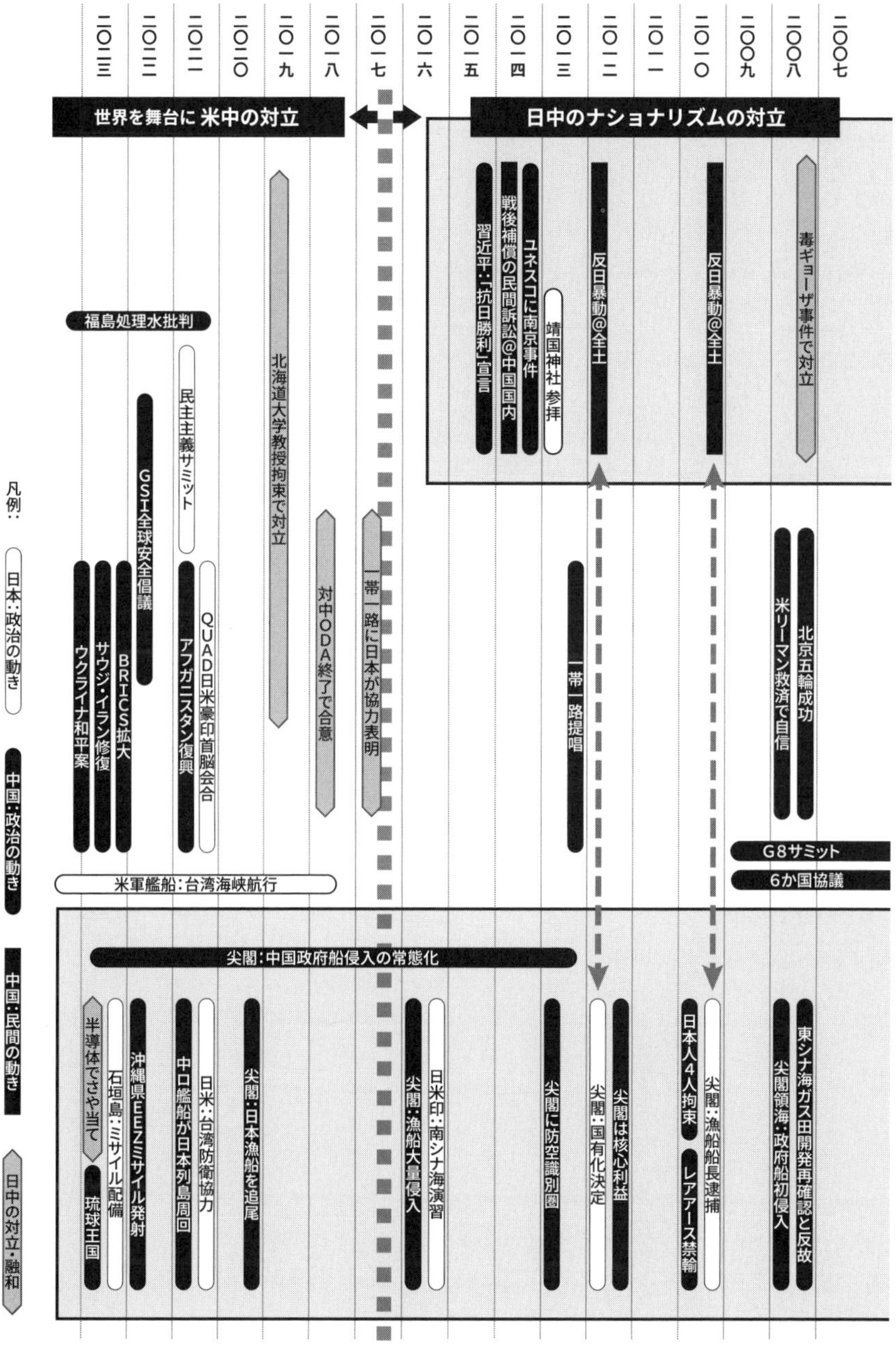

14 変遷した日本への牽制手段

益」といった範疇《はんちゅう》での対立を経てきた。

国力が弱かった二〇〇五年の反日暴動の頃まで、中国の軍事力は脅威を与えるに足らず、日中対立の争点はナショナリズムの「価値観」、特に歴史認識問題が中心だった。冷戦後の言論解放の時期と重なる。ナショナリズムは政治家が求心力を高めるためのポピュリズムとして使われ、民衆を集団に凝集させて政治に結びつける働きを持つメディアがその舞台になる。中国では言論自由化で政治主張を始めた国内民衆の動員・制御に、靖国神社や南京事件などの歴史認識問題を追及する抗日・反日のナショナリズムが使われた。日本の国連安保理常任理事国入り運動とそれに対する中国の反発、中国の核実験による核保有国としての地位誇示と反対する日本の対中ODA（政府開発援助）凍結といった「国際政治の主導権」も歴史という「価値観」の問題と結びつけられた。抗日・反日は国内を団結させることに加えて、対日牽制手段としても使われる。当時は日本でも小泉純一郎総理大臣の靖国神社参拝で中国が韓国にあえて歴史ナショナリズムを示すことが世論の注目を集め、総理の支持率上昇につながった。

尖閣諸島の周辺海域まで航行できる船舶を持つようになったのは二〇〇六年だ。それまでは国益追求で日本と衝突したとき、中国が受けるリスクが高かったのだ。しかし経済力が拡大すれば守るべき国益や海洋権益は大きくなりおのずと防衛手段としての軍事力も拡大する。GDPで日本の国力を超え米国に次ぐ強国となったのは二〇一〇年だ。「国益・海洋権益」の拡大に中国が邁進《まいしん》して日本と争うようになったのは、二〇〇九年に韜光養晦（慎重な外交路線）を見直し、積極外交に転換してからだ。国益・海洋権益の争奪にも民衆の声を動員する上でナショナリズムは必然的に絡む。以来、尖閣諸島と台湾問題は今日まで継続して争点になっている。

一方でナショナリズムのうち、歴史認識問題はテーマとしてあまり使われなくなってきた。世代が替わったことに加え、過去の弱かった時代の中国をさらすことで政府批判に結び付く。その上、歴史で他国と衝突しても相手国も反発するだけで平行線に終わるからだ。

今日の価値観対立は、一国の国内をまとめる理念というより、複数の国の世論を横断的にまとめる手段として使われている。例えば、半導体や５Ｇ通信など、先端技術開発の覇権争いや新疆《しんきょう》産製品の輸出規制の問題が、国際政治の主導権に関わる問題として争点になっているが、もはや日中関係のレベルを超えて米中が争うテーマになっている。日本は米国にぶら下がっているが中国を無視することはできない。価値観対立では米国が民主主義国をグループ化するのに対抗し、中国は民主化できない国々を中国式価値観で糾合し国家集団をつくる。一つの価値観の是非ではなく、別の価値観を提示し競い合う。日本に対しても中国式価値観を受け入れるか否かの価値観対立を中国は復活させている。

2　価値観――ナショナリズムから国際秩序理念へ

「世論」を束ねるときの「価値観」の使われ方は日本と中国とで異なる。日本の反中・嫌中を含めた世論は下からの自由な感情の発露だ。これにメディアが社会現象として注目し報道することで世論は不満を発散できる。注目されることでアクセス数が増え、選挙を意識した政治家が取り上げ求心力につなげる。淘汰《とうた》もされる。靖国神社参拝は日本のナショナリズムだ。一方、中国の「世論」は政府主導で形成され、政府の宣伝方針に従って抗日・反日、ナショナリズムの価値観が利用される。政府のツールになる一方、炎上すると政府への弱腰批判に結び付く。よって政府を突き上げるほど高揚する前に、先回りして政府が行動し日本を牽制する。政府が許容する範囲内での「民主主義」という見方もできる。

中国が使う表現としては「軍国主義復活」「ファシズム」「歴史認識問題」のほか、屈辱を想起させる「満州事変の再来」、欧米を意識した「東洋の病人」という言葉も出て来る。日米や日韓の離反を促すため、中国が大戦中に連合国として米国と共闘した歴史や、植民地支配の過去を想起させて、米国や韓国での日本に対する反感を煽《あお》ることもある。

今日では靖国神社や南京事件といった「歴史認識問題」での日本牽制は少なくなった。中国に自信がついたことや、日本が「地雷」を踏まなくなったこともある。それに加えて、歴史認識問題は民衆レベルの「抗日・反日」感情と密接に結びついている。日本の反発が逆流すると中国国内では民主化の動きと相まってデモや暴動のような下からの突き上げに至り、胡錦濤時代にはコントロール不能になったことで懲りたのだろう。

米国が中国と対立し衝突するようになってから、米国は一国だけでは中国に対抗できなくなり民主主義を旗印に国家のグループ化を進める。対抗して中国も世界に向かって自分に発言させろと、国際関係の民主化を主張し、「中国が世界に提案する東洋の知恵に満ちた解決策」「協力とウィンウィンを」と謳《うた》った「人類運命共同体」「全球安全倡議（GSI：グローバル安全保障イニシアチブ）」という秩序理念で対決する。米国に対しては「冷戦思考」という東西対立時代のワードで批判する。

価値観をめぐる対立軸は、一九九〇年代と二〇一八年以降の二度、大きな変化が起きた。一九九〇年代は、冷戦終焉、世界経済のグローバル化、中国の市場経済化による台頭、この三つが重なった。二〇一八年以降は、トランプ大統領登場後の米国の変化と、新型コロナ、ウクライナ戦争によって民主主義の限界が露呈したことで起きた。

しかし歴史や民族、風土に根ざす特殊事情を踏まえたナショナリズムなどの価値観は人間の性格のようなもので、受け入れられないといって批判しても相手や相手国は変わらない。異論を認めるか、国内に鎮静を呼びかけるしかない。

一九九〇年代／市場経済化と同時に起きた「価値観」軸の変化

冷戦時代に国家群を束ね対立に導いた価値観は、「共産主義・社会主義」対「資本主義・民主主義」というイデオロギーだった。人の往来も経済協力も情報のやり取りもない。

冷戦の分断と対立が終わると、世界はグローバル化して一つになり、国同士が国家や民族のアイデンティティ、ナショナリズムをぶつけ合う時代に入った。民主化や言論の自由化。メディアの発達で表に出て来る。日中関係が対立する争点のうち民衆がプレーヤーとして登場したことと関係して顕在化したのが、歴史認識問題の価値観だ。もともとあった抗日・反日とつながる歴史認識などナショナリズムは、冷戦終焉後に強まった。それを政治が利用した。価値観の変化は世論調査を見ると分かる。次頁・図表15

一九九〇年代までは日本での世論調査しかない。一九八九年の天安門事件で中国に対する親近感が急減したものの、当時の日中関係は比較的良好であった。民衆が政治に対して主張するプレーヤーとして参加していなかったからだ。一九九二年に天皇が訪中した。一九九五年から「親しみを感じない」が「親しみを感じる」と逆転する年があり、二〇〇三年からは逆転したまま戻らなくなった。この間に日中の言論空間はメディアを通じて一つにつながった。この動きをグローバル化が後押しした。直感的感覚で主張する民衆に政治が時代の空気を読み、阿るようになった。これが日中関係を変えたのだ。世論調査はないとはいえ、市場経済化した中国でも同じことが起きていたはずだ。

日本の対中親近感が悪化したのは中国が一九九二年から再開した核実験がきっかけだ。核実験は条約採択で一九九六年以降は実施できなくなる。これに対して被爆国日本が制裁としてＯＤＡ凍結を示唆した。すると中国は、日本への原爆投下は軍国主義を終わらせる上で必要だったという米国などにもある言説を持ち出した。そして米軍が

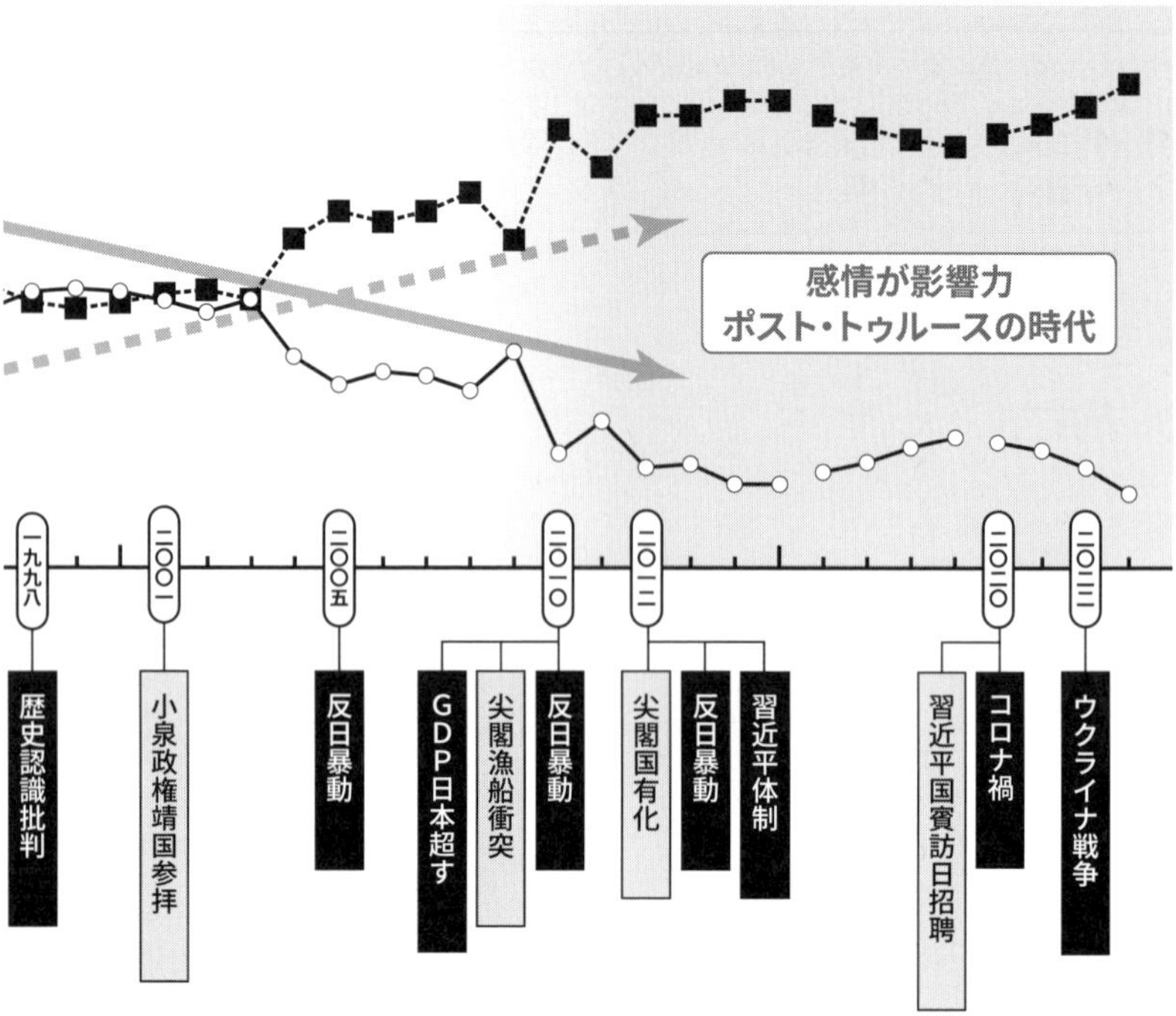

日本に持ち込む核兵器の存在の可能性や、日本が米国の核の傘の下にあることを理由にして反発し、内外に核実験を正当化させるとともに、日本の反米運動を動かそうとした。その上で中国は、ＯＤＡは中国が請求権を放棄した戦争賠償金の替わりだ。歴史認識を改めろと日本に求め始めた。当時、中国国内では戦争賠償金の放棄で政府に対する反発が高まっていた。一九九五年から元慰安婦ら個人による日本の裁判所での補償請求訴訟が始まった。反日ナショナリズムを日本に向けることで主張し始めた中国国内の世論、そして反主流派をまとめることができたのだ。一方、日本では、社会は国力を見せつけて強気に出る中国に対して親近感を持たなくなった。中国でも日本の反発を受けて過去の反省をしない国だと親しみを持たなくなったと想像できる。市場経

済化と同時に起きた変化を整理する。

（二）言論自由化と情報の商品化、テレビの普及とネットの登場

市場経済化とともに中国では言論解放が進んだ。当時、日本に戦後補償や尖閣諸島返還を求める活動家の童増《どうぞう》が筆者にこんな話をした。[※36]「日中国交正常化時に日本への賠償請求権を放棄したことをメディアで初めて知った。さらに東欧ではドイツに戦後補償を求めて民衆が立ち上がった記事を読んだ。そして中国でも日本に補償を請求し始めた」というのだ。

中国ではメディア環境が変わった。ここに共産党に都合がよく、民衆も好んでアクセスする愛国心高揚の報道がはまった。市場経済化でメディアも産業化した。営利目的の商業紙や番組が登場する。共産党の機関紙や、国営テレビが利益追求を始めたのだ。人民日報社の『環球時報』の誕生は一九九三年だ。高価だったテレビと携帯電話の普及はほぼ同時だった。これをネット登場が追いかけた。だが共産党の宣伝方針に基づいて情報発信する構図は変わらない。読者をひきつけるセンセーショナリズム、社会に迎合するポピュリズムとして

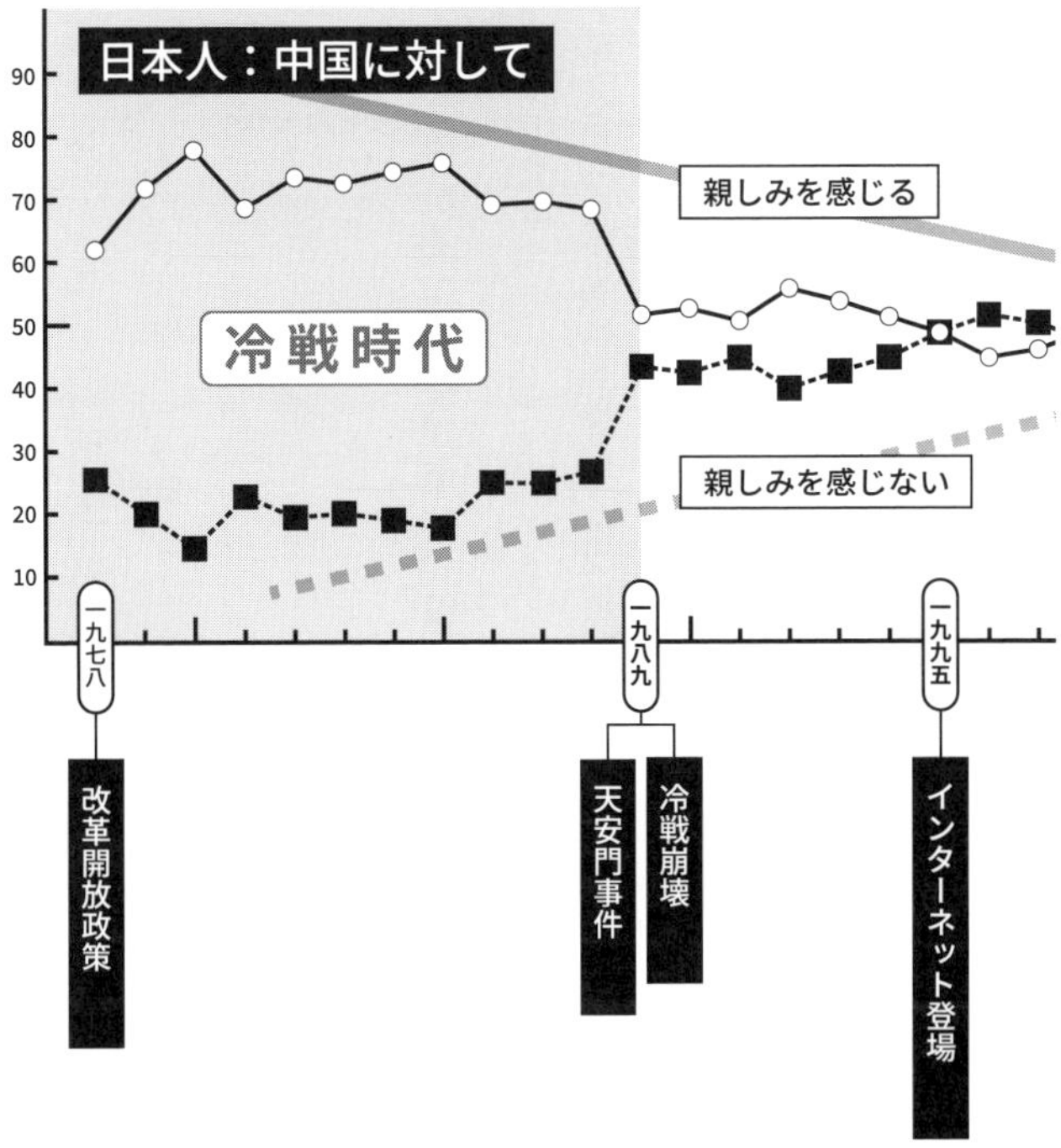

15 内閣府：外交に関する世論調査（2024年1月）

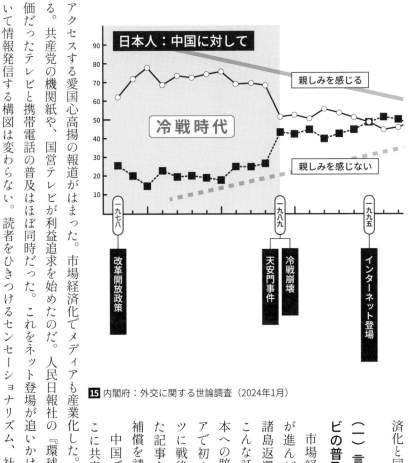

「ナショナリズム」が使われ、メディアは世論を刺激するツールとなった。

(二) 団結の価値観はイデオロギーからナショナリズムへ

江沢民政権は一九九四年に「愛国主義教育」を本格的に始めた。日本では五五年体制崩壊でリベラル派が前面に立ち一時的に政権を取ったが、並行して日本の尊厳を重視した保守派の主張が力を持つようになる。やがて日本国内は保守派(右派・タカ派)と対中融和派に分断する。さらには中国と日本や米国とが同じメディア空間、一つの情報空間になった。瞬時に情報が行きかいお互いの衝突を生む。相手国の極論だけが実際以上に目立つようになる。中国側は日本の融和派勢力を取り込んで味方につけ、彼らの力で日本政府や日本の世論を動かすことを狙う。しかし対立が深まるに従い、融和派は双方で沈黙に追い込まれていく。

(三) 共産党の周辺に富が集中、発展から台頭へ

世界は中国の発展に目を奪われ、非民主主義国家の強国化に気が付かずにきた。中国の世界市場への参入はグローバリズムによる世界発展を支えたからだ。しかし中国の社会主義市場経済とは、あくまでも共産党が管理する体制内の変革だ。そこから共産党の有力者のコネクションに頼ってビジネスを有利に進める新興財閥が生まれ癒着した。鄧小平や急速に発展した上海市出身の江沢民などに繋《つな》がった党員や国有企業幹部、軍部など、ロシアのオリガルヒと似た存在だ。彼らが民主化の阻害要因になった。そして中国国内における民主主義や人権よりも共産党体制の安定を最優先した国家体制づくりや、軍事力の拡大、中国が主導する民主化できない権威主義国家のグループ化が進んでいく。

二〇一八年以降／米中のグループ間対決で起きた変化

二〇一八年以降のトランプ政権下で進んだ米中対立は国家グループ間の対決に発展した。争点としての価値観も、国同士のナショナリズムから米中が提示する二つの国際秩序理念の競争に変化した。当時のペンス副大統領は「主権の尊重が基礎となるまで、我々は中国に対する態度を弱めない」と述べた。米国国内では格差が拡大し、しわ寄せを受けた民衆の反発感情が米国を凌駕《りょうが》するまで発展する中国に向かった。政治はそこを汲《く》み上げた。しかし国の価値観や理念は、スイッチ一つで変わるものではない。そこにコロナとウクライナ戦争が起きた。米中という世界の二超大国の対立は固定化し、民主主義国家群と民主化できない権威主義国家群の分断に発展した。

（一）国家が集う「仲良しグループ」同士が対決

今日では価値観の近い国々が「仲良しグループ」を作り、異なる価値観の相手と対立する。この対立が「国際政治の主導権」と結びついている。バイデン政権は中国を「唯一の競争相手」「挑戦者」と位置づける一方、同盟国を集めQUADやAUKUSなどの安全保障の枠組みを新たにつくった。「民主主義サミット」開催で結束を固め北京冬季五輪の外交的ボイコットを行った。反発する習近平政権は、上海協力機構やBRICSの五か国の枠組みを拡大させた。さらには中国式安保構想の全球安全倡議（GSI：グローバル安全保障イニシアチブ）を構築しQUADやAUKUSへの対抗に備えている。こうして、米中の価値観対立・秩序対立は、民主化できない強権・権威主義・専制主義の国々と民主主義の国々との間の分断を固定化する冷戦時代のような対立軸になろうとしている。日本はその米中両陣営が拮抗する対立の最前線に立っている。

福島原発事故の処理水放出を二〇二一年に日本政府が決定して以来、中国は「放射性汚染水」という言葉を使い、放出は海洋に悪影響を及ぼすとして批判してきた。環境の安全をめぐる価値観の問題だが、中国はロシアや韓国、南太平洋のソロモン諸島などの世論にも注意喚起を行う。日中がグループ間で国際政治の主導権を示す上での理念の一つになっている。

(二) コロナで進んだオンライン外交

コロナによる対面の減少が分断を後押しした。SNSの発達で世界中どこにいても瞬時に情報を交換し会議が開催できるようになった。だが嫌な国の人間とは会わない。食事会や廊下、トイレでばったりといった「会話」はなく、ボディー・ランゲージでの対話もない。SNSの交流ではニュアンスは伝わらない。感情的な対立からわだかまりを抱えたままになる。すなわち自己正当化し、同じ意見や価値観を持つ国同士の主張しか聞かない「エコーチェンバー」現象が地球規模で起きている。多様性の尊重が叫ばれる動きと、逆に多様性から遠ざかり意見の異なる相手を理性的に尊重できなくなる事態が同時に進んでいるのだ。

(三) 常任理事国ロシアのウクライナ侵攻

ロシアという国連常任理事国で核保有国である大国がウクライナに侵攻したことは、国連の信用を失わせた。国際社会が弱肉強食の世界であることを改めて思い知らせた。ロシアの軍事侵攻を肯定視する国は少ない。しかしロシアの訴える釈明に賛同し寄り添う国は多い。中国を中心としたまさに「権威主義」の国々だ。米国が実現できなかったサウジアラビアとイランの外交関係の正常化も中国の仲介で果たされた。

３　国際政治の主導権――日中二国間から米中対立にぶら下がる日中へ

冷戦が終焉した時点では米国だけがゲーム・チェンジャーであり「国際政治の主導権」を握った。米国が築いた西側の国際秩序に社会主義国も従った。一つになったグローバリズムの中で各国が信頼し合い普遍的価値を守るために協力し合うと期待されていた。

しかし隅の方にいた中国は中心を目指し始めた。やがて米国と対等な地位を主張する。米国が警戒し中国を牽制し始める。だが勢いは止まらず米中それぞれがグループを作りにらみ合う。今日では中国がもう一つ中国式の国際秩序を築き米国と対峙している。これが流れだ。

(一)「まず日本を引きずり下ろす」――既得権の核保有と国連常任理事国

米国を頂点とした秩序には序列がある。トップを目指した中国は「韜光養晦（能力を隠す）」を基本としながら国際政治の主導権獲得をまず日本と競った。武器となったのが米ロ英仏中五大国の地位だ。核保有国と国連安保理常任理事国という既得権、連合国としての地位が威圧する力になる。日本はそもそも憲法で集団的自衛権の行使が認められていない。行使容認は二〇一四年だ。国際紛争解決での影響力拡大で日本は中国に後れを取った。

一九九一年一月からの湾岸戦争でイラクと戦った多国籍軍に日本は百三十億ドルも資金支援をした。しかし資金だけでは評価されず、三月の停戦後に『ワシントン・ポスト』にクウェート政府が全面広告で感謝を示した支援三十か国に日本の名前はなかった。中国は四月からイラクに停戦監視団を派遣した。[※37] ここで米軍の力に圧倒されたことが中国の軍事力近代化、宣伝力強化につながる。[※38] 一九九二年のカンボジアＰＫＯ（国連平和維持活動）にも中国は部隊を派遣した。遅れて日本が派遣を行うと中国は「軍国主義の復活だ」と非難し牽制した。

台湾と国交を結んでいた国々が、中国との国交に相次いで切り替えた。天安門事件の人権問題よりも経済力なのだ。一九九〇年には東南アジア最大の国・インドネシア、シンガポール、サウジアラビアなどとの国交が結ばれた。一九九一年には南沙《なんさ》諸島に面したブルネイ、中越戦争以来断絶していたベトナムとの国交正常化を果たした。一九九二年にはイスラエルや韓国と結んだ。

ソ連解体で力の空白地帯になった中央アジアでも中国は勢力を広げた。一九九一年十二月の解体への動きや選挙を取材するため、筆者は新疆ウイグル自治区から陸路、独立する前のソ連カザフ共和国に入国した。中ソ国境にはルーブルの価値が落ちる前に中国で必需品を手に入れようとソ連の庶民らが殺到し、バスの中で何日間も過ごしていた。当時の首都、アルマアタの空港には十機近い中国国際航空の大型旅客機が止まっていた。ちょうど空っぽのまま北京に戻るところだったというので筆者らわずか二人の取材クルーで客室を独占した。後に分かったことだが、中国政府はソ連の解体に伴い、国交樹立に向けた代表団を一斉に送り込んでいたのだ。そして一九九二年一月二日から六日までの間にウズベキスタン、カザフスタン、タジキスタン、キルギスタン、トルクメニスタン、そしてウクライナ、ベラルーシなどと次々と国交を結んだ。[※39] 中国はこれら中央アジアの国々を取り込み、一九九六年にロシアとともに安保協力の枠組み「上海協力機構（SCO上海合作組織：当時は上海五国）」を構築した。日本はこの頃から「国連常任理事国入り」の運動を始める。だが中国はアジア代表の国連常任理事国として日本の参加を認めたくない。民間から「日本に国連常任理事国入りの資格はない」などと訴える『中国可以説不（ノーと言える中国）』が出版されると「世論」を巻き込みベストセラーになった。

（二）米国を模倣し対等な発言権を要求

二〇〇一年のＷＴＯ加盟で国際的な影響力を増大させた中国は、「Ｇ８」だった二〇〇三年の仏エビアン・サミット（主要国首脳会議）からゲストとして胡錦濤の招待参加が始まる。同じ年、朝鮮半島の非核化をめぐる「六か国協議」を主宰するようになる。そして二〇〇四年に初めて「国際関係の民主化」という言葉を使い、中国独自の権利や秩序を主張し始めた。すでに中国は米国から九・一一後の反テロ対策でアルカイダと関連したウイグル族の過激派組織の掃討で協力を求められていた。一致符合するように翌年二〇〇五年八月から中国はロシアなど「上海協力機構」の枠組みでの軍事演習「和平使命」を開始し定例化した。※40　安全保障で中国がロシアと結束を強めたことは、米国主導の既存国際秩序に対抗する構図になった。この中国に対し米国は九月に「国際秩序の責任ある利害関係者として協力して欲しい」と訴えた。一方、日本に対して中国は二〇〇五年四月に反日デモが北京と上海で暴動に発展するのを容認した。日米安保での「台湾防衛」言及、靖国神社参拝で反発が高まったところに、アナン国連事務総長が「日本は国連常任理事国の加盟候補国だ」と述べたのがきっかけだ。

（三）積極外交への転換――韜光養晦から有所作為へ

二〇〇八年の北京五輪成功で中国は米国秩序の中で一つの頂点に上り詰めた。金融危機の米国を財政出動で救済した。米国のモデルを「模倣」しつづけることはここでやめた。尖閣諸島領海に中国政府の船が侵入したのはこのときだ。国力で日本を抜くのは二〇一〇年だ。その前から中国は軍事力で存在感を示し民衆の愛国感情と結びつけた。「国際政治の主導権」を争うライバルはもはや日本ではなく米国だ。二〇〇九年に積極外交「有所作為（中国としてなすべきことをなす）」に転換することを宣言し、天安門事件以来の慎重外交「韜光養晦」は役目を終えた。米国に「核心的利益」を提示するとともにロシアなどとの軍事演習「和平使命」を二〇〇九年に「反テロ」演習に発展させた。[※41]二〇一二年からはロシアとの演習を毎年海上でも行い「海上聯合《れんごう》（海上協力）」[※42]と名づけた。二〇一〇年と二〇一二年に尖閣諸島問題をめぐって二度反日暴動が起きる。二〇一二年には中国が日本の外交上の位置づけを「大国」から「周辺国」に格下げする政策変更を行った。

（四）「グループ間対決」は米中対立が生んだ

習近平が国家主席に就任すると世界秩序で米国と併存する構想を示した。二〇一三年の初訪米でオバマ大統領に「太平洋」の分割を提案した。オバマは受け入れなかった。二〇一四年に「国際話語権」という言葉で国際社会での中国の発言権拡大を訴えるとともに、経済圏構想「一帯一路」を提唱した。日本はこれに協力を表明した。すると日中関係は急速に改善した。中国にとっては中国式秩序の理念に日本が協力することを意味した。そして二〇一五年の第二次大戦・抗日戦争の戦勝記念日に習近平は「日本に勝利した」と宣言した。

当時、日本は自衛隊と米軍の「行動一体化」に向けた法整備を進めた。安全保障で従来禁じてきた集団的自衛権の行使容認を二〇一四年に決定した。二〇一五年には武力攻撃事態法改正などの安全保障法制を策定する。一方、中国はこれに歩調を合わせるようにロシア軍と一体行動し海上演習を二〇一五年に初めて欧州の地中海で行った。[※43]後にウクライナ戦争で撃沈される「モスクワ号」も参加した。二〇一七年にはNATO加盟国が囲むバルト海で実施し[※44]たが周辺国の反発を招きリトアニアが台湾に傾斜していくきっかけになった。さらに二〇一八年にはインドが新たに上海協力機構の軍事演習「和平使命」に加わったほか、ロシアの軍事演習「東方（ボストーク）」[※45]にも参加し始めた。日中の安全保障での対峙にロシアが加わり始めた。しかし安倍政権の日本は、米国との強固な結びつきに加え、中国やロシアとの首脳同士の信頼を深めたことで摩擦を最低限に抑えられたといえる。

その中国は、国際機関でも主導権を確保した。国連の十五の専門機関のうちFAO（国連食糧農業機関）、ITU（国際電気通信連合）、UNIDO（国連工業開発機関）、ICAO（国際民間航空機関）に中国人の代表が就任する。ICPO（国際刑事警察機構）の総裁も中国人が一時、務めた。IOC（国際五輪委員会）やWHO（世界保健機関）が米国よりも中国の決定を尊重するケースも出てきた。

だがトランプ政権の米国は二〇一八年以降、中国を包囲し孤立させるようになる。しかしこの間も中国は経済成長し、広い国際社会で民主化に失敗し逆コースを行く国、条件がそろわず民主化が実現できない国は中国に従うようになった。二〇二〇年のコロナの克服でも一定の成果を上げた。こうして協力の枠組みが世界で二つのグループに分断されていく。

軍事面では米国は英国、豪州、カナダ、ニュージーランドとの安全保障機構である「ファイブアイズ」、米英豪の「AUKUS（オーカス）」で中国を包囲する。日本は日米豪印が協力する「自由で開かれたインド太平洋」を構想として掲げた。米国はこれを二〇二〇年に安全保障フレームのQUAD（クアッド）に発展させた。米国とインドの定期共同訓練「マラバール」が、日本なども参加した四か国で行われるようになってきた。これを中国は「アジア版のNATOだ」と非難し、対抗して尖閣諸島領海への侵入で米国同盟国の日本を牽制する。二〇二一年に中ロの艦隊が「海上聯合」の一環として日本列島を周回した。二〇二一年には、価値理念としての全球発展倡議（GDI：グローバル発展イニシアチブ）を提唱し、BRICSなど中国を中心とした国家集団を支える理念に設定する。

この「発展」理念をもとに、習近平はウクライナ戦争開戦直後の二〇二二年四月に中国中心の「安全保障構想」を提唱し、NATOやインド太平洋での日米豪印のQUADに対抗する。それが「全球安全倡議（GSI：グローバル安全保障イニシアチブ）」だ。ここに民主化とは別の道を目指すロシアなどBRICS各国や中東、中央アジアなどの新興国、グローバル・サウスが集まっていく。

4　国益・海洋権益――リスクを払って奪取するか

中国が「海洋権益」の「東シナ海ガス田」で開発を始めたのは二〇〇三年からだ。しかし国益・海洋権益に対する主張は、関係国との衝突など、リスクをとれるかどうかが判断基準になる。大型船舶や航空機で具体的に軍事プレゼンス（存在感）を示す力を持つのは、二〇〇八年の北京五輪の成功を経てからだ。五輪後の十二月、尖閣諸島に政府公船二隻を侵入させた。二〇〇九年に鄧小平時代の「韜光養晦（能力を隠す）」外交路線から「有所作為（なすべきことをなす）」積極外交への転換と国際発言権の主張を宣言した。同時に米国政府に対して台湾・チベット・ウイグルを譲れない「核心的利益」と呼び対決姿勢を明確にした。

その後、二〇一二年一月、中国は尖閣諸島も核心的利益だと主張した。日本が尖閣諸島などにある無人島に名称を付けたのがきっかけだ。中国の認識の中では「尖閣諸島」も中国のものになっている。同年の日本による国有化と、中国の反日暴動を経て、中国は尖閣諸島領海への政府公船の侵入による領有権主張を常態化させた。日本の防衛省によると中国政府船の「月に二～三回の頻度で、二～三隻の公船が、午前十時くらいから二時間程度、わが国領海へ侵入」という動きがパターン化した。決められた規則があるものと思われる。日本政府関係者は「三三二方式だ」と常態化を揶揄する。

南シナ海の島や岩礁の国益・海洋権益については、中国が二〇一四年ごろから軍事基地建設を活発化させた。南シナ海は第二次大戦が終わるまで日本が支配した。敗戦で手放すと、大陸の中華民国が「九段線」で囲って利権を主張した。しかしベトナム戦争の戦場になり、その後は力の真空状態が続く。そして周辺各国の間で、国力が突出した中国だけが国益・海洋権益を強硬に主張するようになった。

結節点の台湾では米中両グループの衝突が懸念されている。実際に戦争を始めるリスクを冒してまで完全奪取に踏み切るかは疑問だ。だが言論を統制する中国とは異なり、民主主義社会の米国からは感情論や、それに阿る政治やメディアの動きも併せて、様々な信号が発せられている。二〇二一年から米インド太平洋軍の新旧司令官から、台湾武力解放は「六年以内」、「いつ起きてもおかしくない」という指摘が相次いで出された。ウクライナ戦争開戦以降は、ロシアと政治体制の似た中国が暴挙に出るとみる世論が高まっている。これを意識したペロシ下院議長の台湾訪問もあった。これら世論を意識した米国発のメッセージが、言論統制の中国で逆に誤解されて、想定外の衝突が起きるリスクの方が高い状態だ。

このほかにも、米中のグループ化を伴う国益をめぐる対立は、軍事防衛分野にとどまらず、経済分野にまで及んでいる。半導体など中国の技術開発向上につながる部門では、米国が中国を経由しない供給網を整備している。日本製品も中国への輸出規制の対象になろうとしている。

第五章 対日政策を動かすプレーヤー

指導者・反主流派・民衆

プレーヤーそれぞれが対日政策に影響を与える立場にいる。仮に民主化すれば反主流派や利権集団、民衆の代表らが政党を作り、メディアが民衆に代わって権力をチェックする。だが言論の自由がない中国には、野党どころか日本のように感情を一度発散させ、論争を経た後で復元させるメカニズムもない。しかし権力は在野の不満に無頓《むとん》着《ちゃく》でいるわけにはいかない。ではどうしているのか。指導者は言論を弾圧する一方で、プレーヤーそれぞれから発せられる要求の中から必要な情報を吸い上げ、体制の安定に役立てるといういわば疑似民主主義をとっている。

「日中関係」も、指導者が国家全体にとって日本接近が良いのか牽制すべきかをその時々で判断し、抗日・反日をコントロールする。だが指導者の決断だけで中国全体のスイッチを切り替えることはできない。抗日・反日は愛国を意味する、民衆にとって誇りであり感情の高揚だ。ゆえに制御は後手に回る。抗日・反日に傾けていくのは容易だ。焚《た》き付ければ社会を束ねられるが、一気に騒擾《そうじょう》にまで燃え上がる恐れがある。お上の顔色を見てときには暴動に走る。民衆にとって「民主化運動」でもある。日本に対して弱腰であれば政権批判にも結び付く。日本から流入する反中的な政策や言論

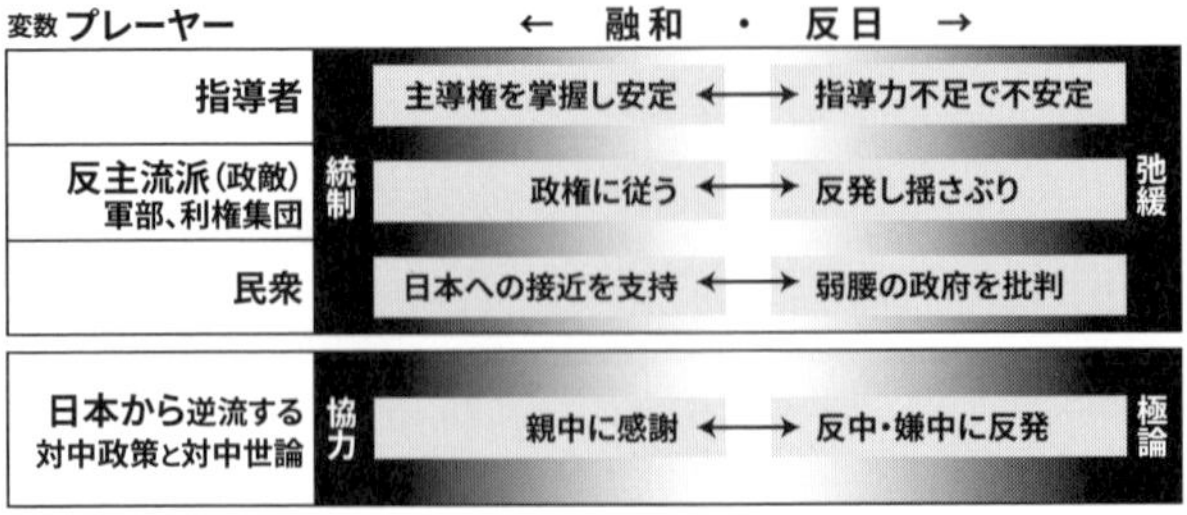

16 対日政策：プレーヤーそれぞれの役割

も抗日・反日のナショナリズムを刺激する。これに中国政府も社会も過剰に反応する。一方で抗日・反日のストップ、日本への接近、関係改善の場合は、指導者の主導権掌握が弱ければ、いくら理想を描いていても簡単に社会はついて来ない難しさがある。図表16

1　指導者がコントロールする抗日・反日

計画経済時代には毛沢東《もうたくとう》や鄧小平が「カリスマ指導者」として鶴《つる》の一声で方針を決め、政府が執行した。鄧小平時代の一九七八年十二月に改革開放政策の開始が決まる。この頃から中国では政治参加するプレーヤーが増えた。同年に鄧小平が「日中平和友好条約」を結ぼうとしたとき、反主流派によるものと思われる、尖閣諸島に大量の船を出して妨害する動きもあったが、基本的には鄧小平が進めた。条約の批准書交換式で初来日したとき、日本との戦時中の話など持ち出すつもりはなかった。しかし逆に謁見した昭和天皇の方から想定外の謝罪の言葉があり、鄧小平が驚愕《きょうがく》したということがあった。昭和天皇が「わが国はお国に対して、数々の不都合なことをして迷惑をかけ、心から遺憾に思います。ひとえに私の責任です」[※46]「一時不幸な出来事があったが、今後は両国の親善を進めてほしい」と語りかけると、鄧小平は凍り付いたまましばらく声が出なかったという。

一九七九年、靖国神社のA級戦犯合祀《ごうし》が明らかになったが中国側の反発は小さかった。しかし一九八二年に「歴史教科書検定」で日本政府が「侵略」を否定したと認識される問題が起きた。これが親日派だった胡耀邦《こようほう》政権に対する党内保守派からの批判に結び付いた。だが中国政府が抗議すると、日本側は「(今後)検定では近隣諸国の歴史問題に配慮する」と回答し、党内の権力闘争も収まった。このときからだ。ナショナリズムで中国が日本を揺さぶり国内権力闘争にも利用し始めたのは。鄧小平は「日本はいい教育機会を提供してくれた」と述べたという。そして一九八五年に中曾根康弘《なかそねやすひろ》総理大臣が靖国神社を参拝すると北京大学の学生たちが初めて反日デモを行った。胡耀邦も攻撃を受け中曾根は靖国神社参拝を翌年からやめた。その後も学生デモは続き、胡耀邦は失脚した。この失脚劇をのちに国家主席になる胡錦濤は同じ共青団出身者としてそばで見ていた。胡錦濤はナショナリズムの怖さを実感したはずだ。

しかし天安門事件とソ連解体を経て、鄧小平は市場経済に切り替えた。民主化していないとはいえ西側と同様、政治のプレーヤーとして指導者以外に反主流派や利権集団などの抵抗勢力、権利を主張する民衆が登場した。発展の活力にもなったが彼らと西側との情報往来も政治に影響を与える。これを指導者は強いリーダーシップでまとめねばならない。そのためには豊かさを実現して強い国家を作る。ナショナリズムで団結させる。鄧小平死去後の一九九四年に江沢民が始めたのが「愛国主義教育」だ。砂のようにバラバラだった中国社会を抗日・反日で一つにまとめた中国共産党の歴史を教えるものだ。

次の胡錦濤の時代には人間本位の「和諧《わかい》社会（調和ある社会）」実現で「社会主義民主」、すなわち共産党体制内の民主化を目指した。抗日・反日を抑制してむしろ「日中関係改善」を図った。だが思うように行かない。世界がナショナリズムに傾く中での融和とは、外への弱腰を意味した。二〇〇六年までの日本のカウンターパートは靖国神社参拝を繰り返した小泉純一郎総理大臣だった。さらに市場経済は利権集団の腐敗を蔓延《まんえん》させた。日本に国力で追いつくに従い勝ち誇った声が高揚した。反日デモを含めた暴動による異議申し立てが頻発した。融和や改革は十四億人の格差社会に馴染まなかった。胡錦濤はプレーヤーを制御ができない。中国の指導者には向かないというストーリーが定着していったのだ。

一方、習近平政権の二期十年間に反日デモは起きていない。習近平は政権に就くと、国内権力掌握と言論統制強化を進めた。反旗を翻す政敵を「反腐敗」を理由に排除した。民衆の異議申し立てを抑え込んだ。二〇一五年九月の抗日戦争勝利七十周年の記念日には「日本に勝利した自信」を持つよう呼びかけた。ただしこれは西側から見れば社会の自然な姿ではない。毛沢東時代に近い政治に戻したのだ。習近平の三期目となる二〇二二年十月の党大会で、新たに就任した中央政治局常務委員は、首相に就任する李強を始め、習近平の浙江《せっこう》省、福建省、上海市、陝西《せんせい》省といった地方勤務で部下だったなど、学者出身の王滬寧《おうこねい》を除いていずれも忠誠者だ。[※47]二〇二二年十二月の南京事件八十五周年の[※48]記念集会では党大会で最高指導部の常務委員に選出されたばかりの蔡奇《さいき》が演説した。当時の事件を非難しつつも、むしろ「両国民の協力が実りと、地域の平和や発展、繁栄を促進した」と日中が国交正常化五十周年を迎えたことを肯定的に評価した。「虐殺」をクローズアップし過ぎれば、中国としては否定したい今日のウイグル族ジェノサイド問題の追及に火をつけかねない。ロシアが引き起こしたウクライナでの虐殺が注目されるのも避けたいのだろう。

習近平政権が江沢民や胡錦濤の時代と違うもう一つの点は、国力で中国が日本を追い抜いたことに伴い、競争のターゲットが日本単独から米国傘下の日本に差し替えられたことだといえる。米国との対立が激化して以降、日本との関係をあえて悪化させる必要はない。むしろ日本は米国に対するカードとして使えるため、利用できる関係にして置きたいのだ。しかしバイデン政権になってからは日本が前面に出て中国を牽制するようになった。背景には米国が中国との力関係で相対的に弱くなり、日本の積極的な関与を必要としたことがある。中国は日本が米国の反中の拠点や手先になるのは避けたい。できれば日本を米国から引きはがしたい。特に日本の米国と連携した台湾問題介入に警戒している。米国のペロシ下院議長が二〇二二年に台湾を訪問した後、岸田総理大臣と朝食会を持ったため東京入りした同じ日には沖縄近海のＥＥＺ内にミサイルを撃ち込み、反発を示した。また二〇二一年に日本が福島原発の「処理水」放出を決定して以降、正面から日本を牽制するだけではなく、中国国内や国際社会の世論を巻き込んで問題を追及してきた。そして日本が放出の実行直前に、調査機関のＩＡＥＡや放出に反対してきた韓国を取り込み、対中包囲網づくりと同時進行させたことから習近平政権は猛反発したのだ。

習近平政権は二〇二三年三月から三期目に入った。一般論として長期で強権を振るう指導者には、客観的立場から周囲がアドバイスするのが難しくなる。対日政策も習近平一人の判断に委ねられているところが大きい。強権指導者としては過去に毛沢東がいたが、当時は民衆、メディアといったプレーヤーの発言力はないに等しい。胡錦濤政権時代に続いた反日暴動は習近平政権に入って発生しなくなった。低空飛行だが比較的安定している対日政策は今後も続くのか。指導者の判断は合理的なのか。注視が必要だ。習近平が抜擢《ばってき》したはずの外相や国防相らの突然の解任を見て感じることだ。

2　反主流派が抗日・反日で指導者を揺さぶった

反主流派や利権集団は、政権揺さぶりのためにナショナリズムを煽る。民衆の動きを政治の駒《こま》として利用する。例えば北京の胡錦濤政権の時代、上海市トップ、書記を務めた陳良宇は、胡錦濤の対日弱腰が引き起こすマイナス点を印象付けるため、二〇〇五年に上海市で起きた反日暴動の拡大を容認したといわれている。日中関係悪化に便乗して、係争中の事業を一方的に進めることもあった。東シナ海では二〇一〇年に尖閣沖漁船衝突事件で日中間が対立した陰で、中国側エネルギー企業による単独開発が進められた。二〇一二年の尖閣諸島国有化で発生した反日デモでは、汚職で拘束されたばかりの元重慶市トップ・薄熙来の釈放要求が便乗して行われた。いずれも胡錦濤時代に起きたことだ。

鄧小平から江沢民――最高権力者と反主流派の慣れ合い

市場経済化で豊かになってもなぜ民主化に向かわなかったのか。それは独裁体制の安定が内外から脅かされるという危機感と表裏一体の独特の安全観に加えて、協議プロセスに時間のかかる民主主義よりも、「鶴の一声」に頼った方が即断即決すると誰《だれ》もが評価したからだろう。西側の発展に乗り遅れ貧しく弱い国に甘んじてきた。もはや公正よりもスピードだということだ。

「鄧小平が亡くなる前にどれだけコネクションを作れるか。中国事業が成功するカギはまさにこれだ」。冷戦崩壊の頃にある日本の商社マンが筆者に熱く語っていた。特定ルートを通した許認可や口利きだけがカネを生む。ソ連崩壊を経て中国が計画経済から市場経済に変わる一九九二年の南巡講話の直後だ。筆者は鄧小平ファミリーが主催するレセプションに何度か出席した。そこで市場経済化のリーダーシップを取る鄧小平一族と参加者らがコネをつくる現場を目の当たりにした。

市場経済とはプレーヤーが自由に動くことを意味する。しかし市場経済といっても、中国の「社会主義市場経済」は共産党の掌の中で決まる。上から共産党が命令して初めて動く社会の性格は変わらない。ビジネスには政府の「岩盤規制」や「縦割りの壁」が行く手を阻む。打破する上で党や政府部門の高級幹部が口利きをした。その幹部の代表格が鄧小平だ。鄧小平の口利きで投資や貿易といったビジネスを有利に進めようと、国内のみならず日本やタイ、浦項製鉄など中国と国交樹立したばかりの韓国の大企業幹部も来ていた。だが会場となった釣魚台迎賓館や北京飯店の大広間に鄧小平本人の姿はなかった。娘の鄧榕《とうよう》を取り囲んでいた。当時八十七歳の鄧小平が公の場に登場するのは春節を上海で過ごす姿がテレビで報道されるときだけだった。鄧小平は年齢相応に同じ言葉を繰り返すだけだ。鄧小平のメッセージを代弁していたのは三女の鄧榕だ。夫は人民解放軍から独立して兵器ビジネスを始めた商社「保利公司」の経営者だ。

一九九二年に鄧小平が市場経済化を進めたとき、日本や米国など西側各国は歓迎したが、国内では陳雲《ちんうん》ら保守派が従来の計画経済にこだわって反対した。陳雲らは解体したばかりのソ連、すなわちロシアのシンパで、対西側接近にも反対だった。一九九二年には天皇訪中もあった。日本としてはこれで中国側による戦争責任追及を終わらせて「未来志向」の関係に入りたいと考えていた。だが中国は日本の反発を買うことを同時に行った。核実験を再開した。「領海法」施行に際して尖閣諸島（釣魚島）が中国領であると明記した。日本人には極めて奇異に映るが、鄧小平に反発する保守派勢力のガス抜きだと考えればつじつまが合う。当時、中央軍事委員会弁公室の李際均《りさいきん》主任が強硬に明記を主張し続けていたという。[※49]

江沢民──「日本に永遠に歴史認識カードを」

鄧小平が指導者として指名した江沢民と胡錦濤は、遺訓を守り社会主義市場経済の道を前に進めた。しかし今度は保守派とは別の抵抗勢力が現れた。党と癒着して既得権益を手放さず、富を蓄えた利権集団だ。市場経済化は格差を拡大させ、放置すれば弱肉強食の世界になる。鄧小平は「条件のある人々は先に豊かになればよい。遅れた人々を助け、最後に一緒に豊かになればいい」という「先富論」を唱え、一九九七年に世を去った。だが党の周辺にできた利権集団は「既得権益集団」や「権貴集団」と呼ばれ、指導部を凌駕する発言力を持つに至った。党とつながっている限り何をやっても許される。なぜこうなったか。

共産党だけが管理する市場経済や自由化であれば、モラルを順守させる厳格なルールを作るのもまた共産党自身の責務だ。自分の襟も自分で正すのである。野党やメディアによる民間の監視はない。だが共産党幹部と癒着すれば事業を有利に進め富や利権を蓄え政策にも口出しできる。指導者は利権集団が抵抗勢力や反主流派に寝返ることを防ぐために便宜を与える。これは逆効果で彼らは軍や治安機関と結びつき、それを武器に党の有力者を揺さぶりルールを曲げ、さらに影響力を拡大した。民営化したエネルギーや鉄道などの国の部門、上海市などの大都市、軍や警察の一部が利権集団と化するケースも出てきた。これが民主化の阻害要因となる「転形陥穽《かんせい》（体制移行の罠）」と呼ばれる現象だ。ロシアの新興財閥オリガルヒや治安部門シロビキが権力と癒着した現象と似ている。

上海でのテレビ登場で鄧小平のそばにいた有力者らは、江沢民の上海市書記時代の部下たちだった。そして鄧小平が一九九七年二月十九日に九十二歳で亡くなった後は、彼らがそのまま江沢民を支え「上海閥」、すなわち江沢民閥として君臨する。

プレーヤーのうち、企業家や利権集団を含む経済界の有力者の問題については、江沢民は彼らを党内に取り込む仕組みをつくり、「三つの代表」と呼んで二〇〇二年の党大会で制度化した。党大会で江沢民は胡錦濤に体制を引き継ぐ。しかし江沢民自身がこの後、上海市や国有企業、軍などとの癒着にまみれ、逆に利権集団に取り込まれていった。そして強化した権力基盤を使って影響力を温存し、胡錦濤政権に揺さぶりをかけた。これが胡錦濤体制下で利権集団の腐敗や反日デモを含めた暴動頻発の背景となったのだ。

利権集団に対しては制度で取り込みを図った。だが多様化する民衆の取り込みは困難だった。彼らは癒着どころか、豊かになる手前で陥る不満で制御不能になりつつあった。ナショナリズムが引き付けた。江沢民は一九九八年に来日した際、天皇晩さん会において歴史認識問題で日本を批判するなど繰り返し「歴史」で牽制した。この行動を映像で見た国内社会には引き締めになったはずだ。しかし日本は反発する。反中感情の高まりから石原慎太郎《いしはらしんたろう》・東京都知事の中国を蔑視《べっし》した「シナ」発言や、小泉純一郎総理大臣の靖国神社参拝が喝采《かっさい》を浴びる。日中両国の間でナショナリズム対決が始まる。この中国の空気の中で、二〇〇二年から胡錦濤が共産党を率いる。

胡錦濤──流動化する中国国内と国際関係をまとめきれず

胡錦濤は党の体制内での民主化、「社会主義民主」を志した。西側から対外融和姿勢が評価され、G8サミットにも招待されていた。対日融和も目指していたがプレーヤーそれぞれの動きが急速に活発化する中で、胡錦濤の力量では改革も融和も進められなかったのだ。

胡錦濤の日本を含めた西側との融和と体制内民主化への指向は、国内では「結束のタガ」を外した。これは高揚するナショナリズムの制御とは逆行する。胡錦濤には強い指導力が要求されるはずだ。そこを横から周囲の反主流派が揺さぶる。下の「民衆」は突き上げる。不満のはけ口として「日本」が一番狙いやすい。それに外から日本が反発する。「横・下・外」だ。暴動が多発した。二〇〇五年には年間八万七千件に達した。環境汚染、農地の強制収用、少数民族の衝突、経済格差の拡大も暴動の原因になる。二〇〇五年四月に反日暴動も起きた。

胡錦濤時代に三回あった反日暴動の直接のきっかけはいずれも日本側にあった。二〇〇五年が台湾問題や靖国問題。二〇一〇年と二〇一二年は尖閣諸島での衝突などだ。しかし、暴動は民主化の過程では必然的に起きる。不満を理性的に訴える手段を持たない集団は暴動を起こす。民衆のナショナリズムを煽ることで暴動を起こさせ、存在感を示そうとする反主流派の政治集団も出てくる。彼らが民衆の抗日・反日を煽り胡錦濤に揺さぶりを掛ける。反主流派は日本の反中的政策という外部要因をエスカレートさせ、権力闘争を勝ち抜くための口実にデモを煽った。逆に胡錦濤の方も求心力を得るためナショナリズムの炎上を容認せざるを得なかった。そして反日デモを鎮静化できず暴動になったといえるだろう。プレーヤーそれぞれが抗日・反日で影響力を発揮したのだ。胡錦濤政権に対する反主流派の包囲網を見てみる。**図表17**

胡錦濤は党や政府の人事上でも身動きが取れない状態に置かれていた。軍、原発やガス田などエネルギー分野、高速鉄道、上海市や重慶市など有力地方都市、治安維持など。これらの集団や組織の重要ポストを江沢民閥が占めた。江沢民が影響力を行使するため人事で胡錦濤を取り囲んだ。いずれも国家の屋台骨の部門だ。市場経済化で政府から切り離され、民営化し利益を上げる過程で利権集団化した。軍もビジネスを行った。許認可権を持つのは共産党だ。権力者と癒着することで有利に事業を進め、胡錦濤は止められなかった。

党総書記ポストに胡錦濤が就任した後も、人民解放軍トップの中央軍事委員会主席には江沢民が二年間延長して座り続けた。軍事・防衛を隠れ蓑《みの》に利権や私財の拡大を図った。胡錦濤が江沢民から中央軍事委員会主席を引き継いだ後も、副主席に江沢民閥の有力者を配置して胡錦濤の邪魔をした。軍部や海警局（旧・海洋局）、石油企業、鉄道部門などが利権集団化し、尖閣諸島周辺での東シナ海ガス田開発、高速鉄道建設での日本型のパクリといった問題もこの頃に始まった。二〇〇三年から国家副主席を務めた曾慶紅《そうけいこう》は、一九八四年にCNOOC（中国海洋石油総公司）外事局長か

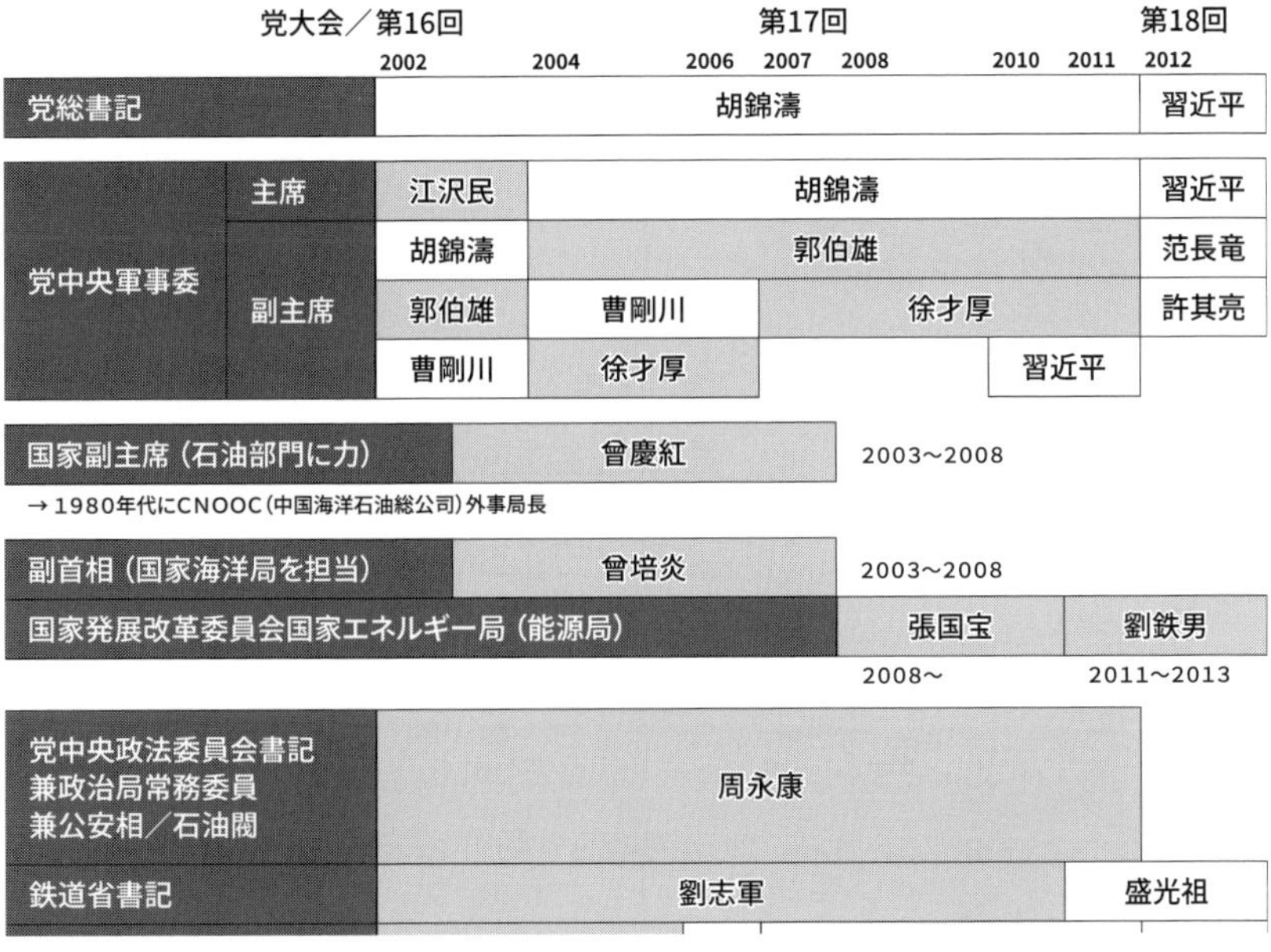

17 江沢民閥（網掛け）に囲まれた胡錦濤

ら共産党上海市委員会に入り、天安門事件後に上司の江沢民とともに中央政界入りした。東シナ海ガス田開発に影響力を持つ立場にいた。副首相の曾培炎《そうばいえん》は東シナ海での警備や資源調査に係わる国家海洋局を担当した。二〇〇五年八月に尖閣諸島の定期巡航を行う大型船「海監八三」の就航式に参加している。※50

軍事計画でも同じことが起きた。二〇〇七年一月には地上八百五十キロの宇宙空間にある中国の古い気象衛星を弾道ミサイルで、破壊する実験を行った。千個近い破片が宇宙空間に散乱した。二〇二三年の中国「スパイ気球」と同様、冷戦時代に米国も衛星破壊実験を行っていた。軍事計画は基本的にはどの国でも社会でどう捉えられるかなど考えずに進行していく傾向がある。だからシビリアン・コントロールがある。確かに中国の社会には一つ「癖」がある。軍事計画のみならず、政府や軍の各部門は国内外から中国がどう見られるかなど考えず、粛々と長期計画をこなす。国際社会に向かって中国をどう統合的に演出すべきかというブランディングの発想が全く欠けているのだ。そのまま最終的に全体としてどう映るのかを考えない。言論の自由がないため途中で誰かが気が付き、異常を指摘し排除する日本のような世論による監督もない。しかし最後の出口で世界や社会と向き合う最高指導者が知らされず対応できないということは異常事態だ。習近平は「スパイ気球」が米本土上空を漂流したとき、直前まで隠していた中国軍幹部に激怒し、すぐに米国政府に通報したといわれる。だが二〇〇七年の衛星破壊では、胡錦濤政権が外務省を通じて「実験は宇宙の平和利用が目的だ」と国際社会に釈明するまで十日以上かかった。このタイムラグは、「胡錦濤に対して破壊実験の詳しい内容や国際社会の反応について報告されていなかった」ということを意味する。分析したブッシュ政権高官の話が『ニューヨーク・タイムズ』※51で報じられた。

「表」では二〇〇六年から西側融和で突っ走る。北京五輪成功にむかって期間限定で日本や西側に接近した。これは共産党の総意だ。靖国神社参拝や台湾問題、反日暴動などで悪化していた日中関係は、スイッチが切り替わったかのように改善した。二〇〇六年九月、日本の小泉純一郎から安倍晋三への政権交代と同時だった。その二日前には中国でも次期首相候補の一人だった上海市トップの陳良宇書記が更迭された。陳良宇は不動産王と結託して不正蓄財を行った。取り締まりを進める胡錦濤政権に抵抗する過程で、二〇〇五年に反日デモを暴徒化させて影響力を示したとされる。※52『博訊《はくしん》新聞』など在米華人系メディアが報じた。胡錦濤は更迭でリベンジを図るとともに、対日接近の障害物を取り除いたのだ。日中関係は改善に舵が切られ、国際社会に向かって「普遍的価値」の尊重を約束した。

開催前の二〇〇八年三月にチベットで起きた暴動の鎮圧で多数の死者が出た。人権をめぐって西側社会からボイコットの声が出た。乗り越える上で欧米など西側に対する釈明が必須《ひっす》だった。日中関係を利用した。胡錦濤が訪日したときの日中共同声明に「普遍的価値の一層の理解と追求のために緊密に協力する」と記し、西側が納得する状況改善を約束した。

だが「裏」では五輪後の中国式路線を予言する事件が起きていた。二〇〇七年の党大会直後の一中全会の人事発表で、次期国家主席内定者が、胡錦濤と同じ共青団（共産主義青年団）出身の李克強《りこっきょう》だったはずが、党草創期の功労者、習仲勲《しゅうちゅうくん》の息子である習近平に切り替わるのだ。李克強は後に首相になる。胡錦濤は改革を志すも、反主流派や民衆をまとめきれなかった。共青団は抵抗勢力に対して弱腰だと見られたという見方もできる。そして北京五輪が成功裏に終わると逆コースを行く。胡錦濤自身が決めたとは思われない強硬路線に切り替わっていく。二〇〇七年に敷かれた習近平ラインに沿って動き出すのだ。五輪成功を前提とした期間限定の西側融和から元の中華民族の復興に戻ったのだ。二〇〇八年末に尖閣諸島領海に中国政府の船を初めて侵入させ、日本を威圧した。国内民主活動家の劉暁波《りゅうぎょうは》が「普遍的価値」尊重や独裁の否定を訴えてネット上で署名活動を始めると、中国政府は劉暁波を拘束するとともに、二〇〇九年にオバマ政権発足のタイミングで「普遍的価値」は西側の価値観だと『人民日報』を使い明確に否定した。鄧小平時代の慎重な外交姿勢、「韜光養晦」を改め「攻めの外交」に転換する。米空母の西太平洋海域接近を阻止する状態（A2AD戦略）が米国防総省報告「中国の軍事力」によって指摘される。訪中したオバマに対して「台湾・チベット・ウイグルは核心的利益だ。譲れない」とねじ込んだ。同じ胡錦濤がガラリと変わり、オバマ政権の対応は遅れた。国防総省報告に従って二〇一〇年に「アジア回帰」を安保の軸足にした。

米国防長官のゲーツは二〇一一年一月に訪中して胡錦濤に会った後、同行した米国メディアに「胡錦濤はシビリアン・コントロールが取れていない」と暴露した。人民解放軍がゲーツに見せつけるため最新鋭ステルス戦闘機の訓練飛行を行ったことをネット動画で目の当たりにした。その直後に会談した胡錦濤にゲーツが尋ねたところ会談場にいた文民全員に反応がなく、報告されていなかったことが明らかに感じ取れたというのだ。

この状態で党大会を迎え、やがて反日暴動が起きる。党大会に先立っては毎回、ポストや利権の再分配をめぐって権力闘争が激しくなる。胡錦濤のときは権力闘争の激化と同時に日中関係が悪化した。二〇一二年に入り、中国では秋の第十八回党大会人事で重慶市書記の薄熙来の処分や、治安部門とエネルギー部門の責任者である周永康への不正追及が進もうとしていた。その過程で日本では尖閣諸島の東京都の購入計画から日本政府の購入へと進んだ。中国が自分のものだと考えていた島が、日本によって一方的に国有化されると認識された。社会の怒りに権力者が答えないわけにはいかない。そして日本の動きは中国の権力闘争に利用された。日本への反発は暴動にまで発展した。自らの不正追及に不満を持つ周永康が反日デモの取り締まりで手抜きをしたといわれる。

習近平――弾圧した反主流派と民衆、克服した抗日・反日

二〇一二年十一月、第十八回党大会で党総書記が習近平に替わると、日中関係改善が政敵摘発と同時進行するという胡錦濤時代とは逆のことが徐々に起き始めた。「横・下・外」からの揺さぶりをどう抑えたかを見る。重要部門の江沢民閥は汚職容疑により摘発された。重慶市トップ・薄熙来の有罪判決、元政治局常務委員・周永康の失脚、軍事委員会副主席・徐才厚《じょさいこう》の起訴といった、汚職摘発や反腐敗運動の進展とともに習近平は強権を掌握した。同時進行で

日本との関係改善が進んだ。習近平は重要な政治イベントにタイミングを合わせて大きな成功のストーリーを描き、宣伝とスローガンで社会を誘導する。抗日・反日からの軌道修正もこの流れで動いた。

二〇一四年の北京APEC開催に合わせて日中首脳会談にこぎつけた。この安倍晋三総理大臣との反日暴動後初の首脳会談で、習近平主席は安倍と目を合わさず笑顔も見せなかった。会見場には国旗の掲揚もなかった。「日・反日がくすぶる党内の反応を見ていたのだろう。会談に先立ち日本とは「四項目合意」を交わし、歴史問題と尖閣問題でお互いの認識に違いがあることを文書に記し確認した。その後の十年間の日中関係もけっして良好ではない。だが極端に悪化もせず低空飛行で安定した。突発的に関係が悪化する現象は見られない。力関係で下になった日本からの揺さぶりに耐えられるだけの余裕が中国に生まれた。よって政権も社会の抗日・反日をコントロールしやすい。民衆に対しては言論弾圧の一方で、政府主導で彼らの突き上げを「代弁」をするような言動をとる。

尖閣諸島では日本の国有化以降、民間漁船の繰り出しを徐々に規制し、代わりに政府の船を侵入させる。日本が台湾の安全保障に言及しても、二〇〇五年当時のように激しい反発から民衆の暴動に至ることは起きていない。ただし米国のペロシ下院議長が訪台した後、岸田総理大臣との会見のため東京に到着する直前には、沖縄近海の日本のEEZ内にミサイルを発射した。中国政府としては抑制した末のギリギリの日本への反発だったのだろう。

二〇二三年二月の気球事件では、シビリアン・コントロールで習近平は胡錦濤との違いを見せた。米国上空に到達した段階でトップは知らされていなかった。だが米国から抗議を受けると中国政府はすぐに謝罪した。習近平が謝罪の判断をしたといわれる。しかし胡錦濤政権では二〇〇七年にミサイルを使った衛星破壊実験を行ったが、中国政府が米国の抗議に対して釈明するまでに十日以上かかった。二〇一一年のステルス機飛行実験は、訪中した米国防長官の目の前で行われたが、会談した胡錦濤には知らされておらず、シビリアン・コントロールが取れていないと、国防長官はメディアに暴露した。

3 民衆の抗日・反日は権力者の顔を見て

二〇二二年十一月末、若者たちが白紙を掲げて過剰なコロナ規制に抗議する「白紙運動」のデモが北京や上海などの中心部で起きた。習近平辞任を求める声も上がった。顔出し参加者もいた白紙運動がなぜこのタイミングで起きたのか検証が必要だ。だがデモ発生前の十一月中旬、政府はバイデン習近平の対面会談に合わせて、ゼロ・コロナをいずれ緩和する方針を発表していた。中国が開放的な国であることを米国にアピールしたのだろう。このとき、北京からはるか離れた新疆ウイグル自治区・ウルムチで住宅火災があり、コロナによるロックダウンで逃げられず消防車が近づけず十人が死亡した。これが白紙運動の引き金になった。彼らの不満としてベースにあったのは、九月の英国エリザベス女王の葬儀で参列者の中でマスクを着けていたのが中国の王岐山《おうきざん》・副主席だけだったこと。十一月のカタールでのワールドカップ・サッカーの映像でも誰もマスクをしていなかったこと。直前の十月の党大会では、コロナ対策で住民からつるし上げられた上海市トップの李強が次期首相になることが確実になったことだ。その一方でいずれも共産主義青年団出身者が冷遇され、李克強首相の退任や胡錦濤前国家主席のひな壇つまみ出しが起きた。これに若者たちがリベンジ感情を抱いた可能性はある。だが強権の習近平政権下では極めて異例だ。

中国の民衆は党政府の弾圧をまぬかれるスレスレのところで異議申し立てをするのが相場だった。政府の管理規制の隙を見て「緩い」「行ける」と考えられたときにだけゲリラ的に起こす。この「セーフティ・ゾーン」のギリギリのところに打つ行動を中国では「エッジボールを打つ（擦辺球）」と呼ぶ。民主主義社会のような政党やメディアによって不平不満が吸い上げられるシステムが中国にはない。収拾がつかなくなれば暴動になる。

しかし白紙運動では、ウルムチでの火災発生の情報が規制されているはずの米国のＳＮＳ「ツイッター」で共有された。極めて細い線路を通って拡散した情報が、いたるところで拡大解釈され、共産党員を含む若者までが「行ける」と判断したのか。ツイッターでは米国や東京にいる中国人も加わり運動を後押しした。情報統制は形骸《けいがい》化している。運動はすぐに収束した。日本にいる私たちも含めて実態より大きく事件を認識した可能性もある。西側世界では感情の発露の中で情報を選び、実態を歪曲《わいきょく》して捉える癖がある。こうした西側からの影響を受けた情報を、中国政府は本来、自分たちの認識とは違うと無視すればいいはずだ。だが政府は情報が逆流し国内で論争が起きることを恐れ、統制と警備で応じる。中国は反中派と交わることで生まれる中国国内の論争を恐れているのだ。それを西側メディアはまた滑稽《こっけい》に伝える。それに中国が反発する悪循環が起きている。

「借題発揮」——別のテーマを口実にした運動

安定第一の中国政治では、民衆の政治運動は政府がコントロールできることが前提だ。反日ナショナリズムも同様だ。だが「抗日・反日」は共産党や国民党結成の母体にもなった経緯があり、愛国主義教育でも肯定的に教えられている。よって反日がテーマのデモへの対応は後手に回りがちだ。反日は民衆にとって、ほかのテーマよりも比較的自由に主張できる、形を変えた「民主化運動」だ。「借題発揮（別のテーマを口実にした運動）」と呼ばれるように、便乗して待遇改善など別の不満を訴える手段にすらなっている。

二〇一〇年九月の尖閣沖で日本に逮捕された船長釈放要求デモのときには便乗行動が見られた。陝西省宝鶏市で「釣魚島を返せ」「日本製品不買」に混ざって、「住宅価格高騰に抗議」「推進多党合作（多党協力を進めよ）」「英九哥 大陸歓迎你（当時の台湾総統の馬英九兄貴、大陸はあなたを歓迎する）」「反官僚、反腐敗（官僚の腐敗に反対）」といった横断幕まで飛び出した。※53 二〇一二年九月の尖閣諸島国有化に反対する暴動でも、賃上げ要求、失業・土地収奪・不正蓄財の官僚への不満が、反日を口実に訴えられた。※54

胡錦濤政権下の二〇〇五年、二〇一〇年、二〇一二年の反日暴動では、デモを弾圧せずガス抜きに誘導したが対応がずさんだったとみられる。裏では反主流派や利権集団が胡錦濤指導部に反旗を翻す上で、反日世論を煽った。治安警備で手抜きしたという指摘もある。

「安全弁」と「圧力釜」――「民意」の誘導

日本と中国の言論環境は等身大で比べられるものではない。日本は下から自然発露的に沸き起こってきた反中言動などをメディアがすくいあげて発散し、その後で議論によるコンセンサスを経て姿勢を戻す社会だ。しかし中国には上から政府当局が決める「べき論」が先にある。政府にとっては中国社会の反日運動でさえも、たとえ自発的なものであってもあくまでも政府がコントロールできる範囲のものに抑える。政府にとって不都合なものにならないよう。そして先に統制・弾圧があって、後から容認・黙認の判断が来る。誘導の後に民間の動きがある。政府が「世論」を誘導する。そこに日本の反中感情が逆流して中国の世論が制御不能になることを警戒している。

二〇〇〇年に公安省（警察省）に暴動対処方針の内部規定ができた。[※55] そこに暴動への対処では「結集、激化させず、誘導し解散させる」「社会秩序を危険にさらさない限り、警察権力を直接用いてはならない」と記されている。つまり「ガス抜き」が中心だ。民意のガス抜きを政府が行う。社会の安定を図る警察などの治安組織、党の宣伝部門、ネット管理部門は連携している。ネットの炎上もバーチャル上の暴動として認識されている。

まず政府が主導して行う「疑似・言論の自由」だ。弾圧一辺倒ではなく誘導し冷ます。国家安全（共産党体制）を揺るがしかねない動きになる前に抑え込む。さらには暴動・炎上対策として政府が民衆を「代弁」する方法が編み出された。図表18

民衆誘導のパターンは、安全弁と圧力釜《あつりょくがま》に例えられる。[※56] 民衆の主張が弱く、余裕のあるうちに当局が安全弁を開いて言論のガス抜きをする。ガス抜きができたと判断すれば誘導し収束させる。しかし主張や感情が強すぎる、激しすぎるのであれば、まず圧力釜に閉じ込めるように弾圧をする。だがガスは溜《た》まる。民衆に不満は残るので政府が代弁する。放置すれば民衆による政権批判につながる。あらかじめ制御不能になる恐れが予想されるのであれば、政府が先回りして民衆の不満を代弁する。

胡錦濤政権では反日暴動が相次いだ。習近平政権で反日暴動が起きないのは、言論弾圧を行っていることに加えて、誘導がうまくいっているからだろう。「抗日・反日」が高揚しそうな場合は、政府が民衆に先回りして「代理行動」をとる。日本を牽制する。あるいは威圧する。これが尖閣諸島への領海侵入で、中国政府の公船が前面に出て、民間漁船を規制する形につながっている。

二〇二〇年以降は、日本の漁船を中国海警局の公船が追尾するケースが相次ぐ。中国の漁民たちの不満を、中国政府が代弁し晴らしたケースだ。政権に対する国内での揺さぶりは抑えた。習近平政権は外からの情報逆流に神経質になっている。二〇二〇年六月には、石垣市議ら

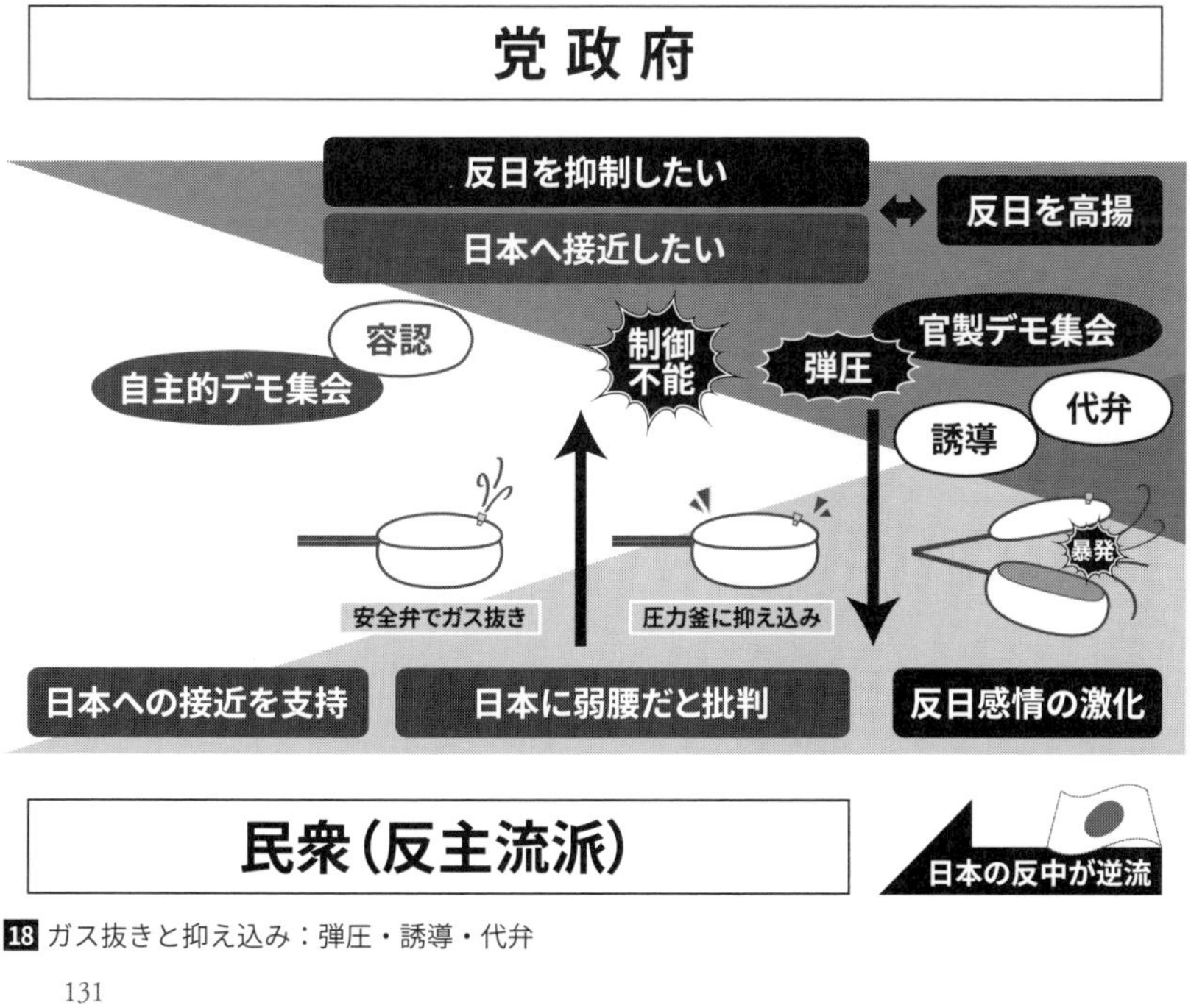

18 ガス抜きと抑え込み：弾圧・誘導・代弁

の所有する漁船がデモを行い、釣った魚の試食会を国会議員会館で行い、保守系メディア「チャンネル桜」がネットで放送した。日本から〝逆流〟したネット動画を見た中国の漁民らが日本の動きを知り、「俺《おれ》たちも現場海域に行かせろ」と当局を突き上げたという。中国政府高官の話だ。民間漁船が行けばまた海保の巡視船と衝突するかもしれない。代わりに中国政府の公船が現場海域に出動した。二〇二三年一月末にも、石垣市議や東海大学の調査チームが乗船した船が尖閣諸島に接近した。これを中国政府船四隻が領海に侵入してまで追尾した。

「日本は火遊びをするな」という言葉が中国の官製メディアではしばしば使われる。だが日本社会は言論が自由だ。一方で極論を排除しようとする同調圧力も強い。そこでは鬱憤を発散させることで誰もが納得し、元の位置に戻る自律した復元力が発揮される。しかし中国は、日本から反中世論が逆流して中国で鎮火できない状態になることを非常に警戒している。中国政府が日本の政治家やメディアの中国批判に過剰に反応しクレームをつける理由、対中融和派だけと交わろうとする癖はここにある。自由と統制が日中の間では真っ向からぶつかっているのだ。

4　メディア――政治プレーヤーとしての抗日・反日

政治が「日本の救援隊活躍」をクローズアップした

メディアには民意を代弁して権力を監視することのほかに、政治のプレーヤーとしての役割もある。だがプロパガンダの国、中国ではメディアはプレーヤーそのものだ。メディアを使った政治宣伝によって「世論」を動かし日中関係を改善に導くこともある。

二〇〇六年以降、胡錦濤政権は北京五輪を見つめる西側社会の眼を意識して、民主・人権・憲政を指す「普遍的価値」の尊重を約束し、言論解放を拡大した。温《おん》家宝《かほう》が欧州を歴訪する前にはロイター通信など欧州メディアに「普遍的価値」の重要性について語った。

日本については首脳外交の肯定的側面をクローズアップした。陳良宇・上海市トップの更迭という中国政治のリセットと同時に、安倍第一次政権が誕生した。中国は就任直後の安倍晋三総理大臣を招いた後、二〇〇七年には温家宝首相が訪日した。福田康夫政権の二〇〇八年には胡錦濤主席が国賓として来日した。両首脳の往来を中国は、「氷を砕く旅」「氷をとかす旅」「春を迎える旅」と呼んで宣伝した。訪日した温家宝が日本の国会で演説する姿やキャッチボールをする様子を中国は国内で大きく報じた。その効果が「言論NPO」の世論調査にも表れている。図表19　二〇〇六年から二〇〇七年にかけて中国の対日世論が大幅に改善した。反日感情が改善するのも、政府の顔色を見て回答した結果だ。だが五輪開催の二〇〇八年年初から日

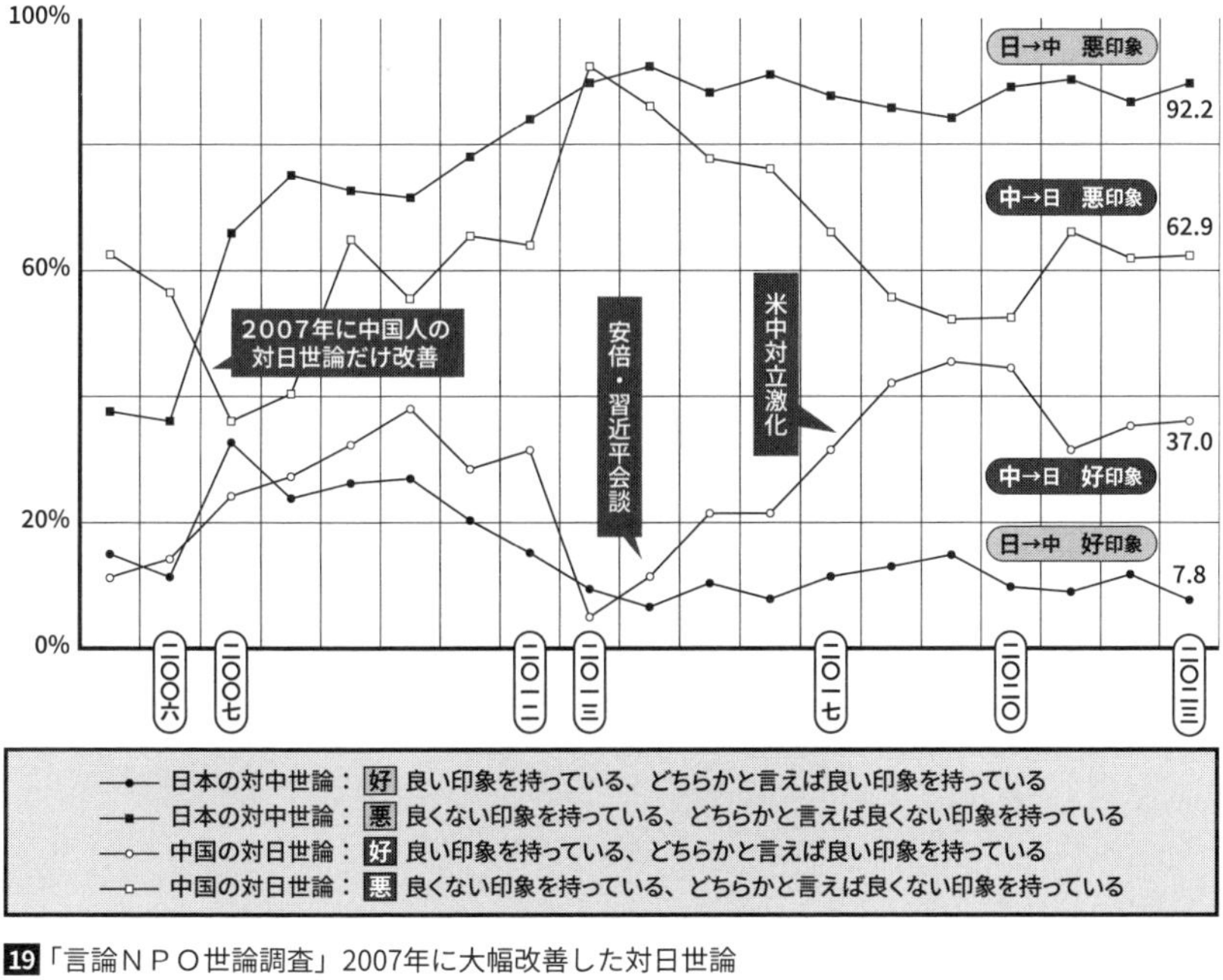

19「言論ＮＰＯ世論調査」2007年に大幅改善した対日世論

中関係に逆風が吹いた。一月に毒入り冷凍ギョーザ事件があった。三月にはチベット暴動鎮圧事件から西側社会全体で反中感情が高まり、北京五輪のボイコット運動も起きた。しかし中国は関係改善の糸口を求めた。胡錦濤が四月に訪日したときの共同声明には「普遍的価値の一層の理解と追求のために緊密に協力する」と記した。その帰国直後の五月に四川大地震が起きた。このとき日本からの救援隊の活動を中国政府はフレームアップして好意的に報じた。日本の救援隊は生存者を発見することはできなかったが、搬出した二十八歳の女性と二か月の女の乳児の亡骸《なきがら》に対して敬礼し黙《もく》禱《とう》した。写真20 中国では敬礼は指導者にしか行わない。中国の民衆は驚き、報道も日本礼賛一色になった。一方、ロシアの救援隊は生存女性を救助したが、中国の報道では日本の扱いの方がロシアより大きかった。そして八月の北京五輪を成功裏に終えた。※57

20 妻と二か月の娘に縋る夫。黙祷した日本隊
2008年5月17日、青川

情報統制――内外「二層構造」の言論空間

中国政府の情報統制では、国内に流通する情報は自国の安定にプラスになる情報だけに制限している。不都合な情報が海外から流入する場合は遮断する。遮断が難しければ否定する。情報の自由な流通によって国内で議論が起き統制が不能になるのを過剰に懸念しているのだ。そして中国政府発の情報を正当化する上で、メディア・ツールや言語を巧みに使い分けている。

（一）英語で発信した「毒ギョーザ事件」解決

中国のメディアの情報空間は二層構造になっている。中国にとって不都合だが西側限定で発信したいとき、情報を英語だけで伝えることがある。二〇〇八年一月の冷凍ギョーザ事件では、日本の食品メーカーが中国で生産した商品に毒が投入され、日本で消費者ら十人が一時重体になる事件に発展した。労使紛争から工場労働者が嫌がらせで混入させたものだが、日中双方で責任の擦り付け合いになった。最終的に毒投入と容疑者拘束の捜査結果発表は、中国国内では新華社の英語ニュースだけが報じた。※58

英語だけのニュース報道は、『新華社』のほか、英語版『環球時報』に相当する『グローバル・タイムズ』、ネットでも配信される英語版・CCTVの『CGTN（チャイナ・グローバル・テレビジョン・ネットワーク）』で今日も続いている。

（二）規制したはずのツイッターを政府も使う

SNSツールにおいては米国のツイッター（二〇二三年に「X（エックス）」に名称変更）と、中国版ツイッター「微博（ウェイボー）」の二層構造だ。基本的にツイッターは閲覧不能だ。日本や米国などと自由に情報交換することが可能だからだ。しかし問題意識の高い中国人、すなわち情報統制に不満で西側の情報を知りたい民衆は、アプリでVPNを構築する「壁越え」でツイッターにアクセスし海外とつながっている。中国政府はこのVPN接続を黙認している。一般民衆はここには来ないが、主張する中国の「民衆」はツイッターを使って政府批判や社会問題などのメッセージや動画の投稿を行い拡散させる。在米の反体制派や亡命した中国人も情報を投稿する。「壁越え」の人々の間で情報共有する。情報はテキストだけではない。動画やPDFもある。この情報が中国版ツイッターの「微博」や中国版LINE「微信（ウェイシン・ウィーチャット）」に転送されて中国社会にしみわたる。追跡されて摘発、拘束される中国人もいるが、ここにだけは「言論の自由」がある。そして何とツイッターの使用を規制しているはずの中国政府やプロパガンダを伝える官製メディアも、ここにアカウントを持ちぶら下がっているのだ。交わされる内容をウォッチして独裁統治に必要な情報だけを吸い上げる。不審な投稿者の摘発につなげる。炎上や沸点に達する前に不満を反映した政策改善に利用する。さらには西側向けにピンポイントで、政府自らが自国の正当性を主張するのにも使っているのだ。この二層構造を知らないと、日本にいる私たちは中国国内の一部情報だけを見て、社会全体が揺れ動いているものと思い込むことになる。

(三) 彭帥選手事件──英語で対外発信に絞る

二〇二一年の女子テニス彭帥《ほうすい》選手の行方不明事件は、北京冬季五輪の外交的ボイコットの進展と重なっていたため世界が注目する問題に発展した。人民日報系の『環球時報』の編集長が、彭帥選手の無事の情報を、中国国内では一般には使用できないツイッターを使い英語で発信した。明らかに西側の受け止めを意識したものだ。

中国は、国際問題をめぐる議論では他国に先駆けて情報発信を行い議論の主導権を握ることに常にこだわってきた。中国国内から出てきた不都合な情報を、国際社会向けに限定して発信する必要が生じたときには、国内ではアクセスできないようルートを絞る。英語だけで発信する。あるいは国内では使用できないツイッターを利用する。中国版ツイッターの「微博(ウェイボー)」ではないのだ。ツイッターは違法だが実質的に中国国内でも利用できるアプリを通じて、VPN構築で接続すれば、閲覧できる。努力して国外の情報を得たいという、問題意識の高い人々だけのバーチャル世界が中国には存在し、それが一定の影響力を発揮するのである。

（四）在外中国人とツイッターのつながり

二〇二二年十月の党大会から十一月末の白紙運動の頃にかけて、ツイッターを通じた西側在住の中国人と中国国内とのつながりが、市民運動に目覚めさせたと見られる動きが続いた。

十月の党大会直前に、北京市内の陸橋に「ゼロ・コロナ抗議」の横断幕が掲げられ、掲示した男性は拘束された。党大会は十六日から二十二日までで、習近平の総書記三期目続投が決まり、二十三日に新しい党指導部人事が発表された。前後の動きはこうだ。北京ではコロナ感染が拡大し、厳しいPCR検査に不満が高まっていた。これを『ニューヨーク・タイムズ』が中国語版で報じた翌日の十三日に北京でデモが起きた。陸橋に「不要核酸要喫飯，不要封控要自由，不要謊言要尊厳，不要文革要改革，不要領袖要選票，不做奴才做公民」という文字の書かれた横断幕が掲げられた。「PCR検査はいらない。自由が欲しい。自由に指導者を選びたい」という内容だ。掲げた男性・彭《ほう》載舟《さいしゅう》はすぐに拘束されたようだ。奇妙な点はこの横断幕を掲げて拘束されるまでの様子が西側での動きと連動していたことだ。米連邦議会系メディア『RFA（ラジオ・フリー・アジア）』の中国語版がツイッター上に動画付きで報じた。これを米国在住の中国人作家・方舟子《ほうしゅうし》と、米国に事実上、亡命状態の中国中央党校元教授・蔡霞《さいか》が拡散した。彭載舟の拘束と「犯行声明」の発表を方舟子が詳報する。これらの情報を「法輪功」が米国で運営する『大紀元』などの反中メディアが拡散する。フランス政府系メディア『RFI（フランス国際ラジオ）』の中国語版が彭載舟の犯行声明の内容を解説する。さらには『RFA』がロサンゼルスで起きた彭載舟釈放要求デモの様子を報じる。習近平肝いりの党指導部人事発表の翌日には、『ニューヨーク・タイムズ』が釈放要求運動の西側世界での拡大を報じた。次頁・図表21

一か月後の二〇二二年十一月末、ゼロ・コロナ抗議の「白紙運動」のときも方舟子や蔡霞ら同じキーパーソンが動いた。米国や日本、そして中国国内でVPN接続されたツイッターを通して「デモ」の動きを知る。この「情報の上澄み」にアクセスできた人々だけで、北京の街頭や欧米や日本でも運動は広がり、驚いた西側の民衆がニュースをSNSでさらに拡散するのだ。日本で同じことが起きても、男性は拘束されるかもしれない。だが社会に大げさな反応はない。男性の人権は保障されおそらくすぐに釈放される。北京で起きたデモで中国国内の実社会がどの程度、揺り動かされ、問題意識が拡大しているのかは判断が難しい。中国政府の人権状況を懸念する米国など西側社会は、西側で騒ぎを大きくして中国の政府と社会に揺さぶりを掛け、民主化への圧力になればと考える。西側と連動した中国国内の一連の動きはそんな仮説を想起させる。しかし中国政府はこうした揺さぶりを無視できず、さらに厳しい弾圧に向かっている。

(五) 対立を増幅、産経新聞を引用する環球時報

「日媒（日本媒体）」という言葉で「日本のメディアだけが報じている」という発信方法や、日本の保守系メディア『産経新聞』だけを引用する報道もある。中国軍に関する動きを「日本のメディアが」と「他人事」のように表現する発信もある。敏感なファクトを中国側は積極発信したくない。中国自身が前面に出て積極報道すると国内から反発を買う、ハレーションを起こす恐れがあるときに使う手法だ。だが「中国側の動きに日本側が過剰に反応している」と伝えることで、国内の愛国心を満足させることもできる。

12日	PCR検査で中国社会に広がる不満を『ニューヨーク・タイムズ』が報道
13日	北京で彭載舟が横断幕。『RFA』が報道　→　方舟子と蔡霞が拡散。『大紀元』が報道
14日	『大紀元』で蔡霞が解説コメント。彭載舟が「犯行声明」を発表
16日	北京で党大会開幕。方舟子が彭載舟の拘束＋犯行声明を詳報
17日	『RFI』が犯行声明の内容解説。『RFA』が米国の彭載舟釈放要求デモ報道
19日	『VOA』が彭載舟支援活動の拡大を報道
24日	党指導部人事発表の翌日。『ニューヨーク・タイムズ』が西側での支援活動拡大を報道

21 第二十回党大会前後の「反政府」横断幕事件：2022年10月

尖閣諸島国有化問題での傷がいえない二〇一三年に、反日暴動後初の公式会談が実現するより前、習近平主席と安倍晋三総理大臣とが第三国での国際会議の場で握手をしたことがある。このときも「日媒」引用で、わざわざ日本のテレビニュースの再撮画像を使用した。「中国は消極的だったが、日本の方は首脳会談に前向きだった」というニュアンスが感じられる。同じ二〇一三年には就航したばかりの中国空母「遼寧《りょうねい》」追跡の訓練に関する『産経新聞』記事を誇張して「日本は遼寧を撃沈したいと考えているようだ」と伝えた。二〇二一年十二月には日本の防空識別圏への中国軍の侵入回数が半年前の五倍に増えたという『産経新聞』の報道ぶりを『環球時報』が「日本メディアが煽る」という見出しで伝えた。[※59] 二〇二三年二月には対中防衛を強化する日本の「米国製中距離ミサイル配備計画」を『産経新聞』記事の引用で報じた。この日中の軍事報道におけるパターンとしては、引用される日本のメディアは『産経新聞』が多い。中国の軍事動向に対する警戒を積極発信している。それを中国で伝えるメディアは『環球時報』だ。『環球時報』は中国のナショナリズムを高揚させる狙いの記事が多い。日中双方ともタカ派のメディアを通して極論同士が対峙しているという構図だ。

5　権力闘争が共振、改善と暗転を繰り返した「日中」

日本から見れば、日中関係はうまく回っていたように見えて突然タガが外れガラガラッと暗転してきた。改善と同時並行で悪化につながる事件が進む。悪化は感情となりいつまでも尾を引く。なぜ「突然」暗転するのか。まず中国の米国と対等な地位に立とうとする中華民族復興にかけた熱意が日本の想像する以上に強いからだ。そして独裁体制であるがゆえに内部の議論を表に見せない。あえて表には「一枚岩」の「ワンボイス」のメッセージしか出さない。

しかも国外に対して中国自身を総合的にどう説明し、演出すべきかのセンスが欠けているためだ。安定さえ保てれば、外にどう映ろうと構わないという見方もできる。日本であればメディアの報道や国会での議論から、与野党や自民党内派閥の論争が見えてくる。中国ではすべてブラック・ボックスだ。

プレーヤーそれぞれの主張が見えない。表に見せない。指導者と反主流派や利権集団との対立・衝突や言論統制の過程が外からは分からない。基本的には議論を経てコンセンサスを得るのではなく、党内部の指導部だけで「全部」やる。周囲は指導者に忖度《そんたく》する。同意する。唱和する。論争になりそうなときは、最初に言論統制を行い表に出ないようにする。しかし仮に論争が露見すれば民衆はどちらかの派閥に付く。天安門事件で経験済みだ。ハッキリしているのは主流派と反対派との分断は、民衆の共産党への支持を分裂させ、党の分裂を招く。外から米国などが介入する。絶対に避けねばならないというのが党全体の共通認識になっている。外にさらされないため実際「暗闘」になる。

国内改革を目指す指導者らは国内で抵抗する保守派や利権集団とどう折り合いをつけて行ったか。抵抗勢力に対する牽制と譲歩・取り込みの間を振り子のように行き来した。すでにある体制を改革するときにはどこの社会でも抵抗にあう。改革とは癒着で手にした利権の剝奪《はくだつ》や既得権の透明化を要求されることを意味する。特に西側への接近は根っこをたどれば「列強」への服従であり民族のプライドに関わる問題だ。権力掌握力が強ければ、揺さぶりに結び付けられる。国内改革のため必要があって西側や日本に接近するときは、反対する保守派や反主流派の声を押し切り黙らせてきた。

日米、特に米国からの要求をガイアツ（外圧）として利用し改革への抵抗勢力に譲歩を迫ることもある。だが、指導者の権力掌握力が弱いときには反主流派や利権集団は党の分裂だけは避けながら、指導者を揺さぶる。指導者は、分裂に至る前のギリギリのところで反対派に引きずられ、譲歩することもある。西側接近は腰砕けになる。改革を強行する。抵抗勢力に譲歩する。慣れ合う。痛み分けする。このいずれかだ。

国内の反主流派や民衆を取り込み引き締めるのに指導者はナショナリズムを使う。政府がスローガンを出して社会を誘導する。民衆はお上を見て行動するので「人海戦術」にはまりやすい。

よって改革と同時にカウンター・バランスするかのようにナショナリズム、すなわち「反日」的な動きが指導者によって起こされてきた。初めに国内を納得させるため日本に強硬な態度を示す場合もある。まず「日本を牽制した」という口実、溜めを作る。後で日本に接近しても、言い訳になるよう反対派に「貸し」を作った上で日本に近づく。

対外的にも日本ににらみを利かせる。それが日本には不気味さを感じさせる。だが歴史や尖閣、台湾などの問題には日中双方の感情が絡んでくる。これは日本から見れば「反日ナショナリズム」を煽っているとしか映らない。

市場経済化して以降の日中関係の悪化の動きを振り返る。次頁・図表22

天皇訪中決定＋市場経済化↓尖閣領有法制化＋核実験＋戦後補償要求

> 天皇訪中と市場経済化で西側に接近する。これに対し領海法への「尖閣諸島領有」明記と核実験再開、日本への戦後補償要求でバランスをとった。

一九九〇年代、冷戦終焉と緊張緩和で対立軸はイデオロギーからナショナリズムに変わる。中国国内では「民衆」が異議申し立てに立ち上がった。日本でも民衆が立ち上がることが特別視されなくなった。中国では鄧小平から江沢民へ権力移行する過程にあった。日本では自民党政権が下野し、保革で対立した五五年体制が終わった。日米関係は貿易摩擦で冷却していた。日中関係は相手の出方を試す時期に入った。

年	出来事	権力掌握	言論統制	牽制（抵抗勢力への）	牽制（主に日本への）	接近（日米への）	日米の動きを利用
一九七八	改革開放政策	第11期三中全会		華国鋒	尖閣領海侵入	改革開放	平和友好条約 米中国交（一九七九）
一九九二	市場経済化	第14回党大会	香港メディアを利用	計画経済重視の保守派	領海法に「尖閣」明記 核実験再開 戦後補償の民間訴訟 @東京（一九九五）	市場経済化	経済制裁解除（一九九〇） 南巡講話 天皇訪中 米大統領選
二〇〇一	WTO加盟		ウイグル独立派を テロリスト認定	国有企業等改革 既得権益集団との闘争	歴史認識批判（一九九八）	米国との反テロ共闘	台湾独立反対（一九九八） WTO加盟 グローバル化
二〇〇五	平和的台頭				「台湾防衛」批判 反日暴動容認 国連常任理入り阻止 小泉靖国参拝批判		米中協調 中国は責任ある 利害関係者
二〇〇六	外事工作会議				国際関係の民主化	安倍訪中戦略的互恵	
二〇〇七	習近平の序列	第17回党大会			衛星破壊実験	温家宝訪日	
二〇〇八	北京五輪		チベット弾圧		尖閣領海政府船侵入	普遍的価値尊重 ガス田共同開発合意 日本の救援隊絶賛	北京五輪 リーマン・ショック救済
二〇〇九	韜光養晦否定	核心利益	普遍的価値否定 ウイグル弾圧		米空母への接近阻止		G2論米国が提示 日米関係冷却
二〇一〇	GDP日本抜く				反日暴動容認		米韓＋日の軍事演習 尖閣沖漁船衝突
二〇一一	東日本大震災					三・一一後の温家宝訪日	
二〇一二		第18回党大会			反日暴動容認		尖閣国有化
二〇一三	中華民族復興 国家安全委員会	一帯一路		反腐敗 薄熙来裁判	新型大国関係		世界の警察ではない
二〇一四			反スパイ法	徐才厚・周永康摘発	戦争賠償の民間訴訟 @中国国内	安倍習近平会談	
二〇一五			国家安全法		戦勝記念パレード		安保法制
二〇一六					尖閣領海大量侵入		日米印演習 南シナ海裁判
二〇一七	習近平思想	第19回党大会	国家情報法		強国宣言		一帯一路協力表明
二〇一八						李克強訪日 ODA終了合意	米中対立
二〇一九			香港弾圧		北海道大教授拘束	習近平大阪G20参加	
二〇二〇	新型コロナ		戦狼外交		尖閣諸島漁船追尾		
二〇二一		ゼロ・コロナ			尖閣侵入		
二〇二二	ウクライナ戦争	第20回党大会			尖閣侵入、台湾威圧	日米と対面首脳会談	ペロシ訪台
二〇二三	サウジとイラン				尖閣・沖縄、処理水	日米と対面首脳会談	気球事件

22「日米への接近」に先立つ言論統制、抵抗勢力牽制、日本牽制

ソ連解体を反面教師に鄧小平は一九九二年に市場経済に移行させた。天安門事件の弾圧を決断したカリスマ指導者が、今度は改革の旗振りに走り出した。鄧小平は改革のノウハウ、資金、技術を持つ西側との改善を目指した。日本との改善は米国へ至る窓口となる。しかし保守派はソ連で終わったはずの計画経済にこだわり反対した。鄧小平は保守派の抵抗を切り崩す狙いで一月から広東省で遊説「南巡講話」を行った。香港メディアにリークし報道させることで西側世論をガイアツに使い保守派を抑え込んだ。ネットはまだ登場していない。隣接する香港のメディアが報じ日本を含む西側の注目を集めた。当時の日本や米国は党内改革勢力の動向に期待していた。後追いで広東省のメディアが伝え、二か月後に『人民日報』など党宣伝部直属のメディアが報じ、保守派を追い詰めた。秋の天皇訪中と米大統領選で発足するクリントン政権との米中首脳会談実現への地ならしにもなった。しかし西側への接近と離反は同時に行われ、保守派にも配慮した。

同じ一九九二年中、天皇訪中と市場経済化が決まった直後に、中国は「領海法」を新たに施行し尖閣諸島（釣魚島）領有を明記した。核保有国として核実験を再開した。核実験に反発した日本が対中ＯＤＡの凍結を示唆すると、逆に中国は、ＯＤＡは請求権を放棄した戦争賠償の代わりだったと訴え、民間人が戦後補償を日本に要求する運動を容認した。すでに懸案となっていた日本の遺棄化学兵器問題に加え、未解決の戦後処理の要求が次々飛び出した。

ＷＴＯの市場開放要求→国内改革→「台湾・ウイグル」→歴史認識

中国はＷＴＯ加盟交渉における米国の市場開放要求を、国有企業などの国内改革に利用した。米国に接近する中国は日本に「歴史認識」で圧力をかけた。米国は九・一一テロを経て「台湾・ウイグル」問題などで譲歩し中国と関係強化した。

米国は中国との関係改善と牽制という正反対の動きを同時進行させた。改善では中国を経済分野でWTO加盟交渉に導き、条件としてさらなる市場開放を要求した。一方で一九九六年実施の台湾初の総統選挙をめぐり、前年に李登輝総統の訪米を受け入れた。反発した中国は台湾周辺にミサイルを発射。米国は空母二隻を台湾海峡に派遣し、対中安保戦略で日本を同調させた。

一方、中国は米国と対立はしても決定的な衝突を避けた。WTOに加盟できれば、好条件で世界と取引できる。国内では米国の市場開放要求をガイアツとして改革に利用し、旧態依然とした国有企業や労働集約型企業を強引に倒産に追い込み、産業構造の高度化を図った。外では米国が作るグローバル経済秩序の中心に立てば、ライバル日本の重要度は下がる。むしろ蹴落としてもよい。日本を狙い撃ちし、歴史認識問題を突き付けて牽制した。抗日・反日は改革抵抗勢力の不満のはけ口にもなる。

台湾総統が訪米した一九九五年以降、江沢民は台湾や日本を巧みに排除していく。慰安婦問題に揺れるソウルで金泳三大統領と共同会見に臨み、日本の歴史認識を批判した後、両首脳そろって大阪APECに乗り込んだ。翌一九九六年の台湾総統選では米中が対立した。だが対立後の米中は接近していく。江沢民は一九九七年の訪米ではハワイ真珠湾攻撃記念館に立ち寄り、米中が日本との戦争で共闘したことをアピールする演説を行い米国世論を揺さぶった。一方、クリントン大統領は一九九八年に訪中すると台湾独立反対を明確に表明した。この直後に江沢民は訪日する。そして天皇主催晩さん会などの席で「台湾問題」や「歴史認識」での反省を要求した。中国は米国と日本の双方に対して外交的勝利を収めた。

二〇〇〇年の台湾総統選挙で独立派の民進党が勝利するものの、事前に独立の主張は米中によって歯止めをかけられた。二〇〇一年に起きた九・一一テロを受け、米国はテロとの戦いで中国の協力を得た。十二月のWTO加盟が決定した。アルカイダと関係したウイグル族独立勢力の打破を支持した。米中は接近し、日本は両者から距離を置かれた。

この時期、中国が日本を牽制する手段として意識していたのが尖閣諸島問題だ。一九九六年に日本の右翼団体が尖閣諸島の島に灯台を設置したのをきっかけに、返還前の香港で尖閣諸島領有を主張する活動家らが島に上陸する事件が起きた。しかしこのとき、尖閣の領有権問題では米国が日中のどちらの側にも与しないことが明確にさらけ出されたのだ。中国にも領有を主張する「民間保釣連合会」という活動団体ができた。

暴動→利権集団の排除・小泉から安倍→日中改善

反日暴動が起きた。裏で「利権集団」が動いたケースも見られた。だが二〇〇六年に日本の政権が靖国神社参拝を続けた小泉から安倍に替わるのと同時に、利権集団化していた上海市のトップが排除され、日中関係は悪化から反転し改善に向かう。

ナショナリズムが衝突した時期だ。中国では言論の自由化で民衆の主張が暴動の形で活発化した。二〇〇五年に北京や上海を始め全土で大規模な反日暴動が起きた。「反日」高揚の背景には二〇〇一年から毎年続いていた日本の小泉総理による靖国神社参拝に加えて、「台湾防衛」での日本の対米協力、日本の国連常任理事国入り運動などへの反発などがある。利権集団化した軍、石油、鉄道、上海市などの政権揺さぶりにも抗日・反日が利用された。

しかし近づく北京五輪の成功は中国共産党全体の総意だった。期間限定の西側接近で一致した。日本を含めた西側の眼差しを意識し、中国は二〇〇六年ごろから「普遍的価値」や「社会主義民主」の尊重を欧米に対してアピールし始めた。いずれも民主・人権・憲政といった「共産党体制内の民主化」を指す。西側への窓口である日本との関係改善は中国にとって重要だった。改善の邪魔になる環境を排除した。二〇〇六年九月に日本で小泉政権から安倍晋三第一次政権に交代した。スイッチが入ったように日本接近に舵を切った。胡錦濤政権は同じタイミングで、江沢民派の上海市トップ、陳良宇・書記を更迭する。急速に発展する上海市は不動産など大規模開発で利権集団化していた。陳良宇は二〇〇五年の上海市で起きた反日デモを容認し、高揚する暴動を口実にして胡錦濤政権に圧力をかけたといわれている。政府は陳良宇の摘発直前にネット上の言論弾圧を行った。陳良宇更迭をめぐる論争から権力闘争に発展するのを避けるためだったと見られる。※60

「普遍的価値」↓五輪↓尖閣侵入↓普遍的価値「否定」・韜光養晦の見直し

結果的に中国の「普遍的価値」尊重は限定的なものだった。「北京五輪」が終わると、中国は尖閣領海に政府船を侵入。「普遍的価値」を否定。「韜光養晦」を見直した。

日中首脳相互訪問が始まり「北京五輪」の年、二〇〇八年五月に胡錦濤が国賓として来日した。発表した「日中共同声明」には「普遍的価値の理解と追求」いう文言が明記された。チベット暴動の鎮圧をめぐって欧米が「五輪ボイコット」を訴えるなど、悪化した西側との関係改善を図るためだ。五輪成功とリーマン・ショックの米国救済で自信を得た。しかしこのあと中国は逆コースを行く。十一月に米大統領選勝利で誕生するオバマ政権を意識した。

ＧＤＰで日本を抜くことは織り込み済みだった。数十年後に米国を抜いて世界一になるのであれば、もはや米国の要求に唯々諾々と従う必要はない。胡錦濤訪日では東シナ海のガス田共同開発も決まったが、五輪が終わると反故にされた。初の日中韓首脳会談で温家宝が訪日する直前に、尖閣諸島の領海に中国政府船が初めて侵入しデモ航行を行った。後にノーベル平和賞を受賞することになる劉暁波がネット上で「普遍的価値」尊重を始めとした民主化要求運動を行い投獄された。二〇〇九年に『人民日報』論文はこの「普遍的価値」は西側の理念で中国にはふさわしくないとして受け入れを明確に拒否した。胡錦濤は在外大使らを集めた会議で、鄧小平が天安門事件後の孤立から立ち直るため始めた慎重姿勢の外交路線「韜光養晦（能力を隠す）」の見直しを表明した。さらに初訪中したオバマに、台湾・チベット・ウイグルはけっして譲れない核心的利益だと訴えた。

基盤の弱い日中双方の政権↓党大会の権力闘争↓尖閣国有化↓暴動

> 抗日・反日も反中も内政の延長だ。日中双方で基盤の弱い政権を反主流派や利権集団が揺さぶった。二〇一〇年に尖閣諸島沖の漁船衝突が反日暴動に発展した。共産党大会で権力闘争が激しくなる二〇一二年には尖閣国有化が暴動を引き起こした。

冷戦終焉以来の民主化の進展は、世界に二つのベクトルを生んだ。対外融和を目指し改革を志す政権を生む一方、国内社会はナショナリズムの高揚で強い国家を求め、隣国に弱腰の政権を揺さぶった。

日本と中国。どちらの政治も不安定なときに反日暴動は起きた。中国側は二〇〇五年の暴動を含めて三回とも胡錦濤政権下で起きた。二〇一〇年と二〇一二年の暴動のときは、日本では民主党政権だった。二〇〇九年に交代した民主党政権の政治基盤は弱かった。自民党から社会党までの出身者の寄り合い所帯だ。リベラル派の鳩山由紀夫政権は中国に接近したが日米関係は冷却した。公約にした普天間基地の沖縄県外移転は貫けず辞任した。国内保守世論に支えられた「大阪維新の会」や石原慎太郎東京都知事、平沼赳夫《ひらぬまたけお》の「たちあがれ日本」などが、野党だった自民党とともに民主党政権を揺さぶった。鳩山から菅直人、野田佳彦と一年毎に総理大臣が交代した。

一方、胡錦濤政権は発足当初から西側との融和と党内の政治改革を志し、言論解放を進めた。西側は評価した。しかし中国では改革は共産党体制や強い中国を否定することになりかねない。江沢民派や利権集団から揺さぶられたほか、民衆も権力闘争と共鳴した。米国も二〇〇九年に発足したオバマ政権は中国に対し融和や協力を求め、海洋権益を主張し始めた中国の軍などへの対応は遅れた。日米関係も沖縄の基地移転をめぐって冷却していた。こうした中で、米国は中国を警戒して徐々にアジアに戦力を集中し、中国周辺で日本とともに軍事演習を活発化させた。反日暴動はそのとき起きた。

二〇一〇年に起きた反日暴動は九月の尖閣諸島沖の漁船衝突事故から始まった。漁船衝突自体は単なる船長の飲酒運転による事故だったが、逮捕した中国人船長を日本政府が日本の法律で裁いたことから対立した。自民党政権時代は逮捕してもすぐに強制送還していた。菅直人政権は、船長逮捕後に硬直した判断しかできず、中国側に足元を見られた。全土で反日暴動が起きた。日本が船長を釈放し送還すると暴動は収まり日中関係も改善に転じた。日米の防衛協力に中国が猛反発した時期でもあった。その結束を試そうとフレームアップしたものと考えられる。しかし二〇一一年に東日本大震災が起きたときには対日融和が優先した。中国は救援隊を送り込むと同時に、宮城県などで日本人が中国人を手助けしたことが美談として国内で大きく報じられ改善を後押しした。

二〇一二年にも反日暴動は起きた。中国では十一月の第十八回党大会開催までに、四人の有力政治家が権力闘争で敗れていく。この間に日本で進められたのが、尖閣諸島を東京都が購入する計画であり、これを受けた尖閣諸島の国有化だ。中国の反発は反日暴動になった。党大会の時期には反日という社会の共感を得やすい行動が、内政の論争に絡んでナショナリズムとして煽られる。米国が「もはや世界の警察官ではない」と宣言し、中国が「力の空白」を襲うチャンスをうかがっていた時期であったことも背景にあった。

中国の権力闘争で退けられたこの四人こそが薄熙来、周永康、令計画《れいけいかく》、徐才厚だ。薄熙来は春に汚職で摘発されたが支持者は多く、反日デモの場を利用して摘発の不当性を訴えた。周永康は政治局常務委員九人の一人として司法と警察部門を担当し絶大な力を発揮していた。出身母体の石油部門と癒着していた。党大会で引退するにあたり後任に継がせようとしていた薄熙来を通して重慶市の利権集団ともつながっていた。令計画は胡錦濤派だが息子の交通事故のもみ消しをめぐって周永康に接近していた。周永康は人事をめぐって反発する。法輪功系メディア『大紀元』などの報道によると、周永康はこのとき治安対策で手抜きを行い、影響力を持つ地方都市での反日デモを暴徒化させたというのだ。※61

日本の野田佳彦政権による尖閣諸島国有化の始まりは石原慎太郎都知事の東京都の尖閣諸島購入計画だった。政治的スタンスが異なるにもかかわらず、後を引き継いだ。この日本の情報が逆流し、中国では石原都知事の人気に乗った野田総理大臣の「二人羽織」だと揶揄された。一般論として、日本のような言論の自由がある国では決定過程やプレーヤーの動きがメディア報道で表に出る。賛同の一方で批判にもさらされ、暗闘や暴動に発展する前に自律的に制御される。だが中国に日本の「手の内」が逆流し、党大会までの過程で国内扇動に利用された。

反腐敗→日中接近→尖閣侵入→日本人拘束→〝国賓訪日〟

二〇一二年末に日中双方で政権交代する。習近平が政敵を「反腐敗」で倒すのと同時進行で日中関係は回復し首脳会談も行われる。権力掌握で反日デモもなくなった。だが尖閣諸島の国有化以来、中国政府船の領海侵入が続いた。日本人のスパイ容疑の拘束が増えた。関係冷却が常態化する中で習近平主席の〝国賓訪日〟予定が決まった。

二〇一〇年、二〇一二年の反日暴動を経て悪化した日中関係は習近平時代に改善した。二〇一二年十一月の党大会で習近平が総書記となりトップに就くと、日本では十二月に総選挙で自民党が勝利し安倍政権に交代した。国家の理念を変える改革を行うには、指導者はよほどの指導力を発揮せねば、反対派に飲み込まれる。日本も中国も前政権が反面教師になった。

習近平は副主席として胡錦濤の混乱を見ていた。胡錦濤の融和姿勢は西側から高く評価されたが、中国国内では軟弱にみられた。分担の異なる中央政治局常務委員九人それぞれが利権を背負って胡錦濤を揺さぶった。党大会で党総書記となった習近平は常務委員の数を七人に減らし、反腐敗をテコに政敵や利権集団をつぶしていった。

自民党右派の安倍晋三総理大臣は保守派政治家を配下に置きながら、野党の政策を先取りして改革も進めた。安全保障の要の米国にも、経済回復でカギを握る中国にも接近した。

初会談一年前の二〇一三年末に安倍晋三は靖国神社に参拝したが、中国では政府が前面に出て激しく批判したものの民衆の反日デモは起きなかった。抗日・反日は「火遊び」だ。反主流派が権力闘争に利用し民衆が感情的にかかわって行く。指導者の権力掌握が弱いと炎上し、コントロールは困難になる。指導部が主導権を握っている限りは、反日暴動に発展するような形にはならない。

胡錦濤政権を揺さぶった薄熙来ら四人がとどめを刺される同じタイミングで日中関係は改善した。暴動後初の日中首脳会談の日程決定が二〇一四年に周永康摘発と同時に発表された。※62 七月二十七日、元総理の福田康夫が北京で習近平と会談し、日中首脳会談実現が正式に固まった。七月二十九日夜に「周永康摘発」が明らかにされた。そして十一月のAPECでの安倍晋三と習近平の会談直後に「一帯一路」構想がお披露目され、中国式国際秩序が具体化した。習近平は二〇一五年の抗日戦勝記念日の節目に、国内に抗日・反日感情の克服を呼び掛けた。

二〇一六年以降、米中の対立が徐々に深まる。南シナ海で軍事基地建設を進める中国を牽制するため米国が行う軍事演習に日本が参加すると、中国は仕返しのように尖閣諸島に船を出す。政府の船が大量の漁船を伴うことで、不満を表した。

しかし二〇一七年に、日本の国会で安倍総理大臣が一帯一路構想への協力を正式表明すると日中関係改善のスピードが上がった。二〇一八年には対中ＯＤＡも終了で合意する。

だが安倍習近平会談が継続しその先には日本が招待した習近平主席の「国賓訪日」がある。にもかかわらず、中国は日本の反感を買う行為をする。二〇一九年に中国政府系シンクタンクの招きで訪中した北海道大学教授をスパイ容疑で一時拘束する。判決を受け数年間投獄された日本人もいる。尖閣諸島領海への侵入は続けられ、二〇二〇年には接近した日本の漁船が中国政府公船に追尾された。それは強国のルールを一方的に受け入れろと言っていることに等しい。日中どちらも国内の反発勢力をなだめすかしながら相手国に接近している。日本のように民主化した国では中国の威圧は反中派を勢いづかせて融和派を追い詰める。

日米では「台湾海峡の平和と安定」の重視が二〇二一年の共同声明に初めて明記された。中国は台湾への介入だと反発する。日中関係はいつ急変してもおかしくない条件下にある。日本の原発処理水をめぐる反発は、中国からすれば押さえつけていた反発が噴き出したものかもしれない。しかし寸止めの状態で衝突は避けられている。米中関係が悪化しているとき、中国は日本を協力者として利用しようとする。日米関係が良好で強く結束していて分断を図りにくいことも影響している。そして二〇二三年十一月に、習近平は米国のバイデン、日本の岸田と相次いで首脳会談を行う。日本には処理水問題で反発を示し国内のガス抜きを行った後の接近といえる。

ANTI-JAPAN 2.0

第3篇

台頭する中国の「仮面」を見ていた日米

本論でこれまで展開した法則をもとに、中国の動き、米国と日本の対応を実証する。

冷戦終焉《しゅうえん》直後の西側世界はソ連東欧が民主化し、中国も変化するのを見て、「中国は豊かになれば民主化する」「世界は民主主義に収斂《しゅうれん》する」と考えていた。

しかしその期待は外れる。中国の目指す理想像を、日本の私たちは見落としていた。実際には中国自身の大目標は初めから変わっていない。中国は強権政治を変えることはなく、一貫してアヘン戦争前の栄華復興、すなわち共産党独裁体制の安定、国家主権、国家安全、利益を考えここまできた。ところが冷戦後の最初の二十年間の中国の対外政策は、「韜光養晦《とうこうようかい》（能力を隠す）」だった。私たちはその慎重な西側に合わせた中国の政策を見、期待感を込めて、「我々好みの中国になる」と思い込み、本質に気が付かなかった。

だがその中国は北京五輪に成功し、米国の金融危機を救済した後、「有所作為（なすべきことをなす）」と主張し、隠していたモチベーションを示し始めた。台湾や南シナ海、尖閣《せんかく》諸島などへの執着をあらわにした。そこで初めて私たちは慌てた。日本は、中国が米国と対等なパワーを得るまでの間、関係改善や反日暴動に振り回され、踏み台にされたと認識した。

二〇一七年十月の党大会で習近平《しゅうきんぺい》は世界最強の国を目指す宣言をした。「中華民族の偉大なる復興」「社会主義現代化強国」「中国式現代化」というワードで、民主化の道を歩むことなく最強の国に台頭すると謳《うた》っている。経済発展したものの民主化という世界の予測は外れたのだ。

トランプ大統領は怒り狂い事実上の「中国封じ込め」を宣言した。バイデン政権は対話を復活させながらも「国際秩序を変える意思と能力を兼ね備えた唯一の競争相手」だと警戒し、包囲網を構築している。

しかしコロナ禍やウクライナ戦争で世界の分断が進む中で民主化に失敗した国々は中国に吸い寄せられている。中国の対外・対日姿勢の変容に日米は追い付いていけなかったのだ。

対応が後手になった日米の事情

頭角を現す中国への対応に日本も米国も乗り遅れた。「中国は豊かになれば民主化する」と楽観的な見通しを立ててきた。もはや日米が圧力をかけて民主化させることは簡単ではなくなった。何が原因だろうか。自分好みか否かという米国や日本の社会の感情だけで中国を観察し、中国が伝統的にどのような社会形態でまとまってきたのかを直視して来なかったのではないか。民主化はどこの国でも実現可能なのか。以下のような仮説が考えられる。

①　貧しかった中国が米国中心のグローバル経済に加わり、豊かになることで、民衆が政治参加を求めて立ち上がると期待した。民主化に必要な格差縮小や司法やメディアによる権力監視が実現し、途中で起きる混乱を乗り越えるものだと考えていた。

②　結果的に共産党独裁体制のまま中国が豊かになり強国化することを、中国の民衆が受け入れる状況になることを、想像できなかった。

③　米国や日本は自分たちの体制に近い「自分好みの中国」。すなわち香港、台湾のような中国に生まれ変わることを期待した。そこに当てはまらない現実の中国に対して批判はしても、強権体制の下でまとまってきた実態を見ようとはしない。自ら壁やステレオタイプを作り直視や理解を妨げてきた。「力関係の変化」が起きて初めて認識した。

④　民主主義は理想的な政治理念だ。だがどの国にでも適用できるわけではない。米国を始めとした西側諸国はそれに気が付かなかった。格差の縮小、利権集団の解体、分権、腐敗を監視する公正中立な司法や警察、メディアの存在などが前提となる。胡錦濤《こきんとう》政権が実現しようとしたが共産党の内部から覆された。

⑤　民主化による弊害が中国で起きていることに気が付かなかった。市場経済化で民営化した国家部門は権益を手放さず分配することなくそのまま利権集団化した。共産党も彼らとの癒着を権力固めに利用した。利権集団は解体されないまま経済発展の中心に立ち民主化への障害になった。ロシアの新興財閥「オリガルヒ」と同じだ。

⑥　「ネットの登場」で起きる社会の分断を予測できなかった。一つに溶けた社会で格差が拡大し、多様性から分断が進んだ。民主主義社会でも分断が進み論争を招き意思決定に時間がかかるようになった。危機を克服する上では民主主義も万能ではない。中国では分断が党の分裂を招かぬよう分派闘争を抑え込んでいる。意思決定は速い。

⑦　「やがて崩壊する」という感情だけで西側は中国を見てきた。だが共産党が中国を豊かにする状態が続く限りは、民衆も独裁体制を否定しにくい。その実績を評価するからだ。そして勝ち組の「民衆」と党とが互いに利用しあうことで、富と既得権を守る構図が形成されてきた。

⑧　情報統制の中国では、政治関係の情報は結論が出て当局が発表するまで表に出ない。よって議論の主導権

（アジェンダ）は中国が取り、日米の対応は遅れる。民主主義の日米では官僚が戦略を立てても運用する政治家は「民意」を無視できない。選挙がある。世論調査がある。メディアの評価にさらされる。情報や議論の内幕までが露わになり、それを中国は揺さぶりに利用できる。米国が「世界の警察官ではない」と表明した「弱気」の情報から、防衛当局が中国軍の活動を警戒しているという報道まで、中国は都合よく利用している。

中国では社会のエリートのほとんどは共産党員だ。党や政府を批判する言動も多くの場合は、党内から出ているものと認識した方が良い。習近平の強権体制が順調に進めば、共産党体制の安泰は続くだろう。中国共産党が生き残るために利用している体制は、歴史的に長く続いた皇帝中心の華夷《かい》秩序を模した体制であり、共産党中心の秩序に民衆は馴染《なじ》んでいる。習近平の次の政権も同様の体制に落ち着くと思われる。しかし経済が低迷し、社会が抱く不公平感がさらに拡大すれば、変革の転機になる可能性はある。最大の懸念は、習近平に万が一のことがあり、強権体制のまま、指導部が統治能力を失ったときの混乱だ。

第六章

中国の対日政策

重要会議に見る「遷移」

図表23

「米国と対等な地位」に立つという中国の目標は一貫して変わらない。だが日本の脱亜入欧のように米国の秩序の中に入るのではなく、米国秩序と袂《たもと》を分かって自己を主張する。外に向けた「国際関係の民主化」要求であり「話語権（国際社会に対する中国の発言権）」の確保だ。あくまでも共産党独裁体制を続け、別の中国式秩序を作り併存を目指す。周辺国の日本や韓国などの米国への接近を阻止して分断を図る。当然、西側の反発にあう。国外の敵対的な動きは国内と連動することもある。国内からの民主化要求は抑え込む。無防備に外に手を伸ばせば国内外から転覆の圧力にさらされるのだ。そのことが「安定がすべてに優先する」という言葉に象徴される。指導者や政府の外交に関する発表には「国家主権・安全・発展の利益」というワードが頻出する。

中国にとっての「外交」は日本や米国のような相手の利益も尊重しながら自国の利益を主張する西側式の外交ではない。つまり共産党体制を守るためにある。まず自国の利益を相手に受け入れさせる。そのために軍事防衛と外交は並走する。内外からの転覆圧力に備える。「外交」は国家安全に貢献する対外関係を構築するものでなければならない。そのためには国内に関してはテロやスパイ対策といった反政府活動の取り締まりや犯罪対策が重要になる。日本と関係を改善しても尖閣諸島領海への侵入を続け、スパイ容疑による日本人の拘束が相次いでいることもここに関係してくる。

しかし超大国「米国」だけは他国とは別扱いだ。途中でくるっと譲歩に転換し、米国との相互尊重と平和共存、

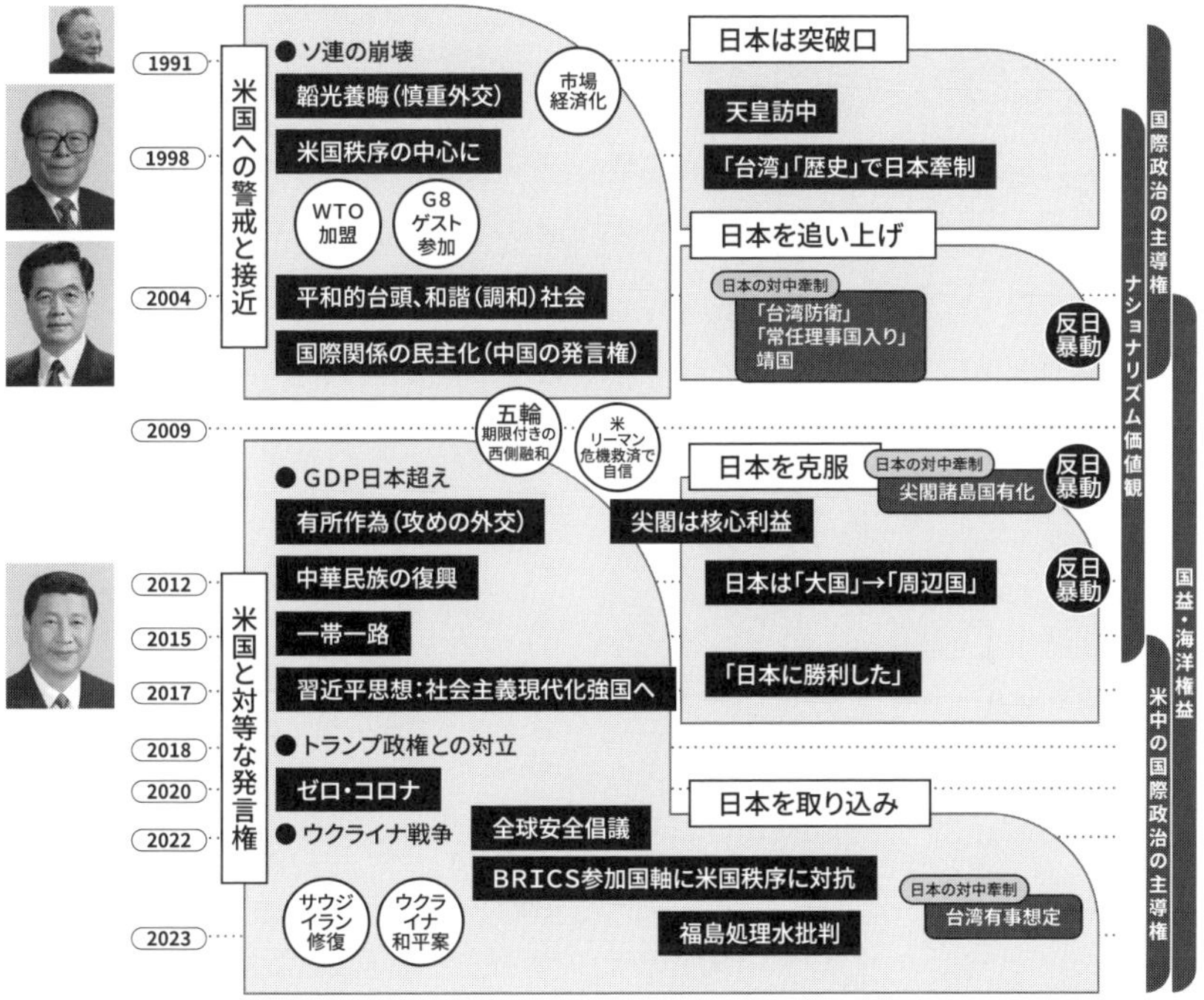

23 中国：対日牽制手段の遷移

併存を落としどころにする。ただし妥協が前提ではなく、米国と衝突する直前までは主権の尊重や体制維持、利益をめぐって行けるところまで対立する。限界が見えてきたところで衝突を避けて譲歩をするチキン・レースだ。その過程で日本は米国を動かすテコや協力者として使われる。

この妥協点を探る過程において国内では、共産党の一元管理国家でありながら、対日・対米関係をめぐって論争が起きる。論争は権力闘争に結び付く。闘争は国外勢力から利用されることがある。一つしかない政党が割れるわけにはいかない。だが逆に国内改革派が国外の批判を改革に利用するときもある。

冷戦後の市場経済化以降、中国の対日政策の変遷は九段階に分けられる。二〇一七年以降、中国の変化は加速している。トランプ登場、コロナ禍、ウクライナ戦争が突き動かした。

①日本は突破口。米国に接近し認知させた（一九九二―一九九八）。
②米国秩序の中心に。外へ発言力、内から揺さぶり（一九九八―二〇〇六）。
③「五輪」意識した西側融和。裏で中国式が進む（二〇〇六―二〇〇九）。
④日本を超える。「脆弱《ぜいじゃく》な政権」の日中が二度衝突（二〇〇九―二〇一二）。
⑤米国との対立が必然に。日本と関係改善（二〇一三―二〇一七）。
⑥米中対立。習近平の強国、トランプのポピュリズム（二〇一七―二〇一九）。
⑦コロナ禍。対面なき国際関係を感情が支配（二〇二〇―）。
⑧民主主義VS権威主義。国家グループ対決（二〇二一―）。
⑨ウクライナ戦争。日米中は流動化する世界の中に（二〇二二―）。

「共産党体制の安定」を裏付ける「国家主権・安全・発展の利益」というワードを軸に定点で観察することで、「外交」への対応の変遷が見えてくる。この間に、米中の関係性、日米中の力関係が変わって行く。「党大会」のほか、「中央外事工作会議（外交工作会議）」、「駐外使節会議（一九九八年・二〇〇四年・二〇〇九年は駐外使節会議、二〇一六年・二〇一七年・二〇一九年・二〇二三年は駐外使節工作会議、二〇一八年は駐外使節座談会）」などの重要会議やシンポジウム「国際形勢與中国外交研討会（国際情勢と中国外交シンポジウム）」を材料に対日政策の遷移を追跡した。ウクライナ戦争以降、日米中の関係は、流動化する世界情勢から大きな影響を受けている。⑨については第八章でまとめる。

1　日本は突破口、米国に接近し認知させた《一九九二―一九九八》

ソ連崩壊直後の一九九二年、鄧小平《とうしょうへい》は計画経済を市場経済に切り換えた。翌年実現した米中首脳会談を経てクリントン政権は対中政策を「封じ込め」から「関与」に切り替えた。この間、中国は「歴史認識」問題を中心に日本を牽制《けんせい》し続けた。一九九八年にはクリントンが初訪中したことで最初の中国の目的は達成した。このあと江《こう》沢民《たくみん》は在外大使らを招集した「第九回・駐外使節会議」で「米国秩序の中心に立つ」と宣言し、WTO加盟後の影響力拡大に備えた。さらに日本に対して歴史と台湾で圧力をかけ続けろと主張した。

▼中国国内

①　鄧小平が慎重外交「韜光養晦」を提唱。天安門事件後の孤立脱却と西側接近を図る。
②　ソ連崩壊を反面教師に共産党体制での市場経済に移行。国家部門の民営化を進める。
③　天皇訪中を突破口に米国と首脳会談を実現。WTO加盟に道筋。世界の中心を目指した。
④　核実験再開と尖閣領有の法制化は、保守派が反発の市場経済化や西側接近と同時に。
⑤　携帯、テレビ、ネットの普及と商業紙の発行で言論自由化と社会の流動化が始まる。

▼国際情勢

⑥　冷戦終焉で中国は市場経済化、ソ連東欧は民主化し、米国中心のグローバル時代に。
⑦　米ソ冷戦時代と異なり国や民族がナショナリズムで競い、安全保障対立に発展した。
⑧　米国と中国が融和する一方、日本が矢面に立ち、米中よりも日中が緊張し始めた。
⑨　世界は中国も豊かになれば中間層が民主化要求し、民主主義に収斂すると見ていた。
⑩　経済成長する中国への接近で、日本と米国などとの間で競争になった。

▼日本の動き

⑪　バブル経済崩壊と五五年体制終焉がほぼ同時に到来した。
⑫　中国経済に期待する一方で、日本と中国のナショナリズムが衝突し始めた。

孤立と発展の遅れからの脱却が課題であった。このあいだ中国は仮面をかぶっていた。資金と技術を持つ日米との融和外交が優先された。天安門事件後の一九八九年末、鄧小平は慎重な外交姿勢を打ち出した。「韜光養晦有所作為（まずは能力を隠す。いずれなすべきことをなす）」[※63]。この前段に重点を置いた。まず警戒心を保ちながら微笑み、西側の制裁を解除させる。日本の経済制裁解除を追い風にした。

一九九二年、ソ連崩壊を反面教師に経済体制を「市場経済」に切り換え、西側との経済交流を活発化させるとともに国内経済の自由化を進めた。筆者は当時北京に駐在していたが、計画経済時代は「没有（メイヨー：ありません）」としか言わなかった店員たちが、突然「歓迎光臨（いらっしゃいませ）」と笑顔を見せるようになった。マクドナルドが香港企業の運営で北京にでき中国全土に広がった。「漢堡（ハンバーガー）」を注文すると店員が「飲料呢（お飲み物は）」と尋ねる。最後に「還要別的嗎（何かほかにご注文は）」と笑顔だ。米国通信大手「ＡＴ＆Ｔ」が北京で行った光ケーブル通信のプレゼンを聞いた。ネットはまだない。米中をつなぐインフォメーション・スーパーハイウェイ（情報高速）が中国を変えると米国人が興奮して語っていた。

同年に天皇を中国に迎える一方、日本に切るカードもそろった。世界の中心を目指す中国にとって日本はライバルになった。国内では市場経済や日米への接近に反発する保守派を納得させる必要があった。尖閣諸島領有の法制化と核実験再開はいずれも一九九二年に行われた。尖閣諸島（釣魚島）の「領有権」については静かな「法律戦」を展開し、新しく施行する「領海法」に領土として書き込んだ。核実験も行った。核保有国の地位という既得権は、国力の弱かった中国としては国際政治の主導権をめぐって日本と対抗できる唯一の手段であった。軍国主義復活批判や歴史認識といった抗日・反日の「価値観」での牽制は、一九九〇年代初頭には冷戦終焉で壁を超えた相互理解の機運が高まったことで皆無に等しかった。ただし一九九二年の天皇訪中の前に日本がカンボジアへ国連ＰＫＯ部隊の派遣を行うと、中国は「軍国主義の復活だ」という言葉で反発した。「国連安保理常任理事国」という地位も中国がけっして日本に譲歩したくない既得権だった。ＰＫＯ部隊派遣は中国が先んじて湾岸戦争後のイラクに監視団を送り、カンボジアへも先遣隊を送った。香港返還が意識され、日本では中国よりも発展していた台湾との経済交流も強化した時期だ。民族ナショナリズムが高揚し日本との摩擦が高まって行く。愛国主義教育は一九九四年に始められた。

核実験は世界で禁止が決まっていた一九九六年まで続けた。被爆国の日本が核実験を止めさせようと円借款や無償資金協力などのＯＤＡ凍結を示唆すると、中国は猛反発して「原爆投下こそが戦争を終わらせた」「ＯＤＡは、国交正常化時に放棄した戦争賠償の請求権の対価だ」と主張した。そして中国の民衆が戦後補償を求める裁判を日本政府相手に起こすことを奨励した。一九九五年に江沢民主席はソウルを訪れ、侵略を受けた国として戦後補償で不満を持つ金泳三《キムヨンサム》大統領とともに日本の「歴史認識」批判の共同会見を行った。その足で大阪APECに参加した。以後、江沢民は、国際政治の主導権や国益・海洋権益で日本と争う上で「歴史認識」という言葉で問題を必ず絡ませた。これら抗日・反日の民衆感情に関わる「価値観」は、政治によって日本を牽制する手段として使われるとともに、外に敵をつくり民衆を結束させる力にもなった。

ナショナリズムの高揚は日本も同じだった。政治大国を自任し始めた日本は一九九三年に台湾から外交部長(外相)を招くようになるなど台湾に接近した。日台接近は日中が対立する時期と重なった。その台湾は一九九〇年以降に外交空間を狭めていった。サウジアラビア、シンガポール、イスラエル、韓国など外交承認国を相次いで失った。ウクライナなどソ連解体でできた国々も中華人民共和国との国交を選んだ。中国と断交状態にあったインドネシアやベトナムも中国との外交関係を修復した。しかし一九九六年三月に台湾では民主化の完成といえる直接投票の総統選挙が行われた。その一年前から民衆の支持を追い風に李登輝《りとうき》総統や行政院長がゲリラ的な外遊で外交空間を広げた。これを中国は独立につながる動きだと反発しミサイル発射実験で威圧した。米国は空母二隻の派遣で中国を牽制した。ニミッツと横須賀《よこすか》を母港にしたインディペンデンスだ。さらにこのあと訪日したクリントン大統領は、日本との間で台湾海峡有事を安全保障協力の対象に含める指針を示した。だが米国はすぐに中国との関係を修復させた。日本が中国の反発の最前線に立った。この日米中の対立の三角関係は今日まで変わらない。

中国の核実験は一九九六年に禁止条約の採択を控えて終えていた。中国はその代わり歴史認識批判を続けた。さらに時期をあわせたように尖閣諸島をめぐって動き始めた。ただし現場海域へ行く船舶などの装備はない。尖閣諸島奪還を訴える香港や台湾の活動家の尖閣上陸を国内で積極報道して主張を取り込む一方、北京に活動団体を作らせた。歴史認識問題での日本牽制に米国を取り込んだ。

一九九七年二月に鄧小平は九十二歳で死去した。このカリスマ的指導者の亡きあと、七月の香港返還を経て、江沢民は抗日・反日の価値観を米国世論の取り込みに使った。江沢民は一九九七年十月の訪米途中、ハワイ真珠湾攻撃記念館で演説し、大戦中に米中が同盟関係を結び、戦勝国としてともに国連を創設したことを訴えた。米国は一九九八年六月のクリントン訪中で日本に立ち寄らず露骨に日本を外した。そして米中関係の太さをアピールし「台湾独立反対（三つのノー）」を約束して中国を安心させた。

　クリントン訪中後の八月、北京で「駐外使節会議」[※64]が開催された。一時帰国させた大使らに外相が外交政策を指導する会議だ。会議のテーマはクリントン訪中で示されたＷＴＯ加盟交渉に向けた決意表明だ。この駐外使節会議で江沢民は「米国秩序の中心に立つ」と宣言した。すなわち「米国は国際秩序で一強となった。経済のグローバル化は先進資本主義国が促進した。中国はグローバル化がもたらした有利な条件とチャンスを積極的に利用する。国際競争を主導する有利な地位を獲得する。多極化する外交に積極参加する」と訴えたのだ。そして江沢民はこの演説の最後で、日本を牽制する方針を明確に示す。「大国である日本に対しては台湾問題を徹底的に、歴史問題を常に永遠に言い続けなければならない」と述べ、日本へのライバル意識を露わにした。中国が中心へ向かうのならば、ライバルの日本を蹴落《けお》とさなければならない。カギは「歴史認識」と「台湾」だ。また反日を煽《あお》ることは社会を結束させることにも直結した。米国中心のグローバル経済秩序に中国が乗ることは決まっている。ただし国有企業改革や金融改革など国内問題が山積していた。改革が伴う痛みを吸収し、不満を外に向けねばならないのだ。さらにこの駐外使節会議で注目すべきは経済安全保障を外交と関連づけて重視していたことだ。江沢民は「経済安全保障を維持し自国を発展、強化させる」と述べ、国家の主権、安全、根本的利益については原則を守ると訴えた。中国共産党独裁体制を国外の揺さぶりから守ることの重要性を強く認識していたのだ。

　駐外使節会議で「日本に対して歴史問題を永遠に」と発言した後、十一月に江沢民は国賓として訪日し、天皇晩さん会の席などで繰り返し「歴史認識」の重要性を訴えた。日中共同宣言をまとめた重要日程だったが、日本社会の反中感情を高める結果を招いた。

台湾では二〇〇〇年の総統選挙で独立派の陳水扁《ちんすいへん》が総統に就任した。すでにクリントンの「台湾独立反対（三つのノー）」で「牙《きば》」を抜かれていた。「台湾問題」が落ち着けば、争点は一つ片付き、日本に接近できる余裕が生まれた。五月の総統就任当日、江沢民は日本から招いた二階俊博《にかいとしひろ》運輸大臣や平山郁夫《ひらやまいくお》日中友好協会会長らの訪中団の面前で、日中関係改善を宣言したのだ。[※65]

2 米国秩序の中心に。外へ発言力、内から揺さぶり《一九九八─二〇〇六》

WTO加盟で米国中心のグローバル経済に参入した二〇〇一年以降、中国の国力は急速に発展した。たわわに実る中国という果実に米国が騙された時代だ。だが中国は米国秩序を模倣しただけで完全に米国式になったわけではない。胡錦濤自身は西側に融和的だ。しかし共産党の総意は中国式で強国になることだった。中国にとって当然日本はライバルになる。ナショナリズムが衝突し反日暴動が起きた。

二〇〇一年に九・一一テロが起きる。中国が米国と交渉を続けてきたWTO加盟のタイミングと重なった。すでに中国はライバルの日本を牽制し米国との関係を強化していた。九・一一の反テロ対策をウイグル独立派の弾圧に利用した。二〇〇三年に胡錦濤が政権に就くと、米国から北朝鮮をめぐる六か国協議の議長国を任され、G8サミットに招待される。アジアの盟主となった中国は単に米国に協力するだけでなく、対等な発言権を要求した。「国際関係の民主化」という言葉が二〇〇四年の「第十回・駐外使節会議」[※66]で提唱された。これが中国式秩序構築に収斂していく。国内ではナショナリズムが高揚し、外への不満は日本に向かう。二〇〇五年に反日暴動を起こした。北京五輪が近づくと成功の雰囲気づくりを意識し二〇〇六年から世界との融和に転換する。だが民族復興の目標は変わらない。胡錦濤後継として習近平に光が当たる。

▼中国国内

①九・一一後の反テロ戦争との関連でウイグル独立運動の掃討に米国からお墨付きを得た。
②WTO加盟で中国は米国主導の既存の国際秩序とグローバル経済の中心に立つ。
③G8サミットの招待国や六か国協議の議長国として、発言権の強化を要求する。
④党政府との癒着で既得権を得た石油などの国有企業や軍、治安部門が利権集団に。
⑤市場経済化の進展とネットの普及で流動化した社会でデモや暴動が頻発する。
⑥ナショナリズムで束ねられた民衆の不満は外に向かい日本と衝突する。
⑦五輪までの期間限定で西側融和に転換。海洋権益をめぐる日本との摩擦は続いた。

▼国際情勢

⑧米国が反テロ戦争で経済的に疲弊。中国は「責任ある利害関係者」だと米国が期待。
⑨中東や中国の民主化実現に信念を持ち続けた米国に西側世界は賛同した。

▼日本の動き

⑩　バブル崩壊の経済立て直しの過程で、国民にナショナリズムで誇りを持たせる。
⑪　小泉総理が靖国《やすくに》神社参拝。国連常任理事国入り要求。米国と台湾有事の対応方針。
⑫　日中のナショナリズム対立は安保対立に。しかし経済関係は太く「政冷経熱」に。

G8サミットにゲスト参加。米国秩序にタダ乗り

「米国秩序の中心に立つ」。江沢民が「WTO」加盟交渉を意識し一九九八年の「駐外使節会議」で宣言した。米国主導のグローバル経済体制の中では中国の〝上司〟は米国で日本はライバルだ。江沢民は、日本を「台湾」と「歴史認識」で牽制するよう訴えた。米国とは二度の「危機」を乗り越え関係強化した。クリントン政権時代の一九九九年に、米軍は旧ユーゴスラビアを空爆中に首都の中国大使館を誤爆した。ブッシュ政権に交代したばかりの二〇〇一年四月初めには、海南島沖の南シナ海で情報収集していた米海軍偵察機EP3と接触した中国戦闘機が墜落し、中国のパイロットが死亡した。米国側が謝罪することで事態悪化は避けられた。

二〇〇一年十二月のWTO加盟のタイミングは九・一一米国同時多発テロの直後に重なった。反テロ戦争で中東に関わり始めた米国は、アジアの安定では中国の協力を必要とした。二〇〇二年八月に中国は米国からウイグル族独立過激派「ETIM（東トルキスタン・イスラム運動）」掃討でお墨付きを得た。「運動」がアルカイダと関連するというのだ。これがウイグル族全体への迫害に利用されていく。

胡錦濤が党総書記ポストを江沢民から引き継いだ二〇〇二年の第十六回党大会開催当時、世界はすでに米中主導で動き始めていた。江沢民と胡錦濤は二人とも鄧小平が指名した後継者だが、特に胡錦濤は西側融和を訴えた

指導者だった。米国は胡錦濤を国際秩序の中心に招き入れ、中国も米国が提供する役割に乗った。主要国首脳会議は一九九八年以来ロシアを含めた「Ｇ８」になっていた。ここに胡錦濤も、二〇〇三年の仏エビアン・サミットから二〇〇九年までほぼ毎年ゲストとして招待された。※67

写真24　中国には日本の小渕恵三《おぶちけいぞう》政権が二〇〇〇年の「九州沖縄サミット」への参加を呼び掛けたが、外務省によると「Ｇ８は先進国の集まりだ。途上国である中国は参加しない」として拒否したという。しかしフランスの招待で初参加した。また北朝鮮の核開発による危機を受け、中国が議長国となり二〇〇三年から「六か国協議」を主催した。二〇〇六年の北朝鮮の核実験を挟んで北朝鮮が脱退する二〇〇九年まで続いた。

西側が胡錦濤を評価したのは、民衆に寄り添う「以人為本（人間本位）」の国内政策を訴えた側面だ。江沢民から中央軍事委員会主席のポストを引き継ぎ、完全にトップに立った二〇〇四年九月の「第十六期四中全会」で、胡錦濤は人にやさしい「和諧《わかい》社会（調和ある社会）」と人間本位で持続可能な成長を目指す「科学的発展観」※68というスローガ

24 2006年のサンクトペテルブルグ・サミット：ロシアも含めたＧ８に中国も参加していた
ロシア大統領府HPより

ンを提唱した。環境破壊や格差拡大、政治腐敗など市場経済化で生じた負の側面の解決を訴えた。党中央宣伝部は政治の監視をメディアに奨励する「輿論監督（世論監督）」条例を発表した。[※69]だがこうした改革志向は中国では馴染まなかった。民衆の発言力強化を容認したものの、治安強化や公正な裁判、党員や官僚のモラルなどの対応は追い付いていなかった。

一方、アジアの盟主となり国際政治の主導権を確立した中国は世界に対する発言権拡大を目指した。二〇〇四年八月に開催された「第十回・駐外使節会議[※70]」のテーマは、「国際関係の民主化」「走出去（対外進出）」だ。それは米国と対等な国家としての発言権の要求であり、やがて既存のものと別の、中国中心の国際秩序を新たに構築することを意味した。米国の下でサポートするだけの「米国好みの中国」になるのではないというのだ。そして外に市場や海洋権益を求めて行く。国家の安全を確保する強い外交が必要になる。胡錦濤は「国際と国内、双方の大局に注目する」「外交の第一に置くのは国家主権と安全保障の確保だ」と宣言した。外交の会議であるにもかかわらずテーマは融和より主張だ。西側に融和的な指導者だったはずだが示されたのは強硬路線だ。対外と国内とでちぐはぐなのだ。翌月の「四中全会」では胡錦濤的な「人間本位」の国内政策を示した。

しかし対外強硬策を進めていたにもかかわらず胡錦濤に国内からは突き上げが続いていた。まだ弱気だというのだ。二〇〇五年一月には国際政治学者の閻学通《えんがくつう》が、「中国は米国と対等な『発言権』を要求すべきだ」と主張し胡錦濤を批判した。そして天安門事件後から続く慎重外交「韜光養晦（能力を隠す）」は終わりにせよ。融和から積極外交「有所作為（なすべきことをなす）」に踏み出すときだと提言した。閻学通は勇ましかった。単なる「平和的発展」で豊かになるのではなく、台頭しプレゼンスを示す「平和的台頭（和平崛起）」を訴えた。外交では中国の地位を高め、中華民族の復興を果たすことを重視する。西側が認識している、相手を理解し融和し協議で紛争を解決する「外交」ではないのだ。この「韜光養晦」見直し提言は北京五輪後に正式採用され、習近平政権では閻学通は対米強硬派として政府のブレーンとなる。

二〇〇六年八月には党中央が主催する「中央外事工作会議」が初めて開催される。共産党の中で外交の重要度がさらに上がった。外に積極的に出ていくからだ。この会議以降、主権・安全・利益の三つがセットで用いられるようになる。先に二〇〇四年八月の駐外使節会議で示された「国家主権と安全保障」に「発展の利益」という言葉がプラスされたのだ。五輪成功という国益のための融和。ワードとしては明記されなかったものの「普遍的価値」の尊重が一時的に取り入れられるのもこの中央外事工作会議の開催以降だ。主権・安全・利益の重視は習近平政権で「国家安全委員会」の設置につながって行く。

胡錦濤政権は、外に対しては「国際関係の民主化」で国家としての発言権を主張し、国防力（安全保障）充実を急ぐとともに、国内に対しては国内の安全（治安）を重視した。政治のプレーヤーとして反主流派や利権集団が登場し、発言力を増す民衆を煽り、胡錦濤を揺さぶり始めたからだ。

「抗日・反日」を揺さぶりに利用する

政権を揺さぶる利権集団の問題は、江沢民政権時代からクローズアップされていた。

例えば、国の一部門から独立し企業化した「石油」や「鉄道」の部門や「軍」が、手持ちの国の資産を金に換えビジネスに乗り出した。ルール作りを行うはずの中国共産党と利権集団が癒着し発展の利益を山分けした。カネにならない党幹部の仕事を辞めて企業家に転じる「下海」と呼ばれる現象も続いていた。

放置すれば彼らは「徒党」を組み、共産党を凌駕《りょうが》する力を持つ。「徒党」が「政党化」すれば共産党の独裁体制は終わりになる。これは民主化に向かう契機になっていたかもしれない。ところが江沢民は、二〇〇一年七月の党成立八十周年大会で、「権力で私腹を肥やす既得権益集団の形成を許さない」と共産党の危機を訴えた。※71 党総書記が胡錦濤に交代する二〇〇二年の「第十六回党大会」で江沢民は、彼ら企業家を共産党の「三つの代表」の一つとして、共産党員として積極登用することを決定した。

だが利権集団の跋扈《ばっこ》に警鐘を鳴らしておきながら、江沢民自身も癒着にまみれた。党総書記引退後も、「国家」に匹敵する力を持った上海市や軍といった利権集団との癒着を自らの保身と胡錦濤揺さぶりの原動力にしていく。二〇〇二年十一月の第十六回党大会で江沢民は党総書記ポストを胡錦濤に移譲した。しかし軍ににらみを利かせる党中央軍事委員会主席にはその後二年間座り続けたのだ。この二年の間に外に向かって強く示されたのが海洋利権など、まさに江沢民の軍のポストに関わる主張だ。そして自らに都合の良いように胡錦濤を操り、二〇〇四年八月の駐外使節会議で「国際関係の民主化」と「走出去（対外進出）」を決めさせた後、ようやく九月の第十六期四中全会で江沢民は中央軍事委員会主席のポストを胡錦濤に渡した。四中全会で胡錦濤は人間本位の国内政策「和諧社会」を提唱し、これを西側は評価したが、その内実はハリボテのような状態だったのだ。

実は胡錦濤本人は親日だった。胡錦濤が総書記に就任した直後、『人民日報』論説委員の馬立誠《ばりっせい》が「日本はアジアの誇りだ」「中国は反日活動を慎め」[※72]と主張する論文「対日関係の新思考（対日関係新思惟）」を発表するのを認めた。日本では大歓迎された。しかし「親日」は中国では居場所が限られた。馬立誠は民衆の袋叩《だだ》きに遭った。一般論としてどの国でも改革によって国の姿を変える。あるいは改革のために対立する国に接近するときには、相当なエネルギーがいる。中国の場合は共産党独裁であることに加え、かつて「日本」には侵略を受けたと認識されている。超える壁は高い。

利権集団の主張は日本に対するナショナリズムと連動していく。日本を牽制する柱が「歴史問題」や「国際政治の主導権」争奪から、東シナ海ガス田や尖閣諸島、台湾問題などの「国益・海洋権益」をストレートに主張する争いにシフトした時期とまさに一致符合する。整理してみると胡錦濤政権が目指した自由で融和的な体制が、利権集団の強い発言力や民衆の突き上げでつぶされていく様子が見えてくる。

石油企業は「海洋権益」主張で東シナ海へ向かった。二〇〇三年八月に東シナ海で「ガス田開発」※73を始めていたことが日本の経済産業省によって確認された。場所は尖閣諸島の周辺であり、日本政府は「中間線を超えてストローのように吸い上げられてしまいかねない」と中止を要求した。だが中国政府は「日中中間線の中国側だ」として無視した。

双方の主張が異なる海域で中国側は一方的に開発に着手したのだ。

このあと日中間でガス田の共同開発に向かう動きが出ては頓挫《とんざ》することが繰り返される。

二〇〇六年十月に第一政権で安倍晋三《あべしんぞう》総理大臣が訪中すると、一転してガス田の共同開発の模索で協議することが確認された。五輪成功を意識して中国が一時的に融和路線に転換した頃《ころ》だ。直後に二転三転する。

翌二〇〇七年一月に国有石油企業が協議を無視して一方的に開発を再開した。

四月に温家宝《おんかほう》首相が来日すると改めて共同開発の協議加速で日中は一致した。

二〇〇八年五月の胡錦濤来日でも共同開発の早期合意で一致した。しかし合意の運用には至らなかった。民衆、大衆による「共同開発反対」や「政権批判」の声で「ネット」が炎上したからだ。ネットの声に勢いづけられたかのように、二〇〇九年一月には中国側が単独で開発を始めていたことが自衛隊機によって確認された。

ガス田開発の動きと並行して、二〇〇四年には船舶による威圧も拡大した。四月に尖閣諸島に初めて民間の中国人活動家七人が上陸しこれを日本が強制送還する事件が起きた。五月に国家海洋局が航空機や監視用船舶の装備を増やした。十一月には沖縄宮古島の領海を中国軍の潜水艦が潜航したため海上自衛隊が「海上警備行動」を発令し追尾した。国家海洋局は二〇〇五年八月には三千九百八十トンの大型船舶「海監八三」を就航させ、二〇〇六年に尖閣諸島での定例巡航の策定に入った。

そして北京五輪後の二〇〇八年十二月に中国政府船二隻が尖閣諸島領海に初侵入した。

国有鉄道企業も利権集団だ。ネット上の反日の声を利用した。右傾化する日本の経済を助ける必要はないと「愛国者同盟網」がネット上で技術導入反対の署名活動を展開した。ネットの動きを新聞やテレビといった「伝統メディア」が分析し、「八万人が日本の技術導入に反対」と報じた。そして政治が取り上げる。中国の党や政府の関係者は、小泉総理の靖国神社参拝に対する国内の反発を理由に二〇〇四年に日本の新幹線技術の採用が難しいと表明。そのまま見送りになった。ただし日本を模倣した。この「国内開発技術」を中国オリジナルとして海外に売るのである。

一般論として民衆を束ねるのに権力者はナショナリズムに頼りがちだ。ここまでは日本も中国も一緒だ。小泉純《こいずみじゅん》一郎《いちろう》総理大臣の靖国神社参拝もこの時期だ。ただし日本の場合は下から沸き起こり発散するナショナリズムを、政治家が煽りメディアは群がる。このメカニズムは公の場で誰《だれ》からも透けて見え、内外の批判にさらされ鬱憤《うっぷん》が晴らされると自然に淘汰《とうた》される。中国の抗日・反日ナショナリズムの場合は政府がコントロールする。日本を牽制する場合には奨励するが、炎上すると対応が後手に回る。民衆をまとめる上では役に立っても、「弱腰批判」を恐れて放置すれば、騒擾《そうじょう》に発展するのが常だ。社会状況もテーマが何であれ、不満訴えの手段自体が暴動に傾いていた。暴動の件数は全国で毎年平均十七％増えており、二〇〇五年には十五人以上が参加した暴動の件数は八万七千件に上った。※74

このとき民衆の無秩序な動き、特に外交や日中関係に対する口出しは政治の障害になる。反主流派や利権集団もこれが分かっていて民衆の「抗日・反日」の主張を胡錦濤揺さぶりに利用する。内政と日本に対する外交は連続しているのだ。

反日暴動の中国を「責任ある利害共有者だ」と思い込んだ米国

WTO加盟以降、発展の速度を上げた中国は国力で日本を追い越すシーソーゲームの時期に入る。日本を追い越すことは明らかだった。見下し、見下されていた関係が逆転するのだ。しかもネットや人の往来で日本と中国が一つにつながる。情報がすぐに逆流する。

日本では江沢民訪日以降高まる国内の反中感情を追い風に、二〇〇一年から二〇〇六年まで小泉総理大臣が靖国神社参拝を続けた。これが日中の「価値観」対立のピークになった。

台湾という「国益問題」でも日中は対立し始めた。米国が台湾海峡防衛で日本に協力を求め、二〇〇五年に「日米外務防衛協議（2+2）」で具体的に言及した。米国は協議で日本の国連常任理事国入りにも協力を表明した。国連は創設六十年を迎え、総会では常任理事国見直しを含めた国連改革がテーマになる。この二つ、日本の台湾と常任理事国入りへの言及は、中国にとっては「中国の正統性に関わる問題」「国際政治の主導権を脅かす」という認識になる。日中の対立は、「台湾防衛」での日米安保協力、日本の国連常任理事国入り運動、小泉総理の靖国神社参拝という「国際政治の主導権」「国益・海洋権益」「価値観」の分野に広がった。

日本への反発はデモから暴動に発展した。二〇〇四年七月と八月には日本が勝利したサッカー・アジアカップの対戦をめぐって重慶、済南、北京の競技場で小さな反日暴動が起きた。そして国連改革の二〇〇五年、当時のアナン国連事務総長が「常任理事国の加盟国候補にはアジアの日本も」[※75]と発言した。これがきっかけで二〇〇五年四月に北京と上海などで抗日・反日が爆発した。日本大使館や総領事館を襲った激しい暴動を引き起こした。さらに中国政府はこの間、戦後補償を求めて強制連行や旧日本軍の重慶爆撃の被害者ら民間人が日本で提訴することを改めて容認した。これらの訴訟は日本では日中共同声明で解決済みだとして高裁や最高裁によって相次いで棄却される。[※76]

九月の国連総会には日本からは小泉純一郎総理大臣が出席し常任理事国入りを求めた。しかし胡錦濤は日本の要求を退け「安保理改革では発展途上国、特にアフリカの国に代表権を与えるべきだ」[※77]と主張した。そして常任理事国の協力が得られず日本の国連常任理事国入り要求は却下される。米国も積極的に日本を後押しする行動は見せなかった。それどころか訪米した胡錦濤が「国際関係の民主化」という言葉で中国の発言権強化を求めたのを米国は前向きに捉《とら》え、「利害共有者（ステークホルダー）として責任を果たして欲しい」※78と米国へのさらなる協力を申し入れた。アジアで中国が力を誇示し衝突するのを米国は深刻に受け止めていなかった。中国の主張する「国際関係の民主化」が米国とは別の秩序構築を意味するものとは認識していなかったのだ。

「国際政治の主導権」争奪で中国は日本に勝利した。米国に近づき得るものを手にした後、今度は中国式秩序構築の動きを始めた。中国はすでに上海協力機構をロシアとともに主導していた。ソ連崩壊で中央アジアにできた国々を束ねた枠組みだ。ロシアも国内にチェチェン独立紛争といった民族問題を抱えるなど、中国と共通点があった。二〇〇五年八月からはこの枠組みで軍事演習「和平使命」※79を行い定例化させるとともに、上海協力機構の加盟国にインドも名を連ねた。しかし米国のブッシュ政権は「反テロリズム」を御旗にしたアフガン戦争、イラク戦争で軍事的にも経済的に疲弊していた。中国が進める独自の行動を、米国が警戒することはなかった。

米国では「北京コンセンサス」※80という、中国は米国と異なる独自の発展をすると肯定的に評価した二〇〇四年に米経済学者が発表した論文が注目されていた。「政治の民主化がなくても、共産党独裁体制下で市場経済化を進め、高成長を維持」するモデルを指した。従来の米国式秩序は「ワシントン・コンセンサス」だ。この論文が後に中国でもてはやされる。

二〇〇六年に中国は「北京五輪」を控えた一時的な対外優和モードに入り中国の強硬な動きは再び注目から離れて行く。

3　五輪を意識した西側融和。裏で「中国式」が進む《二〇〇六―二〇〇九》

二〇〇六年に初開催された党の「中央外事工作会議」[※81]では「国際関係の民主化」、世界への中国の発言権強化を求める外交の重要性を訴えた。この大枠の中で北京五輪成功を意識し、対外政策を融和モードに切り替えた。結果的には「期間限定」の融和となった。融和モードの間、胡錦濤は訪米で「社会主義民主」というワードで共産党体制内での民主化を約束した。温家宝も「普遍的価値」、すなわち西側と民主主義の理念を共有すると語った。日本とは靖国で対立した小泉政権から安倍政権への交代と同時に融和に転じた。

だが並行して、五輪後を見越した中国式秩序構築の動きも出てきた。二〇〇七年には胡錦濤の後継が同じ共青団の李克強《りこっきょう》から習近平に差し替えられた。

二〇〇八年の北京五輪の成功は米国秩序の中で中国が頂点に上り詰めた瞬間だ。共産党体制内の民主化や言論の自由化を打ち出した胡錦濤政権を、西側各国は高く評価した。日本も共同声明に普遍的価値重視を記すなど中国の姿勢に協力した。

しかし、二〇〇八年の北京五輪が成功をおさめ、米国の金融危機救済で自信を深めた後、中国式秩序の構築を具現化し始めた。オバマの大統領選勝利直後に具体的行動に出た。日米を意識して尖閣諸島領海に政府船が侵入。二〇〇九年のオバマ政権発足後に普遍的価値を否定。慎重な外交姿勢「韜光養晦」の脱却を宣言。訪中したオバマに対し、譲れない核心的利益として台湾・チベット・ウイグルを列挙する。

▼中国国内

① 五輪までの期間限定で政治が西側融和に動いた。同時に中国式秩序構築も進んだ。
② 五輪成功に向けた期間限定の西側融和で、日本の役割が一時的に重要になった。
③ 日本との関係は首脳同士の相互訪問で改善。だが海洋権益をめぐる動きは続いた。
④ 五輪後の中国式秩序が意識され、胡錦濤後継を融和派の李克強から習近平に差し替え。
⑤ ネットの自由化で社会が流動化。異議申し立て行動が活発化し暴動が多発した。
⑥ オバマ政権発足に合わせて転換。普遍的価値否定、韜光養晦の脱却、核心的利益。

▼国際情勢

⑦ 米国が戦争で経済的疲弊。リーマン・ショック救済で中国は「自信」を持った。
⑧ ＧＤＰで中国が日本を抜き米国に近づくことが視野に入ってきた。

▼日本の動き

⑨ 一年毎の政権交代で日本の顔が見えなくなった。民主党政権で日米関係も冷却した。

米国に太平洋分割を提案

中国の栄華を取り戻す理想は変わらない。問題は方法論だ。融和継続と並行するのか中国式を一気に進めるかで後者が勝った。胡錦濤が主体的に転換したというより吹き飛ばされて隅に置かれ、党の総意で転換したのだ。この間、党から出るメッセージにはブレが見られ日本は振り回された。中国の変化に米国は日本よりも遅れてオバマ政権の途中で気が付いた。

胡錦濤と温家宝の共産党青年団グループの政治理念は西側に対して融和的であり、中国共産党の体制内の「民主」を重視した。反日暴動後の二〇〇五年十二月、初開催された「東アジア首脳会談」で、温家宝首相は「普遍的価値の強化に努める」と記した「宣言」に署名したのだ。さらに温家宝は、民主・人権は「人類が共同で追求する価値観」[※82]だとして中国も重視する考えを、訪欧前の二〇〇六年九月にロイターなどの取材で示した。続いて訪日前の二〇〇七年二月には『人民日報』[※83]掲載の温家宝の論文で繰り返し表明した。胡錦濤は訪米した二〇〇六年四月にイエール大学で「共産党体制内での社会主義民主を進め市民（公民）の政治参加を保証する」[※84]と約束した。

ところが共産党が初開催した二〇〇六年八月の「中央外事工作会議」[※85]は、中国が外へ主張する「積極外交」に重点を置いた。そして「和諧世界」、すなわち調和のとれた世界秩序と中国の対外主張強化を意味する「国際関係の民主化」を要求し、「外交活動は国家主権・安全・発展の利益を守る共産党の最重要職務だ」と訴えた。しかし胡錦濤の「社会主義民主」や温家宝の「普遍的価値」「人類共同追求の価値」という言葉はこの中央外事工作会議ではスルーされた。

この融和か強硬かの軸足のブレが日本に対しても出た。二〇〇六年の七月には「強硬」路線を担保にとった。尖閣諸島の周辺海域で中国国家海洋局が巡航を定例化することを策定した。[※86]尖閣諸島に対する日本の「実効支配を固定化させないため」だ。

しかし表の日中関係は、小泉純一郎の終戦記念日の靖国神社参拝をはさんで、党総裁任期の満了により安倍晋三政権（第一次）に替わるタイミングでガラリと改善した。中国でも日本の政権交代のタイミングで江沢民閥の陳良宇《ちんりょうう》・上海市書記が汚職の疑いで更迭された。表では融和派が戦略的に手を取り合い日中の両端にいる強硬派を排除したのだ。陳良宇は上海市を利権集団化し胡錦濤政権揺さぶりに反日暴動を利用していたともされた。前年までは習近平や李克強と並んで次期党大会での中央政治局常務委員入りが有望視され、愛知万博の閉会式では上海万博への旗の引継ぎを受けていた。[※87]突然の交代だった。後任には浙江《せっこう》省書記の習近平が横滑りした。安倍は二〇〇六年十月の最初の外遊で中国を訪問した。温家宝との「共同プレス発表」では日中関係を「戦略的互恵関係」と位置づけ、感情的なナショナリズム対立の回避を目指した。日本側では靖国神社参拝の自粛が暗黙の了解となった。さらに東シナ海を「平和・協力・友好の海」と呼び、「ガス田の共同開発」を模索し協議することを確認した。

だが胡錦濤政権を揺さぶるかのように軍や海洋局、石油企業といった利権集団が東シナ海で蠕動《ぜんどう》する。「共同開発」は中国側に何度も無視された。二〇〇七年一月末に国有石油企業二社がガス田「春暁」で開発を一方的に再開した。[※88]しかし四月中旬の温家宝訪日では共同開発の協議加速が再度確認された。ところがいざ日本側が、すでに中国が建設したガス田「春暁」開発への参加を求めると、中国政府は「日中中間線」の中国側にあることや「尖閣諸島」領有未決の問題に関わることを理由にこれを拒否し、平行線をたどった。

米国に対しても「米中で太平洋を東西に分割し管理してはどうか」という挑戦的な言葉が飛び出した。メディア報道ベースの話だが、中国軍がキーティング太平洋軍司令官に提案したというのだ。二〇〇七年八月に保守系の『ワシントン・タイムズ』が伝えた。「米中による太平洋分割管理」を示唆した発言は、六年後に政権を取った習近平がオバマに対して申し入れた。その伏線といえる。

そして驚くことが二〇〇七年に党人事で起きた。胡錦濤の次の総書記・国家主席は同じ共青団出身の李克強が本命視されていた。十月の「第十七回党大会」[※89]で胡錦濤は「軍事と外交で国家主権・安全・発展の利益を守る」と演説した。そして「民主」という言葉を七十回近く繰り返したが共産党体制内の民主の尊重の訴えがほとんどで、「国際関係の民主化」には二回しか触れていない。この直後だ。一中全会で胡錦濤の後継が直系の李克強から習近平に差し替えられることが判明した。二人の序列が入れ替わったのだ。米国主導の既存秩序にタダ乗りして発展に一定のめどがついたことで中国式国際秩序をつくる。それには西側に融和的な胡錦濤ら共産主義青年団に任せるのではなく、革命第一世代の子、「紅二代」である習近平がふさわしいというのが共産党長老らの総意だったのだろう。

俳優チャン・ツイイーが叫んだ「中国の発展が不快なのか」

五輪開催が近づくと中国の言論解放の許容度は広くなった。日中関係も表面的には良好に見えた。中国政府としては相互訪問を続けて改善を急いだ。中国側は小泉政権から交代早々に北京を訪れた安倍晋三総理の二〇〇六年十月の訪中を「破氷之旅（氷を砕く旅）」と呼んだ。二〇〇七年四月の温家宝首相の訪日は「融氷之旅（氷をとかす旅）」だ。一年で政権が交代した日本から二〇〇七年十二月に福田康夫総理大臣が訪中した。そして胡錦濤主席の国賓としての訪日を桜の咲く頃に予定していて「暖春之旅（春を迎える旅）」と名付けた。しかし胡錦濤政権の思い通りにはいかない。ナショナリズムが高揚する中で中国の正当性を主張する言論が影響力を持ち、西側社会とぶつかった。社会レベルでは日中の力の差が縮まると中国の日本を追い抜く興奮と日本の焦りが交錯した。そこに「毒ギョーザ事件」が起きた。二〇〇八年一月に日本企業が中国で製造した冷凍ギョーザに、工場の待遇に不満を持つ従業員が農薬を投入した。千葉と兵庫でギョーザを食べた三家族十人が中毒症状を起こし五歳児らが一時重体になった。

日本の社会は経済のグローバル化が引き起こす負の面を目の当たりにした。日本では、中国に大国の資格はないとして中国製品すべてを否定したメディア報道となって表れた。中国は発展を阻止されてたまるかと反発した。「自作自演の柳条湖事件と同じような口実だ」「東洋の病人の扱いだ」と激しい言葉がネットに頻出した。「東洋の病人」は義和団事件（一九〇〇年）の頃、列強の欧米人が崩壊寸前の清朝・中国を揶揄《やゆ》した言葉だ。

ギョーザ事件捜査に関する記者会見で警察庁長官の吉村博人《よしむらひろと》が「日本国内で毒が混入された可能性は低い」と発表

した。すると一週間後に会見した中国の警察幹部も「投放甲胺磷発生在中国境内的可能性極小（中国国内でメタミドホスが混入した可能性は極めて低い）」[※90]と全く同じ文言で言い返した。中国国内で起きた刑事事件であることは五輪開催直前になって、政府間ルートで日本に伝えられた。

五輪の聖火リレーが始まろうとしていた三月中旬、チベット自治区でデモの僧侶《そうりょ》と警察隊が衝突し多数の死者が出る暴動に発展した。インドの「チベット亡命政府」と中国国営「新華社」[※91]とが異なる情報を発表した。西側はチベット族を擁護し中国政府を批判した。聖火リレーは予定通りギリシャをスタートし、一か月余りかけ五大陸十九か国を通過した。米英仏ではリレーの妨害運動が広がった。中国も黙っていない。欧米への反発が中国国内のみならず米国などの華人・留学生にも広がった。

サンフランシスコではチベットに同情する発言をした中国人留学生が個人攻撃を受け、飛び火した出身地の山東省で父親が仕事を辞める事態となった。[※92]米国CNNのチベット報道をめぐって五輪取材をボイコットする運動がネット上で始まった。さらにロサンゼルスのCNN支局前では在米中国人五千人が中国への公開謝罪を求めるデモを行った。ハリウッド俳優の中国人チャン・ツイイーは「『東洋の病人』だった中国が、発展して欧米と同等に振る舞うのが不快なのか」[※93]と反発し、ジャッキー・チェンらも後に続いた。映画界は興行収入や公開許可で権限を握る中国政府の存在が重要だ。チベット側を擁護する言論も中国にあったが少数派だった。後にノーベル平和賞を受賞する劉《りゅう》暁波《ぎょうは》ら中国の民主化を主張する人々は相次いでチベット擁護[※94]の声を上げたが無視された。「国際関係の民主化」という言葉で中国の発言権拡大は求める。しかし国内のチベット族の発言権は認めようとしない。社会も西側への主張という一本線しかない。多様性を認めないのだ。聖火への妨害がパリで起きると、中国国内のフランス系スーパーで不買運動が始まった。国営CCTVキャスターの白岩松《はくがんしょう》が「私はボイコットを支持しない。働いているのは中国人、商品は中国製だ」と放送で運動を戒めたが「漢奸（売国奴）」だと反発を受けた。

中国は西側と衝突した。だが北京五輪はボイコットを避け成功させたい。この中国が願う西側との関係修復に日本は協力した。

西側で北京五輪ボイコットの声が高まった五月上旬に日本は胡錦濤の国賓訪日を迎えた。チベット暴動以降初の外国首脳との会談であり両国の対応に世界が注目した。日中共同声明文書には※95「普遍的価値（中国側文書では「普遍価値」）」を「理解・追求」すると明記した。西側の批判をはねのけ五輪を成功裏に終えるための「免罪符」となった。胡錦濤は習近平が次の指導者になることに内定した後も、五輪成功という西側融和がカギとなる場では相応しい役目を果たした。そのために利用されたといえよう。

胡錦濤の帰国直後に八万七千人が死亡した四川大地震が起きた。被災地支援として受け入れた国はロシア、韓国、シンガポールと日本の四か国だ。日本の救援隊は二か月の女の乳児を救出したがすでに死亡していた。「共同声明」で協力した日本に中国は恩を示した。官製の中国メディアは亡骸《なきがら》の前で黙禱《もくとう》する日本隊の様子を大々的に伝えた。中国社会は政府の顔色を見る。ギョーザ事件でぶつかったことなど忘れ、反日感情が大幅に改善された。

ロシアに学んだ不安、米国から得た自信

二〇〇八年八月の北京五輪は中国式秩序作りを実行に移す分岐点になった。五輪期間中にロシアがグルジア（現・ジョージア）に攻め込んだ。ロシアは米国主導のＮＡＴＯに不満を溜《た》めていた。四月にブッシュがグルジアとウクライナという隣国のＮＡＴＯ加盟に言及したことに耐えられず、プーチンはグルジアの親ロシア派地域に軍事介入した。米国は、冷戦時代から続く軍事同盟ＮＡＴＯの加盟国を旧ソ連のバルト三国まで取り込み影響下に置いた。それがさらに拡大する。一方、新加盟国はロシアを嫌って米国主導の世界にバラ色の未来を見ていた。ＮＡＴＯ拡大を許したロシアは中国にとって反面教師になった。中国には政治構造や国土の姿が似るロシアが追い詰められて起こした軍事

行動が理解できた。米国という唯一の強国が自国中心の国際秩序を押し付けることに対するロシアの反発も共有できた。そしてこの問題意識がこのあと、海洋権益や香港における中国の行動に影響を与えていくのだ。

一方、米国に対して中国は自信を深めつつあった。米国はアフガニスタンとイラクなどでの戦争の結果、戦費がかさみ経済疲弊していたのだ。ブッシュ大統領が北京五輪の開幕式に出席した。だが人権問題に敏感であるにもかかわらず、騒乱があったばかりのチベット問題にブッシュはまったく触れず、米国経済の支援を求めたのだ。中国は米国金融を支えた。まず二千億ドルの米国国債を購入し、保有額が世界トップに躍り出た。翌月に米国の金融危機、リーマン・ショックが起きると、米財務省は訪米した温家宝首相に「中国には世界経済を引っ張る機関車になって欲しい」と求めた。ワシントンでG20サミットが十一月に初開催される。世界がG20のメッセージに注目する中、中国は五十七兆円相当の大型財政出動で要望にこたえた。このときの生産過剰は将来的に中国経済を減速させる恐れがあると当時からすでに指摘された。中国は同じ頃、有人宇宙飛行に成功した。抱いた自信が行動を大胆にさせた。

G20を契機に、「中国は国際政治で積極的に発言する」「国際主導権確保のチャンスだ」という文脈で、「国際話語権〈International Discourse Power〉」という、国際社会に対する中国の発言権を表す言葉が使われ始めた。自分たちには米国とは異なる主張がある。違う夢を提供できるというのだ。GDPでの日本越えも見えてきた。いよいよ「国際政治の主導権」を、日本ではなく米国を相手に競う時代が来たのだ。

中国の弱点は国内の不安定にあった。北京五輪と有人宇宙飛行が成功しリーマン・ショック救済で米国と協議を始めた同じ九月に、国内で乳幼児など二十九万六千人に結石が見つかり六人が死亡するメラミン入り粉ミルク事件が発覚した。タンパク質の見せかけの含有量を高めて利益を水増しするため畜産農家が食物ではないメラミンを粉ミルクに添加した。管理当局と癒着し隠蔽《いんぺい》していた乳製品メーカーの不正を合弁事業に参加するニュージーランドの首相が暴露したのだ。[※96]問題の背景は営利追及一辺倒の市場経済と当局と癒着し利権集団化した公有部門からできた食品企業にあった。競争社会で切り捨てられる労働者と、隠蔽する公有企業。暴露するのは西側からの情報という。毒ギョーザ事件も舞台となったのは国有食品企業で提携する日本企業が問題を指摘した。全く同じ構図だった。西側式のルールに馴染んでいくのに中国はもがいていた。

民衆が五輪成功で自信を深め高揚したのはナショナリズムだけではない。生命財産に対する権利、人権意識も高まった。だが中国政府の解決方法は民意に問うのではない。当該企業の摘発といった尻尾《しっぽ》の切り捨てと、責任追及運動の弾圧だった。メラミン事件では被害者の会会長も拘束された。

民衆が五輪成功で自信を深め高揚したのはナショナリズムだけではない。生命財産に対する権利、人権意識も高まった。だが中国政府の解決方法は民意に問うのではない。当該企業の摘発といった尻尾の切り捨てと、責任追及運動の弾圧だった。メラミン事件では被害者の会会長も拘束された。

4　「日本を超える」――脆弱な政権の日中が二度衝突《二〇〇九―二〇一二》

GDPで二〇一〇年に中国は日本を抜く。この二〇〇九年から二〇一二年にかけて中国は、「国際関係の民主化」「国際話語権」という中国の発言権強化を要求する言葉を、行動で示すようになった。米国と対等な地位に立つことを見据え、新興の強国として繰り出すにあたり、米国という既存の強国と同等の行動を取っても通用するはずだと考えたように見える。二〇〇九年に「韜光養晦（能力を隠す）」の慎重外交路線を卒業し、積極的に中国の主張を実行する外交に転換した。天安門事件後から西側の仮面をかぶっていたのを、元の「華夷秩序」再興のレールに戻したのだ。

そしてGDPで日本を抜く。「中国式国際秩序」を相手に飲ませる外交が顕著になった。米国に対し絶対に譲れない核心的利益として台湾・チベット・ウイグルを列挙し、中国の台頭を具体的言動で示し始めた。対日関係は米中関係と連動するようになった。

二〇一〇年と二〇一二年に尖閣諸島問題をめぐって日中は二度ぶつかった。反日暴動が起きる。二〇一二年に中国政府は日本の位置づけを「大国」から「周辺国」に格下げしていたことが判明する。強気の外交への転換は、国内政治では融和路線に立っていた胡錦濤の政権掌握力を弱めた。そして党大会で権力闘争が起き社会レベルでも流動化する中国を、日本の尖閣国有化が刺激した。日本の政権も基盤が弱く後ろ盾の米国との関係も不安定だった。これらのことが糾合し日中が衝突する引き金となったと思われる。

▼中国国内

① 胡錦濤政権がレームダック化する中で、韜光養晦路線から強気の外交に転換した。
② 党大会で人事をめぐって激化する権力闘争を、胡錦濤政権は掌握しきれなかった。
③ 政権を揺さぶる集団の中に、デモ治安対策、軍、海洋権益に係わるグループがいた。
④ 不完全な言論自由化で民衆の権利主張が強まり、暴動が起きやすい状態に。
⑤ 日本を追い抜いて高揚する中国社会が閉鎖空間で日本の反中感情や政策に過剰反応。

▼国際情勢

⑥ ロシアがNATO拡大で米国から包囲されていた。中国も米国による包囲を警戒した。
⑦ 中国包囲戦略を始めた米国を中国が牽制。米国と一体行動する日本をまず狙った。
⑧ オバマが「G2論」や「普遍的価値」にこだわり米国の対中政策の軌道修正が遅れた。

▼日本の動き

⑨ 沖縄の米軍基地の県外移設問題などをめぐって米国と日本との関係が冷却していた。
⑩ 鳩山政権の中国接近から野田政権の尖閣国有化まで、民主党の対中政策がブレた。
⑪ 支持率を低下させた民主党を右派政治家が揺さぶり、反中世論が盛り上がった。

大転換「西側の普遍的価値を受け入れない」

中国式秩序の具現化は米国のオバマ政権発足に合わせたといえるだろう。二〇〇八年十一月に大統領選挙で民主党のオバマが選ばれる。北京五輪前後の中国のネットは規制が緩かった。『人民日報』ネット版の掲示板「強国論壇」では「実況報告」が行われ、当選の瞬間、ネットユーザーらは自国の慶事のように喜んだ。「祝賀奥巴馬総統！　祝賀偉大的美国！！　祝賀偉大的美国人民！！！（オバマ大統領おめでとう！　偉大なる米国よ！　偉大なる米国人民よ！）」。その上で言葉を選びながらも中国の体制を批判した。「這様選出来的零導（領導の隠語）才配得上叫〝勝利当選〟，我們的也叫〝勝利当選〟就感覚特別扭（選挙で選ばれてこそ指導者は〝当選した〟といえる。我々中国の指導者が〝当選〟という言葉を使うのは奇妙だ）」。こうした民主化要求の火種は中国政府にとって転覆の脅威にあたる。

一方、米大統領選挙を挟んだ十月、十一月の二度、四隻の中国海軍の駆逐艦などが日本の周囲を航行した後で津軽海峡や宮古島沖から太平洋に出ていた。そして十二月。尖閣諸島の日本の領海に中国政府の大型船舶二隻が初めて侵入したのだ。温家宝が出席して初の日中韓首脳会談が福岡で開催される数日前だった。日本にとってはテーブルの上で握手し下で蹴飛《けと》ばす行為だ。GDPで日本追い越しが目前となった中国にとっては日本のみならず米国に対する号砲の意味もあった。まず同盟国の日本が狙《ねら》われた。

米国に対抗する中国。十二月に中国社会で一つ大きな動きがあった。民主活動家として知られていた作家の劉暁波が、「普世価値（普遍的価値）」の実現を訴えたアピール文「零八憲章（〇八憲章）[※97]」をネット上で発表したのだ。賛同署名が急拡大した。共産党の一党独裁を批判し、「民主・人権・憲政」の実現と連邦共和制への移行などを具体的には求めていた。当局は動きを察知していて零八憲章発表直前に劉暁波を拘束し、零八憲章の原文も発表直後にネット上から削除された。だがコピーが拡散した。「普遍的価値」は、西側の価値観を踏まえた上で温家宝が提唱し、胡錦濤が日中共同声明に「理解と追求のために協力する」と明記した理念だ。「零八憲章」の事件は普遍的価値を肯定するか否定かという議論に火をつけた。最終的に現職国家主席と首相が表明した融和路線は否定されていく。胡錦濤と温家宝がレームダック化し軍部や海洋当局に見放されていた可能性もある。

二〇〇九年一月下旬に米国でオバマ大統領が政権についた。オバマは世界の問題に中国との二か国で共同対処する構想「G2論」を唱えていた。おりしも米中は国交正常化三十周年を迎え、当事者だったカーター元大統領やキッシンジャーやブレジンスキーといった歴代の大統領補佐官が中国の歴代外相とともに北京で祝賀行事を行った。そこで米国側が訴えたのが「G2論」だ。しかしすでに米国は中国に舐《な》められていた。オバマは就任演説[※98]で失態を演じた。信念と協力によって困難を克服していくことを述べたくだりで、米国の先人たちが「ファシズムと共産主義者と闘った」とはっきり述べたのだ。中国との共存は共産主義者との共存だ。それが分かっていない。中国ではこの部分が削除されたことは言うまでもない。米国はこの中国の本音と実態を見誤っていた。

米国の力は中国の強大化と並行してシーソーのように低下した。金融危機リーマン・ショックを救済した時点で中国は米国に対して自信を抱いていた。地位が向上すれば「米国が期待する中国像」を歩む必要はない。米国は中東の民主化を求めて戦争まで突き進んだ末に泥沼に陥っていた。この失敗を見れば、民主化できない世界の大半は中国式価値観に接近し、中国は「仲間の国」を作ることも予想できた。

米国が米中対話の深化を訴えた直後の二月、共産党機関紙『人民日報』[※99]に「普遍的価値観」を拒否する論文が掲載された。「普世価値（普遍的価値）は西側の価値観だ。中国は受け入れない」。米国を支える米国好みの中国像は受け入れないというメッセージだ。米中のパワー・ポリティクス（力の政治）が始まった。三月には南シナ海で米軍海洋調査船インペッカブルを中国の軍艦が包囲する事件も起きた。そして中国の日本牽制の柱も、「価値観」や「国際政治の主導権」から尖閣諸島や東シナ海をめぐる「国益・海洋権益」をストレートに要求する争いにシフトした。日中の問題は「二国間」ではなく、米国に従属する「対米戦略」の問題に変質した。

「世界の警察官ではない」。戦略転換に遅れた米政権

中国の軍事政策に変化が現れたことを米国で最初に指摘したのは国防総省だ。オバマ初訪中前の二〇〇九年三月、米国防総省は「中国の軍事力」[※100]で驚くべき発表をした。前年十二月に起きた尖閣諸島領海への中国政府船の初侵入などを分析し、中国が極東や南シナ海などに米軍空母の接近を阻止する戦略、『Ａ２ＡＤ（Anti Access Area Denial：接近阻止・領域拒否）』戦略を構築していると警告したのだ。だが政権の対応は遅れ中国に誤った信号を送った。

その中国は変わらず国内の不安定と闘いながら外への進出を急いでいた。新疆《しんきょう》ウイグル自治区で七月と九月に暴動が連続した。七月初めに起きた暴動は広東省で起きた出稼ぎウイグル族殺害事件の情報がネットで飛び火し、自治区

の中心都市ウルムチで百九十七人が死亡する事態となった。抗議デモから漢族とウイグル族の民族衝突に発展したのだ。新疆ウイグル自治区は西側の干渉を招きやすい敏感な場所だ。事態を重く見た胡錦濤がG8サミット出席で到着したばかりのイタリアから急遽《きゅうきょ》帰国した。外交政策の大転換はウイグル暴動直後のことだ。中国のG8サミットへの関わりはこれが最後となり以後は新設のG20に傾注する。このあと外交政策の大転換を打ち出したのだ。ウイグル暴動直後のことであり、決定に影響を与えた可能性がある。

七月中旬の「第十一回・駐外使節会議」[※101]は鄧小平が唱えた融和的な外交姿勢を終わらせる決定をした。「韜光養晦有所作為」のうち「韜光養晦（能力を隠す）を堅持しながら、有所作為（なすべきことをなす）を積極的に進める」。胡錦濤はこう述べ、「国際関係の民主化」という言葉で改めて中国の発言権拡大を要求し「国家主権・安全・発展の利益」を守る外交を行うと訴えた。中国は対外的には米国を振り払う勢いがあった。七月下旬にワシントンでは中国の外交担当トップ・戴秉国《たいへいこく》国務委員が「核心的利益」は決して譲れないと申し入れた。オバマ政権とのあいだで外交から経済まで何でも話し合う初の「戦略・経済対話」の会議が開かれ、ヒラリー・クリントン国務長官らに持ち出したものだ。

十一月中旬にオバマ大統領は就任後初のアジア歴訪で訪中した。胡錦濤もオバマに対し中国が尊重を要求する「核心的利益[※102]」として台湾・チベット・ウイグル問題を示した。オバマはこの段階でもまだ米中G2論と普遍的価値にこだわり続け、中国には責任ある役割を果たして欲しいと米国への協力を求めたのだ。だが温家宝は「G2論」受け入れをオバマとの会談で明確に否定した。それでもオバマは普遍的価値[※103]の重要性について上海の若者らとの対話集会で何度も言及した。オバマは民主主義を過信し、対中政策の軌道修正には時間がかかった。この歴訪でオバマは北京の前に東京に立ち寄った。ここで鳩山由紀夫《はとやまゆきお》総理大臣がオバマに要求したのが沖縄・普天間基地の県外移設だ。膨張する中国を抑止することの意味が日本政府にも分かっていなかったのだ。

米国をあざ笑うかのような変化が中国の学者や政治家の発言に表れ始めた。オバマ訪中後の十一月下旬、北京のシンポジウムでは、アフリカや南米などが従来の米国式秩序理念の「ワシントン・コンセンサス」を敬遠し、中国式の「北京コンセンサス」を取り入れるという報告で沸いていた。中国は途上国の支援で経済発展を優先させ強い権力で支えると評価されたというのだ。裏を返せば途上国が経済援助を受けるとき、ＩＭＦ（国際通貨基金）や世界銀行は、条件として財政健全化や財閥解体、腐敗撲滅、政治犯釈放などを要求する。実際一九九〇年代末期にインドネシアが要求を拒否して支援が受けられなかった。それが中国主導の政策ではありえないというのだ。「天安門事件の民主化弾圧こそが中国の発展を生み出した」※104という強権政治を肯定する発言が飛び出した。二〇〇九年五月に香港トップの曾蔭権《そういんけん》・行政長官が議会で答えたもので民主派から抗議を受けて謝罪した。だが中国本土ではこの発言を肯定する声の方が広がった。

この中国が崛起する中で米国オバマ政権から聞こえてきたのが、中東とアジアを軍事牽制する従来の二正面作戦は限界だという声だった。オバマ自身も二〇〇九年の政権発足当初から「米国は世界の警察官ではない」と外遊先で発言して回っていた。対テロ戦争で米国の経済は疲弊し、リーマン・ショックもあった。しかし国防総省「中国の軍事力」が警告を発した「Ａ２ＡＤ（米空母接近阻止）」戦略や中国の積極外交路線への転換を受け、翌二〇一〇年一月から防衛対象から中東を外し、東アジアに集中する戦略に切り替えた。「アジア回帰」「ピボット」「リバランス」などの様々な名前で呼ばれた。中国接近のＧ２論構想は撤回した。そして米国がグリップを緩める地域では「力の空白」が生まれた。包囲網を警戒した中国は、米国の隙《すき》を見据えた。

反日暴動が発生しやすい状況で「尖閣沖漁船衝突」は起きた

オバマ政権発足後、日本では民主党・鳩山由紀夫政権が誕生する。二〇〇九年九月に交代した鳩山由紀夫は「東アジア共同体構想」を掲げて米国よりも中国に近づこうとしていた。華夷秩序の具現化に舵《かじ》を切った中国の変化を米国と同様、日本も理解できていなかったのだ。中国では日本の民主党政権時代の三年間に二度の反日暴動が起きた。

オバマは十一月、訪中前に日本で鳩山由紀夫総理大臣と初会談した。ここで中国に共同対処すべき日米同盟の亀裂《きれつ》を世界に露呈した。鳩山はオバマと米軍普天間基地の県外移設問題をめぐって対立した。さらにオバマを東京に置いたままAPEC会議開催のシンガポールに先に出かけた。一方で中国との関係強化で動いていた。鳩山政権与党民主党の小沢一郎《おざわいちろう》幹事長らの議員団百人以上が胡錦濤を表敬訪問した。一週間後に副主席だった習近平が訪日し、民主党は天皇会見を強引に実現させた。日米同盟関係の亀裂、米国の弱体化という中国が介入しやすい状況が生まれた。

中国では国際政治のゲームの上で日本は米国の「傀儡《かいらい》」であり「米国傘下の国」だという認識だ。米国はG2論を掲げて中国にすり寄る。中国はその米国と離反した日本を恐れる必要はなくなった。

米国との応酬はまず南シナ海を舞台に始まった。中国は南シナ海で東南アジアとの係争海域に大量の漁船を繰り出すなどの威圧を始めた。二〇一〇年三月初めに訪中した米国務省の高官に対し戴秉国が、南シナ海の島嶼《とうしょ》も核心利益だと主張した。海洋国家の米国としては、南シナ海が核心利益になることで公海での航行の自由を妨げられるのは溜まったものではない。七月下旬のASEAN（東南アジア諸国連合）の関連会議で、クリントン国務長官は楊潔篪《ようけつち》外相に南シナ海での権益主張に対し明確に拒否を表明するとともに、「航行の自由作戦」として米国が艦船航行を南シナ海で実施すると予告した。

同じ頃、北朝鮮も米国やその同盟国を挑発する恫喝《どうかつ》外交を繰り広げていた。前年からミサイル発射や核実験を再開し、六か国協議も脱退し、二〇一〇年三月には韓国艦船「天安号」を撃沈し数十人を死亡させた。そこに北朝鮮牽制が狙いで、米国と韓国が七月に合同軍事演習を行った。ここに日本の自衛隊員も参加した。冷却していた日米を北朝鮮が近づけた。合同演習の場所は日本海で地理的に中国の喉元《のどもと》となる。一方、五月から七月には南シナ海周辺国への巡航による医療支援活動が米豪加英などにより行われそこに初めて日本の部隊も加わった。中国と北朝鮮が接近した。金正日《キムジョンイル》総書記が五月に四年ぶりに訪中し胡錦濤と北京で会談した。八月にも長春で胡錦濤と会談する。そして日米韓などと中朝が対立する構図になり中国は相手の結束力を試したのだ。

尖閣諸島沖漁船衝突事件とその後の反日暴動は二〇一〇年一月に米国が「アジア回帰」を発表し、中国との間が緊張する中で起きた。菅直《かんなお》人《と》総理大臣は先代の民主党の鳩山政権時代の中国人脈を役立てることはできなかった。「暴動」の背景にあるものは、島の領有問題のレベルを超えていたといえる。日本と中国が衝突して喜ぶのは誰かと考えれば見えてくるものがある。米中代理戦争としての日本との衝突。尖閣諸島近くのガス田で開発を急ぐ利権集団の揺さぶり。共産党首脳人事をめぐる揺さぶり。日本に対する揺さぶり。このタイミングに尖閣諸島で問題が起きたことで、衝突する「好機」をつかんだのだ。日本でも主張としては出てくる類のものだ。だが言論解放が不完全でコンプライアンスが発達していない中国では様々な集団が動き、コントロールが不能になる。動きを詳しく見てみる。

二〇一〇年九月、尖閣諸島沖で中国漁船と海上保安庁巡視船が衝突した。逮捕した船長の司法手続きの問題で日中は対立した。そして十月十六日から十八日までの三日連続で、四川省などの内陸の都市を中心に反日デモが起き暴徒化した。中国漁船の衝突自体は単なる飲酒による事故で政治的背景はなかったと思われる。[※105]

中国は事故をフレームアップして日本に「喧嘩《けんか》」を売った。どの集団や組織が中心になって行ったのかは分からない。だがまず中国にとって日本との衝突は米中の「代理衝突」だ。日本人会社員を人質のように拘束。レアアース禁輸などの経済制裁で日本を牽制。反日暴動を容認した。日本牽制の口実にする状況を生んだ。米国と距離を置いて中国を取る日本の民主党政権の「構想」はどこまで本気なのか、中国は「人海戦術」で試した。日本の反中感情を露呈させ、リアクションとして中国の抗日・反日感情を高揚させた。そしてその先には米国への牽制があった。

中国の内政では権力闘争もあった。デモの日程は、十月十五日から十八日までの「五中全会」、すなわち習近平の中央軍事委員会副主席就任、実質的に後の党総書記就任、国家主席就任を内定する重要会議の日程と重なった。胡錦濤政権は交代が迫りレームダック化していた。特にエネルギー企業と軍が胡錦濤を揺さぶっていた。やがて習近平の新体制が生まれる。この流動化する新旧の政治勢力に存在感を示す上で、抗日・反日は好都合だったはずだ。ナショナリズムは民衆を動員し結束させる力を持つ。

利権集団にとって日本との衝突は暗礁に乗り上げていた東シナ海ガス田の共同開発を中国側が破棄し単独開発を進める口実にもなった。※106 一方的に中国側が始めても、対立している間、日本側は文句を言うルートがない状態になる。「国益・海洋権益」は中国国内では軍部やエネルギー企業などの利権集団と結びつき、胡錦濤政権時代はコントロールができない状態だった。

民衆の間では、中途半端な言論自由化が騒擾を頻繁に起こしていた。暴動は年間八万七千件を超えた後も増え続けていた。反日暴動はそのカテゴリーだ。騒乱が二〇〇九年には頻発するだろうという予測が中国の専門家の間で出されていた。経済不安がなくなることはないが、そのはけ口が暴動という手段以外にはないのだ。米国のリーマン・ショックの影響により海外とつながる沿海部では操業停止が増えた。さらに広東省などでは、産業高度化のために労働集約型の工場を政策的に倒産させる動きもあった。失業者は不満を溜めた。

尖閣沖漁船衝突事件が起きた二〇一〇年には賃上げをめぐる労働争議が頻発した。ターゲットにされたのは自動車部品などの日系工場ばかりだった。抗日・反日が民衆の不満のはけ口に使われた。外に敵を作りナショナリズムを煽ることで政府への突き上げをかわすことができるという統治する側から見た論理も手伝った。しかしそれを後押ししたのは「中国がＧＤＰで抜いたのに日本は生意気だ」という社会の「空気」だ。強くなる事実を日本は認めようとしない。中国が政府から民衆まで大国意識を強めるのを感じ取った日本も反発した。この日本の情報はネットを通じてすぐに逆流し油を注いだ。

中国の対外行動に拍車をかけたのがロシアの難局だった。中国は、NATOによる勢力浸食を許しグルジア侵攻に至ったロシアを反面教師として念頭に置いていた。中国漁船衝突事件の直後に中国社会科学院が警告した報告書がある。「中国は大人しくしていると冷戦後のロシアのようになる。米国が勢力範囲を拡大する」。そして「米国は日本と韓国を伴って中国と争わせている」「尖閣諸島棚上げも引き延ばすと失敗する」と釘《くぎ》を刺した。[※107]

指導者の主導権が確立されていればまた動きも異なったかもしれない。胡錦濤はシビリアン・コントロールができていないとオバマ政権のゲーツ国防長官が同行記者団の前で指摘する出来事が起きた。尖閣沖漁船衝突事件の翌年二〇一一年一月、北京で胡錦濤とゲーツが会談する数時間前に、ネット上に四川省で新型ステルス機「殲《せん》二十」の試験飛行が行われた様子がアップされた。「殲二十」の存在はまだベールに包まれていた。飛行がゲーツ訪中を意識したことは明らかだ。米国側は胡錦濤と会う直前に中国軍のサイトでチェックしていた。だが中央軍事委員会主席を兼務している胡錦濤との会談を終えたゲーツは「試験飛行について胡錦濤も含めて誰も知らされていなかったのは明らかだ」と述べたのだ。[※108]

東日本被災地へ温家宝――改善努力の後にまた暴動

二〇一一年の東日本大震災は日中関係改善の手がかりになりそうだった。だが反日暴動を引き起こした中国の政治体制や社会状況が変化したわけではない。

中国政府は四川大地震の際の日本への感謝の意味も込めて被災地支援を行った。温家宝が福島県の避難所を慰問し、地元のチェリートマトを食べて笑顔を振りまいた。中国では宮城県女川町での在留中国人への救援活動が映像で伝えられるなど、日本社会の対応を見た中国社会が高く評価した。翌年、観光で日本を訪れる中国人が激増した。尖閣国有化で日中がぶつかる二〇一二年、中国人観光客の数が過去最多を更新し、日本では「爆買い」という言葉が生まれた。[※109]しかし民衆の評価と政治・外交は別だった。中国政府は日本の扱いを米国、ロシア、EUが並ぶ「大国」の範疇から韓国や東南アジアと同じ「周辺国」に格下げした。公には二〇一二年末に『共産党員網』が掲載した楊潔篪外相の外交総括「国際形勢跌宕起伏 中国外交穏中求進（国際情勢の起伏 中国外交は安定を保ち進む）」[※110]で判明したことだが、すでに外交政策には反映されていたはずだ。楊潔篪は「外交の基本は国家主権・安全・発展の利益を守ることだ。日本に対して尖閣諸島問題で断固とした態度を取った理由がここにある」とまとめている。強国になった中国は力で反発を誇示していいはずだと政府は考えた。しかしそう考えるのは民衆も同様だった。中国外務省にカルシウムの入った袋が送り付けられるようになったという話を、中国政府の高官から聞いた。「骨太になれ」「日本に対して弱腰だ」と批判する民衆からのメッセージだという。

二〇一二年に日中は尖閣諸島の国有化をめぐって衝突し、反日暴動が起きる。このときは党大会の権力闘争と重なった。米国の戦略の変化もあった。

前年二〇一一年十一月にオバマ大統領が「リバランス（米軍配置転換：戦力の再均衡）」を正式に表明し、二正面作戦を止めて、軸足を中東から中国に集中させる方針を示した。二〇一二年一月初めにはオバマ政権が「国防の優先課題」で中国への警戒をあからさまにした。同じ頃、日本では石垣市議ら四人が尖閣諸島に上陸した。中旬には日本政府が尖閣諸島などの無人島に名前を付ける方針を発表した。米国が弱体化ぶりを見せる中で同盟国の日本が前面に出る。そこを中国が狙う。

この直後に『人民日報』が尖閣諸島を核心的利益と位置づけたことを初めて明らかにした。中国共産党の重要声明を意味する「鐘声（Zhongsheng：中国の声）」のペンネームで核心的利益だと指摘したのだ。[※111]

三月の全人代開催の前後、中国国内では二つの権力闘争が激しくなっていた。江沢民派で重慶市トップの薄熙来《はくきらい》が秋の党大会を経て首相候補になると目されていた。薄熙来は黒社会（暴力団）の摘発を進め住民福祉にも努めたことから地元中心に支持者は多かった。発展した重慶市自体も中央政府の権力が及ばない利権集団になっていた。油断していれば国論を二分するところだった。しかし権力を振りかざし汚職を行った上、妻による殺人事件の隠蔽を図ったことが発覚し更迭された。胡錦濤側近の令計画も昇進が予測されていたが息子の運転する車が死亡事故を起こしもみ消しをめぐって警察に圧力をかけていた。

尖閣諸島では三月、半年ぶりに中国政府公船が日本の領海に侵入するとともに、『人民日報』に「日本の実効支配打破のため尖閣諸島で巡視活動を定例化した」という政府の運航責任者の発言が掲載された。※112 これに石原慎太郎《いしはらしんたろう》・東京都知事が反論した。四月にワシントンの保守系シンクタンクで講演し「実効支配をぶっ壊すために過激な行動をすると宣言している」「東京都が尖閣諸島を買う」と訴えた。応酬となった。『人民日報』が反応し、過激な発言で人気の羅援・人民解放軍将軍に「島で生産活動を行って中国は主権を示せ」「棚上げは陰謀だ」と言わせた。※113 本来であればこのとき胡錦濤政権も日本の民主党政権も政治家や世論の漂流を制御すべきだ。だが双方とも政治の基盤が弱く漂流を抑え込むどころか安易に強硬論に阿《おもね》った。

二〇一二年当時の日本の総理大臣は民主党の野田佳彦《のだよしひこ》だ。毎年一人ずつ総理大臣が交代したうえ、民主党の政権に対する国民の支持は下がっていた。胡錦濤も揺さぶられていた。日中どちらも政権の基盤は脆弱だったのだ。余裕のない状態で相手と対面した。

日本は五月中旬に「ウイグル」という別の核心的利益を踏んだ。ウイグル自治区の独立を主張する組織「世界ウイグル会議」の大会がアジアで初めて東京で開催され、代表のラビア・カーディルが訪日した。その同じ日に野田佳彦総理大臣は日中韓首脳会談に参加するため北京を訪問していた。だが胡錦濤主席との会談は中国側の反発で設定されず、前日には尖閣諸島について温家宝が「中国の核心的利益を尊重して欲しい」と詰め寄ると、野田は中国の海洋活動活発化を指摘し、「国民の感情を刺激している」「日本固有の領土だ」と切り返しトップ同士が喧嘩のような状態になった。[※114] 民衆は指導者の言動を見ている。

対立が激化すると日本でも中国でも、間を取り持つはずの融和派は袋叩きに会う。だから沈黙するのだ。北京にいる日本の丹羽《にわ》宇《う》一郎《いちろう》大使は英『フィナンシャル・タイムズ』のインタビューで、尖閣諸島の購入計画を「(日中関係に)重大な危機をもたらす」と警告した。丹羽宇一郎は伊藤忠《いとうちゅう》商事出身の民間人大使だった。融和は重要だが、政府の代表がこのタイミングでいうべき話ではない。野党だった自民党から更迭論が出て丹羽大使は交代した。

野田が七月七日に尖閣諸島の国有化の方針を表明した。すると中国側から軍事力行使の話が出始めた。野田佳彦総理が国会で七月下旬に「尖閣諸島に必要に応じて自衛隊を用いる」と答弁した。これに『環球時報』が「一か月で中国は日本を壊滅させる」[※115]と反論し、「自衛隊を派遣するなら中国人民解放軍と向き合う。百年の恥辱を晴らす戦争になる」[※116]と煽った。もはやカオス状態だ。八月には尖閣諸島に香港の活動家らが上陸し、船に同乗した香港フェニックステレビのクルーが実況中継を行った。彼らはすぐに日本の警察と海上保安庁に逮捕、強制送還された。一方、中日友好協会会長の唐家璇《とうかせん》が、この問題により「日中の民間交流が影響を受けることはない」と融和を狙った発言をしたところ、ネットは「弱腰だ」と炎上した。

日本政府は九月十一日、尖閣諸島のうち三島の国有化を閣議決定した。九日のウラジオストクAPECでの野田と胡錦濤の言い争いを中国は指導者同士の喧嘩だと受け止めた。会談は設定されず、野田が立ち話をしたところ、胡錦濤は「尖閣諸島の国有化は絶対に認められない」「そういうことをすると後悔するぞ」[※117]と訴えた。野田は相手を説得することなく「日本固有の領土だ」と跳ね返した。閣議決定後すぐに中国商務省が「理性的なやり方で不満を表明することは権利だ」と不買運動を容認した。[※118] これが反日暴動に発展した。九月以降、尖閣領海に侵入する中国政府海洋調査船の数が激増し常態化していく。暴動は二日間全国で続いた。だが日本側にメッセージが伝わりさえすれば目的は達成したのだろう。中国政府は実力行使を寸止めにし、SNSを通じて「デモ中断」の命令を出し収束させた。

日本政府は、鳩山内閣の普天間問題での対立以来、米国政府との意思疎通がうまくいっていなかった。この隙間風の吹く日米関係を中国は突いてきた。三つの民主党政権の間で対中政策がブレた。日本は反日暴動を招くことをどこまで覚悟して、国有化に踏み切ったのか。

5　米国との対立が必然に——日本と関係改善《二〇一三―二〇一七》

就任直後から習近平は、前政権時代に混乱した党や軍、利権集団などの腐敗摘発を強化した。そこから中国とほぼ同時に政権交代した日本の安倍政権とは関係改善に向かった。中国が日本に接近する法則が見えてくる。米国のオバマ政権に対しては米中を併存させる理念「新型大国関係」を提唱し、アジア太平洋における米中対等の地位を要求した。安倍総理との初の日中首脳会談直後にユーラシア大陸を貫く中国の経済圏構想を「一帯一路」の名称で初めて示した。そして国内外の「安全」をシームレスに一括統制する組織、国家安全委員会を設置した。対象は政治、軍事、経済、文化、社会、情報など幅広い。転覆を警戒するための反スパイ法、国家情報法などの法制化を進めた。これで暴動を伴うような日本との衝突はなくなった。しかし日中関係は改善に向かう一方で、日本は警戒心を高めた。規範を外国人や周辺部に厳格適用したことで、日本人もスパイ容疑での摘発が増えた。尖閣諸島や香港、新疆ウイグル自治区といった周縁部でにらみを利かせるようになった。西側の強い警戒を招いた。鎧を固めたところで習近平は二〇一七年に「第十九回党大会」で社会主義の体制を変えないまま「世界最強の国」になると宣言した。この「強国宣言」で中国とトランプ政権は対立し始め、溝が深まっていく。

▼**中国国内**

①　習近平主席が強権政治と反腐敗で反主流派を封じ込めた。民意の賛同を得た。
②　胡錦濤政権を揺さぶった治安や軍、日本との海洋権益に係わるグループを摘発した。
③　言論統制でメディアを指導し、活動家を弾圧した。論争が激減した。
④　国家安全委員会の設置で内外ににらみを利かせ、尖閣諸島上空に防空識別圏を設定。
⑤　日本を国力で克服した自信を持ち、社会に日本に対する精神的余裕ができた。
⑥　訪日観光の増加で日本に関する肯定的な情報が増えた。日本社会は爆買いに感謝。

▼**国際情勢**

⑦　トランプ政権以降の米国と対立したことで、中国は日本を近づけて利用した。
⑧　北朝鮮が核実験とミサイル発射を再開した。日米中の共通の警戒対象となった。

▼**日本の動き**

⑨　米国と日本の信頼関係が回復した。オバマは広島を、安倍は真珠湾を訪問した。
⑩　安倍政権は一帯一路構想に協力を表明した。以後、日中接近のスピードが上がった。
⑪　ロシアとも日本は首脳同士で交流していた。プーチンは総理故郷の山口まで訪れた。
⑫　右派の安倍が国内の反中政治家を掌握。七年以上続く政権の出方を中国が予測できた。

太平洋分割管理を習近平が提案

二〇一二年末に日中で安倍晋三・習近平の両指導者がほぼ同時に誕生した。交代を機に日中関係は改善が基調となった。摩擦はその基調の範囲内で収まった。

習近平が指導者になった第十八回党大会[※119]では、アヘン戦争前の栄華を取り戻すナショナリズムとして「中華民族の偉大なる復興」が謳いあげられ、米中が対等な地位に立つ「新型大国関係」などの中国式の秩序理念が提唱された。国家主権・安全・発展の利益を守る主体が従来の外交から国防に差し替えられた。ワードとしての「外交」には、「公共外交」などの言葉で五回触れただけで、「軍」に四十九回、「国防」には十七回言及した。

米国のオバマ大統領も二期目を迎えた。安倍と習近平は当初、オバマ政権への接近で競争した。二〇一三年二月に安倍が先にワシントンでオバマと会談した。民主党政権時代の日中衝突を踏まえ、尖閣諸島への中国の挑戦に対する批判を米メディアの取材や米シンクタンク「CSIS（戦略国際問題研究所）」での講演でアピールした。だがオバマはアジア回帰を表明したとはいえ日中双方と平等に向き合った。安倍オバマ会談の日米共同声明には「TPP（環太平洋経済連携協定）」をめぐる日米の一致点が記されただけだった。

習近平は二〇一三年三月の全人代で国家主席につくと初外遊でロシア、タンザニア、南アフリカといった中国と戦略や価値観を共有できる国を歴訪し、そして六月に初訪米した。カリフォルニア州で行った米中首脳会談で習近平はオバマに、アジア太平洋のリスク管理を米中で分担する提案を行った。「広大な太平洋には中米両大国を収容できる十分な空間がある」と述べ新型大国関係の構想を示した。[※120]G2論という米国の主導する秩序に中国が協力するのではない。あくまでも米中の併存が前提なのだ。オバマに習近平はさらに、尖閣諸島に対する領有権問題について、中国も対話で解決したいと述べ、日中間の対話による解決を求める米国の主張に乗り領有問題の存在自体を否定する日本政府の主張を牽制した。その上で日本の対応は挑発だと批判し、中国に対する理解をオバマに求めた。[※121]これに対しオバマ大統領は「日本は同盟国、友好国、民主主義国だ。分かって欲しい」「ここまでだ」と習近平の話を遮って反論したという。[※122]

だが中国に対して強い態度で臨んだ後、九月上旬にオバマは「もはや米国は世界の警察官ではない」[※123]と正式に宣言し、シリアやアフガニスタン、イラクなどにいた兵力の引き揚げを発表した。「真空」ができれば埋めようとする力が働く。民主化が中途半端に終わった中東ではすでに「イスラム国」が跋扈していた。中国は二〇一三年から南シナ海で島嶼の軍事基地化などで権益を拡大した。さらに十一月には尖閣諸島上空に「防空識別圏」を設定した。そしてロシアは二〇一四年三月にクリミア半島をウクライナから取り上げ併合したのだ。

反腐敗と同時に進んだ日本への接近

反日暴動で途絶えていた日中首脳会談の準備も、福田康夫元総理らによって進められていた。安倍晋三総理大臣と習近平国家主席。国内政治が優先とはいえ両国とも経済協力強化は喫緊の課題だ。薄熙来の汚職に関する裁判が開始し周永康《しゅうえいこう》の捜査が始まった頃、「先生。中国にどうですか」と、途絶えていた日本の政治家の訪中への誘いが、中国側の様々な組織から活発に出始めたという。根強い影響力を持った薄熙来を反腐敗で断罪し安定させた上で日本に近づく。しかし当時は中国の過剰な強国意識が相手を遠くに追いやった。

二〇一三年秋には十月に周辺国との融和が「周辺外交工作座談会」で示された。合わせたかのように同じ日に薄熙来の無期懲役が確定した。その上で首脳会談の再開を意識していたのだろう。だが中国は相手に受け入れられることを想定して変身することはない。相手がどう受け止めるかは考慮せず、強国になった中国のやり方に慣れろという態度だ。

十一月の三中全会では国家安全委員会設置を決定し、尖閣諸島上空に防空識別圏を一方的に設定するなど融和と正反対の強硬路線に出た。空からの日本の侵入を阻止するということだ。中国中心の新秩序構築を第一に考え、中国の主権、安全、発展を周辺国に尊重させる。しかし日本も米国も許せるわけがない。二日後、米国防総省はこの空域に予告なしに爆撃機二機を侵入させた。[※124]「周辺国」の日本も当然反発した。

安倍晋三総理大臣は十二月下旬の就任一周年のタイミングで靖国神社を参拝した。中国政府は「中国の人民は安倍氏を歓迎せず、中国の指導者も安倍氏に会うことはない」という外務省報道官のコメントを発表しCCTVが報じた。だが民間の反日デモは強権で抑え込まれた。

日中首脳会談への道はいったん頓挫する。中国政府は「歴史認識」で明確なメッセージを出し続け、靖国参拝の日本を牽制するとともに、不満をためる国内を納得させた。二月に南京事件の日などを抗日の記念日に決定した。六月に南京事件と慰安婦に関する記録を世界記憶遺産としてユネスコに登録申請した。三月以降、戦後補償を日本企業に求める訴えを中国国内の裁判所が相次いで受理した。日本では却下された訴訟を国内で争うのだ。

一方、十二月の安倍総理の靖国神社参拝には米国政府も「近隣諸国との緊張を高める行為に失望した（disappointed）」というメッセージを発表した。[※125] しかし二〇一四年三月、ソチ冬季五輪閉幕の直後にロシアがウクライナのクリミア半島を強引に併合した。この権威主義国家の行動は前年に尖閣上空に防空識別圏を設定した中国を連想させた。このあと四月にオバマ大統領が訪日した。増大する日本の不安を米国は取り除く必要があった。オバマは「尖閣諸島への安保条約の適用」を米国大統領として初めて明確に示したのだ。日本の外務省によると日米首脳会談では「日本の施政下にある領域は日米安保条約第五条の適用対象であり、尖閣諸島もそれに含まれる」「米国は尖閣諸島に対する施政を損なおうとするいかなる一方的な行動にも反対するとの考えを確認した」[※126]という。これに中国政府は反発した。だが年内に日中首脳会談を実現させることは織り込み済みだったのだろう。『新華社』などの官製メディアはクリミア併合に対応する米国や日本の事情を分析した中国の専門家の言葉を借りて、「(尖閣問題に対する)米国の立場は従来と変わらない」と冷静に報じた。当時はもう一つ、日米中韓の共通の問題として「北朝鮮のミサイル発射や核実験が焦点になっていた。前年一月以来、米中が国連安保理で経済制裁を決議する必要が生じていた。一方、日本の安倍政権はクリミア侵攻後もロシアのプーチン大統領と首脳会談を重ねていた。中国は安倍を敵に回しにくくなった。やがて対日牽制は収まり日中は接近する。日本では七月初めに集団的自衛権を憲法解釈で容認する閣議決定が出た。本来なら「軍国主義」として批判する中国は逆コースを行った。

オバマやプーチンも出席する秋の北京APECで安倍習近平首脳会談を行うことが七月下旬に正式決定される。同時に、中央規律検査委員会が元・中央政治局常務委員の一人、周永康の捜査を行うことを発表した。[※127] 反腐敗の進展と日中改善の歩調が一致符合したのだ。

日本に勝った自信。「戦争する価値がない日本」

二〇一四年十一月上旬の北京APECで安倍・習近平の初首脳会談が実現した。会談に当たり、日中双方は尖閣諸島問題において「異なる見解を有している」ことを明記した「四項目合意」[※128]をまとめた。価値観である靖国神社参拝などの「歴史」でも「若干の認識の一致をみた」と謳われ異論を尊重し合うことが決まった。だが習近平は国内反主流派や世論の反発を警戒したのだろう。

日中首脳会談では、習近平は安倍に目を合わせようとせず、微笑まず能面のような顔だった。国旗もなかった。ただこれは計算されたパフォーマンスだ。写真25

その後、月末の「第二回・中央外事工作会議」[※129]で習近平は一帯一路構想の積極推進を訴えた。現代版シルクロードであり中華民族の復興を支える華夷秩序の再来だ。この一帯一路というパズルの完成にピースとしての日本が必要だったはずだ。安倍・習近平会談はそこにはまったのだ。八年ぶり開催のこの中央外事工作会議では、中国の国家主権・安全・発展の利益の擁護を強調し、大国との「新型国際関係」、周辺国との運命共同体などの中国式秩序を形作る理念を列挙した。そして初めて「話語権（中国の発言権）」という言葉で中国の発言権拡大を呼びかけ、国際関係の民主化と米国主導の「既存の国際秩序」の改革を目指すことを確認した。

日本の位置づけが「周辺国」というワンオブゼムになると、中国には日本に対する余裕と高いプライドが出てきた。「戦争する価値がない日本」という言葉まで飛び出した。

二〇一五年九月初めの「抗日戦争勝利七十周年記念日」のパレードでは習近平は改めて「日本に勝利した」[※130]と宣言し、「正義、平和、人民は勝つということを銘記しよう」と勝利の自信を持つよう国内に呼びかけた。翌年以降、戦後補償をめぐる中国国内の裁判も中国側原告と日本企業との間で相次いで和解に持ち込まれた。外交活動の実務面では二〇一五年九月下旬、中国外務省の機構改革でアジア局の「日本処（日本課）」が朝鮮半島とモンゴルを管轄する部署と合わせて「東北アジア処」に統合された。日本では九月中旬に集団的自衛権行使を可能にする安全保障関連法案が野党の強い抗議の中で成立したが、中国の日本への反発は抑制的であり、不満を持つ国内の民衆には「反対した日本の野党や市民」、すなわち日本社会における中国に融和的な集団の存在を報道し安心させた。

二〇一五年の一年間に中国は主導する国際組織の一帯一路、ＢＲＩＣＳ（ブラジル、ロシア、インド、中国、南アフリカ）、

25 安倍晋三・習近平による初の日中首脳会談（2014年11月）
香港メディア『東網電視』のニュース動画

ＡＩＩＢ（アジアインフラ投資銀行）、上海協力機構で、協力国を増やした。王毅《おうき》外相は二〇一五年十二月にシンポジウム「国際形勢與中国外交研討会（国際情勢と中国外交シンポジウム）」[※131]でユーラシア大陸での中国の影響力拡大を自画自賛した。王毅は二〇一五年以降毎年、この年末のシンポジウムで講演し中国外交の年間総括を発信するようになった。

中国の論壇でも日中関係について自由に議論する余裕ができたのだろう。「中国は戦略的に全世界を相手にしており、日本と戦争する価値も遊んでいる時間もない」と『環球時報』が社説で訴えた。[※132]言葉は激しいが、中国が世界に台頭するには米中戦争を誘発する日本との戦争は避けるべきだというのだ。米国と戦争する気概はない。具体的に尖閣諸島問題を例にして衝突を避けるべきだという指摘も出た。国防大学教授・公方彬《こうほうひん》は「日米が連携すれば中国は戦争に負ける」「日本は負ければ政権交代ですむが中国に政権交代はない」「国民感情のコントロールも難しい」と。つまり野党のない中国は共産党内部が分裂する恐れがあると個人のブログで指摘した。[※133]人民解放軍将軍の劉亜洲《りゅうあしゅう》は、「日本は戦争に負けることを恐れていない。しかし中国は戦争になれば必ず勝たねばならない。負ければ国際問題が国内政治に波及する」と危機感を訴えた。[※134]

日本を訪問する中国人観光客らは「中国国内で聞いていたことと異なり、日本は良い国だ」[※135]とネット上に書き込むようになった。「花見がいい」「花火大会が楽しい」「いいね」と感じたというのだ。俳優の范冰冰《ファンビンビン》は恋人と。元バスケットボール選手の姚明《ヤオミン》は家族連れで。それぞれお忍びで来日した。[※136]筆者の友人もアニメ「スラムダンク」をネットで見て二〇一五年に日本を家族で訪れ、鎌倉の海岸沿いの江ノ島電鉄の踏切にわざわざ足を運んだ。

習近平の抗日戦争勝利演説が行われた九月の軍事パレードを見に北京へ行った筆者は、中国社会が明らかに変わったのを感じた。タクシーや商店で「日本の侵略の歴史をどう思うか」と聞いた。運転手らは異口同音に「昔のもう終わった事だろう」と笑っていた。ミサイルなど最新兵器のパレードを家族連れで見ていた彼らは、勝利と克服を実感していた。

国家安全委員会――転覆警戒と融和拡大が同時進行

日中関係改善の陰に隠れて注目されなかったが、二〇一三年の「三中全会」の「国家安全委員会」[※137]設置によって、反間諜《かんちょう》法（反スパイ法）[※138]、国家安全法、国家情報法、海警法といった政権転覆を警戒する法整備が進む。始めのうちは民主活動家や独立活動家とされたウイグル族の摘発が中心だと思われていた。だが二〇一五年五月からは中国滞在中の日本人も拘束され始める。日中関係は良好だったはずだ。中国側の意図は何か。

習近平政権の政治状況は対外的な融和拡大と内外からの政府転覆警戒とが同時に進む。「反スパイ法」の施行発表は二〇一四年十一月初めだ。この直後の北京ＡＰＥＣでは国際社会に向けて、一帯一路構想などの中国式秩序が提唱された。

党内では二〇一四年十二月初めに習近平の抵抗勢力摘発で前進があった。元・中央政治局常務委員で江沢民派の周永康の逮捕があり、胡錦濤派の令計画の取り調べも始まった。彼らと薄熙来の三人は協力関係になっていた。腐敗の摘発は当然のことながら抵抗勢力と周辺の有力者らからの強い反発を受ける。社会の動揺を強権で抑え込む必要がある。中国国内は安定すれば良いのかもしれない。

だが過度な警戒は中国国内のみならず、周辺部、周辺国にまで広がった。この押し付けといっても良い中国独自の規範の適用が、リアクションとして日本など西側各国の反中感情や中国牽制の政策につながって行く。

反スパイ法違反容疑による日本人の初拘束は、安倍と習近平の二回目の日中首脳会談直後の二〇一五年五月だ。毎回、消息不明から拘束が判明するまでに時間がかかる。七月初めに中国は国家安全法を施行し、改革派弁護士三〇〇人を拘束した「七〇九事件」が起きる。そして九月になって日本人二人が、すでに五月に浙江省の軍事施設近くと遼《りょう》寧《ねい》省で別々に逮捕されていたことが初めて明らかになる。事実だとすれば強権国家で軍事施設周辺に足を運ぶのは確かに無謀かもしれない。さらに北京で一人、上海で一人が拘束された。そして十月に香港で中国批判書籍を販売していた「銅鑼湾《どらわん》書店」経営者が入境時に拘束された。そこから日本人の不安感が反中感情に変わった。一連の法制が中国社会だけを対象にしたものではなく、日本や香港も含めた西側社会に関係した行為も摘発対象にすることが認識されたのだ。旧宗主国の英国など欧州の反発にも火をつけた。

二〇一六年二月中旬、習近平はメディアを締め付けた。人民日報、新華社、CCTVなどを訪れ「党和政府主弁的媒体必須姓党（基幹メディアは名を聞かれたら共産党だと名乗れ）※139」と党の方針に従うよう改めて檄《げき》を飛ばした。余計なことを言うんじゃないということだ。記者やキャスターたちは「私たちは党の指揮に従います」とアピールした。しかし表での日中関係は首脳会談が軌道に乗り順調だった。

右派の安倍総理であるがゆえに中国に接近できた

二〇一六年から二年間は北朝鮮がミサイルと核で恫喝外交を繰り返す。共通の敵をめぐって日米中の三か国の関係は安定した。

二〇一六年にまた日米が合同演習で北朝鮮と中国を牽制する。中国が反発する。尖閣諸島海域に中国軍艦船が侵入する。漁船が侵入する。同じ構図が生まれた。ここまでは二〇一〇年尖閣沖漁船衝突事件と同じだ。しかし二〇一六年には中国の反日暴動も経済制裁もなかった。漁船は大量に侵入したが中国政府の船が誘導した。反発はパフォーマンスに終わった。二〇一〇年との違いの背景に何があるのか。

北朝鮮は二〇一六年一月初めに三年ぶりに核実験を行いミサイル発射も再開した。だが二〇一〇年と違い北朝鮮と中国との関係は冷却していた。中国とのパイプ役になっていた元朝鮮労働党幹部の張成沢《チャンソンテク》が処刑されて以来、中国は北朝鮮を説得できる状態ではなかったのだ。

米中関係も、中国が国家安全委員会を設置した二〇一三年秋以降、冷え込んだ。反スパイ法による民主活動家の弾圧。尖閣諸島上空への防空識別圏設定など、強引な政治手法に米国は違和感を持ち始めた。オバマは二〇一四年四月の訪日で米大統領として初めて尖閣諸島の防衛を明言し、この問題では明らかに中国を離れて日本に接近した。そして二〇一五年十月から南シナ海で中国の動きを牽制するため「航行の自由作戦」と称して、中国が軍事基地化を進める島の周辺に米軍艦船を侵入させる作戦を定例化した。しかしここで北朝鮮が核とミサイルによる恫喝を行ったのだ。世界は米中に問題解決を期待した。米中は争ってばかりではいられなくなった。

日本は米国を側面支援するため二〇一六年一月から海上保安庁がベトナムやフィリピンに訓練や旧型巡視艇を供与するなど協力した。米国に守ってもらうために恩を売らねばならない。日米間では伊勢志摩《いせしま》G7サミットに合わせて二〇一六年五月に来日したオバマ大統領が初めて広島の平和記念公園を訪れた。軍事面では五月から六月中旬に米軍は連続して演習を行った。南シナ海での「航行の自由作戦」に続きインドと共同訓練「マラバール」を行った。日本の自衛隊も東シナ海でマラバールに参加した。中国は反発を尖閣諸島での威圧でリベンジしたが、このとき初めてロシア軍を伴った。日米印の共同訓練と同じ六月中旬、尖閣諸島の接続水域にロシア軍駆逐艦と中国軍護衛艦が相次いで侵入した。その後、同じ中国軍艦が鹿児島県沖では領海に侵入した。ロシアはクリミア半島を併合して以来、サミット（主要国首脳会議）から排除され孤立していた。日本が米国やインドと集団で中国を牽制したことに中国もロシアとの集団で仕返しをしたのだ。日本の抗議に中国は「航行の自由だ」という米国が中国に使うのと同じ言葉で反論した。※140 だが尖閣諸島周辺海域で「もうひと山」緊張があった。

七月、南シナ海問題で中国に不利な国際司法の判断が出た。オランダ・ハーグ仲裁裁判所が中国の権益、南シナ海での九段線で囲った島々への領有権主張に国際法の根拠なしという決定をした。だが決定には罰則規定がない。王毅外相は「決定は紙屑《かみくず》だ」と唾棄《だき》し、中国は「米国式秩序の法規範」を無視して軍事基地建設を続けた。安倍総理が法の支配による解決を求めたところ、李克強は「日本は南シナ海問題の当事者ではない。要求する資格はない」[※141]と反発した。そして八月にまた尖閣諸島で威圧した。大量の中国漁船団が中国政府公船と現れ一部が領海に侵入した。漁船団は三百隻近くに膨れ上がり、中国政府公船の領海侵入も八月だけで二十三隻、二〇一六年一年間では百二十一隻に上った。二〇一〇年と違って政府公船が民間の漁船をリードした。中国政府高官は「問題が出ないようにした」と述べた。日本の政治基盤は安定。中国の内政も習近平一色で安定していた。言論弾圧も厳しくデモや暴動は発生しなかった。

日本国内では反中感情はくすぶり続けていた。しかし右派の安倍が外交で得点を挙げて政治基盤を強固にし、反中世論を抑えた。日中関係進展に対する反論は少なかった。

浙江省杭州《こうしゅう》で九月開催のG20に日米中首脳が顔をそろえた。日中は首脳会談を行う。安倍も習近平も会談実現にこだわった。その過程で安倍は例年終戦記念日に靖国神社参拝を行っていた防衛大臣の稲田朋美《いなだともみ》を八月十五日にアフリカのジブチに派遣した。ここに自衛隊が二〇一一年以来ソマリア周辺の海賊対策で拠点を置いていた。稲田防衛大臣は東京にいれば靖国参拝を行っていたかもしれない。安倍政権としてはそれを避けたかった。だが中国はジブチに初の海外軍事基地の建設を始めており、稲田のジブチ派遣は対中牽制にもなった。尖閣諸島の中国政府公船の数はG20の前後に急減し対立の火種は収まった。米中首脳会談には大きな成果は期待できず、些細《ささい》なことからオバマ到着の空港で米中両政府職員同士が「喧嘩」になるトラブルもあった。米中関係が漂流するとき、中国は日本を必要とする。G20閉幕直後に北朝鮮が核実験で存在感を示し、日米中韓といった周辺各国には結束が求められた。その上、オバマは米国大統領選挙後まもなく引退する。当時の中国には米国がこの先どう出て来るのかが読めなかった。候補だったクリントンはオバマ政権国務長官の時代に、対中強硬への軸足転換で急先鋒《きゅうせんぽう》だった。トランプも中国批判を続けていた。

一方、日本の安倍政権には大国外交を切り盛りする体力があった。支持率にも反映され七月の参議院選挙で与党が憲法改正発議に必要な三分の二を超え大勝した。前年に韓国と慰安婦問題の解決で合意した。中国と同調するロシアとも改善を図っていた。年末には習近平と親しいプーチン大統領を日本に招き、総理の地元の山口県まで案内した。中国のメディアでは日ロで中国を牽制する合従連衡だという指摘も出た。その十日後にはハワイ真珠湾を訪れ、大統領引退の決まっていたオバマとともに記念碑に献花した。

日中の首脳会談のチャンスはトランプが当選した十一月の大統領選直後のペルー・リマＡＰＥＣにもあった。中国も呼応した。中国側では二〇一六年以降、戦後補償をめぐる中国での裁判が相次いで和解に持ち込まれ、日中関係の障害が一つ減った。二〇一三年の安倍総理の靖国神社参拝以降、共産党の主導で中国の裁判所が受理した訴訟が中国側原告と日本企業との間で和解したのだ。

6　米中対立――習近平の強国、トランプのポピュリズム《二〇一七―二〇一九》

トランプ政権の二〇一七年発足から中国との貿易戦争が頂点に達した二〇一九年末までだ。トランプ大統領の登場で米中関係は大きく変わった。二〇一七年の間はミサイルと核実験を続ける北朝鮮をめぐって米中は協力した。しかし二〇一七年の党大会で社会主義体制のまま世界最強の国を目指す宣言をしたことなどがきっかけとなり、米国トランプ政権は中国と新冷戦と呼ばれる激しい対立に進んだ。米国を凌駕する強国の構想とは、世界が米国式民主主義と中国式権威主義とで二分することを意味する。トランプ政権は対中政策を転換した。関与政策見直しを宣言、中国の発展阻止を狙う中国叩きを乱発した。牽制手段として「台湾」を使った。独立や中国の武力解放を誘発する政治・防衛交流を始めた。中国共産党の政治手法のみならず価値観を否定する主張までトランプ政権から出てきた。中国は転覆を図る冷戦時代の再来と受け止め報復に出た。一方でこの米中の悪化は日中関係を近づけた。この目先の経済的利益とポピュリズム重視のトランプには批判はあるが、時代が生み出した指導者であることには変わりない。

▼中国国内

① 一帯一路やＢＲＩＣＳの首脳会議開催で習近平政権は中国式秩序を具現化し始めた。
② 二〇一七年十月の党大会で習近平が社会主義現代化強国実現への決意を宣言した。

▼国際情勢

③ 独裁体制の中国が最強国になれば、世界は権威主義と米国式民主主義とで二分する。
④ トランプが有権者の感情に阿るポピュリズム的手法で中国を牽制。発展阻止を狙う。
⑤ 北朝鮮の恫喝外交停止で緊張緩和。米中韓を逆に手玉に。中国と米国の対立に拍車。

▼日本の動き

⑥ 米中対立の中、安倍は米トランプと信頼関係を築く一方、中国にも接近した。
⑦ 大阪Ｇ20で来日した習近平主席に安倍総理は国賓としての訪日を招請した。

⑧　北海道大学教授の拘束で対中世論が悪化。安倍は右派・保守系世論を取り込み踏みとどまった。

予測不能の米中——日本威圧を抑制した中国

二〇一七年一月のトランプ大統領就任から一年の間に、米中関係が対立に変わり日中関係も変化した。米国は従来、「力関係」で自国GDPの六割に達した国を叩き落としてきた。まさに二〇一七年に中国は米国の六割に達した。トランプの登場で、断層がずれてぶつかるタイミングがやって来たのだ。政治は本来理性で行うべきだ。トランプは有権者の人気取りを重視するポピュリズム政治家だ。しかし民衆に阿ることによって社会の不満をさらけ出し、それを政治に反映するのは民主主義の一つの側面だ。「感情」がトランプの対中政策を生んだのだ。

冷戦時代、指導者の命令と計画で運営される国家は豊かになれなかった。冷戦後に市場経済化すると中国は米国の「果実」になると歴代政権は期待し、中国の発展に投資や貿易、国際政治への参加促進で協力してきた。だが冷戦終焉から約三十年が経ち米国主導の国際秩序は曲がり角に来た。グローバル化は米国人の低所得者層の仕事を奪った。特に白人労働者は隅に追いやられた。この間、潤ったのは中国だ。米国に迫る力を持ち、中国式国際秩序を世界に広げようとしていた。そこでは強権によって民衆の忠誠心を引き出し創造に結び付けた。ビッグデータの一元管理が利益を生んだ。しかし影響力が拡大するに従い、中国は米国の主張や価値観を拒否するのみならず経済的利益をテコに、逆に中国の価値観を押し付けるようになった。嫉妬《しっと》と怒りの反中感情が米国社会に充満した。トランプはそこに登場した。だが民主化できない国々は中国に接近した。

米国の念頭にあるのは体制の異なる中国の発展阻止だ。トランプは、当選直後の二〇一六年十二月に国交のない台湾の蔡英文《さいえいぶん》総統と電話会談した。すぐに撤回・謝罪したが、中国から見れば、これは二〇二二年に起きる米国のペロシ下院議長訪台の伏線だったといえる。台湾問題は中国の正統性の問題だ。だが専門的知識のない西側の民衆の眼には民主化した弱い台湾が中国にいじめられているように映る。

トランプの頭の中にあるのは選挙で自分を支持する有権者の声だ。エリートたちから遠いところにいる階層だ。中国叩きをすれば票になる。これがトランプの世界だ。中国は米国の庇護《ひご》にタダ乗りし、非関税障壁と為替操作で利益を奪ってきたとトランプは批判した。

当選したばかりの米次期大統領に対して二〇一六年十二月、王毅は「トランプ氏とその周辺の人々には信用できない側面がある」と「国際情勢と中国外交シンポジウム」※142で総括した。トランプは信頼で動いてはいない。側近を次々と更迭し、外交でも駆け引きを行うなど政策に一貫性がなく、ある意味では人脈次第でトランプが動く側面があった。二〇一七年の一年間は北朝鮮の恫喝外交が米朝の戦争を引き起こす懸念があり、米中対立を隠していた。

今日では想像できないが、トランプ体制のスタート当初、世界の頂点にいるトランプへの接近で日本と中国は競争した。日本の安倍総理は二〇一六年十一月にニューヨークにいた当選直後のトランプを表敬した。外国首脳との会談は安倍が最初だった。一方、中国は二月初め、旧正月を祝うワシントンの中国大使館にトランプの長女イバンカと娘、トランプの孫娘のアラベラを招き、チャイナドレスを着て中国語で歌う姿を動画公開した。安倍はこのあと二月上旬にワシントンを訪問し、トランプ政権発足後、英国のメイ首相に続いて二番目に首脳会談に臨んだ。数時間の協議だったが、日米共同声明に尖閣諸島を日米安全保障条約に基づく米国の防衛対象とすることが初めて明記された。中国の反応は抑制的だった。中国外務省が会見で「中国の領土であり誤った言論に断固反対する」と述べた程度で侵入する船の数も平時と変わらなかった。だが安倍との会談前日にトランプは習近平とも電話で会談を行っていたのだ。日米が接近すれば中国は警戒する。米中が接近すれば日本に焦りが出る。米国が等距離に置けば日中は対米接近を競う。

日米中の三か国の間には北朝鮮という共通の敵が存在していた。二月の日米首脳会談で安倍とトランプが会食中、まさに北朝鮮の弾道ミサイルの発射があった。

習近平とトランプの最初の会談は四月初めにフロリダ州のトランプの別荘で二日にわたり行われた。[※143] 待遇はこちらが安倍よりも上だった。

米国国務省によると中心議題は「北朝鮮」と「米中の貿易問題」だ。習近平に対しトランプは、中国による北朝鮮の恫喝外交停止要求と対中貿易赤字への制裁関税と、どちらを取るか駆け引きした。そして習近平の目の前でカメラが回っている最中に、戦闘が続くシリア情勢で、シリア政府側勢力への空爆をトランプが指示し、その場でミサイル発射命令が下された。ロシアと中国はシリア政府側を支持し米国は反政府勢力を支援している。中国を動かす米国の意思を示す狙いがあったのだろう。

習近平との会談直後、トランプは「私は中国の主席に北朝鮮問題を解決するなら、米国との貿易協定の条件は彼らにとってはるかに良くなるだろうと説明した」「中国が協力しないのであれば我々は彼らなしで解決するだろう」とツイッターで発信した。画像26

Donald J. Trump
@realDonaldTrump
I explained to the President of China that a trade deal with the U.S. will be far better for them if they solve the North Korean problem!
午後8:59 · 2017年4月11日
Donald J. Trump
@realDonaldTrump
North Korea is looking for trouble. If China decides to help, that would be great. If not, we will solve the problem without them! U.S.A.
午後9:03 · 2017年4月11日

26 トランプのツイッター（2017年４月）

だが北朝鮮が恫喝を繰り返すうちに、米中間に亀裂が入り始めた。金正恩《キムジョンウン》は大国の米中を操れると計算したのだろうか。二〇一七年七月四日の米国独立記念日には米国に届く性能を持つ弾道ミサイル発射実験を初めて行った。さらに米中の双方が関係する朝鮮戦争休戦記念日の七月二十八日にも飛ばした。この直後トランプはツイッターに「中

国には非常に失望している」「口だけだ」と不満を書き込んだ。※144

北朝鮮は中国の政治イベントにも合わせて「恫喝」を続けていた。前年にも浙江省杭州・G20サミット直後に核実験を実施した。二〇一七年五月中旬の北京・一帯一路サミット開催時にミサイルを発射。九月初めの厦門《アモイ》で開催のBRICS首脳会議前後にミサイル発射と核実験を行った。

このときはトランプが九月中旬の国連演説で「ロケットマンは自殺行為をしている」※145と直接、金正恩を揶揄した。金正恩も声明で※146「狂人」「火遊び」「老いぼれ」という言葉でトランプを攻撃した。このやりとりで米朝が戦争になる可能性があるという見方が世界に広がり、中国国内の専門家から北朝鮮問題で中国は米国と協議すべきだという提言が出て注目された。※147だが中国もこのあと十月下旬の「強国宣言」でトランプを怒らせる。十一月末に北朝鮮は米国本土を狙える弾道ミサイルの実験を行う。トランプは金正恩を「小さなロケットマン。病んだ子犬だ」と演説で揶揄したが、同時に中国を批判し、「北朝鮮に対して何もできないのか」と不満をツイッターでぶちまけた。※148

この北朝鮮が共通の敵だった二〇一七年の間、中国は自国中心の新秩序作りを着々と進めていた。具体的な形が見えてきた。五月に一帯一路サミットを北京で開催した。米国の内向きの政策をにらみながら中国式グローバリズム構築を訴えた。発足当初のトランプ政権も一帯一路に関心を示しており、日本は中国への接近で米国に先を越されるという警戒心を抱いていた側面がある。だが日本としては米中双方とつながっていた方が賢明であった。トランプは米国第一主義の理念で、就任早々TPP（環太平洋経済連携協定）離脱を表明し、六月には地球規模の気候変動問題対応のパリ協定からの離脱を宣言するなど、世界の中心的役割から距離を置く姿勢も見せていたからだ。

五月の北京での「サミット」には、日本から二階俊博自民党幹事長が参加し「一帯一路に協力」意向の総理大臣親書を習近平主席に手渡した。安倍総理自身も六月に日本経済新聞社主催のシンポジウムで一帯一路に「協力をしていきたい」と表明した。このときから日中関係の改善はスピードアップした。日本が中国式秩序を受け入れたと、中国は認識したのだ。首脳会談の数も増え、「競争から協調」が日中間のスローガンになった。日本も中国という市場、中国からの観光客のインバウンド経済に頼るようになり、簡単に中国との関係を悪化させるわけには行かなくなった。かつて米国との貿易摩擦を経験した日本に、中国がアドバイスを求める現象も見られた。

中国にとってトランプ政権に替わった米国傘下にいる日本は協力者として重要だった。ここで敵に回せば不利になる。日本は安全保障面で空母機能を持つ自衛隊艦艇「いずも」を南シナ海周辺国に派遣し中国を牽制した。しかし中国は対立せず融和を保った。日中の力の差がさらに広がった余裕もある。そして中国の内政では習近平が権力掌握をさらに進めていた。七月下旬に江沢民派で軍トップだった郭伯雄《かくはくゆう》の党籍を汚職容疑で剝奪《はくだつ》した。

一方、「国際政治の主導権」や安全保障の分野では、中国は米国や日本を牽制するバランサーとしてロシアを伴うようになった。二〇一六年には尖閣諸島海域にロシア軍と中国軍の艦船がそろって接近した。中国主導のＢＲＩＣＳや上海協力機構にはロシアが中心メンバーとして参加し、二〇一七年九月にＢＲＩＣＳの首脳会議を厦門で開き気勢を上げたほか、安全保障の枠組み上海協力機構に、米国ともつながりのあるインドとパキスタンを加盟させた。ユーラシア大陸の国々との中国の関係強化は、米国の影響力低下と反比例した。

「我々に慣れればよい」。改善と併進した威圧・拘束

表向きの日中関係は良好だった。だが中国式秩序が具現化するのに従い米国式秩序に従っていた日本や西側との摩擦は増える。日本とは関係改善と同時に逆行する現象も起きた。米国でトランプ政権が誕生したばかりの二〇一七年三月、中国海軍艦艇が沖縄本島と宮古島の間を通過し太平洋に出た。反発した日本政府がこの「通過」を公表したところ、中国国防省の報道官は「今後我々が多く通過することに日本側が慣れればよいだけだ」と回答したと、日本の『防衛白書』が伝えている。自国中心の秩序に従えと命令しているような態度だ。中国の対抗相手は太平洋の向こう

にある米国であり日本は対抗相手と見ていない。同じ三月には日本人六人がスパイ行為を疑われて山東省と海南省で一斉拘束され、後に実刑判決を受ける。日本側は温泉開発の調査を行っていたとしている。二〇一八年二月には伊藤忠の社員が広東省で拘束される。中国から見れば中国式秩序構築を進める過程で、支える国家安全規範を周辺国に対して強硬に適用する中で起きていることなのだろう。

国家安全のためなら中国国内の民間企業も政府が利用できることが法制化された。二〇一七年六月に「国家情報法」という、企業や個人に政府の情報収集活動への協力を義務付ける法律を施行した。[※149]これが後にファーウェイなど中国のIT企業に対する西側の警戒に発展する。

国家安全を適用する相手は日本だけではない。相手の国との関係はそのとき、良好か。中国が勝てる相手かを見て執行する。適用する罰則や制裁も異なる。ただし相手国が中国の主権・安全・国益を認め、「国際政治の主導権」「価値観」に馴染んだと判断すれば融和に変わる。だが押し付けられる西側社会では中国への警戒、恐怖心と反中感情が生まれた。

北朝鮮の相次ぐミサイル発射で米国によって最前線に立たされたのが韓国だ。二〇一七年に韓国への米国ミサイル・システム設置をめぐる対韓経済制裁が執行された。韓国は二〇一七年二月に米軍の意向でミサイル防衛システムTHAAD設置を決めた。このシステムには中国の動向をウォッチする機能もある。反発した中国は韓国に制裁を開始し、ミサイル配備用地を提供したロッテの商業施設を中国から追放した。中国は米国の「弱い同盟国」を狙った。当時の韓国は政権基盤が弱く中国としては組み伏せやすかった。韓国では二〇一六年十二月に朴槿恵《パククネ》が訴追された後、二〇一七年五月に文在寅《ムンジェイン》が選出されるまで大統領が空席だったのだ。日本はこの時期、発足したばかりのトランプ政権と交流を深め日米の合同演習も継続した。だが五月の北京・一帯一路サミットに総理大臣親書で協力を表明するなど中国式秩序への関わりに前向きだった。そして日韓関係には戦後補償をめぐって常に隙間風が吹いていた。中国は米国同盟国の中にいる日韓の離反を図ったのだろう。習近平はこの勢いのまま、十月の第十九回党大会で「米国の国力を上回る」と宣言した。

米国を激高させた習近平思想「中国が最強国になる」

トランプ政権が対中政策を変えたきっかけは、二〇一七年十月の「第十九回党大会」で中国が建国百年に向け世界一の強国を目指す長期構想を宣言したことだった。党大会は「習近平思想」すなわち「習近平新時代中国特色社会主義思想」を提唱した。「社会主義現代化強国を実現する」[※150]。社会主義のまま二〇五〇年を目標に、世界最強の国になるというものだ。強国化は経済力から軍事、海洋、科学技術、宇宙産業、ネットなどあらゆる分野を並べた。そして内外の脅威から国家主権、安全、発展の利益を守るため、軍事、治安、テロ、スパイ対策、外交を総動員すると訴えた。まさに二〇一三年の国家安全委員会設置が目指してきたものだ。外交はすでに融和ではなく戦う手段になっていた。

党大会直後の十一月初め、トランプ大統領は東京で安倍に会った後、初訪中した。習近平は「太平洋には中米両国を収容できる十分な大きさがある」[※151]とオバマに話した同じ言葉でトランプに探りを入れた。このあと北朝鮮が米国を射程に置く弾道ミサイル実験を行い、トランプは北朝鮮に対しても、北朝鮮の実験を止めない中国に対しても怒りを示した。

だが米国の指示で中国は北朝鮮を止めるだろうか。それは中国や北朝鮮のプライドに関わる。王毅外相はトランプ訪中後の二〇一七年十二月上旬、「国際情勢と中国外交シンポジウム」の総括で「歴史の十字路」という言葉を使い、中国が米国とは異なる道を行く姿勢を示した。その上で「中国の発展を米国は妨げることはできない」「中国は米国に取って代わることは望んでいない。共存したいのだ」[※152]と明確に述べた。一方で日本には「改善した日中関係を後退させないで欲しい」と訴えた。つまり米国に敵対はしないが米国主導の体制に中国は入らない。東アジアで日本や北朝鮮を取り込む中国式秩序を築くことを意味した。かつて国際政治の主導権を日本と中国が争った。いまや米中対立の争点になったのだ。

トランプ政権の回答は対中関与政策の見直し決定だ。十二月中旬の国家安全保障戦略（NSS）[※153]は、中国とロシアを米国の安全保障と繁栄とを脅かす競争相手であり、民主主義を否定する修正主義者だと認定した。市場経済化する中国を発展に導いたのは米国だ。しかし中国は米国を利用しただけでなく、ロシアとともに米国に挑戦する。独裁政治のベネズエラなどに中国は手を貸したと批判した。米国がここで中国と並んでロシアを持ち出したことは中ロ両国をさらに近づけた。

習近平もひるまなかった。外務省幹部らを集めた十二月末の「二〇一七年度・駐外使節工作会議[※154]」で発破をかけた。「外交官は政治的に強くあれ」「外交は党中央が決定権を持ち、統一したリーダーシップを発揮する」。ここで外交が戦うためにあることが基調になり、やがて西側に向かって強硬な態度に出る「戦狼《せんろう》外交官」の一群が現れる。すでに第十九回党大会では、外交担当トップの楊潔篪が強い外交を展開していく司令塔として党中央政治局委員に入った。楊潔篪は米中国交正常化前から中国に関わったブッシュ（父）とつながるなど米国と太い人脈を持つ。また元外相が就任するのは、過去には改革開放政策草創期の呉学謙《ごがくけん》。天安門事件、冷戦崩壊、ソ連解体、市場経済化移行期の銭其琛《せんきしん》以来だ。新しい国際秩序を作るという戦略の中で約三十年ぶりに再登場したのだ。

二〇一八年三月上旬の全人代[※155]では国家主席の任期が廃止され、習近平の終身国家主席に道が開かれた。全人代開幕に合わせてトランプ政権は、南シナ海、台湾、貿易、北朝鮮などの問題で中国を包囲し牽制できる手段を探った。南シナ海に面したベトナムに「米空母カールビンソン」をベトナム戦争終結後初めて入港させた。中国の影響下の国々を北朝鮮もベトナムも取り込む狙いだった。全人代閉幕日には「台湾旅行法（Taiwan Travel Act）[※156]」を成立させ、米台間の高官の相互往来を可能にした。三月下旬には不公正貿易に関する「三〇一条調査」の報告書を発表するとともに、中国政府主導の通信規格5Gなどの技術開発計画「中国製造二〇二五」の撤回を要求した。中国はこの「中国製造二〇二五」というワードを使用しなくなった。だが「売られた喧嘩」を習近平政権も買った。

六月中旬に「戦いに戦いで臨む」[※157]と国営『新華社』を通じて宣言した。そして六月下旬の「第三回・中央外事工作会議」[※158]では「全球治理体系改革（グローバル・ガバナンス・システムの改革）、すなわち国際社会を統治するシステムの改革を積極的にリードし、社会主義現代化強国実現に有利な条件を作り出す」。つまり米国中心だった国際秩序を中国が有利になるよう改革すると宣言した。王毅も「駐外使節座談会」[※159]で習近平の指導に従おうと訴えた。一方、トランプ政権は初の米朝首脳会談開催に向けた動きを進めていた。中国を頼らず直接北朝鮮と交渉しようというのだ。

北朝鮮がミサイルや核実験を止めたことも米中関係に影響した。

二〇一七年末まで米朝戦争すら取りざたされていた北朝鮮は、二〇一八年初めに米国や中国、韓国との融和路線へ転換した。「共通の敵」を演じるのを止め米中のキャスティング・ボートを握る奇妙な展開になった。二月の韓国・平昌《ピョンチャン》五輪に金正恩は妹・金与正《キムヨジョン》ら代表団を派遣した。米国は中国がいなくても北朝鮮を動かせる関係構築を狙った。だが北朝鮮は中国にも近づいた。三月に習近平との会談で金正恩が北京を訪ねる。そして四月に北朝鮮は核実験とミサイル発射の中止を宣言する。板門店で文在寅と金正恩の南北首脳会談が行われ、六月中旬にはトランプと金正恩による初の米朝首脳会談がシンガポールで開催された。この間、金正恩は習近平と三月下旬の北京、五月初めの大連、六月下旬の北京での三回の首脳会談を行う。「米朝」と「南北」が先行しないよう「中朝」でサンドイッチのように挟み込んだ。北朝鮮は米中の緩衝地帯だ。不安定であれば米中は対処で競う。北朝鮮が融和に転換し中国に急接近すれば、逆に米国は取り戻そうとする。小さな北朝鮮は米中の覇権争奪のカードになることで大国を手玉に取る戦略だ。米中もそれを利用したのだ。

対立始まる。中国の発展阻止を狙う米国の牽制手段

米中対立の争点は貿易戦争から始まり、トランプ政権による対中牽制へと遷移した。同じ経済制裁でも関税など経済的手法中心のものから、大衆感情を動員する手法や有事の分断に備えるものに変遷している。

トランプの狙いは二〇一八年秋の中間選挙で共和党が勝ち、二〇二〇年の大統領選挙で自身が再選されることだ。中国の力を抑え込み、「米国を再び偉大にする（メイク・アメリカ・グレート・アゲイン）」。中国の発展を阻止するためにトランプ政権は何でもやった。トランプ政権は中国との貿易戦争の前哨戦《ぜんしょうせん》として、中国の前庭であり緩衝地帯にある北朝鮮やベトナムを取り込もうとしていた。ベトナムには親米感情が根付いていた。二〇一八年七月に北朝鮮との非核化交渉が暗礁に乗り上げたところで、中国に対する貿易赤字への制裁関税で米中対立が始まった。貿易問題はその後5G通信や半導体など先端技術開発をめぐる覇権争いにすり替わった。技術覇権は「国際政治の主導権」に直結する。それが中国の「国益」「核心的利益」にあたる「台湾防衛」への介入、チベットやウイグルなどでの人権問題批判に拡大し、共産主義という価値観、政治理念そのものの否定に発展して行く。

乱発された米国の対中牽制手段を整理する。図表27

	米政権の対中姿勢	貿易・技術・情報流出	台湾	ウイグル・チベット 人権	日本の動き
2017	関与政策見直し 競争者	貿易赤字批判			
2018		制裁関税 ファーウェイ5G / 孔子学院	海峡通過 / 武器売却		
2019		ファーウェイ	海峡通過 / 武器売却	ウイグル弾圧	
2020		ファーウェイ / TikTok	海峡通過 / 武器売却 高官・議員の訪台	ウイグル弾圧 コロナ起源	
2021	競争者 秩序への挑戦者	アリペイ	海峡通過 / 武器売却 高官・議員の訪台	ジェノサイド 彭帥事件	日米声明「台湾」
2022	秩序を変える挑戦者	半導体輸出規制	海峡通過 / 武器売却 高官・議員の訪台	五輪ボイコット 新疆産品の禁輸	最大の戦略的な挑戦
2023		半導体輸出規制	海峡通過 / 武器売却 高官・議員の訪台	新疆産品の禁輸	最大の戦略的な挑戦

27 米中のせめぎあい：貿易摩擦・先端技術覇権から価値観の対立へ

（一）制裁関税による貿易戦争

対北朝鮮核交渉の頓挫と同時に貿易戦争が始まった。二〇一八年七月初め、ポンペオ国務長官が平壌《ピョンヤン》に乗り込み、六月のシンガポールでの米朝首脳会談の共同声明にそって廃棄する核施設と計画のリスト提出を求めた。北朝鮮は拒絶した。北朝鮮は大国を手玉に取る。トランプは裏で中国が操っていると見た。中国を揺さぶった。貿易戦争への突入だ。ポンペオの平壌滞在中に米国は対中輸入製品五百億ドル相当に二十五％の制裁関税を発動した。すると中国が同額分に報復関税をかけた。米国はこの対象となる輸入金額を一年半の間に第四弾まで三千七百億ドル分に吊《つ》り上げて行く。中国の米国からの輸入額は上限に達し、追い付かなくなる。対中牽制手段は他の分野に移って行く。

（二）安全保障の範疇に先端技術、孔子学院、台湾

二〇一八年八月成立の翌年の米国国防方針「国防権限法（National Defense Authorization Act）二〇一九」[※160]に米国は安全保障を理由に中国を牽制する二の矢、三の矢を突っ込んだ。まずファーウェイなど中国ＩＴ企業の「５Ｇ」製品を米国政府の調達から排除し、供給網から分断した。民主主義の価値観を揺るがすとして米国内の中国広報機関「孔子学院」への政府援助を禁止した。台湾の防衛能力を向上させるため共同軍事訓練などの協力強化も盛り込まれた。「台湾」を使った中国牽制だ。「台湾」は中国の正統性をかけた争いの帰結点だ。だが米国にとっては「台湾」は中国との緩衝地帯であり民主主義の砦《とりで》だ。すでに三月には米台高官往来を可能にした「台湾旅行法」が成立していた。七月の制裁関税発動と同時に米軍艦船二隻に台湾海峡を通過させ中国を威圧した。[※161]

（三）価値観対立――ペンス演説「共産主義」を攻撃

中国の政治的価値観そのものを否定した。中間選挙を控えた二〇一八年十月初め、トランプ政権のペンス副大統領が中国共産党の政治手法を否定する四十分もの演説を行った。[※162]「中国の成功は米国の投資がもたらした」とWTO加盟後の中国に対する米国の貢献を強調した。そして「中国共産党は米国の民主主義に介入している」「台湾の民主主義は全中国人に良い道だ」と敵意をむきだした。米国は弱かった時代の中国とは政治体制が異なることを尊重し、批判しつつも是々非々で交流を深めてきた。それが強国になり対立関係に入ると、根っこにある共産主義や権威主義の修正を明確に要求するようになった。だがスイッチ一つで一国の制度や価値観、理念を否定できるわけがない。こうしてペンス演説以降の中国との対立は、「国際政治の主導権」争いに加えて、「民主主義対権威主義」の価値観対立の色彩を帯びて行く。

しかし中国は十二月のブエノスアイレスG20で米中首脳会談を行い、突然譲歩へと舵を切った。米国産大豆を大量購入したのだ。この当時、トランプ自身も二年後の大統領選勝利を狙って習近平に大豆の輸入拡大を要求し駆け引きしていたことが、後に『ボルトン回顧録』[※163]で発覚する。米国が掛ける予定だった第四弾の追加関税の一部がいったん見送られた。だが制裁はこれでは終わらなかった。

（四）ITトップ企業「ファーウェイ」の締め上げ

5G通信で世界最先端を行く中国ファーウェイ社の製品が米国政府調達締め出し対象にされた。通信機器を通じて情報が中国政府に筒抜けになるというのが理由にされた。そして同社の副会長拘束が中国への追加圧力になった。十二月のG20での米中首脳会談と同じ日に、カナダを経由し移動していたファーウェイの孟晩舟《もうばんしゅう》副会長が米国の要求により空港で拘束された。制裁対象国のイランと取引をしたことがその容疑だ。中国も報復した。だが強い米国を狙うのではなく、代替として組み伏せやすいカナダをはめた。元外交官などカナダ人二人を中国国内でのスパイ容疑で拘束し事実上「人質」に取った。後のバイデン政権下でのファーウェイ副会長とカナダ人二人の同時解放まで拘束が続くことになる。カナダは米中対立の生贄《いけにえ》になったのだ。

（五）台湾への介入――中国が武力解放する条件がそろう

台湾問題は西側の新しい世代にとっては民主主義の危機の問題だ。中国が譲れないとする核心的利益であることを知りながら、米国は台湾への武器支援の拡大、米台の政府間関係の強化などに踏み切った。

二〇一八年十二月末、トランプ政権は台湾への軍事支援を公然と行い始めた。台湾へのミサイルや戦車など武器売却を正当化する「アジア再保証推進法（Asia Reassurance Initiative Act）」[※164]施行を決めた。台湾との事実上の軍事演習などの協力強化も盛り込んだ。もはや中国が「武力行使の条件」とした「台湾独立の動きへの外部の介入」という要件はそろっている。二〇一九年一月初め、米国と中国は国交正常化四十周年を迎えた。そこを米国も中国も狙った。関係がよければ祝賀するところだ。米国と台湾にとっては断交の四十周年だ。習近平は一月初めの四十周年記念演説で「我們不承諾放棄使用武力（台湾への武力行使放棄を我々は認めない）」[※165]と述べ、平和統一を基本にしつつも、独立に対する武力行使の意思を強調した。米国はそれに構わず、中国を揺さぶる様々な局面で台湾をカードに使い続けた。

二〇一九年二月下旬にハノイでのトランプ金正恩による二度目の米朝首脳会談が決裂した。北朝鮮は米国と離反すると中国にすり寄って行った。米国は北朝鮮の後ろ盾である中国への牽制を拡大させた。特に台湾介入を強化した。すでに始めていた米海軍駆逐艦による「台湾海峡」通過を一月下旬以降は「航行の自由のルーティンだ」と主張しほぼ毎月行うようになった。対抗して中国軍も戦闘機を三月末から節目ごとに海峡の中間線を越えた台湾上空に飛ばす。以後、米中双方の台湾周辺での威圧行動は常態化する。

五月中旬にはワシントンに台湾の安全保障担当の高官を招き、協議を行った。さらに戦車やミサイル、戦闘機を売却し武器輸出を促す「台湾保証法（Taiwan Assurance Act）」[※166]を連邦議会が審議入りさせた。これを選挙でトランプが負けた後に署名成立させて置き土産にする。さらに中国のファーウェイを供給網から排除するため、日本も含めた各国企業による輸出取引を規制した。

（六）ウイグル族の人権問題

二〇一八年十月のペンス演説は、貿易赤字や台湾問題に加え、ウイグル族迫害の疑惑も追及した。新疆ウイグル自治区に収容所を作り反体制派のウイグル族百万人の思想改造を行っているというのだ。トランプ政権は大統領選挙を意識し、米国有権者の関心が高いウイグル族の人権問題を中国牽制に使い始めた。人権や民主の尊重が困難な国に対して西側が改善を促すことは意義がある。しかしこの溝を米国政府高官が「有色人種との衝突」に投影させたことで、中国に対する説得力は弱まった。

二〇一八年末までに米国の対中牽制手段がそろった。年末の「国際情勢と中国外交シンポジウム」で王毅は、中国は「百年未有之大変局（百年の間見たことのない大変局）」にあると総括した。だが同時に「中国はいじめを一方的に受けている」[※167]と弱音を吐いて見せた。「覇凌（いじめ）」は米中関係を表現する常套句《じょうとうく》になった。米国に対する特別扱いをギリギリのところで保っている状態だった。中国にとって米国だけはほかの西側諸国と異なり「特別扱い」だ。依然として米国は役に立つ存在なのだ。ライバル競争はしても対立は望んでいない。

「白人ではない文明との衝突」発言が浅さを露呈

二〇一九年四月末に、トランプ政権の国務省高官が米中対立の問題で差別発言をした。それは対中牽制の背景には合理的な理由よりも人種や文化の差別という抜きがたい感情的な溝があることを露呈した。中国は米国の言う多様性は口先だけだと反撃した。

ポンペオ国務長官を支える国務省政策立案局長のキロン・スキナーが講演で、米中対立は「白人ではない文明と米国との衝突だ」[※168]と発言をしたのだ。スキナー局長は「異なる文明、イデオロギーとの衝突（fight）だ」と述べた。さらに人種の違いにまで踏み込んだ。「ソ連との競争は西洋の家族（Western family）内部の闘争だった。いま米国は初めて白人ではない（not Caucasian）強い競争相手（a great power competitor）に直面している」。世界を米国式一色に染め上げるのを当然視するものだ。

確かに民主主義を歴史上、早期に実現できたのは欧米の白人の国家や、人種は異なるが米国の影響下にあった日本や韓国、台湾などだ。民主化に逆行する権威主義の国々の多くは、中国に代表される白人国家ではない国々だ。米国が人種や文化の違いを理由に中国を見下し、米国式への転換を促すのであれば対立の解消は困難だ。しかも人間の性格のような国家の価値観を米国式に染めることは不可能に近い。底の浅い米国を見た中国は政府も社会も反発し、米国との間に壁を作った。

『環球時報』は米国の読者を意識し、英語版の『グローバル・タイムズ』[※169]で「白人が先住民と黒人に文明化の名で行った殺戮《さつりく》を忘れたのか」と批判した。そして米国も足元では黒人暴動や黒人射殺事件が起きる。米国と中国の間にも人種や文化、社会制度の違いがある。米国は違いを中国との対立の理由にすべきではないと指摘した。スキナー発言の後に起きた香港のデモはタイミングが悪かった。香港の犯罪者を中国で裁く逃亡犯条例改正案への六月の反対デモで二百万人が繰り出した。中国政府は従来から香港は西側の反中運動の拠点だとして警戒しており、中国政府に近い香港紙『大公報』が米国総領事館政治部員と民主活動リーダーの黄之鋒《こうしほう》や羅冠聡《らかんそう》らが会見する現場写真を付けて「内政干渉だ」と報じた。香港政府は運動を弾圧し、『リンゴ日報』などの民主派メディアを相次いで閉鎖に追い込んだ。

一方、米国では二〇一九年三月発表の二〇一八年版『国務省人権報告』[※170]が、新疆ウイグル自治区の収容所の詳細な実態を暴露した。最大二百万人が収容所に送られ民族の宗教や文化が消されようとしているというのだ。『国務省人権報告』は米国を除く世界各国の人権状況を毎年発表し、ウイグル族の状況悪化も指摘し続けてきたが、二〇一八年十月のペンス演説で「収容所」の存在が明らかにされたことで、二〇一八年版にスポットライトが当たった。こうして「ウイグル族迫害」問題はトランプ政権の対中牽制材料として重みを持った。中国政府は弾圧しているのは独立派のテロリストだと反論した。「反テロ法に基づきテロリスト一万三千人を拘束している」と『新疆反テロ白書』[※171]で訴えた。確かに九・一一テロ直後の反テロ戦争の一環として、ブッシュ政権はウイグル族過激派の東トルキスタン・イスラム運動を、アルカイダとの連携を理由に中国が弾圧対象にするのを支持した経緯があった。中国から見れば米国のご都合主義だ。

二〇一九年十月には、ウイグル自治区での弾圧にからんで米国政府は中国政府や関連企業に輸出やビザ発給の制限を課すとともに、ペンス副大統領が二度目の中国批判演説[※172]でウイグル族と香港の人権状況を批判した。米国はさらに「香港人権民主主義法（Hong Kong Human Rights and Democracy Act）」[※173]を十一月に制定し、香港での人権侵害を理由に制裁を科すことができるようにした。ジャーナリズムも中国に対する厳しい対応を米国政府に求めた。『ニューヨーク・タイムズ』[※174]が十一月、中国当局が反抗的な人物に思想改造を行う内部指示文書を入手したとスクープで報じた。「ＩＣＩＪ（国際調査報道ジャーナリスト連合）」[※175]も大量拘留の実態を発表した。民主主義社会には、ポピュリズムだと批判を受けながらも、問題点をさらけ出し共有し改善を図る機能がある。中国国内で政府を批判する者が声を出せないのであれば、彼らを代弁できるのは外の民主主義国家しかない。また一連の動きは西側社会にも良い効果を生んだ。米国自身が国内先住民に対して行った過去の犯罪や黒人差別追及の運動にも火をつけ、カナダなどにも同様の動きが広がった。

　中国の王毅外相は「米国こそがトラブルメーカー（麻煩制造者）だ」と年末の「国際情勢と中国外交シンポジウム」[※176]で息巻いた。王毅は二〇一九年を総括し、国際社会はもはや米国だけで成り立っていないことを際立たせた。「パリ協定撤退やイラン核合意撤退など世界の責任を放棄している」「米国第一主義や保護主義が国際社会に難題をもたらしている」「一方的制裁やいじめ（覇凌）は断固として受け入れない」。だが最後に王毅は「米国にとって代わるつもりは中国にはない」と付け加えた。王毅の二〇一九年の総括で重要なことは中国が外交の優先順位を変えたことだ。「ロシア」についての記述が初めて「米国」より先に置かれたのだ。中国とロシアの日本周辺での合同軍事演習が盛んになるのと時期が一致している。欧州は「EU（欧州連合）」として「米国」に続く大国扱いだ。「日本」は周辺国の範疇《はんちゅう》でインド、北朝鮮に続いて三番目だ。ここで「新時代要求的中日関係（新時代にふさわしい中日関係）」という言葉で日本を位置づけ、以後この前向きのスローガンが中国側で定着していく。

　米中はゲームさながら強気と弱気が振り子のように交錯するドライな関係にある。駆け引きの中で当初の懸案、貿易赤字問題はすでにしぼみ、台湾や人権問題の陰に隠れた。だが日中関係は瞬時に対立へ転換しいつまでも尾を引く。

日本人「スパイ」拘束の衝撃、反中感情一気に

米国の対中牽制に日本も同調できる部分には従った。中国にも配慮した。日本には米中双方が協力を求めた。緩衝

地帯にいる上、安倍総理は米中両首脳と信頼関係を築く。安倍総理は二〇一八年の一年間にトランプとは対面で四回会談した。習近平とは三回会談した。安倍総理は高い世論の支持を保った状態で中国に接近した。日本の右派も左派も反論はできない。中国は日本とカナダなどほかの米国同盟国とで対応を変えることにより日本の切り崩しを狙っているようにも見えた。米国の対中制裁関税リスト公表直後の五月には李克強首相が訪日した。李克強は「関係は正常な軌道に戻った」と述べた。十月のペンス副大統領の対中批判演説直後に安倍が訪中した。北京ではかつて日中の戦後補償紛争の種になった対中ODAの終了で合意した。抗日・反日の価値観で正面から挑戦することも一休みとなった。尖閣諸島領海に侵入する中国国家海警局は七月から人民解放軍と同じ中央軍事委員会の指揮下に入った。その公船の侵入隻数が、ブエノスアイレスG20のあった二〇一八年十二月にはゼロになった。米中が対立するとき日中は近づく。習近平が命令すれば何でも動くのだ。

ブエノスアイレスG20で、習近平は日本の安倍と米国のトランプの双方と会談した。だが日本の方が米国よりも上であることが『人民日報』に掲載された写真の扱いで明らかだった。安倍との会談では日中の国旗が掲げられた。トランプとの会談場には国旗がなかった。

二〇一九年は、日本では平成から令和への代替わりが決まっていた。政治の現場では新天皇と外国首脳との最初の会見相手がトランプ大統領に決まる過程で、中国側から「習近平主席に」という申し出があり、日本政府も検討していた。

習近平主席は六月の国際会議「大阪G20」出席のため訪日した。来日一週間前、保守系ジャーナリスト・櫻井《さくらい》よしこが自身のネット・メディアで総理と対談をした。生出演だ。安倍は経済関係の重要性を強調するとともに「責任ある大国としての中国に協力したい」と志を語った。「打ち解けた話もしていただいた」と習近平主席との親密ぶりを紹介すると、櫻井から「総理、騙《だま》されないでください」※177とたしなめられた。右派・保守派に余裕があった。日中の政府間の関係は「順調」だった。あえて波風を立てず、中国の土俵に乗ったふりをすることが日本の政治や経済にとって役に立つ面もある。

大阪G20での「日中首脳会談」で、安倍総理は習近平主席に対し、一年近く先の〝二〇二〇年春〟に国賓としての公式訪日を招請した。右派の安倍総理の中国接近に反対する声は小さかった。しかし日本の社会レベルでは反中感情がくすぶり始めていた。年初から「不気味な動き」が続いていたからだ。米国発でファーウェイの安全保障上のリスク懸念が盛んに伝えられた。香港では犯罪者を中国で裁く「逃亡犯条例改正案」の撤回をめぐる民主化運動が激しい弾圧を受けていた。

そして九月に日中関係は暗転した。北京での北海道大学教授の拘束がきっかけだ。中国政府系シンクタンクの招きで訪中した教授をスパイ容疑で拘束したのだ。

全体像は不明だが、一月には中国出身のオーストラリア人作家、ヤン・ヘンジュンが拘束されていた。前の年に二人のカナダ人が、ファーウェイ副会長がカナダ当局に拘束されたことへの事実上の報復として、中国で拘束されたことを考え合わせると、日本人に対する拘束も何かの報復であることも考えられた。米国人も拘束されていた。しかし米国やオーストラリア、カナダはすでに中国とは国同士が対立していた。日本に関しては二〇一〇年の尖閣諸島沖漁船衝突事件で中国人船長を拘束したときに、中国で戦時中の遺棄化学兵器の処理事業を行っていた日本企業の社員四人が人質として拘束されたが、当時のような対立はない。日本は米国の同盟国でありながら中国とも強いパイプを作っていた。そして日本は中国に近い「周辺部」であり中国が橋渡しとして利用しやすかったことでオーストラリアと差別化が図られ接近した。だが中国は日本に接近するのと同時に融和に転じるのではなく、逆に日本を組み伏せる動きを見せたことになる。相手が中国式のやり方、価値観、安全観に馴染むのであれば抱擁する。拒絶されれば叩く。有無を言わさず従わせるのだろうか。それが日本人の感覚だ。

十月に即位の礼があり、来日した王岐山《おうきざん》副主席や国際会議で会談した李克強に安倍総理が直接、働きかけたことで十一月中旬に釈放されたが、当時すでに日本人十数人が国家安全に関わる容疑で拘束されていた。中国式秩序の一面に日本社会は気が付き、抑えていた反中感情が一気に高まった。感情はメディアでの露出、選挙の多い日本では政治にすぐに反映される。北海道大学教授の釈放直後、自民党右派政治家らでつくる「日本の尊厳と国益を護る会」が習近平の国賓待遇での来日反対のアピールを官邸に提出した。

中国のスパイ容疑などでの外国人拘束の出発点は、二〇一三年以降習近平が国家安全委員会設置[※178]と「総体国家安全観」提唱で進める統合的な軍事、治安など安全対策強化にある。中国式秩序構築を米国が阻止し対立が深まるのと同時並行で進んでいる。共産党独裁体制の安定、「国際政治の主導権」「国益・海洋権益」「価値観」が転覆させられることを過度に警戒し国家安全観を厳格に適用したつもりなのだろう。

基準やルールが不明確であり、執行している国家安全委員会などが党の上層部の機関であるため、中国外務省が国外に対して説明責任を果たせない。それにより米国を始め周辺各国からの信頼を失うことに無頓着《むとんちゃく》だ。米国ではトランプ政権以降、開放的な西側の民主主義価値観を中国が利用し強引に影響を拡大させる力を「シャープ・パワー」[※179]と表現して警戒を高めた。

十二月下旬に安倍と韓国の文在寅大統領は北京で習近平と会談した。その後、四川省成都で日中韓の三か国首脳会談が李克強の主催で行われた。日韓関係は当時、悪化する一方だった。従来、日韓の仲裁を行ってきたのは米国だった。それを中国がアジアの盟主として仲裁する図式になった。この状態で新型コロナが中国から広がった。

7　コロナ禍――対面なき国際関係を感情が支配《二〇二〇―》

二〇二〇年に中国からコロナ禍が世界に広がった。西側諸国を中心に反中感情が広がる一方、対面協議ができなくなったことは米中対立のみならず、中国と西側との対立に拍車をかけた。

すでに米国は「国際政治の主導権」や「国益」で中国から脅かされる状況にあった。争いに世界が翻弄《ほんろう》された。コロナでは中国の情報公開が遅れたことが世界に対応を遅らせた。しかしその中国は強権によっていち早く収束させたばかりでなく、世界経済の回復に貢献したのだと自画自賛した。中国はコロナで動揺する国内社会を引き締めるためにも、外に向けて西側を敵に回す言動を積極的に発信した。対外的イメージの悪化よりも国内の安定を優先した。

米国でもトランプ政権が二〇二〇年十一月の大統領選挙に向けて支持を集める上で、有権者の反中感情を煽る言動や政策を続けた。牽制手段が乱発され、対立点は「国際政治の主導権」「国益・海洋権益」「価値観」へと広がっていた。焚きつけられた米国の世論はバイデン政権でも変わらない。

政権に就いたバイデン大統領は二〇二一年二月以降、習近平政権との首脳電話会談などの対話を復活させた。だが中国に対する政策や姿勢は継続した。さらには民主主義を守るために、中国に連なる権威主義の国々を包囲した。

そこに二〇二二年二月、ロシアという国連常任理事国で核兵器を持つ強権国家が、国内が親米親ロに分裂していたウクライナに侵攻した。中国は自身が勝ち残るためにロシアを下支えする道を選んだ。

▼中国国内

①　コロナ拡大と動揺する社会を強権で抑え込んだ。経済の早期回復につながった。

②　戦狼外交：主張の異なる国との融和よりも国際社会に対する正当性主張に使われた。

③　台湾総統選で、独立派の蔡英文総統が再選された。中国の台湾威圧が後押しした。

▼国際情勢

④　トランプが大統領選を意識。台湾との政治交流、共産党の否定などで中国を牽制。

⑤　バイデン政権発足：米中対話は復活。対立より競争に重点を置き、牽制に規則性。

▼日本の動き

⑥　習近平国賓招請延期と直結する中国への水際対策強化の遅れで、反中感情が高まる。

⑦　安倍長期政権が終わる。外交の「顔」構築が振り出しに。日中関係は漂流する。

牽制乱発――中国を対外強硬に追い込むトランプ政権

米中対立はコロナ禍で変質した。米国はウイルスの「生物兵器開発説」を牽制に使った。

一方、外交の現場ではＳＮＳやオンラインに頼ることで、必要なときに瞬時に対話ができるようになった。外交は感情を乗り越えて理性で行うものだ。しかしコロナが中国から拡大したことで中国に対する西側社会の感情はさらに悪化した。直接対面での外交交渉ができず食事会や〝舞台裏〟での本音の意思疎通がほぼ不能になった。意見や感情を異にする国は招かない。参加しない。SNSのコミュニケーションは感情的になる。そして分断に拍車をかけた。

コロナ禍を乗り切る中で、中国の権威主義体制が米国や日本の民主主義体制よりも戦略上有利な点があることも露呈した。中国人はもともと、民主主義では決定に時間がかかることをネガティブに捉えている。言論の自由のある国家では決定までのプロセスがさらけ出され、同意を得るのに時間がかかる。例えば東日本大震災の被災地を見た中国人らの疑問は、なぜ日本政府は被災者の生活支援から残骸《ざんがい》、残土の処理まで、政府の強権で早く解決し次のステップに踏み出さないのかということだ。その中国の「強権」がまさに二〇二〇年明けに世界が共同対処すべきコロナで試された。コロナという未知の自然科学の分野で、独裁国家は強権で異論を弾圧し政策を隠密裏に進めたことで疫病を抑え込み経済を回復した。

米国トランプ政権の中国への向き合いはもともと感情的で一貫しておらず、中国の対米外交に影響を与えた。

実はコロナ拡大直前の二〇二〇年一月中旬に、米中対立の発端となった貿易摩擦問題はしぼんでいった。中国は米国から農産物などの輸入を二年間に二千億ドル増やすことで譲歩した。この輸入合意は制裁関税の第一段階の部分だけで完全決着したわけではない。だが水面下では二〇一八年のブエノスアイレス、二〇一九年の大阪と二度のG20サミットでトランプが習近平に大豆の輸入拡大を懇願していたことが失脚したボルトン元大統領補佐官によって暴露された。大統領選挙でトランプの票田である農村地帯を助けるためだったというのだ。

そこにコロナ禍が始まった。一月下旬に湖北省武漢市から感染が拡大すると、米中の対立の合理的だった争点は感情的なものに傾いた。互いに相手の眼を意識しなくなったことも影響した。

中国は国のトップの命令がなければ動かない。二〇〇三年のSARS（新型肺炎・重症急性呼吸器症候群）流行のときと同様、情報の隠蔽で初動が遅れた。しかも旧正月と重なった。人々が娯楽を楽しむ時期にネガティブな情報で空気を壊すわけにはいかない。「ヒトヒト感染」が初めて確認されたとき、習近平主席は外遊でミャンマーにいた。翌日、北京には戻らず中国南部の雲南省に入ったところで、コロナ担当責任者の鍾南山《しょうなんざん》医師がテレビの緊急生放送で感染拡大を発表し、同時に習近平が緊急事態の「重要指示」を発出した。翌日の『人民日報』の扱いは、当然のごとく「習近平の指示」が一面トップだ。上意下達の強権政治体制には利点もあるがこのときは欠陥を露呈した。強権であるがゆえに中国は過ちの軌道修正が簡単にはできない。上司は下から上がって来る安定を乱す情報や批判は握りつぶす。部下たちは処分を恐れて不都合な情報を上げない。こうした情報公開の遅れは国際社会に対応を遅らせ、中国の信頼を傷つけ、民主主義諸国との間に感情的な溝を作った。実は前年十二月に武漢のコロナ患者の存在を真っ先にSNSで公表した医師がいた。この李文亮《りぶんりょう》医師は「デマ」を流したとして処分されたが、二月にコロナに感染し死去したことで初めて十二月の出来事が明らかになった。

米国メディアは読者をひきつける感情的言葉を使う。これに中国政府が過剰反応した。二月初めに『ウォールストリート・ジャーナル』が「中国は東洋の病人（アジアの病人）だ」というタイトルで中国の危機管理の危うさを指摘した。すると中国政府は報復として同紙の駐在記者三人を中国から追放したのだ。この「東洋の病人」は帝国主義の時代に列強が中国蔑視《べっし》に使った言葉であるが故に。中国独特の自らの屈辱をあえて自虐的に想起させ、団結に利用されてきた「自我醜化（自分で自分を醜くする）」の言葉でもある。確かにコロナは団結を必要とした。内外に敵を作り、国家安全を守るモードにスイッチが入った。

疾病の抑え込みと経済活動の早期再開では強権が有利に働いた。ＡＩ監視で私権に介入し、封鎖・隔離・消毒を急ぎ、医師を大量投入し民衆の当局批判を弾圧した。こうした中国の強権は確かに早期のコロナ収束で経済活動を再開させ、世界経済の回復に貢献し、生産国としてマスクや医薬品支援のマスク外交を展開させた。『新華社』は三月初めに「世界は中国に感謝すべきだ」「米国は中国と同様の対策ができるだろうか」と訴えた。しかしこの言葉が西側の「反中感情」に塩をすり込んだ。

トランプ政権はここにツッコミを入れ、米国社会の反中感情を擽《くすぐ》り、メディアが後を追いかけた。コロナウイルス起源の「研究所流出説」「生物兵器開発説」を広めて煽り始めた。実は発生直後の一月以来、共和党のトム・コットン上院議員が「コロナは武漢ウイルス研究所から流出した。生物兵器開発の可能性がある」とトランプ政権に近い米『ＦＯＸテレビ』などのメディアで発言し続けていたのだ。これには『ワシントン・ポスト』※180などの有力紙が専門家の分析をつけて「フェイク・ニュースだ」と反論した。だがこのファクトの確認できない主張にトランプ政権は乗ったのだ。『新華社』の「感謝すべきだ」報道の翌日、ポンペオ国務長官は米国『ＣＮＢＣテレビ』の取材で「武漢ウイルス（this is the Wuhan coronavirus）」※181という言葉を使って中国を批判した。動揺する世論に寄り添ったのだ。『ＦＯＸテレビ』は放送で「中国こそ謝るべきだ」と主張した。この米国からの揺さぶりを中国政府は無視しなかった。「ばかげている」と外務省報道官に就任したばかりの趙立堅《ちょうりつけん》が会見で一蹴《いっしゅう》した。そして「感染症は武漢でスポーツ大会の開催時に参加した米軍が持ち込んだ可能性がある（It might be US army who brought the epidemic to Wuhan.）」と自身の海外向けツイッターに英語で書き込み、売られた喧嘩を買った。スルーすれば不満をためる中国の民衆も政府を突き上げただろう。趙立堅には強い中国を発信する姿勢から「戦狼外交官」の異名がついた。外交は強硬姿勢を示し主権・安全・国益を守るためにあるのだった。

米国のコロナ感染が急拡大した。民主主義体制では私権の制限は難しい。中国の感染者数を超すのも時間の問題だった。三月十二日にはＮＹ市場のダウが過去最大の二千三百五十二ドルも急落した。トランプ大統領も感情をむき出しにした。「中国ウイルス」という言葉で中国を揶揄し影響を受けた産業を支援すると訴えた。オブライエン大統領補佐官は「武漢で隠蔽があった」と指摘した。ファクトが確認できないがゆえに、生物兵器説は反中感情とともに米国から西側社会に広まり続けた。そしてトランプ政権はＷＨＯに対し、コロナ対応が中国寄りで不公平だと批判し七月初めに脱退を通告した。

トランプ政権はコロナ対策批判と並行して、先端技術や人権問題に関わる中国への経済制裁を行った。ファーウェイを供給網から分断するため各国半導体企業に取引を禁止したほか、ウイグル族の強制労働に関与した疑いのある企業との貿易を取り締まった。実質的に中国封じ込めだ。欧米メディアは「米中デカップリング（経済切り離し）」という言葉を使った。この米国の兵糧攻めが、中国を動揺する国内の引き締めに向かわせるとともに対外強硬策に追い込んだ。

米国による経済封鎖に備えて習近平政権は内需重視に政策転換した。五月中旬、国際・国内双方の経済を結びつける「双循環」[※182]体制を構築すると習近平が発表した。長期の耐久と団結を想定した「自力更生」だ。外に対しては米国の強い影響下にある「周辺部」を威圧した。コロナで延期された五月下旬の全人代の直前、香港の「反中言論」を取り締まる「香港国家安全維持法」を二か月後に施行すると突然発表した。これにより弾圧下でも発刊していたリベラル派新聞『リンゴ日報』を廃刊に追い込む。また尖閣諸島に「登野城《との しろ》尖閣」という字をつける審議が石垣市議会で始まるという動きを受け、五月から中国政府の船が尖閣領海で日本の保守系メディア「チャンネル桜」などが所有する漁船を追尾し始めた。

価値観対立激化――米国による共産主義否定と台湾重視

コロナとともに対中牽制策として浮上し続けたのが台湾だった。台湾ではコロナが広がる直前の二〇二〇年一月十一日に総統選挙が行われ台湾独立派の蔡英文が再選された。中国が二〇一九年から一国二制度の香港に対して行ってきた民主化弾圧が、台湾独立派の総統の再選につながったのだ。台湾の有権者には香港での民主化弾圧の印象が強く残り、米中対立の激化とともに蔡英文の支持率が上がった。中国との統一は同じ弾圧を当然招くだろうという「亡国感」が想起されたのだ。

「一国二制度はＮＯだ」。勝利宣言で蔡英文は中国の統一圧力を明確に拒否した。ここを新型コロナが襲った。台湾は人的往来などの水際対策、隔離、マスク管理を徹底しコロナをいち早く収束させた。その医療体制管理で注目されたデジタル担当閣僚の唐鳳《とうほう》（オードリー・タン）は西側各国のメディアにさかんに登場した。一方、コロナ禍でも中国は台湾への威圧を続けた。ＷＨＯ総会へのオブザーバーとして台湾の参加も拒否し、ワクチン外交でも台湾と国交のある数少ない国に働きかけた。中米ニカラグアは台湾との断交と同時に中国からワクチン支援を受け、その二十万回分のシノファーム・ワクチンが空港に到着するのを現地のテレビが繰り返し放送したと英国ＢＢＣが伝えた。

台湾は中国にとっては正統な中国を争う問題であり、それを米国も尊重し北京と国交を結んだ。しかし今日では台湾は「対中カード」だ。中国に感情的な喧嘩を売り続けていたトランプ政権は、台湾をめぐる正統性の問題を「民主主義か権威主義か」の価値観問題に変質させて西側社会を引き付けて行く。

七月下旬、ポンペオ国務長官がニクソン元大統領の「中国はフランケンシュタイン」発言を引き合いに出し、「中国に対する盲目的な関与政策は失敗だった」「自由主義世界は共産主義の中国を変えなければならない」と演説で述べ、「中国共産党」独裁体制の理念や価値観そのものを否定した。あえて習近平主席を「党総書記」の肩書で名指し、「失敗した全体主義イデオロギーの信奉者だ」[※183]とこき下ろした。外交という本来は政治や価値観の異なる国との融和と説得を図るべき責任者が、米国版「戦狼外交官」になっていた。ポンペオ演説直前の六月には「ウイグル人権法（Uyghur Human Rights Policy Act）」[※184]を制定し、「迫害」に関わった中国政府関係者に資産凍結などの制裁をかけることを決めた。

ポンペオ国務長官発言を受けて中国政府は、外務省会見で「内政で得点を取るための悪意と偏見」だと聞き流した。米中対立を「白人ではない人種との競争」になぞらえた前年のスキナー局長発言に幻滅していたからだ。さらには、牽制の乱発は秋の大統領選挙へのトランプの焦りだと見ていた。国内社会を分断させたトランプは苦戦が予想されたからだ。まさにトランプ政権は米国国内の人種対立で機能不全に陥っていた。

白人警察官が黒人男性を拘束の際、死亡させた事件が五月末に起きた。抗議運動が一部で暴徒化し、「ブラック・ライブズ・マター(黒人の命も大事だ)」と叫ぶBLM運動が全米で広がっていた。中国外務省は米国のダブル・スタンダードを指摘し、「少数民族差別は米国の病理だ。しかも黒人暴徒を凶悪犯扱いする一方、香港では暴徒を英雄視する」と批判した。だがトランプ政権は外と闘うことで国内の批判を振り切った。そしてコロナ問題では発生起源調査に責任を持つWHOは中国寄りだとして、米国はWHO脱退を通告した。ポンペオの七月の「共産党否定演説」はこうした流れに続いて出て来た。

米国政府はさらに在ヒューストンの中国総領事館を閉鎖した。「ハイテク産業を狙うスパイ活動の拠点だ」というのだ。中国は報復として米国がチベット自治区をウォッチする拠点にしていた四川省成都の米国総領事館を閉鎖した。米国は台湾との政治交流を活発化させた。八月に米国は台湾にアザー厚生長官を、九月には国務次官のクラックを訪問させ蔡英文と会談させた。米政府高官の訪問の日に中国は軍の戦闘機二機を台湾領空に飛ばした。米国は武器売却強化で報復した。台湾海峡の米海軍駆逐艦による通過は二〇二〇年にはコロナ禍にもかかわらず十三回だ。すでに毎月一回のペースで常態化していた。[※185] 米国防総省管理下のメディア『スターズ・アンド・ストライプス』によると二〇一七年は五回、二〇一八年は三回、二〇一九年には九回で、同盟国の仏加英の艦船も交代で行った。二〇二〇年は米艦船だけでこれを上回る。米中間の牽制と報復の連続はもはや〝戦争状態〟だ。

米国大統領選挙の結果はトランプの敗北に終わった。だがそれを認めず支持者を動員し連邦議会議事堂を占拠する事件を起こした。しかし米国社会に指導力を見せつける意味でも中国への牽制を続けた。ポンペオ国務長官は開票直後にラジオ番組に出演し「台湾は中国の一部ではない(Taiwan has not been a part of China)」[※186] と発言した。中国がTPPに加盟の以降を表明したのはこの直後だ。台湾も加盟を検討していたところを事前に制した。だがトランプ政権退陣直前の二〇二一年一月中旬、ポンペオ長官はさらに「ウイグル自治区でジェノサイド（大量虐殺）が行われている」と訴えた。連邦議会で議論になっていたところで、ポンペオ発言は次の大統領選挙での捲土重来《けんどちょうらい》を意識したと見られた。ただしこの「ジェノサイド」発言は世論を意識したバイデン政権に引き継がれた。台湾海峡通過も続けられた。※187

豪州と日本――同じ米同盟国で中国は対応を差別化

中国が米国と併存させる中国式国際秩序を構築する上で、間にある国家や地域は米国との取り合いになる。中国としては米国との関係を離反させ、米国の影響力を弱め、中国側になびかせたい。

中国の対外強硬策は米国同盟国のオーストラリアにも向かった。オーストラリアでも対中世論はファーウェイや香港問題、反スパイ法などをめぐり悪化していた。そのモリソン政権が二〇二〇年四月に中国のコロナ対応について独立した国際調査を要求したことから、中国は反発してオーストラリア産の大麦や牛肉の輸入を規制する経済制裁を科した。八月には、中国で海外向け国営テレビ『CGTN』のキャスターを務めていた中国系オーストラリア人のチェン・レイ（成蕾）を「国家機密を海外に漏洩《ろうえい》した罪」で拘束した。中国の攻撃材料になる情報を西側に提供した疑いだ。チェン・レイは逮捕され見せしめにされた。「香蕉人（バナナ人間）」と中国社会は批判を浴びせた。黄色人種だが実際の言動は白人だというのだ。

反スパイ法違反容疑で二〇一九年に拘束された日本の北海道大学教授のケースと外形的な構成要件は同じで有無を言わさず中国の価値観に従わせようとしたのかもしれない。だが北海道大学教授のケースは、日本政府や安倍総理からの重なる申し入れにより解放された。このとき日本に対して経済制裁まではない。

中国とトランプ政権が感情的対立を拡大させる中で、中国の日本とオーストラリアへの対応に差別化が見えた。そのうち日本は米国の同盟国であるとともに中国にとっての周辺国だ。米国への窓口となる日本を敵に回すのは不利な面があった。日本は台湾に対する政治的影響力もある。オーストラリアは立ち位置が違う。米国の安全保障体制を具現化する明確な動きを中国に示す。すでに米英・カナダ・ニュージーランドとの五か国で機密情報交換の枠組みファイブアイズを形成していた。中国にとっては、周辺の南太平洋の島嶼国を取り込む上ではそのリーダー格のオーストラリアを叩いた方が力になる。日中関係は低空飛行だが対立はかろうじて避けられた。しかし中国の価値観に従わなければどうなるか、日本の社会、民間人に対しては脅威を思い知らせた。

そもそも日中関係は尖閣諸島国有化で最悪だった民主党政権から、交代した安倍晋三総理大臣が七年以上政権を続けたことで改善が進んできた。日本では第二次・安倍政権が誕生し、同時期に強大化する中国では習近平体制がスタートした。同じリーダーが長期に向き合うことで外交は安定する。このあいだ米国に登場したトランプ大統領とも安倍総理大臣は個人的信頼を築き、米中関係の悪化に巻き込まれることなく日本にとって重要な米中との関係を安定させた。日本国内では右派指導者であるがゆえに中国に厳しくなりがちな右派・保守系の政治家や世論を納得させることができ、中国とも対立に至らずに済んだ。だがコロナ禍以降、内外の政治状況は一変した。

すでにコロナ前の二〇一九年の大阪G20で来日した習近平主席に安倍政権は翌年二〇二〇年の国賓訪日を招請していた。中国政府も延期された東京五輪開催を支持し、北京冬季五輪の成功支持という「見返り」を期待した。だが同じ頃、北海道大学教授の拘束事件があり、日本社会の対中感情は悪化していた。自民党では保守派の多い外交部会などを中心に、習近平主席国賓訪日を延期ではなく中止にすべきだと訴える声を高めた。コロナ禍にもかかわらず「尖閣諸島」への中国船の領海侵入は止まらない。しかし安倍は長期政権であるがゆえに強権で桜を見る会や、森友・加計問題ではリベラル派からの批判を封じ込めつつ、国内タカ派による安倍の中国接近に対する批判を聞き置くだけでとどめ、国賓訪日を課題として残しながら中国とつないだ。経済では中国との関係は成長のカギだ。

感染が拡大した中国にマスクや医療器具を送り支援し、中国から大いに感謝された。だがコロナ拡大により「主席訪日の受け入れ」を延期せざるを得なくなる。安倍政権は中国政府側の了解をギリギリまで待って、中国・韓国からの一般入国者の規制決定と国賓訪日延期を同時発表した。東京五輪も延期した。ただしこの遅れで日本の水際対策開始も遅れた。訪日延期発表は三月初めの『新華社』「感謝すべきだ」報道の直後にずれ込んだ。そのタイミングで米国から聞こえてきたのが「中国ウイルス」「武漢ウイルス」「生物兵器」という言葉だ。

だが安倍政権は中国を牽制する日米豪印の枠組み「自由で開かれたインド太平洋」に安全保障戦略の位置づけを色濃くした。安倍総理は中国と対立しながら、習近平主席とコミュニケーションを行ってきた信頼を基礎に中国と対話も続けることができた。米国トランプ大統領やロシアのプーチン大統領ともつながることで中国とカウンター・バランスが取れた。

その安倍総理が二〇二〇年九月中旬に健康上の理由で退陣し、後継の菅義偉《すがよしひで》政権に内外の圧力が一気に降りかかってきた。

股裂きの日本――デカップリングは限界

日本の政権が菅総理に交代した十月から米国は日本の構想に乗って「自由で開かれたインド太平洋」の日米豪印四か国による外相会合を定例化させた。「ＱＵＡＤ」と名付けた。中国はこれが軍事同盟のアジア版ＮＡＴＯに発展するのを警戒した。菅義偉も総理就任前から反中包囲網にならないよう慎重だった。しかしコロナ禍で交流が細った上に安倍総理が外れたことで、内政ではもともとあった中国との感情の溝が政権に影響を与え始めた。

米国は対中制裁で、ファーウェイなどＩＴ企業対象で始めていた供給網からの分断、いわゆるデカップリング（経済切り離し）を拡大した。ファーウェイに部品を輸出している企業を制裁対象にした。新疆ウイグル自治区産出の綿は強制労働によるものだとして原料に使用するアパレル製品などの輸入を米国は禁止した。日本企業の製品も対象となった。今日では電気製品から自動車まで代表的な工業製品はＩＴ部品と密接な関係がある。米中対立が激化するまで、グローバル経済の中で各国は得意分野の部品を提供しあい一つの製品を作り上げるという体制を続けてきた。これが分断されるのである。

すでに売り上げのほとんどを中国市場に頼っている自動車産業もリスクと無関係ではない。二〇二〇年十月下旬、中国は自動車大国としての強みを踏まえ、「二〇三五年にガソリン車を全廃し電気自動車へ一斉転換する」※188と発表した。裾野《すその》産業を抱える自動車産業の転換はハードルが高い。しかし主導権は中国が握る。雪崩を打ったように英国やドイツ、日本などが対応を打ち出した。

米中を二股《ふたまた》かけざるを得ない日本の立場を描いた「ＹＡ論文」※189なる英文の論考が注目を集めた。二〇二〇年四月に米国メディアに掲載されたもので日本の外交官が執筆したと見られる。その論文を裏付けるような外交が日本によって行われていたのだ。「米国政府には中国に対して強くあって欲しい」「トランプ政権の中国への牽制は、融和に軸足を置いたオバマ政権よりも良い結果を生んでいる」。そして「日本はその米国との同盟関係を強固にして勢力均衡を図りながら、中国に接近して行きたい」と結論付けた。そうした米中両方に二つの顔を使い分けなければならない日本の二面性を中国は弱みとして認識し利用した。尖閣諸島侵入隻数の増減も、米中間で板挟みになる日本を牽制する手段の一つといえるだろう。日本だけでなく米国の状況も見た上で隻数を変え、日米を動かすカードに使った。海上保安庁による中国政府船の隻数調査を見ると、二〇二〇年には六月に尖閣諸島領海内（約二十二キロメートル）で石垣市議など保守系政治家や団体が関係した漁船を追尾したほか、接近・侵入する船の数を八月には十隻まで増やした。だがこの後は減らした。安倍から菅義偉に政権交代があった九月に領海侵入した隻数はゼロだ。十月に尖閣諸島の実効支配を示すため「登野城尖閣」への地名変更を沖縄県石垣市が決定したが船の数は増えなかった。米国大統領選挙が終わるまでの間、侵入隻数は毎月一桁《けた》だった。

コロナで対面会談が規制されたとはいえ、菅総理大臣は習近平主席とは就任直後に一度電話で会談しただけだ。リーダー同士の本音の話し合いが成立しない。米国では十一月の大統領選挙でトランプは負けた。この後だ。中国側が米国に溜めていた不満を同盟国の日本にぶちまけた。

王毅外相が十一月下旬に来日し茂木敏充《もてぎとしみつ》外務大臣や菅義偉総理大臣との会談後、メディアの前で「敏感な海域に正体不明の船がいる」と尖閣諸島で追尾した漁船が保守系政治家の関係する船であることを指摘し怒りを示したのだ。十二月には追尾を復活させた。『八重山日報』によると石垣市議が乗船した船を七時間にわたって追跡したという。

8 民主主義VS権威主義――国家グループ対決《二〇二一》

〝喧嘩〟をしても米国だけは特別扱い

トランプ政権との決別が決定した二〇二〇年十二月中旬、王毅は二〇二〇年を「コロナと同時に、国際政治の病毒（国際政治病毒）と戦った」と「国際情勢と中国外交シンポジウム」※190で振り返った。トランプ政権を指すことは言うまでもない。「冷戦思考」という言葉を初めて使い大国の対立を懸念する一方で、二〇一九年に続きロシアを「大国」の範疇での重要度ランクのトップに掲げた。内政干渉やネガティブ・キャンペーンとの闘いで共闘したと礼賛するとともに戦略的関係の強化を訴えた。ロシアは中国が米国に対抗する上でのカウンター・バランスになっていた。二番目はEUで、米国は三番目だ。建国以来の厳しい状況にあるとし、反中勢力の偏見を批判して、「中国は中米関係の基礎を守るとともに国際関係のルールを守る」と述べ、米国第一主義、保護主義に対して中国こそが国際秩序の守護者だとアピールした。そして「国際秩序の改革（全球治理体系改革：グローバル・ガバナンス・システムの改革）に積極参加し、国家主権・安全・国益を断固として守り、中国人民のための外交を実践する」と述べ、既存秩序の改革による中国式秩序の確立を訴えた。日本は「周辺国」の項目で最初に触れられ、一年延期になった東京五輪と翌年の北京冬季五輪開催をお互いが支持することで「新時代にふさわしい中日関係（新時代要求的中日関係）を構築する」と続けた。すでに英国外相が北京五輪ボイコットを示唆するなど欧米では、ウイグル族迫害問題や香港問題などを理由にボイコット論がくすぶり始めており、日本に抱きつくことで危機を乗り越えたい中国の思惑がうかがえる。

一方、従来の駐外使節会議は二〇二〇年三月のコロナ対策リモートオンライン会議（駐外使節召開応対疫情工作遠程視頻会議）を最後に開催が確認されなくなった。中国共産党が今後の外交方針を示す会議だったが、変化が目まぐるしく当初の外交方針はすでに「裏切られる」ようになっていた。年末恒例の「国際情勢と中国外交シンポジウム」が駐外使節会議の代わりになった。米中ともにお互い対立するものの、相手国の重要度は突出した。一方が行動を起こせばもう一方がすぐに反応する。想定外のことが起きる。中国としては結果的に、外交がどんな方向を辿《たど》ったかを後から検証する方が重要になったといえる。

バイデンと習近平は米中関係に何があろうと首脳会談を続けた。大統領就任後初めての電話会談は二〇二一年二月中旬だ。アフガニスタン首都陥落後の九月上旬に二回目の電話会談。十一月中旬に相手の顔が見えるオンライン会談。ウクライナ侵攻後の二〇二二年三月中旬にオンライン会談。ペロシ下院議長の台湾訪問予定が迫っていた七月下旬に電話会談。党大会後のバリG20では初の対面で三時間半も会談した。二〇二一年四月下旬、パリ協定復帰後最初の「気候変動サミット」では米中両首脳が同席した。このほか三月にサリバン、ブリンケンと楊潔篪、王毅の四者対面での「戦略対話」。ケリー大統領特使が気候変動問題担当として四月と九月に訪中する。七月にシャーマン国務副長官と王毅が対面で「戦略対話」。アフガニスタン崩壊後の八月中旬と下旬に外相電話会談。対面で十月上旬にサリバンと楊潔篪が、下旬にブリンケンと王毅が会談する。これが二〇二二年のウクライナ戦争開戦後も続いた。この間に台湾や五輪ボイコットなどをめぐって喧嘩も行った。世界の事は米中で決める。二〇二三年二月の「スパイ気球」問題で関係改善はリセットされたが、十一月のサンフランシスコAPEC首脳会議の場で二度目の対面をすることになる。

国際政治での日本の重要度はさらに下がった。米中と日中・日米の動きを比較する。バイデン政権の間、日中は菅義偉が総理就任直後に首脳電話会談を一回行っただけだ。岸田文雄《きしだふみお》総理は二〇二一年十月就任直後に電話会談を行った。二〇二二年十一月にバンコクAPEC首脳会議で習近平主席と初めて対面したが、会談時間はバイデンの三時間半よりはるかに少ないわずか四十五分だった。通訳の時間を除けば二十分強だ。そしてサンフランシスコAPECでの米中首脳会談開催が決まると、まもなく日中首脳会談の日程も決まった。

トランプ政権時代の対立を経て、中国の米国への向き合いでは国内世論を誘導するプロパガンダが先行するようになった。二〇二〇年十一月にバイデン当選が決まった直後には、中国メディアは対米関係改善のシグナルと見られるニュースを流していた。喧嘩はしても中国にとって米国だけは特別扱いなのだ。二〇一一年に副大統領だった当時のバイデンが北京を訪問し、副主席時代の習近平と交流した映像や、鼓楼前の大衆食堂「姚記炒肝店」で一般客らともつ煮込みをほおばる様子や、バイデンの勝利で再びこの店に大勢の人が集まり「バイデン・セット」を注文しているというニュースを盛んに報じた。改善に期待したのだ。

しかしバイデン大統領はトランプ政権の対中牽制メニューをそのまま踏襲した。ただし乱発から規則性に、衝突を避けて競争に変わった。そして実質的にデカップリング、半導体等の供給網分断を明確に打ち出す。

二〇二一年一月下旬のトランプ政権最後の日に、ポンペオ国務長官はウイグル族迫害を「ジェノサイド（大量虐殺）だ」※191とあがきのように批判する声明を発表した。次の大統領選挙での捲土重来を意識した発言だった。だがトランプが世論に焚《た》きつけた問題意識は簡単には消えない。バイデン政権のブリンケン新国務長官も同じ日の上院公聴会で、ジェノサイドという認識を継続すると表明した。[※192] 中国外務省は会見で「『種族滅絶（大量虐殺）』とは悪意ある荒《こう》唐《とう》無《む》稽《けい》の茶番だ」とポンペオ発言を批判するとともにバイデン新政権との関係改善を期待した。一方、言葉に敏感な人々からは、ウイグル族迫害を表現する言葉に「ジェノサイド」は適当かという議論が英米で提起された。英国の『エコノミスト』[※193] 誌が「殺人（killing a people）を意味するジェノサイドではなく迫害（persecution）の言葉を使うべきだ」と主張し、米国国内でも『フォーリン・ポリシー』[※194] 誌が「ジェノサイドが起きたことを証明する根拠が不充分だ」と指摘した。ファクトは「中国で大量虐殺が起きていると『米国政府が述べた』」ということだけだ。事実が検証されない状態で社会に対する衝撃性のアピールが先行し、中国も「種族滅絶はない」と否定するかみ合わない状態が続いていく。

中国側も思い通りの政権が米国に生まれるとは思わなかっただろうが、ただしバイデン政権の目的は中国との「競争が衝突に至らぬようガードレールを設ける」ことだ。民主主義を守るため同盟国との間の結束を図るのと同時に、「中国を牽制」する。しかしストーリーを作って牽制を連発はしても、トランプ時代と違って乱発することはしない。衝突の次には接近があり対話を挟み、次の段階で衝突が回避できる予測ができた。それが「米国との衝突を中国は恐れない。最後まで付き合う」という二〇二一年を評価した王毅発言を裏付けるものになる。西側の中で米国だけは別格だ。米中関係は強固に保つ。叩いては微笑み合うことで、米国と対等な立ち位置を国内外にアピールできる。

この規則性が出てきた「喧嘩と対話」の本質は、米国と中国とのお互いの適当な距離を見図る「情報戦争」だといえる。米国は感情的な情報で民衆の価値観を染めて行く国だ。米国は米国国内や西側社会の反中・嫌中感情を煽るネガティブ情報を発信し、北京冬季五輪の外交的ボイコットや中国排除の民主主義サミットは当然だという空気をつくった。中国はプロパガンダの国だ。政府自らが西側から見れば底が見えるような情報も積極的に発信し、国内世論を誘導していく。日本にはその主導権が握れない。そこに日本ははまるのだ。

バイデン習近平の最初の米中首脳電話会談は[※195]二〇二一年二月中旬のまさに旧正月の大晦日《おおみそか》に設定された。中国は「宣伝」の国だ。『人民日報』は旧暦の元旦を迎えた習近平と、就任直後のバイデンが新年の祝賀メッセージを送ったという二本立ての紙面構成で報道し、両指導者が「関係強化を内外に訴えた」という言葉で締めた。

首脳会談後のバイデンは超党派の議員らを前に「二時間の長い電話だった。副大統領時代からの積もる話を交わした。だが動かねば彼らは我々の飯を奪いに来る」とジョークを交えて警戒心を示した。会談の趣旨は、ポンペオの「自由主義世界は共産主義の中国を変えなければならない」と同じことだ。しかしバイデン側が旧正月という中国人が好むタイミングを選んだことで、戦いが感情的になるのを避けようとしたのが分かる。

首脳会談は台湾、ウイグル、香港などをめぐり双方が基本主張を繰り返して平行線に終わったが、習近平は「米中対話メカニズム」の再構築、つまり閣僚レベルの定期会談再開を求めた。また地球規模の問題では協力していくことを決め、このあと「気候変動」に関する四月と十一月の二度の重要会議への両首脳の出席問題が米中接近の「きっかけ」に使われる。またバイデンにとって気候変動は前政権が離脱したパリ協定に米国が復帰するという「国際政治の主導権」に関わるテーマでもあった。

「気候変動」が米中首脳会談の口実に

二〇二一年二月のバイデン習近平会談の前後に「さや当て」があった。

会談直前の「外交演説[※196]」で、バイデンは中国を「最も手ごわい競争相手（most serious competitor）」であり「米国の繁栄、安全保障、民主的価値に挑戦している」と訴えた。首脳会談後の二月中旬には「ミュンヘン安全保障会議」で、バイデンは「米国は帰って来た（America is back）」と宣言し、トランプが表明した米国第一主義を止め、同盟国を重視し国際問題解決に積極的に乗り出す方針を示した。すでに政権発足初日には、前政権の政策を転換してパリ協定復帰とWHO脱退撤回の大統領令に署名していた。オンラインの向こうには英独仏三首脳やNATO、EU、国連、WHOのトップらがいる。そこで「中国との競争は険しい（Competition with China is going to be stiff）」[※197]。「ロシアも脅威だ（meet the threat from Russia）」と警戒を示し「平和・価値観・繁栄を守ろう」と呼びかけた。バイデンはさらに三月初めの全人代直前に政権の「国家安全保障戦略（NSS）」[※198]の暫定指針を発表し、中国を「国際秩序への挑戦（challenge）を行う潜在能力を持つ唯一の競争相手（the only competitor）」と最重要視した。「競争が衝突に発展しないようガードレールを設ける（establish guardrails）。対話を保ち続けリスクを管理する」。ロシアも「影響力を強め世界を破壊・妨害する役割を演じている」と警戒対象にしたがまずは中国だ。

このあと三月中旬に米中の外交トップ同士が喧嘩を演じた「アラスカ会談」を挟んで、バイデンは初めて記者会見[※199]を行った。ここで「厳しい（steep）」「激しい（strong）」「中国との険しい競争（stiff competition with China）」を、「二十一世紀における民主主義と権威主義の有用性をめぐる戦い（a battle between the utility of democracies in the 21st century and autocracies）」と表現した。この「民主主義と権威主義の戦い」は流行語になって行く。

一方、中国側は安全運転を保った。二月のバイデンとの首脳会談までに武漢ウイルス研究所にWHO調査団を受け入れて結果を報告させコロナ起源の疑惑収束を図った。しかし中国主導の合同調査では国連機関のWHOとはいえ充分な証拠は集まらない。結論は「研究所から流出した可能性は極めて低い」という漠然としたものとなり、「生物兵器説」を含めた疑惑がくすぶり続ける。一方、全人代で発表された政府活動報告からはトランプがやり玉に挙げた「中国製造二〇二五」のワードの明示を控えた。

米中双方が国内向けに「喧嘩芝居」を演じた。三月中旬に米中の外交担当トップ同士が、地理的中間地点のアラスカ州アンカレッジで「喧嘩のような会談」を行った。まさに習近平が首脳会談で求めた米中対話メカニズム、閣僚レベルの戦略対話の再開だ。バイデン政権はブリンケン国務長官とサリバン大統領補佐官、中国は楊潔篪政治局委員と王毅外相という顔ぶれだ。米中高官同士の対面は二〇二〇年六月にハワイで楊潔篪とポンペオ国務長官が会談して以来だ。定例の閣僚級による戦略対話としてはペンス副大統領の一回目の中国批判演説後、二〇一八年十一月にワシントンで行われた外交・安全保障対話が最後だ。貿易戦争とコロナに加え、ポンペオの中国共産党批判演説を経て遠ざかっていた。トランプ時代に激しく対立したことを踏まえると、米中とも国内向けには相手に良い顔はできない。だが仕事は仕事だ。

アラスカ会談での冒頭、メディアの前で中国側からいきなり激しい言葉が出た。楊潔篪の口から「美国没有資格居高臨下同中国説話，中国人不喫這一套（米国は上からモノを言う資格はない。中国人はその手に乗らない）」。米国側も「戦狼外交」の中国を許すわけにいかない。予想通り「台湾、香港、ウイグル族」などで対立した。政府の対米姿勢はすぐに逆流する。だが喧嘩したことで中国社会はうまく鬱憤を晴らせた。楊潔篪の「汚い言葉」は中国国内で大受けし、「中国人不喫這一套」と記したTシャツが飛ぶように売れる騒ぎになった。中国にとって「喧嘩会談」は対米融和に反発する国内世論向けの芝居だといえる。中国側はアラスカ会談を「戦略対話」の復活と位置づけて定例化を求めた。米国は「戦略対話ではない。一回限りだ」と拒否した。だが実際には中国に接近した。

〝喧嘩〟から接近に切り替わるときは気候変動という米中が共同対処せざるを得ない地球規模の問題解決がきっかけに使われた。

バイデンは米国主催でオンラインの「気候変動サミット」を四月下旬に行うことを決めていた。それは米国第一主義の孤立を止め国際政治の主導権を取り戻す象徴イベントだ。そこに排出大国の中国のリーダーを引きずりだすことを狙った。このあいだにひと悶着《もんちゃく》あった。日本もここに登場する。

四月中旬にバイデン政権は、中国、ロシア、イラン、北朝鮮をひとまとめにして「脅威四か国」だと名指しした

「報告書」を発表した。このCIA(中央情報局)やNSA(国家安全保障局)など安全部門の上に立つ国家情報統括官室がまとめた「二〇二一年版脅威影響評価報告書(Threat Assessment)」[※200]は、「中国は影響力を拡大し、米国の同盟国やパートナー国との間にくさびを打ち込み、中国に有利な権威主義的な新しい国際秩序を築こうとしている」と指摘した。中国は猛反発した。

しかし対立が激しくなった翌日から、「どうですか」とオバマ政権国務長官だったジョン・ケリーが訪中した。ケリーは気候変動問題担当の大統領特使だ。ケリーは上海で中国側の気候問題担当・解振華《かいしんか》と会談したがこれは表向きで、オンラインで副首相の韓正《かんせい》と会談し習近平主席の「気候変動サミット」への参加を働きかけた。一方、ケリーが訪中している間に菅義偉総理大臣が初訪米した。ワシントンでバイデンとの日米首脳会談が行われ、日米共同声明に初めて「台湾防衛」に関する「台湾海峡の平和と安定の重要性を強調する」という文言を、尖閣諸島への安保条約による防衛とともに明記した。これで日中関係には波風が立ち、尖閣諸島領海に侵入する政府船の数が増えたが、米中関係は違う。ケリーがメンツを立てたことで習近平は四月下旬の「気候変動サミット」にオンライン参加し、バイデンと習近平の同席が実現した。

この気候変動問題を入り口にしたケリー大統領特使の根回しと、韓正副首相などの高官がコーディネーターになって習近平とバイデンが会談するパターンは九月から十一月にかけても再現される。ケリー特使は「黒子」なのだ。

〝情報戦〟――「研究所流出」「生物兵器」説を鎮静化

米中対立は〝情報戦争〟の様相を呈して行く。目に見える対立もあれば、センセーショナルな発信で「世論」を巻き込む争いも起きている。米中双方が発信する情報に、独り歩きするキャッチーな言葉が出てきたときが要注意だ。

気候変動サミット後の五月以降、米国ではバイデン大統領が新型コロナウイルスの起源について、政府の情報機関に調査を命じた。共和党がバイデン政権を突き上げる「武漢研究所流出説」「生物兵器説」を否定するための調査報告だ。分断する米国社会ではもはや反中国だけが国を一つにまとめ上げられる状態だ。しかし政権の動きには米中首脳会談実現のムード作りで反中感情を鎮静化させようという意思が感じられた。

武漢研究所流出説は、そもそもトランプ政権のときにタカ派の共和党トム・コットン上院議員が「生物兵器開発だ」「武漢ウイルス研究所から流出した」と言い出したものだ。その後、バイデン政権発足に合わせて中国がＷＨＯの現地調査を受け入れたものの、中国寄りのＷＨＯは「研究所から流出した可能性は極めて低い」という曖昧《あいまい》な報告しかできなかった。これにより米国では生物兵器説がくすぶり続けた。そこに『ウォールストリート・ジャーナル』[※201]報道が飛び込んできた。コロナ感染が拡大するより前、すでに武漢ウイルス研究所で三人が体調に異変を訴えていたというのだ。「やはり怪しい」ということになる。そこでバイデン大統領は五月下旬、ＣＩＡなどの複数の政府情報機関に研究所流出説について九十日以内の調査報告を命じた。

だがこの間、二つ障害が起きた。八月初め、対中強硬派で知られる下院外交委員会の共和党マコール議員が、独自にまとめた「マコール報告書」[※202]で研究所流出説を指摘した。さらにマコール報告書では、オバマ政権時代から米国の研究者二人が武漢ウイルス研究所と共同でウイルスの研究をしていたことが指摘され、民主党政権にも責任がある可能性が追及されたのだ。そして八月中旬に米国はアフガニスタン首都カブールの陥落で世界に恥をさらす。後を襲ったタリバン政権に中国が接近する。ここで九月の米中首脳会談までに間に合わせたのだろう。八月下旬に、研究所流出説に関する政府調査報告書の要約が先行発表された。調査報告書発表の締め切りは当初「八月二十四日」とされたのだが、遅れて八月二十七日に二ページの「要約」だけが先行発表され、九月上旬にバイデン習近平の電話会談がある。「最終調査報告書」[※203]は十月下旬に出された。

「政府調査報告書」ではいずれの政府情報機関も「生物兵器（biological weapon）の開発でつくられたものではない」

との結論で一致した。確信度は低いものの「ウイルスに人為的遺伝子操作はない」とされた。ただし感染ルートについては「動物から人への自然感染」の可能性を強く指摘したものの、事故による研究所流出の仮説を否定しなかった。いずれにせよバイデン政権は、中国との徹底対立を回避し、過熱する共和党一部議員の動きを鎮静化させることに成功した。一方で中国の隠蔽体質を浮き彫りにし、反中世論にしっかりと向き合うこともできたといえる。

当時はトランプ政権で悪化した米中関係を修復させようとした時期であり、バイデン政権の仕切りでどうとでもなる報告だ。生物兵器開発説はほぼ消し止められたが、ウイルス起源が武漢の海鮮市場なのかウイルス研究所なのかは、公開情報で得られたデータ分析では確からしい結論は出せても、現地で調査が十分にできないがために、新たな現地調査によるファクトやエビデンスが出てくれば覆る可能性がある。中国が公開しない以上、米国は揺さぶりの手段に何度でも使うことができる。政治力で結論を出すこともできるのだ。人為的ミスも含む研究所流出説はその後もくすぶっている。

一方、この「調査報告書」が出るまでの間、「北京冬季五輪」をめぐって、米議会上院は外交的ボイコット、すなわちウイグル族「ジェノサイド」問題を理由に五輪行事に政府高官を派遣しないことを政府に要求した。それを下支えする法案「技術革新・競争法案（Innovation and Competition Act）」※204を六月上旬に可決した。

しかし米中を取り巻くさらに大きな舞台で、バイデン政権は国力や戦略構想力の衰えをさらけ出した。アフガニスタンで米軍が撤退し親米政権が崩壊した。中東で力の空白が生まれた後を中国が穴埋めをした。これが米中のグループ間対決のきっかけになって行く。

アフガニスタン親米政権陥落――「力の空白」を中国が襲う

米国は九・一一テロから二十年たつ二〇二一年九月十一日を目途にアフガニスタンからの駐留米軍の撤退を発表し

ていた。撤退に先立つ七月下旬にシャーマン米国務副長官が中国・天津を訪れ王毅外相と会談した。アラスカでの楊潔篪・王毅とサリバン・ブリンケンの外交トップ会談では米国側は表向き「協議は一回限りだ」と定例化を渋っていたのだが、米中の「戦略対話」は事実上復活した。アフガニスタン情勢も議題になった可能性がある。シャーマンは気候変動のみならず地球規模の問題解決では双方の協力が必要だと述べた。だがシャーマンは王毅に競争が衝突に発展しないようガードレールを示すはずが、台湾、ウイグル、香港などをめぐって批判の応酬になった。このあと驚くことが立て続けに起きる。中国はアフガニスタンと接触し始めていたのだ。

この王毅シャーマン会談は七月二十六日に天津で行われた。しかし二日後の七月二十八日に同じ天津で、米国と敵対していたアフガニスタン・タリバンで後に政権の第一副首相に就くバラダルが王毅と会談するのである。タリバン政権は米国ではなく中国を頼った。その大宣伝が天津発で行われたのだ。シャーマンがこの二日後に設定された会談を知っていたかどうかは分からない。バラダルとの会談で、王毅は中国がタリバン政権を支えることを約束した。山岳地帯に潜むと言われるウイグル族組織「ＥＴＩＭ（東トルキスタン・イスラム運動）」の掃討でも重要だ。中国のナショナリズムを刺激する話だ。国際秩序の構築を目指す中国にとって、競争対立関係にある米国の弱体化は好都合だ。力の空白ができたところを狙えるからだ。アフガニスタンではそれが起きていた。

そしてタリバンは翌八月中旬、米国が支えていた政権を倒し実権を奪取した。首都カブールが陥落する。バラダルは暫定政府の第一副首相に就任する。首都カブール空港からの脱出は混乱を極めた。蜘蛛《くも》の糸に縋《すが》るように人々は離陸する飛行機にしがみついた。国営ＣＣＴＶを始め中国メディアは、空港の混乱をベトナム戦争での「サイゴン陥落」の混乱になぞらえて米国政府は責任を放棄したと批判した。[※205]台湾では米国は台湾をも見捨てるのではとの懸念が広がった。米国は政府系メディアの『ＶＯＡ』を使ってアフガニスタンと台湾は違うと打ち消した。これを情報発信力のある『環球時報』編集長の胡錫進《こしゃくしん》が嘲笑《ちょうしょう》したのを各メディアが拡散した。「台湾独立勢力は目を覚まし、米国にしがみつくのを止めるべきだ」「五星紅旗を買って待っていろ」。驚くなかれ、このとき、プーチン大統領側近のパトルシェフ安全保障会議書記も「ウクライナには米国は頼りにならないという警告になったはずだ」と述べていたのだ。※206 ロシアもこの米国の弱さを見て翌年のウクライナ侵攻を決断した可能性がある。

アフガニスタン崩壊という八月中旬の米国の失態を挟んで、中国と米国はお互い相手の切り札を見据えた状態で「接近」と「牽制」を絡めた。そこで米中それぞれが同じ価値観の国々でグループを作り対決する構図ができ上がって行く。

アフガニスタン周辺の状況は複雑だった。急峻《きゅうしゅん》な山岳地帯が広がり、そこに民族や宗教が入り組み小さな国々が国境を接している。かつてはソ連が、そして昨日まで米国が影響力を行使してきたが、いずれも単独でアフガニスタンと向き合うことはできなかった。

中国も大国だからとはいえ、破綻《はたん》に瀕《ひん》したアフガニスタン情勢を単独でまとめきれるかというと限界がある。友好国のパキスタンとでさえ一帯一路構想のグワダル港開発をめぐって地元の反発を買い、中国人が毎年のようにテロ事件に巻き込まれていた。現地パキスタンの中国大使館で二〇一九年八月まで四年間、反中国とたたかっていたのが後に「戦狼外交官」の異名を持つことになる趙立堅公使だった。しかしそのパキスタンとの協力構想について政権奪還後のタリバンは、アフガニスタンにも拡大適用するよう中国に求めてきた。一方、中国にとってアフガニスタンには新疆ウイグル自治区の独立を求めるテロ組織「ＥＴＩＭ」が潜伏していることから、安定した関係が重要だった。九・一一テロ後の米中蜜月《みつげつ》時代には、この組織がアルカイダとつながりを持つとして米国国務省は掃討対象に認定し、中国がウイグル族弾圧を正当化する口実にした経緯があった。

結局、このアフガニスタン支援で中国は多国間の枠組みを作り始めた。

王毅がブリンケンと陥落直後の八月十六日と二十九日に連続して外相電話会談を持ったあと、中国はロシアも参加する上海協力機構加盟国を中心とした枠組みによる支援の会議を、外相レベルで開催するようになった。このアフガニスタンの周辺国による外相会議は回を重ね、「アフガニスタン近隣外相会議」として定着した。その後、民主主義サミットやウクライナ戦争を経て、中国は同じ権威主義の国々でグループを作り米国と対決する。米国も対抗して新たなグループを作る。こうして集団対決の構図が固まって行くのだ。

米国は八月中旬のカブール陥落直前に、中国やロシアを排除した民主主義サミットの十二月開催を予告発表していた。台湾も含めた西側の百以上の代表が参加する会議だ。だがグループのリーダーである米国と中国はお互い距離を置いたように見えて接近もした。カブール陥落後に八月中下旬のブリンケン・王毅の二度の電話会談。その後九月初めにはケリー気候変動問題担当大統領特使がまた訪中し王毅外相、韓正副首相、楊潔篪政治局委員と相次いでオンライン会談した。ケリー訪中後すぐにバイデンと習近平の二回目の米中首脳会談が電話で行われる。会談直後から米中の動きは激しくなる。

九月中旬に突然中国は「ＴＰＰ（環太平洋経済連携協定）」参加を申請した。台湾が下旬に申請を予定していたところ機先を制したのだ。ＴＰＰはもともとオバマ政権が中国包囲網として構築を始めたものが、トランプ時代に米国が参加を取り消し日本がまとめ役になった経緯がある。中国が参加を狙うことでＴＰＰは「国際政治の主導権」を争う場となりつつあった。

一方、米国は中国包囲の安全保障フレームを二つ整備した。九月中旬に米英豪の「ＡＵＫＵＳ（オーカス）」発足を発表し、九月下旬に日米豪印ＱＵＡＤ（クアッド）で初の対面による首脳会合をワシントンで開催した。日本からは退任直前に菅義偉総理が参加した。バイデンは「ビジョンを共有する民主国家のグループ」を守る決意を示した。まさにバイデン政権が国家安全保障戦略（ＮＳＳ）で打ち出した民主主義の国々を守る「ガードレール」だ。

中国も対抗する。米国のＱＵＡＤ開催に先立ち、習近平は「全球発展倡議《ぜんきゅうはってんしょうぎ》（ＧＤＩ：グローバル発展イニシアチブ）」という中国式の発展理念を国連総会へのオンライン参加で発表した。これが一帯一路やＢＲＩＣＳ（ブラジル、ロシア、インド、中国、南アフリカ）、上海協力機構などを支える理念になって行く。中国は以後、米国秩序の枠組みに挑戦するかのように中国式「全球（グローバル、グローバリズム）」という言葉を多用するようになった。米国が使っていた「グローバリズム」とは別物だ。この習近平の国連総会演説ではもう一つ、石炭火力発電プラントの輸出停止も宣言した。バイデンが熱を入れる国連気候変動会議（ＣＯＰ26）を意識した。二つのテーマのうち国際秩序では米国と争う一方、気候変動では歩調をそろえたのだ。

　このあと米中対話が順調に運ぶのと併進して台湾をめぐるさや当てが続く。威圧される台湾だけを見ていると米中全体の動きが見えにくくなっていく。

　米中によるグループ作りの動きを縫うように九月と十一月、バイデンと習近平の二度の首脳会談が電話とオンラインで行われる。首脳会談でつながりながらも米中はグループで対決し、中国は台湾への軍事威嚇を行った。米国などの共同訓練への動きを威圧したのだ。

　中国軍はＱＵＡＤ首脳会合直前の九月中旬から十月初めにかけて台湾海峡中間線を越えた戦闘機の飛行で軍事プレゼンスを示した。十月十日は中華民国を建国した辛亥《しんがい》革命の記念日だ。特に二〇二一年は百十年の節目に当たる。台湾では「双十節」と呼ばれ記念式典の準備中だった。台湾への威圧は明らかにＱＵＡＤのＮＡＴＯ化を警戒する中国の反発と国内の愛国心高揚を意識していた。だが米国は中国に一つ譲った。

　米国はＱＵＡＤ会合開催と同じ日にカナダで拘束されていたファーウェイ副会長の釈放を発表した。孟晩舟副会長はすぐに帰国した。本社のある深圳《しんせん》に到着する様子を中国国営ＣＣＴＶは生中継で伝えた。副会長は赤いワンピースを着て待ち受ける大観衆の前でタラップを降り「赤は中国の赤です」と愛国心を強調した。中国もスパイ容疑で拘束し、事実上、人質に取っていたカナダ人二人を解放した。

米国は中国接近を優先していた。十月六日にサリバン大統領補佐官が楊潔篪とチューリヒで会談するが、テーマはバイデン習近平のオンラインで顔の見える米中首脳会談の年内実現だ。中国軍の台湾威圧を止めるよう要求したのか。ホワイトハウスの内容発表ではほとんど言及がなかった。しかしこの間も中国軍のデモ飛行は連日行われ、十月一日から四日までは百五十機近くに達した。軍事演習の動画公開でも中台が応酬した。台湾軍が戦闘機動画なら中国人民解放軍は台湾上陸を想定した動画だ。

辛亥革命記念日の情報発信で先手を打ったのは十月九日の習近平だ。演説で「平和統一は必ず実現しなければならない」[※207]と強調したが「武力で」という言葉はめずらしく使わなかった。蔡英文は「台湾人民が圧力に屈すると考えては絶対にいけない」[※208]と十日の「双十節」式典で切り返した。

バイデン政権が中国牽制に動いたのは双十節が終わってからだ。十月中旬に海上共同訓練を、日本や英豪印というAUKUS、QUADの国々と合同で行い、中国ににらみを利かせた。演習場所は、台湾海峡は避け南シナ海やインド洋だ。十月下旬にはブリンケン国務長官が台湾のWHOなど国連機関への実質参加を支持する声明を発表し加盟国に協力を求めた。その後ブリンケンはローマG20の場で王毅と対面外相会談を行う。中心議題は台湾だ。台湾も米国にしがみついた。蔡英文は米CNNテレビのインタビューで、台湾に米軍が駐留していることを公言した。[※209]台湾に米軍兵士が若干数いることは公然の事だったがあえて強調した。しかし習近平とバイデンは十一月中旬に何事もなかったかのように三回目の首脳会談を顔の見えるオンラインで行う。[※210]

政治宣伝に首脳会談を利用、バイデンも同調

米中は「仮面の夫婦」のようにカブール陥落の後の八月末から十一月中旬のオンライン首脳会談開催にかけて接近を演じた。この間、バイデンと習近平の二度の米中首脳会談が九月十日に電話で。台湾で軍事威圧した後も十一月

十六日にオンラインで行われる。なぜ米中は接近して見せたか。二つ理由が見えてくる。自らの権威付けにお互い相手を利用したこと。そして米国も中国も相手と完全分断するのは不利だと気が付き、衝突を回避するためお互い譲れる部分では譲歩したことだ。

政治イベントが二つある。まず十一月中旬に国連気候変動会議（COP26）が開催された。ここでバイデンは米国の復帰をアピールするつもりで習近平の参加に尽力していた。

習近平としては同じ十一月中旬に毛沢東《もうたくとう》、鄧小平以来の「歴史決議」の発表を予定しており、米国と対等に渡り合える世界大国の指導者ぶりを国内に訴え、先達との違いを見せたかった。その政治宣伝に首脳会談を利用した。それにバイデンも付き合った。

蜜月ぶりを演出した九月、十一月の二度の米中首脳会談の間の動きを見てみる。九月上旬の電話会談は、一つには米中が権威付けにお互い相手を利用しあうことが狙いだったといえる。さらには〝喧嘩〟になるまえに、接近して「溜め」を作るのが目的であろう。米国メディアや野党共和党の関心は、会談直前に発表されたコロナ起源調査報告書が「生物兵器説」を否定したこと。そしてQUAD首脳会合や台湾についてだ。だが電話会談後のホワイトハウスの会見で台湾に関する言及がめずらしく全くない。報道官は「対話をオープンに保ち競争が衝突になるのを防ぐ協議だ」「中心テーマは気候変動問題だ」と述べるばかりで記者の質問をはぐらかした。『新華社』[※211]の発表でもバイデンがこだわる気候変動についての内容が多くを占め、習近平は「誤解と衝突を避け正常な軌道に戻す」ことを強調し、「山あり谷あり」を意味する「山重水複疑無路　柳暗花明又一村（困難を乗り越えて希望に達する）」という諺《ことわざ》を述べたというのだ。台湾問題には触れていない。

確かにバイデンは秋に開催する国連気候変動会議（COP26）を米国復権アピールの場として期待を懸けていた。当初はそこに習近平主席を出席させリーダーシップを見せつけるはずだった。習近平もCOP26を意識して九月下旬に国連オンライン演説で石炭火力発電プラント※212の輸出停止を発表し成果を示した。中国の新しい秩序理念「全球発展倡議（GDI：グローバル発展イニシアチブ）」を初めてアピールしたのもこの国連演説だ。

だが九月下旬、米国は「QUAD」首脳会合を対面で初開催した。AUKUSと同様に中国が「アジア版NATOだ」と警戒するのがQUADだ。このときだ。「仕返し」のように台湾上空に戦闘機を繰り返し飛ばし始めたのは。習近平はAUKUSやQUADでの米国の対応に不満を示したのだろう。国連気候変動会議（COP26）では書面参加のみでバイデンを怒らせた。十月末のローマG20でブリンケンが王毅と会談しここで明確に「台湾威圧」に抗議する。しかし米中は何事もなかったように「さや当て」を終えた。

十一月中旬にはバイデン習近平が三回目の米中首脳会談をお互い表情やボディー・ランゲージで存在感をアピールできるオンラインで三時間半にわたって行う。双方が台湾や人権で従来の主張を繰り返す一方で、偶発的衝突を避けることで一致した。

人民日報
RENMIN RIBAO
习近平：关于《中共中央关于党的百年奋斗重大成就和历史经验的决议》的说明
（第二版）
中共中央关于党的百年奋斗重大成就和历史经验的决议
（2021年11月11日中国共产党第十九届中央委员会第六次全体会议通过）

习近平同美国总统拜登举行视频会晤

28「米中首脳会談」と「歴史決議」を併記
『人民日報』2021年11月17日

十一月十六日の米中首脳会談を報じた翌日の『人民日報』一面の紙面が興味深い。習近平は「歴史決議」にこだわっていた。最初に宣伝方針に基づいた『人民日報』[※213]の紙面構成があり、それに合わせて米中首脳のオンライン会談と歴史決議の全文発表が行われたのだろう。二つの「大ニュース」を並べた。米中首脳会談、そして習近平肝いりの歴史決議だ。掲載写真のバイデンは笑顔で習近平の歴史決議を祝福しているように見える。歴史決議採択は共産党「六中全会」最終日の十一月十一日だ。首脳会談はその五日後だ。歴史決議の趣旨は格差拡大問題が顕著になった資本主義と中国は距離を置き、社会主義重視で行くというものだ。習近平は毛沢東、鄧小平より上を行く指導者としてバイデンを登場させる必要があったのだ。 前頁・画像28

彭帥事件と五輪ボイコットは「西側」結束に利用されたか

バイデン政権側の事情だ。習近平を立て、共和党の反乱を抑え、国民世論を納得させなければならない。民主主義国家群の結束も固めなければならない。共和党が突き上げていた「武漢研究所流出説」は十月下旬に米国では「コロナ最終調査報告書」が出され、鎮静化する。このあと女子テニス彭帥《ほうすい》選手の不倫被害のニュースが飛び込んで来て、米中首脳会談と北京冬季五輪の外交的ボイコット、すなわち政府高官派遣見送り決定と同時進行する。

彭帥選手による張高麗《ちょうこうれい》・元中央政治局常務委員との不倫告発という醜聞が、十一月初めに露呈した。彭帥選手のネット上の告発文は中国国内ではすぐに削除された。しかも彭帥本人は行方不明だという。「彭帥事件」は、女子テニス選手の人権問題だが、北京五輪の前に出たことによって、ネガティブ報道は米国が西側各国を五輪外交的ボイコットと民主主義サミット開催に同調させる上での説得材料になった。中国はボイコットを避けたくて隠蔽を図ろうとし、西側メディアはそこをついた。しかし「不倫」の真実は二人にしか分からない。

十一月中旬にこの「暴露と隠蔽と失踪《しっそう》」をうけて「ＷＴＡ女子テニス協会」[※214]が「性的暴行（sexual assault）」に抗議の声を上げた。本部は米国にありもともと女性の人権問題への意識の高い団体だ。暴行の真偽が分からないまま「不倫」は瞬時に拡散した。

ちょうどこの頃だ。十一月十一日に北京では共産党六中全会最終日に「歴史決議」が採択され、十一月十六日にオンラインでの習近平バイデン会談が行われた。閉じられた中国の情報空間の中では習近平体制の「中国式価値観」がクライマックスに達していた。この米中融和イベントと同じ頃、西側ではメディアを舞台に「彭帥はどこに」の嵐だ。そしてまさに首脳会談当日に今度は『ワシントン・ポスト』[※215]が「北京五輪外交的ボイコットをバイデン政権が近日中に発表する」と先行報道し、表舞台の米中首脳会談に冷や水を浴びせたのだ。しかしホワイトハウスはボイコットの情報をなかなか認めず間を持たせた。この間、「Where Is PengShuai（彭帥はどこに）」の言葉にハッシュタグをつけた追及の声が広がった。大坂《おおさか》なおみやセリーナ・ウィリアムズといったテニス選手も怒りの声を上げた。その数日後だ。バイデン大統領がカナダのトルドー首相との会談に臨んだ。その冒頭撮影のときに記者団から「外交的ボイコットを支持していますか」と聞かれて「検討中だ」[※216]と生身の言葉で述べた。だがバイデンも役者だった。「検討中」だ。翌日、ホワイトハウスの会見でサキ報道官がまず彭帥選手の消息についての中国政府に調査を要求するとともに中国の言論封鎖を批判した。[※217]ただし「五輪ボイコット」については最終判断が出ていないと付け加えた。同じ日に、翌月オンラインで開催の民主主義サミットに、台湾からコロナ対策で有名になったIT担当相の唐鳳（オードリー・タン）を招くことが明らかにされた。ウクライナも参加した。中国はロシアとともに最初から除外されていた。

しかしその中国は彭帥選手については記者会見を認めなかったばかりか、十一月下旬に彭帥選手を冬季五輪に関わるIOCのバッハ会長とオンラインで会見させて健在ぶりを訴えた。中国が幕引きを急いでいることは明らかだった。これでくすぶっていたボイコット論は賛同を得るのに十分な説得力を持ったのではないだろうか。IOCについても中国政府と一緒になって不都合な部分を隠蔽した印象を与えたばかりでなく、米国の強い影響下で運営されていたはずのIOCという国際組織が、すでに中国に阿っている構図がはっきりとした。

十二月上旬、バイデン政権が外交的ボイコットを正式決定すると、西側各国が追随した。日本も閣僚参加を見送った。世論や自民党内右派の安倍派の意向は無視できない。

だが彭帥選手本人は一番の犠牲者ではないだろうか。一種の情報戦に巻き込まれた。暴行を否定する言動は中国当局のバイアスのかかった情報からしか出て来ない。しかしネット上で拡散した「削除された彭帥ウェイボー全文」※218というタイトルの「告発文」では、不倫被害を訴える一方で恋愛感情があったことも認めている。客観的な情報からは、決して拒絶していないことが伝わってくる。張高麗が差し向けた車に乗り換える場所であった北京中心部のキリスト教会「西什庫教堂」までいつも母親に車で送ってもらっていたこと。七年前の関係が復活したこと。情事の間、同じ屋内に張高麗の妻がいたことなどが書かれている。男女の問題は両者だけが知っていて第三者には分からない。そして北京五輪開幕直後にフランススポーツ紙『レキップ』の単独インタビューを受けて、中国政府アレンジの取材であったとはいえ「私の人生はあるべき姿です。特別なことは何もありません」「性的暴行に服従させられたとは決して言っていない。自身の投稿は大きな誤解を招いた」と語っている。

ある中国政府高官が筆者に「WTA会長は米国人。米国の反応が大きい。信憑性《しんぴょうせい》、タイミングなど謎《なぞ》めいている。何らかの勢力に利用された可能性もある。」と語っていた。その言い分もまた納得できる。米国が中国封じ込めを正当化するために不倫問題をフレームアップさせたという仮説は成り立たないだろうか。

確かに中国は都合の悪い問題は隠蔽する。共産党幹部が絡んでいればなおさらだ。共産党幹部が関与した彭帥選手の不倫事件は、ゴシップネタを楽しむ西側社会の反中感情もくすぐった。感情を揺さぶる情報は商品になり経済的利益につながる。中国の価値観を政府が叩くのであれば、民衆も反中感情を抑える必要がなくなる。IOCが絡んだことで強い中国への西側社会の嫉妬心に火をつけた。そしてバイデンの行う対中牽制は当然だという空気になった。米国政府としてはボイコットなどの中国牽制に世論の支持が得られる。米国政府は中国に圧力をかける上での雰囲気づくりが狙いで世論を巻き込んだのではないだろうか。

十二月中旬、予告通り中国とロシアを除外した民主主義サミット[※219]をオンライン開催した。バイデンは「民主主義を強化し権威主義を押し返そう」と百十一の国と地域の代表を前にアピールした。

サミット後のバイデン政権は対中牽制の法案成立を急いだ。「ウイグル強制労働防止法（Uyghur Forced Labor Prevention Act）」[※220]を成立させ、新疆ウイグル自治区製品の輸入や調達を禁止した。現地で原材料を調達する日本の企業も対象となる。翌年の国防予算に米インド太平洋軍や「台湾防衛」などの強化策を盛り込んだ「国防権限法二〇二二」[※221]に署名し成立させた。

米国の対中牽制には西側各国が従った。米国は外交政策で攻め、法律で規制し、さらに制裁で同盟国を縛ったのだ。米国と中国双方からどっちを取るかと脅されるのだ。だが米国の中国への牽制と接近は、振幅が大きく悪い後味を残さない。米中双方とも過剰反応も軽挙妄動もせず。しかし間に挟まれた日本には大きな揺れが伝わった。

王毅は二〇二一年の対米関係を振り返り、「中国の主権、安全、発展の利益に対する挑戦は核心的利益への挑戦だ」と釘を刺しながらも「米国との衝突を中国は恐れない。最後まで付き合う」と共存を訴えた。年末恒例の「国際情勢と中国外交シンポジウム」[※222]での発言だ。バイデン政権が誕生した二〇二一年は、中国にとって米国から貶《おとし》められたとはいえ、対中政策の次の手が読めた時期ではなかったか。王毅は二〇二〇年と同様、「世界は『対立を煽る冷戦思考』と『ウィンウィンを目指す人類共同福祉』との異なる二つの考え方に分断している。いまは『時代の十字路』にいる」と指摘した。だが米国と中国、どちらも自分が正しいと認識している。中国式国際秩序を主導する中国に対し、既存の国際秩序を主導する米国は同盟国を糾合し警戒している。民主主義と権威主義の必然的な分断だ。構図が変わることはない。

中国国内ではこの二〇二一年に粛々と独自の「中国式安全観」を展開し、秩序構築に努めていた。西側諸国からの批判や普遍的価値尊重の要求には耳を塞《ふさ》ぎ、情報統制を行い、すなわち国内的には主権・安全と民族の尊厳を断固として守り抜くことが第一であり、同じ価値観の国とつながりあい、軍事力を増強し米国に対抗する影響力を持つことが最優先だ。中国は西側の反中世論に反発はしてもひるむことはない。日米の動きを中心に整理する。

四月中旬に日米で中国を牽制した。菅義偉総理大臣が訪米しバイデン大統領との共同声明に初めて台湾の防衛に関する文言を記した。五月下旬にバイデン政権がＣＩＡなど情報機関に中国コロナ起源調査の報告書提出を命じた。その五月末、習近平主席は謙虚に「可信、可愛、可敬的中国形象（信頼され、愛され、尊敬される中国イメージ）」[※223]を国際社会に売り込もうと号令をかけた。明らかに北京冬季五輪を意識していた。そして「国際話語権」、すなわち世界への発言権拡大を熱く語り、西側の中国脅威論や中国崩壊論を跳ね返し、「雄弁に中国の価値観を主張して行こう」と訴えた。だが華やかな表舞台の裏では中国にとって「雑音」になりそうな香港の言論統制をさらに強め、六月に中国批判を続けていたリベラル紙『リンゴ日報』を廃刊に追い込んだ。これも中国式安全観だ。

七月初めの中国共産党の「結党百周年祝賀式典」では習近平によって建国の父・孫文《そんぶん》の言葉が改めて示された。「一八四〇年のアヘン戦争以来、抗日戦争など幾多の戦争を乗り越えて中華人民共和国を建国した」「砂のようにバラバラ（散沙）だった旧時代の中国を終わらせた」「国家主権・安全・利益は軍が守る」と宣言した。中国式秩序は雪辱を果たすところから生まれたと言いたいのだ。

米国がオウンゴールのようにアフガニスタン撤退に伴い親米政権を崩壊させたのが八月中旬だ。米国の失策で生じた「力の空白」を中国が穴埋めをした。そして米国が欧州と日本などの同盟国と、ＡＵＫＵＳを立ち上げＱＵＡＤ首脳会合を行った九月、中国は米国側の動きに対抗するかのようにＴＰＰ加盟を正式に申請し台湾の参加を牽制した。国連総会では習近平が「全球発展倡議（ＧＤＩ：グローバル発展イニシアチブ）」という中国式の秩序理念を提唱した。一方でこの間、ＱＵＡＤの国々が中国近海で行う合同訓練や、米国や日本が台湾に傾斜するのに中国は反発し、台湾周辺に大量の戦闘機を飛ばす。ただし九月に尖閣諸島への中国政府船の数は減らした。菅義偉総理大臣の退任後、日中国交正常化に尽くした大平正芳《おおひらまさよし》由来の宏池会《こうちかい》、岸田文雄が選ばれるのを邪魔したくなかったからだ。だが米中関係は日中関係とは次元が違う。何があろうとバイデンとの首脳会談を九月に電話で、十一月にはオンラインで行う。その十一月に習近平政治の意義を高らかに訴える「歴史決議」を披露する。このあと二月の北京冬季五輪に向かう。

米中は「振り子」の動き、日本は……

中国は米国とは対立と対話の間を行き来する。しかし周辺国や周縁部に対しては、中国式価値観や安全観の受け入れを要求する。一党独裁の中国は自国の歴史認識や国家安全観に反する行動への許容度は低く、強い中国に周辺国はひれ伏す。日本は総理大臣の靖国神社参拝を自粛し、スパイ容疑での摘発や尖閣諸島での取り締まりにあわぬよう行動に気を付けている状態だ。

安倍晋三から菅義偉に、米国はトランプからバイデンに決まった直後からの日中関係を振り返る。二〇二〇年十一月、王毅外相が訪日して「正体不明の船だ」と、尖閣領海を航行する日本の保守系団体が関係する漁船への不満をあらわにした。菅総理や茂木敏充外務大臣と会談後に記者団の前で二度発言した。日本の世論は政治主張の封鎖と受け止め不快感を抱いた。中国が軍事的牽制や強い発言で、政権交代したばかりの日米の反応を見るのはしばしばあることだ。中国側は日本の政治団体による挑発だと受け止めた。だが大国同士の米中は喧嘩をしてもお互い譲歩しあって近づく。対話も行う。しかし間にいる日本は、米中が対立している限り大胆な動きはできず、米国の片腕になって、中国の顔色も見ながら対中牽制するしかない。この中国に日本は接近できるのか。その塩梅は日本の政権基盤が強いか弱いかによって変わってくる。中国への接近は本来、政治が強くリーダーシップを取るべきだ。世論は中国を恐れ、接近と断絶との極論に二分しているからだ。だが日本はこの米中の間でバランスが取れなくなった。強大化した中国は米国と対等な力で接近と離反の「振り子運動」を繰り返す。日本はまさに習近平政権とほぼ同時に安倍晋三が長期政権を築いたがゆえに安定してきたが、日中の力の差がさらに拡大した中で、安倍時代につくった安定した日中の構図を短期政権が取り戻すのは至難の業だ。

米中会談と日中会談を改めて整理し、日中関係の現在地を確認する。バイデン政権以降のバイデンと習近平は対立しつつもコミュニケーションは大切にされた。電話やオンラインによる首脳会談は二〇二一年二月、九月、十一月。二〇二二年のウクライナ戦争開戦後も三月、七月と続ける。党大会後の十一月のバリG20では三時間半の初の米中対面首脳会談を行う。日中の間では菅義偉総理が安倍政権から交代直後の二〇二〇年九月下旬、「挨拶《あいさつ》」のように習近平と日中首脳電話会談を行った。中国も「周辺国」の日本には首脳会談を強くは要求しない。会談はしても駆け引きのための土産を米国には渡すが日本には渡さない。だが日本国内では「尖閣への船の侵入を止める」といった見返りがないのであれば会っても意味がないという声が右派政治家から出て来る。岸田総理も就任した直後の二〇二一年十月に電話会談を行った。二〇二二年十一月のバンコクAPECで岸田も習近平と対面会談を行う。ただし四十五分だ。

日中関係も内政も安倍の長期政権で安定を保っていた部分があった。国内で高まる不満は、どこの国でも隣国には け口が向かう。日本では延期した五輪やコロナ対策の遅れへの怒りが中国や韓国へ行く。反中感情は尖閣諸島や「台湾」が中国から軍事と外交で威圧を受けたことでさらに高まった。安倍は右派だ。体制の異なる中国と緊張関係にあるときにも、中国から最も遠いところにいるはずの安倍が「中国に接近する」と言えば社会はついて行った。その安倍が総理ではなくなった。菅義偉も宏池会の岸田も、安倍の真似をするが大胆な動きはできない状態だ。そして中国が反発すれば日本も対峙《たいじ》の姿勢を示す。

日本から見た動きだ。菅総理のときの日米共同声明で、初めて台湾の防衛問題が、オブラートに包んだ言葉で盛り込まれた。

二〇二一年四月に菅義偉総理大臣が訪米しバイデン政権発足後初の日米首脳会談を行う。中国の嫌がる「台湾防衛」を初めて「日米共同声明」に記した。すなわち「台湾海峡の平和と安定の重要性を強調する」の文言と、トランプ政権に続き尖閣諸島が安保条約の防衛対象であることを意味する「安保条約第五条が尖閣諸島に適用」を、バイデンとの声明でも盛り込んだ。首脳会談はどんなタイミングで行われたのか。

二月に中国は「海警法」を施行し尖閣諸島など中国周辺海域で取り締まりを強化した。これに抗議する日本漁船を中国公船が追尾し領海侵入する動きが続いた。三月に米中が「喧嘩会談」とはいえ、アラスカで外交トップ同士の会談を復活させた。一方で米国政府は「中国」を世界トップの「脅威」に位置づけた「脅威影響評価報告書」を四月中旬に発表した。菅とバイデンの日米会談はこの数日後に行われ、先述したように共同声明で「台湾」に言及した。翌日の『環球時報』は社説で反発し、米国ではなく日本に「脅しの言葉」を浴びせた。「戦前の三国同盟と同じように日米同盟はアジア太平洋地域の平和を破壊する」「台湾に近づけば発火する」。しかし首脳会談後の『日本経済新聞』[※224]の世論調査では台湾海峡の安定に日本が関与することに七十四％が「賛成」と答え「反対」は十三％だった。

中国は、米国とは喧嘩の一方で対話も行う。だが周辺国には中国のルールを押し通す。四月から六月にかけて中国政府は尖閣領海に侵入する公船の数を増やした。船の数を増減させることは、中国が日本のリアクションを先読みして発するメッセージになってきた。日本を米国から離反させるための揺さぶりだ。揺さぶりは米国からもやって来た。米軍高官による「台湾武力統一は六年以内に」。「切迫している」という発言だ。日本では「やはり」という反応になる。この言葉を待っていたのだ。

菅義偉とバイデンが二〇二一年四月にワシントンで行った日米首脳会談当時の状況だ。直前に米国側から中国の脅威が強調されるような情報発信が続いた。「台湾武力統一の時期」をめぐる発言が米軍の新旧司令官から相次いだ。

日本では発言はフレームアップされ、台湾と尖閣諸島が危ないという空気が急速に醸成された。まず三月上旬に退任する米インド太平洋軍のデービッドソン司令官が「六年以内に台湾進攻の恐れがあると懸念している」[※225]と上院軍事委員会で発言した。この発言から「二〇二七年台湾進攻説」がクローズアップされる。そして三月下旬には交代したアキリーノ新司令官が、同じ上院軍事委員会の指名承認公聴会でデービッドソン前司令官の見方を牽制し、「いまなのか二〇四五年なのか時間幅がある。多くの人が理解しているより（台湾進攻は）切迫していると思う。だから防衛強化政策（ＰＤＩ：二百七十億ドル）が緊急に必要だ」[※226]と述べた。アキリーノ司令官はあくまでも米国の軍事戦略を中心に考え、予算獲得を訴える文脈の中で台湾進攻は「切迫している」と述べた。さらに公聴会で「日韓関係が歴史や文化で対立していることは中国に隙を与えることになる」と懸念を示した。だが日本にとっては台湾武力進攻のタイミングの方がニュースのリードであり、耳の痛い日韓関係改善の優先順位は低い。しかもこの公聴会でアキリーノに質問した共和党上院議員は、台湾進攻切迫発言を途中で遮り、「ロシアはソチ五輪閉幕直後にクリミア半島に侵攻した。来年は北京五輪だ」と煽った。二〇二二年二月の北京五輪閉幕直後に中国の台湾進攻があると訴えたかったのだ。この共和党上院議員は中国をめぐるセンセーショナルな言動で知られるトム・コットンだ。二〇二〇年一月には「コロナウイルスは生物兵器開発の過程で人工的につくられ、武漢研究所から流出した」とＦＯＸテレビで発言しフェイク扱いされた人物だ。

この「切迫」発言後に、米国政府が中国の脅威を強調した「脅威影響評価報告書」の発表があった。中国の脅威は民主主義社会の人々の心を捉える。追い詰められた空気の中で日米首脳会談は四月中旬に開かれ、台湾の防衛に関する言葉が「共同声明」に記された。

確かに台湾統一の過程で戦争になれば尖閣諸島も巻き込まれる可能性がある。中国にとって、「台湾」は日清戦争で負けた結果、「日本に割譲させられた」植民地であり、尖閣諸島は台湾の一部で日清戦争の過程で「日本に奪われた」という認識だからだ。尖閣諸島を守ることと「台湾防衛」は隣接しているのだ。防ぐ手段と戦争への備えを検討せねばならない。

しかし台湾進攻時期の切迫について米軍制服組トップのミリー統合参謀本部議長は十一月に「何が起きてもおかしくない。だが近い将来に起きるとは思わない」※227と打ち消した。「六年以内」発言のデービッドソン前司令官も二〇二三年一月に来日した際に「六年以内」という「数字だけが独り歩きしている」と釈明し軌道修正した。「中国が暴挙に走らぬよう抑止が必要だというのが趣旨だ」というのだ。東京で行った講演会での発言だ。筆者もそこに参加していた。

「選挙」が続く。日本の感情的な中国観

米国では二年ごとに中間選挙と大統領選挙があり、中国では五年に一度党大会がある。この選挙の間の期間が長いことは、ライバル国に対する牽制を長い時間軸で考えられる理由の一つではないだろうか。喧嘩と対話を繰り返す米中の振り子のような動きに対し、日本は中国との喧嘩も対話もなく、習近平政権の顔色をうかがうものの、米国にしがみつくだけで固まる。

その日本では二〇二一年秋に民意を問うタイミングが二度あった。菅総理が就任一年で九月初めに辞意を表明し、九月末の自民党総裁選でポスト争いが起きた。総理が岸田文雄に替わり十月末に衆議院議員選挙だ。そこでは世論を意識し「中国への向き合い」特に「北京冬季五輪外交的ボイコット」が大きな争点になった。

日本の政治は米中の大戦略の現在地を読み解くよりも国内世論を優先する。世論は「中国警戒」の極論に敏感に反応した。菅政権やその次を担う政治家たちは中国に対する弱腰姿勢を批判される状態に追い込まれていた。自民党総裁選では岸田文雄と、有力対抗馬の高市《たかいち》早苗《さなえ》候補との間で中国への対応が問われた。中国の人権状況を問題視する欧

米の動きに触発され、二〇二一年以降、日本でもウイグル族、モンゴル族の人権問題に取り組む超党派議員連盟が国会議員の間で相次いで誕生した。高市早苗は「南モンゴルを支援する議員連盟」会長を務め内モンゴル自治区の人権にかかわったほか、「日本ウイグル国会議員連盟」にも参加した。

その総裁選の真っ最中に中国は日本を批判するメッセージを発した。「日米での台湾防衛やＱＵＡＤの首脳会議や合同演習など、米国とともに中国包囲に動いている」。中国政府は反発を高めていった。『環球時報』の社説は「日本はもはや米国の共犯者だ。中国は日本より強い。対決すれば損をするのは日本だ」と総裁選の政治状況を憂えた。これは主に国内向けだ。中国外務省は会見で「中国を総裁選のテーマに持ち出すな」と釘を刺した。国際社会に向けた英語版の『環球時報』では「善意で日本に接していた中国国民の対日感情を悪化させるだけだ」と警告を伝えた。

総裁選で勝利し総理に就任した岸田文雄は、十月上旬に習近平主席と日中首脳電話会談を行い、日中関係の位置づけに新しい言葉を使った。「建設的かつ安定的な関係を共に構築」という。しかし中国への警戒心を高める日本社会を引っ張って中国に接近するには、強い指導力と政権基盤が求められる。岸田はそこに達していなかった。

十月末に衆議院選挙が行われた。その運動期間中に台湾海峡での緊張がクローズアップされ各党とも中国への対抗心を競うこととなった。中国は総選挙に対してもメッセージを発した。十月十日の台湾の双十節の記念式典開催の直前に人民解放軍機が台湾との中間線を越えて連日飛んだ。自民党は衆院選の公約で「中国の急激な軍拡や力を背景とした一方的な現状変更」への対応と、台湾を含む「普遍的価値を共有するパートナーとの連携強化」を訴えた。日本共産党の志位《しい》和夫《かずお》委員長でさえ「目指す社会主義・共産主義は、中国のような社会ではない」と中国共産党の路線を否定した。そしてこの志位のコメントがツイッターでトレンド入りしたことを機関紙の『しんぶん赤旗』が自画自賛した。「反中」を示さねば支持を集められない。国民を安心させられない。よって票が取れない。中国に近づくことは支持率にマイナスになる。台湾に近づくことはプラスになるという状態だ。王毅外相は、衆院選期間中の十月下旬にオンライン参加した「言論NPO」の会合で、台湾について日本は「内政干渉や拡大解釈をすべきではない」と訴えた。

衆院選の結果は、自民党が絶対安定多数を確保した。しかし自民党内では岸田総理の足元は盤石《ばんじゃく》ではなかった。宏池会の政権を揺さぶる大きなテーマがやはり「対中外交」だ。党内のタカ派は政権を日本の北京冬季五輪外交的ボイコットに向けて追い込んでいった。林芳正《はやしよしまさ》外務大臣が自ら訪中の意向をメディアで示したところ、自民党右派政治家が批判し、反中感情の高まる世論に訪中がつぶされた〝事件〟が起きた。

衆院選後の十月末で三百七十人前後いた衆参自民党議員のうち、最大派閥の安倍派は九十三人、岸田派は四十二人だった。右傾化する日本の有権者の動きを意識すれば、岸田総理は安倍派など保守派の意見を尊重せざるを得ない。足腰の弱い岸田政権への揺さぶりが続いた。自民党には親中と反中の双方が同居する。中国は融和的な宏池会出身の岸田文雄に総理選出前から期待していた。そして批判の一方で、尖閣諸島領海侵入の中国政府公船の隻数を九月から十一月にかけて減らしていた。中国に取り込まれる懸念に自民党の右派議員らが嚙みついた。

岸田政権発足後、同じ宏池会の林芳正外務大臣が就任挨拶を兼ねて王毅と初めて日中外相電話会談を行った。ここで訪中の招請を受けたことをテレビ出演で明らかにしたところ、自民党外交部会の佐藤正久《さとうまさひさ》部会長ら一部右派政治家らから「慎重を期していただきたい」と厳しい批判を受けた。電話会談に加え「招請を受けた」こと自体が「完璧《かんぺき》に間違ったメッセージを海外に出すことに他ならない」というのだ。保守系メディアも同調した。『夕刊フジ』の調査では「訪中すべきでない」が九十六％に達した。右派は日本国内では親台湾派と重なる。安倍派などの右派が台湾寄りの発言をすれば中国が猛反発するのと同時に、「中国」を通して岸田政権を揺さぶることができる。十二月初めに安倍晋三元総理大臣は台湾でのシンポジウムにオンライン参加し「台湾有事は日本有事。すなわち日米同盟の有事でもある。この認識を習近平主席は断じて見誤るべきではない」[※228]と強い口調で述べた。中国外務省は当然「国家主権を過小評価し、軍国主義の道を歩めば血を見ることになる」と猛反発した。

米国の対中牽制の動きも岸田政権揺さぶりの震源になった。だが、日本と違って米国には中国に向けた陰と陽の二つの顔があった。米国にはできた。それが日本には真似できない。バイデンと習近平は九月と十一月に電話やオンラインで首脳会談を行う。日本はこの時期に二度の選挙がある。

九月の米中首脳の電話による会談の直後に、ＱＵＡＤ（クアッド）首脳会合がワシントンで初めて対面で開催された。日米豪印が「中国包囲」で一致する。このとき退任直前の菅総理が二度目の訪米をした。すでに米英豪のＡＵＫＵＳ（オーカス）も発足し、米軍艦船の台湾海峡通過や南シナ海「航行の自由作戦」が二〇一九年からほぼ毎月のように行われていた。反発した中国は双十節のタイミングで台湾上空に大量の戦闘機を飛ばす。

この十月の一か月間には米国主導のＱＵＡＤやＡＵＫＵＳを中心とした海上共同訓練が南シナ海やインド洋で行われた。その回数も日米以外の参加国もコロナ前の二〇一九年に比べて拡大した。日本は十月中旬に南シナ海などでＱＵＡＤの共同訓練に参加した。ただし日本政府も南シナ海へ日本が介入すると、いつも尖閣諸島への中国政府船の領海侵入に飛び火することを意識していたのだろう。前年の十月初めに石垣市が尖閣諸島の住所の字名を「登野城尖閣」に変更したのに伴い、新たな標柱を設置するため上陸申請を出したのを政府は却下した。

一方、米中は十月上旬にサリバンと楊潔篪が次の首脳会談に向けて協議する。米国は表では十一月の国連気候変動会議（ＣＯＰ26）への習近平参加の働きかけや米中首脳オンライン会談開催の準備を進めた。中国もこの日程に合わせて歴史決議を発表する。しかしその米中首脳会談が十一月に行われた直後に、バイデン大統領は百八十度反対に方向を変え、北京冬季五輪外交的ボイコットの正式発表と民主主義サミット開催での台湾代表の招待参加を明らかにした。この動きに日本も加わる。

十二月上旬のバイデン主催の民主主義サミットには、日本からは岸田総理が参加し、国際人権問題担当として総理補佐官に任命した中谷元《なかたにげん》も同席した。ウイグル族の人権問題は新疆自治区産原材料に由来する製品を排除する供給網分断の動きに発展しつつあった。さらに米議会で十二月下旬に「ウイグル強制労働防止法」が成立したのを受け、一部の日本企業も新疆産の綿花やトマトなどの原材料輸入を取りやめた。日本政府は中国と分断されたときにも耐えられるよう経済安全保障で米国と足並みをそろえた。手始めとして先端技術で重要な半導体の生産体制を整えた。世界の一流の半導体企業は台湾に集中している。その台湾の中でもトップクラスのＴＳＭＣ（台湾積体電路製造）の熊本工場建設を日本政府が支援することになった。中国が台湾を囲い込めば極端な話、ＴＳＭＣは人質になる懸念すらあった。

岸田政権は北京五輪への外交的ボイコットについても米国に同調し二〇二一年十二月に表明した。だが「ウイグル族」や「ボイコット」といった言葉にはふれず、「コロナ対策」を理由にスポーツ庁長官など閣僚は出席しないと発表し、中国に配慮した。

日本は米中の間に立ち、両にらみというよりも米国に従ってきた。中国は反対側から日本を引き込もうとした。選挙が終わって日本に五輪外交的ボイコットの具体的な動きが出てきたところで、「日中両国は五輪開催をお互い支持しあう共通認識がある」「今度は日本が信義を示す番だ」と外務省の会見で訴えた。中国政府は北京冬季五輪成功を意識し、東京五輪の成功を応援し続けていた。しかし日本はブレ続けた。確かに習近平主席との会談で、二〇一九年の安倍総理の時は、「お互いが相手の五輪開催を支持しあう」[※229]ということになった。菅義偉の総理就任時も岸田総理の時も、習近平主席との電話会談で「五輪」という言葉は、日本政府の発表からは完全に消えた。中国側の発表では「習近平主席が東京五輪成功を祝福し、岸田も北京冬季五輪の開催に期待した」ことになっている。[※230]日本では東京五輪とパラリンピック期間中は、政府は社会にたまる中国への不満を抑制させた。八月末にも尖閣諸島周辺で海上デモを行おうとしたチャンネル桜・水島総《みずしまさとる》社長が乗る漁船の接近を海上保安庁が阻止した。だが日本にとって東京大会が閉幕すれば中国との関係を良好に保つ理由は薄れる。そして中国から見れば日本は「自分勝手」なのかもしれない。

社会レベルでは日本でも中国でもナショナリズムがくすぶっていた。

日本では中国が米国との対立の過程で見せる強引な姿勢が反発を招き、それを政治家やメディアが煽った。民衆が感情を高ぶらせて反発する。ここまでは中国も日本と同じだ。それが日本ではそのままメディア報道や選挙に反映され発散される。選挙は人気取りの意味合いが強い。政治家が票を稼ぐために、ナショナリズムを煽る。それは民主主義の一つの側面でもある。中国の出方に違和感があり反中感情が高まればそれは票になるので自民党総裁選でも国政選挙でも積極的に拾いに行く。

中国は党や政府が「民意」を誘導する国だ。平時は発散されず、日本に圧力をかけたいときには動員される。中国政府としては米国と対立している折、日本を敵に回すよりも協力者として近づけた方が得だ。しかし政府と社会のレベル間では温度差が生まれる。中国社会には日本の反中情報や感情が瞬時に流れ込み刺激した。日本が米国一辺倒だというのだ。豊かになり日本を克服したというゆとりが心の中にできたとはいえ、中国のプライドがないがしろにされたと認識すれば爆発する。これを政府がどこかでガス抜きする。

二〇二一年の東京五輪で日本に注目が集まるに従い、小さな反日ナショナリズムが高揚していた。七月に若者を中心とした「日本かぶれ現象」が批判され炎上した。旧満州国時代の遺物、「旅順博物館」の前で、日本のメイド喫茶の服装を着て踊った中国の若いネット・アイドルの少女が袋叩きにあった。旅順に隣接する大連では八月、日本の街並みを再現した大規模テーマパーク「盛唐・小京都」が全面オープンしたところ、侵略した日本を肯定するなという反発の声が炎上し営業停止に追い込まれた。「盧溝橋《ろこうきょう》事件」の日に商品発表会を行おうとした日本企業が地元当局から罰金千八百万円を科せられた。二〇一五年の戦勝七十周年記念日以降は沈静化していた九十年前の「柳条湖事件」をめぐる日本批判報道も復活した。柳条湖事件記念日の『環球時報』は対日戦勝した一九四五年九月当時の武漢市民らが高揚する写真を掲載し、中国人の誇りと日本の反省を訴えた。日本の「美少年ブーム」が中国で広がり始めたことを問題視し、侵略を受けた歴史を忘れるなと『環球時報』は呼びかけた。

だが二〇二二年にはウクライナ戦争というもっと大きな時代状況が日中関係を襲う。

第七章 米国はなぜ中国の民主化に失敗したか

図表29 米国が日本とともに中国の変化にどう向き合ってきたかを追った。中国が攻めの外交に方針転換する二〇〇九年まで、米国は自国中心の一強体制の中で中国を米国好みの国に「変身」させることが成功するものだと認識していた。

端的にいえば、中国は豊かになれば民主化すると想定し米国への協力を求め続けた。大きなシンガポールのような国になるだろうという幻想を米国は抱き続けたのだ。

民主化には経済格差の縮小や利権集団の解体など様々な条件が必要だが、米国は戦後の日本やドイツなどでの成功体験をもとに、九・一一テロ以降はイラクなどでも民主化を実践しようと

29 米国:対中政策の遷移

した。しかし無理だと分かった。二〇〇九年のオバマ政権発足と同時に、中国は米国とは別の中国式秩序の具現化に動き始めた。融和的だと思われていたカウンターパートの胡錦濤政権が強硬路線に転換させ、海洋権益確保に乗り出したことから、米国も一歩遅れてオバマ政権後半から安保戦略を変更し、中国牽制に重点を置いた。だがオバマ政権は一方で「世界の警察官」の評価返上を宣言する弱みを見せた。中国に付け入る隙を与えた。

「米国第一主義」のトランプ政権は二〇一七年の発足当初から中国に批判的だった。そして習近平が第十九回党大会で「社会主義現代化強国」を目指す宣言をすると、中国が民主化しない体制のままで米国を凌駕するという焦りを強めた。中国の発展を阻止しようと関与政策を見直し、中国と対立し始めた。貿易戦争に突入した。二〇二〇年のコロナ禍以降には牽制を乱発するようになった。バイデン政権では中国牽制に規則性が出てきた。しかし米軍のアフガニスタン撤退後の混乱に象徴されるように米国は衰退を見せつける。

二〇二二年にウクライナ戦争が起き、中国の台湾進攻が連想されるようになってからは、バイデン政権は中国との対立が衝突に至らぬよう「競争」「抑止」を強調する。だが野党共和党や社会の対中警戒心は強まり、米中は一触即発の状態になっている。ここに日本も引きずられる。

概観すると米国の中国対応は大統領によって五つに分けられる。

① クリントン政権　…　中国WTO加盟、米国主導のグローバリズムへ
② ブッシュ政権　…　反テロ戦争。中国に協力を求め蜜月に
③ オバマ政権　…　米中G2構想を転換。中国を警戒、アジア回帰へ
④ トランプ政権　…　米中対立、中国の発展阻止で牽制を乱発
⑤ バイデン政権　…　民主主義と繁栄を守る。対中牽制と協力と

1　クリントン政権／中国WTO加盟、米国主導のグローバリズムへ

一九八九年に天安門事件があり、冷戦時代も米ソが終わりにした。一九九一年末に米国の圧力で、東欧は民主化に導かれソビエト連邦は崩壊した。米国だけが強国だという構図ができ上がり、米国次第で世界はどうにでもなる状態だった。一九九二年の米大統領選挙の半年以上前に、中国では最高実力者の鄧小平が市場経済への転換方針を打ち出した。そして大統領選挙の前月、十月開催の第十四回共産党大会で党規約に「社会主義市場経済を打ち立てる」という言葉で市場経済化を明記した。これが功を奏し中国の経済成長率は一九九二年に二桁の十四・二％に上がった。「世界は民主主義に収斂する」「経済発展は民主化と関係がある」と論じたフランシス・フクヤマ『歴史の終わり』は一九九二年にベストセラーになった。勝利した民主党のクリントンは米国社会に天安門事件の記憶があったとはいえ、米国経済立て直しで中国を利用した。対中政策を冷戦時代の「封じ込め」から完全に「関与政策」へ切り替えた。

一九九三年に『ニューヨーク・タイムズ』が「十年後には中国、台湾、香港を束ねた経済規模は米国を抜く」※231と報じた。中国が生み出す果実は利益につながる。米国が関わらない手はない。米国は自らの理念や方法論が正しかったという自画自賛に浸った。当時のことをトランプ政権のポンペオ国務長官も「中国が繁栄すれば開放されて国内は自由になり、国外から脅威を受けなくなり友好的になるだろうと予測した」と二〇二〇年に振り返っている。

クリントンは、シアトルで開催されるＡＰＥＣを閣僚級から首脳会議に格上げすることで米中首脳会談を毎年行う仕組みを作り、天皇訪中の翌年となる一九九三年に江沢民を米国に招いた。国際会議の場であれば、天安門事件の記

憶が生々しい米連邦議会や社会の理解も得やすい。

一九九四年にクリントン政権は中国に対する関与政策の拡大を明記した「国家安全保障戦略（ＮＳＳ）」[※232]を発表した。冷戦時代の封じ込め政策を見直すということだ。以来、米国は九・一一テロに続く戦争で疲弊したブッシュ政権を経て、オバマ政権の「アジア回帰」までは中国の発展を肯定的に評価し続けた。「関与」では誘導（shape）と歯止め（hedge）というアメとムチで動かす。中国をグローバル経済に組み込もうと、米国主導で中国のＷＴＯ（世界貿易機関）への加盟交渉を始めた。市場のさらなる開放や関税引き下げが前提になる。他方で台湾に対し戦闘機などの武器売却を続け、同盟国の日本とともに「台湾防衛」の意思を示した。ここで台湾牽制の矢面に立ったのは日本だ。

国民党独裁だった台湾に野党民進党を誕生させるなど、台湾民主化でも米国が影響力を行使した。一九九六年三月の初の直接投票による台湾総統選挙をめぐって米中でさや当てがあった。当選することになる李登輝総統は台湾独立を志向していた上、前年に訪米し有権者から喝さいを浴びた。米国の大学同窓会出席名目でクリントン政権がＶＩＳＡを出したのだ。中国からみれば米台の政府間交流だ。国内に対して民主化した台湾の選挙を肯定的に見せるわけには行かない。投票日までに台湾周辺海域にミサイルを撃ち込んだ。米国は中国牽制で空母二隻を台湾海峡に派遣し中国との対立を演じた。このときクリントン政権は二つの反省材料を得た。台湾の独立志向を放置しない。そして中国の武力行使に歯止めをかける。この延長線上で、台湾総統選挙の翌月にクリントン大統領はまず訪日し、日米安全保障条約の狙いを冷戦対応から中国牽制に見直した。台湾海峡での有事を「周辺事態」と定義し条約の防衛対象に含めた。[※233]日中関係はこれで悪化したが、米中関係は改善する。経済発展が著しい中国への接近で日本は米国にとってライバルだった。米中が結託する一方で、日本は外される。

クリントンは翌年一九九七年十月に江沢民を首都ワシントンに招いた。首脳会談では米中関係を「パートナー（建設的戦略パートナーシップ：Constructive Strategic Partnership)」に格上げし、WTO加盟交渉も加速した。[※234] クリントンは「建設的関与政策（Policy of Constructive Engagement)」を続けると言い放った。人権を貿易関税での優遇策「最恵国待遇（MFN)」付与の条件にすることをやめたのだ。この時の訪米で江沢民は、途中でハワイの真珠湾攻撃記念館に立ち寄り、大戦中に米中が「ファシズム日本」に勝利し、連合国として国連を創設した歴史を訴えた。

この一九九〇年代後半に日中間の紛争のネタになって行くのが尖閣諸島問題だ。この日中間の紛争の責任の一端は米国にある。

出発点は一九四三年の「カイロ会議」だ。ここで沖縄を中国に帰属させる協議が米中間、ルーズベルトと蔣介石《しょうかいせき》の間で行われる。内戦を抱える中国には余裕がなく、米国が沖縄を管理することで合意した。[※235] この沖縄に尖閣諸島が含まれているというのが中国の認識だ。ところが一九七一年に「事件」が連続する。尖閣、沖縄、北京、国連。日米の間で沖縄の返還協定が尖閣を含めて調印される。米国ニクソン政権が台北と距離を置き北京の「中華人民共和国」に接近し始めた。見捨てられることに反発した台北の「中華民国」が尖閣諸島の領有権を主張した。「中華民国」は「沖縄返還に反対だ。特に尖閣諸島の領有権は台湾にあることは明確で、日本に渡すことは絶対に許されない」[※236] と訴えた。ところが「国連」加盟国・常任理事国としての中国も台北から北京に切り替わる。そして中華人民共和国も尖閣諸島の領有権を主張した。一九七二年に沖縄は尖閣諸島を含めて日本に返還される。その直前だ。間に挟まれた米国は尖閣諸島の「領有権」については判断しない。日本に返還するのはあくまでも「行政管轄権・施政権」だと匙《さじ》を投げた。『ニューヨーク・タイムズ』[※237] が報じている。それは日中双方の顔を立てた話し合い解決を意味した。その協議相手の「中国」は台北から北京に代わる。日本は一九七二年の日中国交正常化で。米国は一九七九年だ。

そして十七年後の一九九六年に日本の右翼団体が尖閣諸島に灯台を建てたことがきっかけで、香港や台湾で尖閣諸島領有主張の活動が活発化した。島に上陸したグループもいた。大陸の中国は尖閣諸島を奪取できるだけの力を持っていなかったが北京に領有権主張の団体「民間保釣連合会」ができた。このとき尖閣諸島の防衛はどうするのか。米国の対応をめぐりクリントン政権内で発言がブレたのだ。一九九六年九月に駐日大使のモンデールが「領有問題で米国は日中どちらの立場もとらない。米軍はこの論争の島に安保条約上の防衛で巻き込まれることはない」と発言した。これを『ニューヨーク・タイムズ』[※238]が問題視し日本で大きな反響を呼んだ。しかし十一月に『読売新聞』[※239]のインタビューで国防次官補代理だったカート・キャンベルが否定し「尖閣諸島有事の際には米国の防衛義務が生じる」と初めて明言した。ここで尖閣諸島の問題は日本に返還した「施政権」、米国の「防衛義務」、日中間にまたがる「尖閣領有」という三つの問題に枝分かれした。そして中国は領有権問題を米国の前で日本との話し合いに持ち込もうと圧力をかけ始めるのだ。

一九九八年六月にはクリントンが訪中した。「台湾独立反対」を明確に表明した。二つの中国、国連など国際機関への台湾加盟にも反対し、「Three No's（三つのノー）」[※240]と呼ばれた。この訪中は日本に立ち寄らず「ジャパン・パッシング」と揶揄された。米中関係は台湾との関係はもちろん、日本との関係よりも重要だというメッセージを世界に送った。このパフォーマンスによって中国の歓心を買ったのだ。江沢民が「日本には台湾と歴史認識問題を永遠に強調せよ」と述べたのはこの後だ。二〇〇一年の九・一一テロ直後に中国はＷＴＯに加盟する。

2　ブッシュ政権／反テロ戦争。中国に協力を求め蜜月に

「中国は利害共有者」米国がウイグル独立派をテロリスト認定

二〇〇一年に政権交代した共和党のブッシュ大統領は、就任当初、中国の位置づけをクリントン時代の「建設的戦略パートナーシップ」から厳しい「戦略的競争相手（Strategic competitor）」に戻した。しかし「九・一一テロ」が状況を変えた。九・一一テロ発生で明らかになったことは、一強になった米国が西側以外の世界では必ずしも歓迎されていないということだ。だがブッシュ政権はそこで諦《あきら》めず、イスラム過激派組織アルカイダが同時多発テロを首謀したと断定し、組織のあるアフガニスタンでの反テロ戦争を開始した。同盟国のみならず中国にも協力を仰いだ。中国はクリントン時代に進めたWTO加盟が固まっていた。二〇〇一年は米国が経済でも国際政治でも「中国取り込み」を強めるきっかけになった。

十月に上海でAPECが開催された。ブッシュ大統領は江沢民との会談で、競争相手だとしていた中国の位置づけを百八十度転換し、「建設的な協力関係（constructive and cooperative relationship）」、すなわち米国のパートナーとして再び認めた。国際テロ根絶での連携でも合意した。そして予定通り十二月に中国はWTOに加盟した。さらに中国はウイグル族独立派の掃討でも米国国務省のお墨付きを得た。「ETIM（東トルキスタン・イスラム運動）」がアルカイダとつながりを持つテロ組織であるというのだ。ウイグル族の間で動揺が広がったが国務副長官アーミテージが二〇〇二年八月に北京を訪問し、中国政府が進める弾圧への支持を表明したのだ。※241 米国はやがてイラクでも戦争を開始し疲弊していく。中国は自国の政治体制を変えないまま強国化していくのだ。

米国は中国を中心舞台に立たせた。江沢民の目論見通りだ。同年の党大会で新しいカウンターパートになった胡錦濤は西側融和路線を受け継いだ。

ロシアを含めた「Ｇ８」だった主要国首脳会議は、中国を二〇〇三年六月の仏エビアン・サミット以降、Ｇ20サミットが発足する二〇〇八年の洞爺湖《とうやこ》サミットまでほぼ毎年、招待参加国として「アウトリーチ・セッション」に招いた。二〇〇九年のラクイラ・サミットでは胡錦濤がイタリアまでは行ったものの新疆ウイグル自治区で暴動があり、サミットには出席せずに帰国した。以後は二〇〇八年に始まったＧ20サミットに出席会議を絞り込んだ。

北朝鮮が核開発再開を宣言した朝鮮半島の危機管理でも米国は中国に中心的役割を担わせた。二〇〇三年八月から中国が議長国となって、米中と韓国、北朝鮮、日本、ロシアの「六か国協議」が始められた。これにより米国は「ならず者国家（Rogue state）」「悪の枢軸（Axis of evil）」と定義した国々のうち北朝鮮を中国に任せ、アフガニスタン、イラクとの戦争などにエネルギーを割けた。ブッシュ大統領は戦後日本での民主化を成功体験として引き合いに出し「中東も民主化できる」と、二〇〇五年八月の第二次大戦勝利六十周年で訴えた。※242

米国は国防予算で財政がひっ迫する中、安全保障での中国牽制では、同盟国の日本を歯止めに使った。二〇〇五年二月の日米の「外務防衛協議（2＋2）」では、「台湾海峡」防衛での日本の協力と、日本の国連常任理事国入りに米国が協力することに言及した。中国は猛反発した。小泉総理大臣の靖国神社参拝の連続で民衆の反日感情も高まり、中国政府は反日暴動を容認した。暴動後の国連総会では、日本が求めた「常任理事国」入りは中国の反対の中で却下された。一方、米国務副長官のゼーリックは同じニューヨークで講演し、中国を「世界秩序における責任ある利害共有者（ステークホルダー）だ（China to become a responsible stakeholder in the international system)」と持ち上げた。中国は自信をつけた。だが「利害共有者」になるということは米国の既存国際秩序で中国が下につくことを意味した。

「豊かになっても中国は民主化しない」

当時の米国はまだ中国は豊かになれば民主化できると考えていた。だが二〇〇七年に「中国の民主化は不可能だ」とジャーナリストのジェームズ・マンが驚きの指摘をした。「選挙が行われ、農村の人たちが自身の利害に従って投票するなら、都市の中産階級は敗北する」[※243]。だから中産階級は共産党独裁に期待し、共産党は経済成長が続く限り彼ら中産階級を掌握できる。「民主化しない」というのだ。この頃からまさに今日の中国問題につながる「違和感」がジャーナリストらによって指摘され始めた。北京五輪前、CNNのキャスターが「米国は中国からペンキで塗られたガラクタと、毒入りのペットフードや商品を輸入し続けている」[※244]とテレビで発言したところ、米国のCNNの前で在米中国人が抗議デモを行うトラブルも起きた。米国の言論の自由を真っ向から否定するものだった。もう一つは世界分割の要求だ。「米国と中国とで太平洋を東西に分割し管理してはどうか」と中国軍関係者が米太平洋軍司令官に提案した。だが司令官は拒否したというのだ。保守系メディアの『ワシントン・タイムズ』[※245]が報じた。しかし米国の政治は依然として中国に融和的だった。

二〇〇八年八月の北京五輪の開会式にブッシュ大統領が出席した。胡錦濤との会談では騒乱があったばかりのチベットの人権問題にはまったく触れず、米国金融市場の救済を申し入れた。[※246]反テロ戦争で疲弊した米国ではすでに前年から金融危機が始まっており、ブッシュ大統領自身も秋の大統領選挙で引退が決まっていた。中国は五十七兆円相当の大型財政出動で米国の要望にこたえた。

３　オバマ政権／米中Ｇ２構想を転換。中国を警戒、アジア回帰へ

中国が否定した「普遍的価値」の理想にこだわる

二〇〇八年十一月に大統領選挙で民主党のオバマが選ばれた。米国発の金融危機救済で勝利を噛《か》み締めた中国は、米国の足元の日本に挑戦した。十二月に日本の尖閣諸島領海に中国政府の船が二隻初めて侵入した。だが尖閣諸島領海への侵入は前哨戦だった。発足当初のオバマ政権は同盟国日本に対する中国の威圧を無視し、既存国際秩序における中国の役割強化を求め続けた。「米中はＧ２（グループ２）だ。世界の問題に共同対処しよう」※247と、政権外交顧問となったブレジンスキーが中国に提言した。結果的に中国の強硬姿勢を助長した。政権発足直後の二〇〇九年三月、南シナ海では米軍海洋調査船インペッカブルが海南島沖の排他的経済水域で中国軍艦などに包囲される事件が起きた。それでもオバマ自身は、中東で難航する戦いを意識し、訪問先の英国、フランス、トルコ、イラクなどで「米国は世界の警察官ではない」と発言し続けた。

中国の「異変」をまず警戒したのは国防総省だ。中国が太平洋の西半分に米空母を接近させない戦略、「Ａ２ＡＤ（Anti Access Area Denial：接近阻止・領域拒否）」を実行していると二〇〇九年版「中国の軍事力」で報告した。しかしオバマは中国の方を向いていた。アジア歴訪で訪中前に立ち寄った日本での「東京演説」※248では、「Ｇ２論」を踏まえて「中国は世界の舞台でさらに大きな役割を（we welcome China's effort to play a greater role on the world stage）」と呼びかけた。これに対し北京での「首脳会談」※249では変心した胡錦濤が冷水を浴びせた。中国の譲れない「核心利益」として具体的に台湾・チベット・ウイグルの名を挙げ米国が介入せぬよう訴えたのだ。だがオバマは「核心利益」の底意がどこ

まで分かっていたのか。G2論にこだわったばかりか、中国がすでに否定した「普遍的価値」尊重を訴え、投獄中の劉暁波の釈放を求めた。だが中国は米国の提案全てに拒否回答を出した。このオバマ訪中が米中関係のターニング・ポイントだった。

オバマは胡錦濤と任期が重なった三年間に十二回も会談するなど個人的な関係はよかった。日本の外務省の公開資料によると、その三年間に日本では民主党政権で総理大臣が三人替わり、オバマとの会談は鳩山由紀夫と菅直人が三回ずつで野田佳彦が五回だ。合わせても十一回だ。胡錦濤との日中首脳会談は、鳩山由紀夫、菅直人、野田佳彦それぞれが二回ずつで計六回だ。米中関係が日中や日米の関係よりも緊密だった。反日暴動が発生しやすい状況が醸成されていた。

オバマは胡錦濤の西側に融和的な姿勢を好んでいた。しかし強国化で高揚する軍や利権集団、反主流派が、胡錦濤の弱腰を揺さぶった。そして二〇〇九年を境に中国が豹変《ひょうへん》するのに米国防総省は気が付き、警鐘を鳴らしたが、オバマは見過ごしたという言い方もできる。さらには日本の鳩山由紀夫政権も、この構図の変化に気づかぬまま米国と溝を作り、無防備のまま中国に接近した。

米国弱体化の過程で起きた「尖閣諸島」での日中衝突

大統領オバマの対中傾斜とは逆に、米国防総省は二〇〇八年の尖閣諸島での中国船領海侵入など、活発化し始めた中国の海洋進出の動きを分析し、中国が太平洋の中国近海への米空母のA2AD（接近阻止・領域拒否）を図っているという報告書「中国の軍事力」を二〇〇九年に発表した。だがオバマ政権の対応にはスピード感がなく、リバランスといった中国警戒への方針転換は小出しにされた。中国へメッセージが必ずしも明確に伝わらなかった。

政権内でまず動いたのは国務長官のヒラリー・クリントンだ。クリントンは二〇一〇年一月に「米国はアジアに戻る。そして留まる」[※250]と述べて、バック・イン・アジア（アジア回帰）とピボット（方向転換）を宣言した。国防総省は一月発表の「防衛戦略見直し」で、中国や北朝鮮などアジア太平洋を中東よりも重視するリバランス（戦力の再均衡）[※251]の方針を示した。しかし五月下旬発表の「国家安全保障戦略（ＮＳＳ）」[※252]では危機感とは正反対のメッセージを呼びかけ、中国に対して「建設的で包括的な関係を追求し続ける」「米国と協力する責任ある指導的役割を担う中国を歓迎する」とした。オバマ政権は台頭し始めた中国への軍事的牽制を強めるものの、実態は国内の財政難、不況、失業対策などに注力するため、安全保障の予算を削減し中東からの撤退を図る。中国牽制は曖昧だ。「リバランス」とは聞こえは良いが、要するに世界が米国に期待してきた「世界の警察官」を放棄し、中東と東アジアの両方を対象とする「二正面作戦」を止めて中国対応に特化するということだ。

腰砕けの米国に挑戦するかのように、三月に中国は「南シナ海も核心的利益だ」と主張した。クリントン国務長官はこれを拒否するとともに南シナ海で中国を牽制する「航行の自由作戦」を実施すると述べた。中国を後ろ盾にする北朝鮮も挑発した。三月下旬に北朝鮮は韓国海軍艦船「天安号」を撃沈した。十一月には訓練中の韓国軍に越境砲撃を加え民間人を含む死傷者を出した延坪島砲撃事件を起こす。この間、米国は七月に日本海で韓国との海上合同軍事演習を行い、ここに日本の自衛隊も参加した。中国の目の前にある敏感な海域だ。

この時だ。米国の軍事的な動きに中国が反発する中、九月初めにもう一つの結節点である東シナ海で「尖閣沖漁船衝突事件」が起きた。日本の司法手続きで船長を拘束したことをきっかけに中国は駐在する日本人会社員を人質のように拘束した。さらには日本向けのレアアースを禁輸した。そして反日暴動を容認した。事件をここまでフレームアップした背景には明らかに、弱くなった米国とその同盟関係の強さを試したことがあると思われる。

しかし米国は、中国に対する牽制強化と、その代償として日本が中国から受ける威圧との間で躊躇《ちゅうちょ》し、決断を遅らせた。尖閣沖漁船衝突事件後の九月下旬、日米中などの代表が国連総会で集まった。ここでオバマは温家宝首相に、米国に利害関係がある南シナ海での「航行の自由作戦」実施を示唆した。だが「尖閣」に関する言及はまったくない。一方、日米の間では、前原誠司《まえはらせいじ》外務大臣に対しクリントンが米国務長官として初めて「尖閣諸島は日米安保条約の防衛対象だ」※253と明言し日本を安心させた。しかしこの発言に中国の楊潔篪外相が「中国の領土主権に関して間違った言動を慎め」と猛反発するとクリントンも腰が引けた。直後の記者会見で「尖閣問題」の質問が出ると、クリントンは「米国は日中どちらの立場もとらない」「日中間の話し合い解決を促す」※254という従来方針を繰り返すばかりで、「日米安保条約の防衛対象か」の問題はスルーした。

オバマもブレ続けた。米国防総省が二〇一〇年に打ち出したアジア重視の「リバランス（米軍配置転換：戦力の再均衡）」※255をオバマは二〇一一年十一月に訪問先の豪州で初めて宣言した。「航行の自由作戦」実施にも言及したが行動開始はまだだった。

二〇一二年一月に発表された「国防の優先課題」※256は台頭する中国の影響力を警戒した。だが同時に米中の協力についても触れた。中国は米国の真意を試したくなるはずだ。そして日本では四月の東京都による尖閣諸島購入計画発表から九月の国有化へと進む。中国では首脳部人事が入れ替わる党大会がある。日本と中国が尖閣問題でまたぶつかるのだ。

東京都の発表は石原慎太郎都知事がワシントンの保守系シンクタンクで行った。そして九月の尖閣諸島国有化の後、中国でまた反日暴動が起きた。暴動の一義的な背景は日本の尖閣対応と中国国内の不安定化が生んだ日中の衝突にあるが、態度が不明確な米国には問題はなかったのだろうか。

九月に日本が尖閣諸島国有化を閣議決定する直前、米国のクリントン国務長官は北京で胡錦濤らと会談していた。尖閣諸島に対する米国の日本への肩入れに中国側は激しく抗議した。『環球時報』※257など人民日報系の報道を読むと「中国人の多くはクリントンが嫌いだ」「尖閣諸島で日米どちらの側にも米国は立たないと述べながら、安保条約の防衛対象であると述べる」とはっきり書いてある。クリントンがオバマより先走って領土問題で中国を牽制することに不信感を募らせ、その欺瞞《ぎまん》を暴こうと挑戦的になっていたのが分かる。オバマは御しやすい。クリントンはそれを邪魔する。しかも年明けにクリントンは国務長官を辞めることが決まっていた。そして中国が米国を揺さぶるとき、まず日本に対して働きかけを行う。クリントンが北京を離れてまもなく日本による国有化があり、反日デモは暴徒化した。

北京でクリントンは、次期総書記就任が内定していた習近平副主席とも会談予定だったが直前にキャンセルされ、習近平はしばらく行方不明になった。ここから「習近平暗殺未遂」説の存在を在米の法輪功系メディア『大紀元』が報じるなど[※258]、様々な憶測を呼んだ。いずれにせよ中国で党大会があり、米国の判断が揺らぐこの時期に、日本は国有化を独断専行してよかったのだろうか。

米国「世界の警察官」返上、中国の海洋進出が活発化

中国で反日暴動が起きた後の二〇一二年十一月から二〇一三年一月にかけて、日米中で政権や指導体制の交代そして選挙があり、日中では指導者が安倍晋三と習近平に替わった。米国ではオバマ政権が二期目を迎えた。「アジア回帰」で中国牽制を強めつつあった。だがオバマの軸足の中心は依然として融和にあり、日中双方と米国は平等に向き合った。安倍と習近平も競ってオバマに接近した。尖閣諸島について安倍は二月の訪米で中国の挑戦を批判した。習近平は米国が尖閣の領有権で日中の話し合い解決を求めたことを意識したのだろう。六月の訪米でオバマに尖閣諸島に対する領有権を主張するとともに米国の主張する日本との対話解決に賛同した。だが日本は日中間に領有問題はないという立場だ。習近平はさらに、オバマに対してアジア太平洋のリスク管理を米中で分担する「新型大国関係」の理念を示し同意を求めた。これはオバマが胡錦濤政権に提示した「G２論」への回答だ。オバマはこ

れを聞き流した。

だがこのあと九月上旬にオバマは「もはや米国は世界の警察官ではない」と正式に宣言し、十年かけて中東から手を引き、軍事力をアジアに集中し始める。オバマは間違ったシグナルを発した。米国が抜けた「力の空白」を狙ってロシアや「イスラム国」が動いた。中国は南シナ海の島や岩礁で軍事基地の建設を加速させただけでなく、米軍が兵力を引き下げる中東にも影響力を拡大させていく。

ここでオバマはようやく危機感を抱いた。二〇一三年十一月下旬、中国は尖閣諸島上空に「防空識別圏」を設定した。入域すれば攻撃される。だが米軍は中国への通告なしに防空識別圏に爆撃機二機を侵入させて断固とした態度を示した。オバマも二〇一四年四月安倍政権に替わってから初来日した。この日米首脳会談で大統領として初めて「尖閣諸島は安保条約の防衛対象だ」と明言した。さらに二〇一五年二月発表の「国家安全保障戦略（ＮＳＳ）」[※259]では、「中国の軍事近代化とアジアにおけるプレゼンスの拡大を注意深く監視する。誤解や誤算のリスクを減らす方法を探る」と、前回二〇一〇年「ＮＳＳ」の対中融和姿勢から百八十度転換した。そして二〇一五年十月下旬には南シナ海で、口頭警告だけだった「航行の自由作戦（Freedom of Navigation Operation）」[※260]を初めて実行した。

中国に対しては、二〇一六年七月にオランダ・ハーグ仲裁裁判所が南シナ海における権益主張に国際法上の根拠なしとする決定を下した。しかし中国はこの決定を無視して島や岩礁で軍事基地建設を続けた。米国は南シナ海で「航行の自由作戦」や、インドや日本との合同訓練を行い牽制した。この当時、北朝鮮が二〇一六年一月から核実験とミサイル発射を再開していた。日本は北朝鮮牽制の意味でも米国との訓練に参加したのだ。これに反発した中国は、米国にではなく、追随する日本への威圧で不満を示した。防衛省や海上保安庁の発表によると、尖閣諸島に軍や政府公船、そして三百隻近くの漁船団を繰り出した。だがこれまでと違ったのは、オバマの任期切れが年明けに迫り、十一月の大統領選挙も結果が読めなかったという点だ。米国との関係に大きな成果は期待できないとき、中国は日本に接近する。九月に浙江省杭州で開催のG20が控えていた。ここに日米中首脳が顔をそろえ、日中首脳会談も行われる。このG20期間中に中国の船が尖閣諸島から引き揚げたのだ。オバマ到着の空港で米中両政府職員同士が些細なことから喧嘩になるトラブルもあった。そして大統領選挙では民主党が負け共和党トランプ政権への交代が決まった。

4　トランプ政権／米中対立、中国の発展阻止で牽制を乱発

「米国を再び偉大に」VS「民主化しない世界最強」

トランプ大統領は有権者の感情に阿り支持率上昇につなげるポピュリズムの政策提示で選出された。トランプの勝利を生んだ有権者の不満の一つは中国の台頭が招いたものだ。そして「中華民族の復興」を掲げる習近平の中国と競争するため、トランプは反中感情を煽る一方、政権批判のメディアをフェイク扱いした。「米国を再び偉大に（Make America Great Again）」「米国第一（America First）」というスローガンは「中華民族の復興」に似ていないだろうか。中国やロシアの指導者は強権で世論を誘導し地位を維持する。だが民主的選挙でトランプが登場して以降、ほかの西側諸国でも同じ現象が目立つようになった。民衆の要求は中国など権威主義国家へのリベンジであり中国と対抗する指導力だ。政権はその反中世論を掘り起こし阿ることで権力に座る。それは反中・嫌中世論が社会に広がる国々とプロパガンダで上から反米を煽る国々との間の対決だ。そこでは本来、融和に動くべき外交活動が世論によって翻弄されるようになる。

トランプ大統領は報道官を通さず自身のツイッターで発信した。わずか数十単語の言葉は常に感情を帯びていた。

政権の中国への対応も一貫しておらず、中国の発展に歯止めをかけることは何でも行った。まずは貿易赤字削減を訴え、中国などに移転していた米国産業の呼び戻しを指示した。政権のキーパーソンは対中強硬派で固めた。通商政策では中国敵視キャンペーンの映画「Death by China（中国による死）」を作った国家通商会議代表のピーター・ナバロが仕切った。またトランプの政権幹部の人物に対する好き嫌いも激しく、国務長官や国防長官など政府要職の顔が次々と入れ替わった。ただし二〇一七年の一年間は、ミサイル発射と核実験を繰り返す北朝鮮が共通の敵だという意識が、米中の仲をつないだ。

二〇一七年十月の党大会で習近平が二〇五〇年に「社会主義現代化強国」になる決意を表明した。すなわち民主化せずに米国を抜くという決意だ。これで米中関係のモードが変わった。中国の主張が通用すれば、独裁権威主義の国家群は世界に広がるだろう。「強国宣言」後の十一月上旬にトランプは初訪中した。習近平は「太平洋には中米両国を収容できる十分な大きさがある」とオバマに話した同じ言葉を言い放った。言葉と言い、会談場所と言い。既存の米国主導の秩序体制には入らず中国式秩序を併存させる考えを明確に訴えたのだ。習近平がトランプ夫妻を迎え入れた故宮は、十八世紀に乾隆帝《けんりゅうてい》が最強国だった英国使節団のマカートニーに屈辱的な最敬礼「三跪九叩頭《さんききゅうこうとう》」を要求した場所だ。習近平は明確に意識したはずだ。だがこのシチュエーションは米国に対して逆効果だったのではないか。画像30

危機感を抱いたトランプ大統領は、二〇一七年十二月中旬「ライバ

RENMIN RIBAO
人民网网址：http://www.people.com.cn
国内统一连续出版物号 CN 11-0065 代号1-1 第25324期 今日24版

习近平和夫人彭丽媛陪同美国总统特朗普和夫人梅拉尼娅参观故宫博物院

30 故宮にトランプを招いた習近平
『人民日報』2017年11月7日

ル（中国など）への関与政策（engagement with rivals）」の見直しを国家安全保障戦略（NSS）で発表した。事実上の「封じ込め政策」への回帰だ。中国とロシアをともに「米国の国力に挑戦（challenge American power）」する「米国の競争相手（America's competitors）」と認定した。そして中国を包囲する安全保障戦略として日本やオーストラリア、インドなどと連携する「自由で開かれたインド太平洋」の構想強化を打ち出すとともに、南シナ海、台湾、北朝鮮をカードに中国を揺さぶった。

三月にはベトナム戦争後初めて南シナ海に面したベトナムに空母を入港させた。米国と台湾の高官の相互往来を可能にする「台湾旅行法（Taiwan Travel Act）」を成立させた。三月下旬には「不公正貿易に関する『三〇一条調査』の報告書」すなわち対中貿易赤字の「制裁関税」発動リストを発表した。六月中旬、トランプ大統領は金正恩委員長と初の米朝首脳会談をシンガポールで行った。中国の力を借りなければ接近できなかった北朝鮮を取り込んだつもりだった。

「貿易戦争」から「ポピュリズム的牽制」乱発へ

二〇一八年七月初めに米中は貿易戦争に突入した。同時に三つのことが起きた。当時、ポンペオ国務長官は北朝鮮の核施設廃棄の米朝交渉で平壌にいたが暗礁に乗り上げた。裏で北朝鮮を操っているのは中国だとトランプ政権は見た。そしてポンペオ長官は平壌から中国への制裁関税発動を指示し、貿易戦争が始まった。台湾海峡を米軍艦船二隻が制裁関税発動と同じ日に通過した。米中対立後初めてだが、米軍は以後、艦船による台湾海峡通過を常態化させていく。

トランプ政権の政治を動かしているものは駆け引きと感情だった。ツイッターには「非核化が進まないのは中国が北朝鮮に圧力をかけているからだ」などといった中国批判の言葉をしばしば書き込んだ。中間選挙直前の十月初めにはペンス副大統領が中国への敵意むき出しで四十分もの演説を行った。「中国は米国の民主主義に介入している」「台湾の民主主義こそ全中国人にとって良い道だ」と訴え、西側社会の反中世論を煽った。

十二月のブエノスアイレスG20で米中首脳会談が行われた時にも三つのことが起きた。駆け引きで第四弾の追加関税は見送られた。トランプが大統領選挙対策で大豆の大量購入を要求し中国側が飲んだからだ。しかし首脳会談と同じ日、カナダの空港を通過しようとした中国のITトップ企業ファーウェイの女性副会長を、米国はカナダ政府に依頼し拘束させた。彼女を交渉進展の人質のように使いファーウェイ製品の世界供給網からの分断を求めた。トランプの目的は国際政治の主導権をめぐる中国との覇権争いだ。だが中国の強さは軍事分野でも進んでいた。二〇一九年に中国の軍事力は、ミサイル防衛で米国本土を牽制できる状態になっていた。

二〇一九年一月一日は米国が台湾と断交し、中国と国交正常化してから四十周年の記念日だ。これに合わせてトランプ政権は台湾との軍事協力を強化した。「アジア再保証推進法」を施行し、ミサイルや戦車の売却、軍事演習実施計画を正当化した。台湾海峡の米軍駆逐艦の通過も一月からほぼ毎月行うようになった。三月には新疆ウイグル自治区の少数民族に対する人権弾圧を批判し、関連する企業や重要人物に制裁を科した。六月からは香港で中国政府の意向を受けた民主化運動の弾圧が始まった。米国も国内に黒人などの人種人権問題を抱えていたが、国内世論を意識して問題解決に関わり始めた。六月の大阪G20で米中は首脳会談を行った。トランプ習近平会談はこれが最後になった。

コロナ禍。「中国ウイルス」「ジェノサイド」攻撃

コロナ禍で対面ができない状態は、米中の感情的な対立に拍車をかけた。二〇二〇年一月より中国から拡大したコロナを中国は三月に制圧した。疫病封じ込めと同時に人心動揺を強権で抑え込んだ。経済活動も回復した。その過程

で「米国には同じ対策ができない」と挑発した。この社会主義強権国家に特有の「恫喝」にトランプ政権も乗り、対面で会談ができない状況下で子供のような喧嘩をした。ポンペオ国務長官が「武漢ウイルス」という言葉でコロナの震源となった武漢を揶揄した。トランプ大統領も「中国ウイルス」と攻撃し、オブライエン大統領補佐官は「武漢で隠蔽があった」と批判した。「隠蔽」というのは当時、米連邦議会で「コロナは武漢ウイルス研究所から流出した。生物兵器開発の可能性がある」というファクトの確認できない議論が盛り上がっていたからだ。加えてトランプ政権は、WHOの判断は「中国寄り」だと主張し、七月にWHO脱退を通告した。

七月下旬にはポンペオ国務長官が演説で「共産主義の中国を変えなければならない」と中国の政治理念そのものを否定した。ポンペオは米国の対中関与政策こそが中国の強権を容認したと失策を訴え、同じ共和党のニクソン元大統領が述べた「中国というフランケンシュタインを造り出してしまった」という発言を紹介した。発言は西側世界の反中感情に乗って独り歩きした。だが歴史的経緯を無視していないだろうか。ニクソンは大統領当時、冷戦下の一九七二年二月に北京を電撃訪問し、米中国交正常化の道筋を作った。その後中国の民主化は一九八九年の天安門事件で挫折《ざせつ》した。しかし当時の共和党ブッシュ（父）政権下の米国は中国も豊かになれば民主化すると思い込んでいた。中国を孤立から脱却させ米国との関係を修復させようと、大統領経験者としてニクソンは一九八九年十月に北京に乗り込んだ。「フランケンシュタイン」発言は一九九四年四月にニクソンが死去する直前のものだ。当時は民主党クリントン政権だ。中国をグローバル経済に取り込み、米国はその果実にありつこうと勢いづいていた。冷戦時代の封じ込め政策からまさに「関与政策」に切り換え、中国とWTO加盟交渉を開始した時期だ。そのときのことを一九九四年に本人に取材したジャーナリスト、ウィリアム・サファイアが二〇〇〇年五月に『ニューヨーク・タイムズ』※261への寄稿で記している。ニクソンは共和党の政治家としてクリントン政権が経済重視で中国に傾く一方で、人権問題などがないがしろにされていることを悩みながら「フランケンシュタインを造り出してしまった」と述べたのだ。決して中国を切り捨ててはいない。発言が記事になったころ、中国は翌二〇〇一年末のＷＴＯ加盟が大詰めを迎え、その条件にかなうよう国有ゾンビ企業の改革を進めていた。その加盟直前の二〇〇一年九月に九・一一テロが起きた。共和党のブッシュ（子）政権は反テロ対策で中国に協力を求める。二〇〇八年の金融危機のリーマン・ショックでもブッシュ政権は中国に救済を求める。ポンペオは米国が迷いながらも米中蜜月へ向かったことを無視して「フランケンシュタイン」を持ち出したのだ。

ポンペオは中国を批判する一方、米国好みの台湾を持ち上げた。「我々が見捨てた台湾こそが民主主義を開花させた」と訴え、「一つの中国」政策で台湾と断交した政策を批判した。八月以降、アザー厚生長官を訪台させるなど政治交流を再開した。バイデン政権への交代が確実視された十一月の大統領選直後には、ポンペオは「台湾は中国の一部ではない」と明言した。

トランプからバイデンへの政権交代直前にポンペオは新疆ウイグル自治区で起きているウイグル族への迫害を、大量虐殺を意味する「ジェノサイド」という言葉で批判した。実際に人が虐殺されているという明確なファクトはない。だが、「ジェノサイド」のワードは人々の心に刺さり問題意識は広がった。

このトランプ政権のポピュリズム重視の対中政策は、有権者の素朴な反中感情を意識し、政治に反映させた。このことは専門家の世界でしか理解されず、解決しきれなかった中国が抱える問題を、広く社会に認知させたという点では評価できる。その上、クリントンからオバマまでの間の米大統領の警戒なきグローバル化こそが「中国問題」の放置と、西側の反中感情の拡大を許したのだ。しかし民衆が素人目線で外交を評価したとしても、外交活動そのものは事情の分かった専門家が行うべきものだ。特に中国の成り立ちは日本や米国と必ずしも同じではない。世界の中心にいる米国のポピュリズム的な外交は、民主主義に馴染まない国々を米国から遠ざけたのではないか。

5　バイデン政権／民主主義と繁栄を守る。対中牽制と協力と

感情的反中の立て直し――喧嘩と会談に規則性

バイデン政権のテーマはトランプ政権で混乱した内政と外交の立て直しと、乱発ではなく規則性のある「戦略的」な中国牽制の提示だ。衝突の危機を競争関係に持ち込みコントロールしようとしている。だが噴出した米国社会の反中感情やこれを反映した野党・共和党からの突き上げは簡単には収まらない。しかも前政権時代からのコロナ禍に加えてウクライナ戦争に直面した。

政権初日の二〇二一年一月下旬、コロナ対応で重要なWHOに対して「脱退撤回」を通告した。「パリ協定」への復帰も宣言した。一方、中国の位置づけは、バイデンの二月初めの外交演説では「最も手ごわい競争相手（most serious competitor）」と特筆し、「米国の繁栄、安全保障、民主的価値は中国の挑戦を受けている」と訴えた。トランプ政権では中国とロシアの二つを「米国の競争相手（America's competitors）」と位置づけていたが、バイデン政権は中国だけを突出させた。

政権が共和党から民主党に替わったとはいえ、対中関係のスイッチを簡単に対立から融和に切り替えるわけには行かない。同盟国の間では中国の影響力から民主主義体制を守る安全保障の重要性が認識され始めていた。国内では半分近くがトランプを支持する構図が変わるわけではない。トランプ政権が掘り起こした反中の民意と中国牽制をバイデン政権も継承した。ウイグル族迫害を「ジェノサイド（大量虐殺）だ」※262としたポンペオ国務長官の認識を、一月下旬の政権交代時にブリンケン国務長官も継承すると表明した。

ただしバイデン政権では中国を敵視する政策を軌道修正し、牽制の後には会談を行う。競争しながら「適当な距離」を保つようになった。習近平との最初の「米中首脳電話会談」は中国が祝う二月の旧正月に合わせて行い、中国の宣伝に乗ってメンツを立てた。三月の全人代開催前に発表したバイデン政権の国家安全保障戦略（NSS）の暫定指針では、中国を「国際秩序に『挑戦』を行う潜在能力を持つ『唯一の競争相手』だ」と警戒を示しつつ、「競争が衝突に発展しないようガードレールを設ける。対話を保ちリスクを管理する」と関係安定を訴えた。ロシアについても「影響力を強め世界を破壊・妨害する役割を演じている」と警戒対象にしたが、中国を特別視した。

習近平が首脳会談で希望した通り、中断していた「米中戦略対話」を再開させ三月中旬にアラスカで米中外交担当トップ同士の会談を行った。会談後に行った就任後初の記者会見でバイデンは、「中国との険しい競争」であり「民主主義と権威主義の戦い」だと表現した。

四月には毎年恒例の「脅威影響評価報告書（Threat Assessment）」を発表し、世界の脅威となる国として中国をトップにロシア、イラン、北朝鮮の四か国の名前を挙げた。さらに日本から菅義偉総理大臣を招いた日米首脳会談では、日米共同声明に初めて「台湾」の文言を入れて「台湾海峡の平和と安定の重要性を強調する」と明記し、尖閣諸島への米国の防衛義務とともに盛り込んだ。中国は当然、猛反発した。しかし批判の矢面に立つのは日本だ。日米首脳会談翌日の『環球時報』社説は「日米同盟はアジア太平洋の平和を脅かす軸になる」というタイトルで「日本が台湾に近づけば発火する」と脅し、尖閣諸島領海に侵入する中国政府の船の数を増やした。だがこのとき、米中関係では、米国がパリ協定復帰アピールのために四月下旬に主催するオンラインの「気候変動サミット」で、習近平主席の参加を求めて交渉中で、気候変動問題担当大統領特使のケリーが中国・上海に乗り込んでいた。そして習近平はバイデンと「オンラインサミット」で同席する。

バイデン政権が最初に中国に掲げたハードルは北京冬季五輪外交的ボイコットだ。人権弾圧を批判し五輪に政権幹部を派遣しない。欧州では前年に英国外相がウイグル族迫害や香港の問題を理由に北京五輪ボイコットに言及して以来、ボイコット論への賛同が広がっていた。そこにウイグル族ジェノサイド問題も加わり、バイデン政権下の米連邦議会でも「ボイコット論」が炎上し始めた。香港問題も収まらなかった。一月に香港政府によって民主派元議員ら五十三人が逮捕されて以降、リベラル紙『リンゴ日報』が廃刊に追い込まれる六月までの間、弾圧が断続的に続いた。この間、米国務省の腰は重く、報道官は「同盟国と五輪ボイコットについて議論している」と曖昧にあしらっていたが、五月下旬に民主党のペロシ下院議長は外交的ボイコットを連邦議会で呼び掛けた。六月上旬には上院で外交的ボイコットを要求する「United States Innovation and Competition Act（技術革新・競争法案）」を可決した。そしてバイデンは北京冬季五輪の外交的ボイコットで西側各国の旗振り役に祭り上げられた。

米国の国家安全保障戦略における中国やロシアへの向き合いは「競争が衝突に発展しないようガードレールを設ける。対話を保ちリスクを管理する」だったはずだ。外交的ボイコットは中国のメンツをつぶし西側の反中世論は確かに満足するだろう。西側の結束を中国に示すこともできる。しかし中国に対してどこまで効果的だったのか。もともと国内は情報統制されている上に、コロナ禍でさらに封鎖状態に置かれている。宣伝でどうとでもなる状態だ。一方、バイデンは六月中旬にジュネーブでプーチン大統領と対面で会談し中国を包囲するためロシアの取り込みを狙った。だがプーチンにとって何をいまさらといったところだ。NATOの東方拡大をウクライナにまで延ばそうとする米国への不信が先に立ち、ロシアは中国に寄り添った。中国とロシア、そして米国好みの国になれなかった国々が逆に結束していくのである。

この香港や西側の外交的ボイコットの動きと並行して北京では共産党を権威づける愛国心高揚のイベントで社会を引き付けていた。七月初めの結党百周年祝賀式典では、習近平主席から「一八四〇年のアヘン戦争以来、抗日戦争など幾多の戦争を乗り越えて中華人民共和国を建国した」「砂のようにバラバラ（散沙）だった旧時代の中国を終わらせた」「国家主権・安全・利益は軍が守る」といった従来と変わらない中国の「物語」が改めて示された。北京冬季五輪を意識した中国ブランドを売り込む「愛される中国」キャンペーンも始まっていた。揺さぶる米国と、情報統制で外からの対中批判が響かない中国が併存する。米中の社会レベルでの全く異なる亀裂の広がりは、米国が戦略構想力の衰えをさらけ出すのと並行していた。シーソーの上で米国が下がり中国が上がる姿はアフガニスタンでも見せつけられた。そして中国に寄り添う国家群は拡大し、西側と異なるパラレルワールドも広がって行く。

カブール陥落で弱体ぶり露呈、米中のグループ対立を生む

米軍撤退に伴う八月中旬のアフガニスタン政権崩壊で、米国は国力の弱さを見せつけた。もともとは九・一一テロ発生二十周年にあたる九月十一日撤退の予定が「力の真空」ができるというのでタリバン勢力が息を吹き返した。首都カブール陥落三週間前の七月下旬、米国のシャーマン国務副長官が天津で王毅と会談していた。ルーティンの米中戦略対話だ。だがその二日後に王毅は同じ天津にタリバン政権幹部のバラダルを招き会談した。テーマは陥落後の米国に替わる安全保障と経済支援だ。力の真空を中国が埋める。シャーマンが中国とタリバンの会談予定を事前に知っていたかどうかは分からない。中国は米国の失態を嘲笑した。カブール陥落を一九七五年の「南ベトナム・サイゴン陥落」になぞらえて報道したことを見ても分かる。

カブール陥落後、バイデン政権が行ったことは、中国から民主主義を守る「ガードレール構築」だ。米国は民主主義を標榜《ひょうぼう》する国々を囲い込み仲間にして置く必要があった。カブール陥落前に民主主義サミットの「十二月開催」を発表した。九月に安全保障の枠組みとして米国、英国、オーストラリアによるＡＵＫＵＳを新しく立ち上げ。日本と米国、オーストラリア、インドのＱＵＡＤ協議の首脳会合を対面で初開催した。

これに対して中国も同じことをやった。そしてグループ間対決を生む。九月、米国の隙を突くように「全球発展倡

議（ＧＤＩ：グローバル発展イニシアチブ）」という発展理念を習近平が国連演説で提唱し賛同する国を広げる。西側式民主化を前提としない中国式理念だ。これがウクライナ戦争開戦後に中国式安全保障構想の「全球安全倡議《ぜんきゅうあんぜんしょうぎ》（ＧＳＩ：グローバル安全保障イニシアチブ）」に発展する。

アフガニスタンでの混乱により、「米国は台湾からも手を引く」「中国の台湾統一でも同じことが起きる」という懸念が高まった。バイデンはカブール陥落直後から「台湾に対しても防衛義務がある」※263との発言をテレビ出演などの場で繰り返した。米国は原則的には外交関係のない台湾を防衛できる立場にはない。よって指摘を受けて、従来方針に変わりない。失言だったと釈明することが続いた。だがバイデンの確信犯的な失言は、日本を含めた西側の懸念払《ふっ》拭《しょく》には一定の効果があった。中国を抑止しなければならない。しかし衝突の引き金を米国が引くわけにはいかない。

中国は九月中旬から戦闘機を台湾の防空識別圏に連日のように進入させた。台湾が「双十節」を迎える十月に戦闘機の数は延べ百機以上になった。「ＡＵＫＵＳ」「ＱＵＡＤ」への反発とバイデン発言への挑発、台湾独立派への牽制だ。一方、米国はハイテク分野を中心とした経済面での対中牽制も続けた。バイデン政権ではトランプ政権のときに拘束していたファーウェイ副会長を釈放するなど、感情的な牽制はなくなった。しかし通信アプリの規制では、米国の安全保障上、情報流出の懸念があるとしてネット決済のアリペイや動画共有のＴｉｋＴｏｋ（ティックトック）を対象とする議論が続いている上、人権弾圧リスクになると見られる分野の規制を続ける。そこに日本などの同盟国を巻き込み、半導体や新疆ウイグル自治区産品など供給網の分断や取引規制をさらに強化して行く。

だがこの間、喧嘩をしても首脳会談を行う。バイデンは習近平と何事もなかったかのように、九月に「電話」で二回目、十一月にオンラインで三回目の会談をする。十一月の「オンライン」会談の映像は習近平が力を入れていた「歴史決議」の宣伝に使われ、習近平の国内での地位に箔《はく》をつけた。一方バイデンは中国に接近した後は突き放した。習近平との首脳会談で「中国の物語」に付き合った直後に北京冬季五輪への外交的ボイコットを発表し、さらに十二月、中国とロシアを排除し台湾とウクライナを招いた「民主主義サミット」をオンラインで開催する。バイデンは「民主主義を強化し権威主義を押し返そう」と呼びかけた。権威主義の国々も対抗した。ロシアのプーチン大統領は北京冬季五輪開幕式に出席し、閉幕後に堂々とウクライナに武力侵攻し米国とＮＡＴＯに反旗を翻した。

第八章

ウクライナ戦争

日米中は流動化する世界の中に《二〇二二―》

この章では日米中の動きを書き分けることを止めた。米中の対立が世界に影響していたところにコロナ禍を経てウクライナ戦争が始まり、一つのドラマの中で日米中が役割を演じるのを書き分けることがもはや無意味になったからだ。

米中双方にとって相手国との関係が外交上も国内政治でも最重要課題になった。その米中の動きに日本も欧州やロシアなども影響され、世界が米中関係をどう見守っているのか、横並びの顔色を考慮せざるを得なくなったのだ。

ロシアという強権国家であり国連常任理事国で核兵器を持つ大国が弱いウクライナに侵攻した。二〇二二年二月下旬の戦争開始が日米中の構図を大きく変えた。中国は米国との力関係で勝つために、ロシアを下支えする道を選んだ。米国から包囲されていたロシアと中国は寄り添い権威主義の集団勢力になった。日中関係を規定する米中の関係は、国同士の問題から民主主義と権威主義という異なる理念を追求する国家グループの対決に変わった。

米国の対中政策は大方針で動くというより、衝突を避ける。あるいは中国を阻止するといった小刻みのものになった。米国一つでは対抗できない。中国の行動に対して米国がその都度反応し牽制する。西側の国家も社会もウクライナの次は台湾に中国が進攻すると連想する。

対立を理性で解決に導くのが民主主義の本来の姿だったはずだ。しかしその米国のペロシ下院議長が反中世論を背景に台湾を訪問した。中国に台湾武力解放の口実を与え、軍事的威圧が常態化した。

日本は中国、米国を中心とした世界、そして国内世論という三方向からの力を捌《さば》かねばならない。

▼国際情勢と中国国内

①　ロシアのウクライナ侵攻が世界を分断
②　米国による対中包囲網の強化が中国をロシアと組ませた
③　米中が「仲間」を囲い込み。国家グループ間の対決へ
④　日米欧では政治も社会も、ウクライナの次は中国の台湾進攻を連想する
⑤　米国のペロシ下院議長の台湾訪問はこの連想に突き動かされて起きた

▼日本の動き

⑥　安倍長期政権後の政権は、基盤が弱く短期で交代した
⑦　米国は日本を安保の要としてグレードアップする
⑧　中国は米国と対立する一方、日本との関係悪化をかろうじて避けている
⑨　日中関係を規定するものは米中関係から国家グループの対立関係に構図が変わった

1　五輪外交的ボイコットが中国・ロシアを遠ざけた

バイデン政権の国際政治における優先事項は中国包囲網の構築だったはずだ。米国にとって「唯一の」「手ごわい

競争相手」はまず中国であり、ロシアも「脅威国」に位置づけた国であったが、力を中国対応に絞るため戦略的にはロシアとの緊張関係を冷ます必要があった。

さかのぼって二〇二一年六月にジュネーブで行った米ロ首脳会談を確認する。[※264] バイデン大統領は習近平より先にプーチン大統領と対面で会談しロシアの取り込みを狙った。だが三時間以上話し合い、新戦略兵器削減条約（新ＳＴＡＲＴ）に続く新たな軍備管理の協議開始や、サイバーセキュリティ対策での協力などで一致したが、対話継続以上の成果は伝わってこない。すでに軍事的威圧を与えていたウクライナ問題については平行線だった。そして当初の目的だったはずの米国が「唯一の競争相手」と名指しした中国に関しては発表を見る限り米ロ首脳会談では触れられていない。

プーチンにとってＮＡＴＯ東方拡大問題による米ロ対立の溝は深かったのだ。特にバイデン政権発足後の三月以来、ウクライナのゼレンスキー大統領が「ＮＡＴＯ加盟とクリミア半島奪還」[※265] の主張を強めたことが大きかった。プーチンはバイデンとの会談後の七月に、ウクライナやＮＡＴＯとの対決姿勢を明確にした「国家安全保障戦略」[※266] を発表した。ロシアはウクライナ国境付近で軍事演習を始めた。さらに米国が九月にＡＵＫＵＳ、ＱＵＡＤの体制を整え中国を包囲したことが中ロに「アジア版ＮＡＴＯ」を想起させ結束に導いた。

十一月からロシアはウクライナ国境での兵力を増強した。そこにバイデン政権はロシアと中国を排除しウクライナと台湾を招く「民主主義サミット」参加国リストを発表した。バイデンはロシア軍撤退を求めてプーチンと十二月中に二度、オンラインと電話で会談を行ったが平行線に終わった。そして十二月上旬の民主主義サミットはオンライン形式だ。ウクライナからはゼレンスキー大統領が参加した。このサミット最終日にロシアはウクライナのＮＡＴＯへの非加盟を要求する外務省声明を出した。さらにプーチンは習近平とオンラインで中ロ首脳会談を行い、そこで北京冬季五輪開会式へのプーチン自身の出席を発表した。ロシアはドーピング問題で五輪から排除されていたにもかかわらず。

米国など西側が外交的ボイコットで同調する中、二〇二二年二月の北京冬季五輪は開催された。習近平にとって、二〇二二年二月初めの五輪開会式を共にしたプーチンは、コロナ発生後二年間で初めて直接対面した外国指導者だ。ドーピング問題で代表選手が排除されたロシアからプーチン大統領が開会式に出席した。プーチンは中国に寄り添った。中ロ共同声明[※267]では「一帯一路」や「全球発展倡議（GDI：グローバル発展イニシアチブ）」といった一連の中国式の秩序や価値理念をロシアが全面支持することが明記され、主権・安全・利益を守るためNATO拡大に反対し、「両国友好没有止境，合作没有禁区（中ロ両国は無制限に協力する）」と宣言した。このとき習近平が、二月下旬にウクライナに侵攻することをプーチンからどこまで明らかにされ、切迫感をもって戦争を予測していたのかは分からない。共同声明では領土保全を訴え、台湾独立や外からの内政干渉、「カラー革命」にも反対を表明した。

ロシアが支持表明したグローバル発展イニシアチブは習近平が二〇二一年九月に国連総会で提唱した中国式発展理念だ。米国主導のグローバリズムが形骸《けいがい》化し西側同盟国だけで固まる一方、中国は民主化できない国を集めて中国中心の別のグローバリズムを形成しつつあった。二月のプーチン訪中時の中ロ共同声明には「ファシズムと軍国主義への反対」「日本の福島原発事故の放射性汚染水（処理水）放出への重大な懸念」も明記され、日本牽制のときに切るカードを示した。日本の菅義偉政権が二〇二一年四月に処理水の海洋放出方針を決定して以来、中国は外務省の会見などで静かに反発を表明してきた。それがロシアとの共同声明に記されたのだ。

２　ウクライナ侵攻――ロシアは中国の「反面教師」

中国に有益なのはロシアか米国か――世界は台湾進攻を連想

五輪が終わるや否やロシアはウクライナに侵攻した。二〇二二年二月下旬にロシアがウクライナに対して行った戦争は、米中の立ち位置を大きく変える事態となった。中国はこのロシアの軍事行動を必ずしも支持していない。だが戦争を中国も米国も自らの権勢拡大に利用する。米国はロシアの制止など、中国を思い通りの方向に追い込もうとする。しかし逆効果で中国は壁を築き、自国中心のもう一つのグローバリズム確立のチャンスにしようとする。

侵攻した日とたまたま同じ日に、『人民日報』は「世界の政治の中心は欧米から東洋に移る（東昇西降）」※268という論文を発表した。この「東昇西降」という言葉は二〇二一年ごろから米国がコロナ禍や大統領選挙で混乱するのを踏まえて、「中国が優勢になる」「百年に一度の大変局だ」と中国が謳歌《おうか》する中で使い始めたワードだ。「東」には中国とともにロシアを含むこともある。

侵攻直後の二月二十五日に習近平は中国を頼るプーチンと電話で中ロ首脳会談を行った。会談内容についてロシア側は「習近平氏はロシア指導者の危機状況における行動を尊重すると強調した」※269とした。中国に縋りついたのだ。だが中国外務省の発表にはロシア側を擁護するような表現はない。「ロシアとウクライナの交渉による解決」※270「すべての国の主権と領土保全」「国連を中核とする原則を順守したい」という基本姿勢を伝えただけだ。世界中が中国の台湾への武力進攻を連想するようになった。しかしロシアの行動は他国への侵攻であり、中国が主張する領土保全や内政干渉反対と明らかに矛盾する。米国の台湾への介入も中国にとっては内政干渉だ。

中国のそもそもの大目標は「中華民族の偉大なる復興」だ。中国が勝ち残り「国際政治の主導権」を握ることだ。ロシアとの距離もそのときの計算で変わってくる。国連安保理や総会のロシア非難決議ではいずれも棄権した。[※271]中国はどう出るべきか。前後どちらに進むにもリスクが生じる。中国はロシアと同じ轍《てつ》を踏んで米国から包囲されぬよう検討した。中国が「勝ち」にたどり着くには二つの選択肢があった。一つは、米国側と融和しロシアを孤立させて終戦に導き世界での名声を高める選択肢だ。もう一つの選択肢は、ロシア側を支えて米国とは異なる独裁国家としての道をまい進することだ。だが台湾有事になれば米国との戦争に直結する。これは避けねばならない。

ウクライナ侵攻のあった二〇二二年二月は、タイミング的に米大統領ニクソン訪中五十周年の記念行事と重なったことから米国との融和がイメージされ、中国が米国に恩を売れば、台湾問題で見返りが期待できるという意見も見られた。「ロシアは敗退し世界の主導権は米国が握る。中国はロシアと手を切るべきだ」[※272]という主張も中国の政府系シンクタンクの学者から出てきた。

米国では戦争が泥沼化するのを中国は放置するという中国系学者の「大胆な見立て」[※273]が話題になった。ロシアにも米国にも中国は積極的な協力はせず、米国はロシアとの闘いに関わり疲弊する。そのあいだ中国は力を温存できる。ロシアも弱体化して中央アジア諸国を統率する主導権を中国が握れるというのだ。ウクライナとの関係も政治、経済、欧州との関係でも「国益」上重要だ。

しかし中国が世界戦略で有利に立つ上でやはりロシアは重要だった。ゼロ・コロナ政策で民衆は精神的に疲弊し、国内経済も減速していた。中国もロシアも共通点がある。民族問題や経済格差を抱えながら強権統治で大国再興を目指していることだ。両国が力を合わせれば民主化ができない多くの国を従え影響力はさらに増す。その上、中国が米国に協力してロシアを止めたとしても、米国による中国封じ込めがなくなる保証はない。結局後者、ロシアを支える道を選んだ。

NYタイムズ報道「中国は事前に戦争を知っていた?」

ウクライナ侵攻の二月下旬以来、米国はメディア報道や議会証言を通じて中国揺さぶりを狙った情報発信を集中的に行った。これはバイデン政権がウクライナ侵攻後に中国に対してまず行った、思い通りに中国を動かすための意図的な内部情報の「リーク」だったのではないだろうか。『ニューヨーク・タイムズ』は中ロの癒着に関する情報を「政権高官の話」として繰り返し報じた。あくまでもメディア報道であり政府の発表ではない。「米政府は中国側にロシア軍侵攻のリスクを繰り返し伝えたのに中国は動かず、提供された情報をロシア側に横流しした」[※274]「中国はロシアに五輪が終わるまで戦争を延期するよう要請していた」[※275]「戦争前にロシアは中国に軍事援助と経済援助を求めていた」[※276]。「ロシア対応で習近平政権は動揺している」とバーンズCIA長官が議会で証言したという報道も飛び出した。[※277]米国側の認識は中国がロシアを支援しているという不信感だ。中国は米国による情報戦だと猛反発した。メンツを重視する中国の取り込みには逆効果だったはずだ。断片的情報は正しいかもしれないが全体の状況には報道と異なる部分もある。

では戦争が始まる危機感は中国にどこまで認識されていたのか。ウクライナには約六千人の中国人が在留していたが本国から現地大使館への退避指示が遅れ大混乱した。王毅からウクライナ外相に中国人の避難に協力して欲しいと申し入れている。[※278]ロシアの侵攻を認識していたら混乱は起きなかったはずだ。

情報戦が激化する中、かねて「米国や日本との戦争は回避すべきだ」と主張していた人民解放軍将軍の劉亜洲が拘束されたと米連邦議会系メディアの『RFA(ラジオ・フリー・アジア)』[※279]が報じた。容疑は不正蓄財だが額面通りには受け止められていない。劉亜洲の主張は西側での「台湾武力統一」の議論を逆に煽ることになり、中国にとって障害になると見られたという観測が出ている。米国の中国専門家のマイケル・ピルズベリーと親交を深めていたことも国益を害すると見られたのだろう。

喧嘩しても米中は首脳会談を続けた。三月中旬に四回目の米中首脳会談[※280]がオンラインで行われた。ここでバイデンが習近平に要求したことは「ロシアを説得しなければ中国にも制裁を加える」ということだった。戦争終結でのロシア説得とロシアへの経済や軍事支援を停止すること。応じなければ中国にも経済制裁を加える。米国は中国を「共犯者」呼ばわりして思い通りに動かすことを狙った。そう中国には映った。しかし中国は要求して動く国ではない。習近平は「問題を起こした方がまず解決すべきだ」と米国の責任を追及した。喧嘩の責任は米ロ双方にあるとした。そして「経済制裁で犠牲になるのは民衆だ」と反対を示した。

そのバイデン政権はこの期に及んで初の「国家防衛戦略[※281]」を発表した。主要テーマは中国とロシアに対する民主主義各国による包囲だ。改めて追い詰めた。中国はインド太平洋での「最重要の戦略的競争相手（most consequential strategic competitor）」であり、ロシアは欧州で挑戦する「深刻な脅威（acute threats）」であるというのだ。バイデン政権が中国を表す言葉はエスカレートした。発足当時は「最も手ごわい（most serious）競争相手」「唯一の（only）競争相手」「競争は険しい（stiff）」だったのが、いまや「最重要の戦略的競争相手」だ。そして中国はロシアとともに米国に対抗する道を選んだ。対米強硬派の学者・閻学通は「ロシアが倒れて中国だけになれば米国の矛先は中国に一極集中する[※282]」という中国側の認識を米誌『フォーリン・アフェアーズ』で明らかにした。しかし追い打ちをかけるように中国の元ウクライナ大使も「ロシア敗北は時間の問題だ。米国はプーチン政権を倒す決意だ[※283]」と警鐘を鳴らした。単独でロシアに接近するのは共倒れになる。中国はロシアと二国間関係を強めつつも多国間協議の枠組みの中でも結束する。そしてこの国家グループを中国式国際秩序構築に利用した。

ロシアと共闘、反米キャンペーン

米国が中国を「最重要の戦略的競争相手」扱いにした三月下旬ごろから、中国が権威主義国家を取りまとめ、米国を遠ざける二つの動きが出てきた。中国主導の多極化だ。

一つはウクライナ情勢と直接関係のないアフガニスタン支援をテーマにした多国間会議の開催だ。ここに中国とロシアの外相が参加した。動きのもう一つはウクライナ戦争をめぐって反米感情を煽る『人民日報』のネガティブ・キャンペーンだ。

中国の多国間外交と宣伝報道が中国式グローバリズム構築を一歩進めた。

ウクライナ戦争への対応に世界の眼が注がれる中、王毅はアフガニスタンを電撃訪問した。米軍撤退後のアフガニスタン復興支援で、王毅は三月下旬、中国・安徽《あんき》省でロシアのラブロフ外相も招き上海協力機構参加国を中心とした「アフガニスタン近隣外相会議」を始めた。アフガニスタン訪問はその準備だ。王毅はアフガニスタン政府からは「米国は再建どころか破壊しただけだ。だが中国は食糧、コロナワクチン、薬など援助してくれた」というコメントを引き出した。経済支援を約束した王毅はこの後、「近隣外相会議」に参加しなかったインドなどを歴訪した。インドは上海協力機構参加国でありながら米国主導のQUADにも参加し、中国主導のBRICSのメンバーでもある。五月に東京で開催のQUAD首脳会合にモディ首相が参加するため、中国主催のアフガニスタン会議への出席を控えた可能性がある。

アフガニスタン近隣外相会議という多国間協議には一石二鳥のプラスがあった。単独でストレートにロシアに接近すれば中国は米国から共犯者扱いされる。しかしアフガニスタン復興支援がテーマであれば言い逃れができる。多国間に取り込むことでロシアの孤立を回避できる。さらには中国と関係の深い近隣各国でアフガニスタンを支えることでユーラシア大陸の心臓部を抑え込める。近隣外相会議には米国国務省の高官も参加させたことが国務省の会見で明らかになった。ここでロシアのラブロフ外相は米国への怒りをぶちまけた。会議後にラブロフは近隣外相会議不参加だったインドを訪問し、ロシアの国営メディア『スプートニク』[※284]によるとモディ首相とも会談したという。

『人民日報』はアフガニスタン近隣外相会議の記事[※285]を掲載した三月二十九日から「米国は危機に対して逃れられない責任を負っている」と題した反米キャンペーン報道[※286]を十回に渡って連載した。初回タイトルは「ウクライナ危機に見る米国の覇権」。サブタイトルは「NATO拡大こそがウクライナ危機の根本原因だ。ロシアは包囲されたと認識した。米国は危機を扇動している」だ。「鐘声（Zhongsheng：中国の声）」という、中国共産党が重要メッセージを発信するときに使うペンネームを使用した。「米国叩き」という中国のナショナリズムは権威主義国のグループをまとめる共通の理念になろうとしていた。米国中心の秩序に反発する国は世界に広がっていた。「鐘声」は二回目以降、「武器提供が火に油を注ぎ解決の障害に」「衝突の長期化で米国軍需産業が利益を得る」「バイデン演説の冷戦思考が安全保障を破壊する」「米国は人権の〝擁護者〟どころか〝偽善者〟だ」といった主張を展開した。

　最終回の「グループ対決が国際秩序を踏みにじる」は「国連加盟国のうちロシア制裁参加は四十か国と少数派で残り百四十か国は不参加だ」「米国には自国第一、唯我独尊、覇権、いじめだけで平等や尊重はない」と強調した。武力侵攻には反対だが経済制裁はロシアのみならず世界全体の国民生活に圧力をかける。米国など大国を中心にした手法だと反対する国は多かった。世界の多くの国はロシアの戦争には反対だが、ロシアへの制裁や米国の戦略に賛成しているのは民主主義が成功している西側の国々だけだ。中国はロシアを抱き込みカウンター・バランスを得た。

　しかし中国もロシアに深く関わりすぎることは信頼を失うことにもなりかねない。四月初めにウクライナの首都キーウ近郊のブチャで虐殺事件があったことで、ロシアを世界中が敵視した。中国は外交の表舞台では事件を否定するロシアを支えた。だが中国国内では「現場」写真付きの「虐殺」[※287]報道を、ロシア側の主張との両論併記ではあったが容認したのだ。

グローバリズムが二つ――有力国家の囲い込み競争

米中間の有力国家の囲い込み争いがエスカレートした。米中双方が互いに自国中心の安全保障の枠組みグループや理念を作り対抗する構図になった。米中どちらが先というのではない。米国が「民主主義サミット」なら中国は「グローバル・イニシアチブ」だ。競争を勝ち抜くためだと米中双方が自らを正当化し世界に支持基盤をつくり始めた。

(一) 全球安全倡議は中国版安保構想か

世界がウクライナに目を奪われていた三月下旬の中国・安徽省での「アフガニスタン近隣外相会議」開催に続いて、四月下旬に海南島で「ボアオ・アジアフォーラム」が開催された。ここで習近平主席は中国式の安全保障構想といえる「全球安全倡議（GSI：グローバル安全保障イニシアチブ）」[※288]を提唱した。米国がQUADなら安全保障でも中国式の「グローバル」があるというのだ。これは前年の国連総会で習近平が発表した発展理念の「全球発展倡議（GDI：グローバル発展イニシアチブ）」を補強する中国式安保構想だ。そして五月下旬以降、BRICS（ブラジル、ロシア、インド、中国、南アフリカ）関連会議を四連発でほぼオンライン開催し、全球安全倡議（GSI）をBRICSの安全保障の基本理念にした。BRICS外相会議[※289]では習近平が全球安全倡議（GSI）を示し、「主権・安全・国益をともに守ろう」と呼びかけた。ここに九か国が新たに加わったBRICS拡大外相会議では、米国に対抗する「話語権（発言権）」獲得で気勢を上げた。六月下旬にはBRICS首脳会議[※290]に合わせて九か国代表を加えた「グローバル発展ハイレベル対話（HDGD）」[※291]を、これは対面で開き、理念のGDIと安保構想のGSIへの支持を表明させた。インドのモディ首相は東京でのQUAD首脳会議に出席した後、BRICS首脳会議にもオンライン参加した。

中国は南太平洋の島嶼国も取り込み始めた。王毅外相はBRICSの会議に出た後、五月下旬に南太平洋の島嶼国を歴訪した。オーストラリアの隣のソロモン諸島とは安全保障協定を結んだ。※292 七月には東南アジア諸国を歴訪した。プーチン大統領も参加した九月のウズベキスタンで開催の上海協力機構首脳会議でも、※293 習近平が全球発展倡議（GDI）と全球安全倡議（GSI）を改めて提唱した。

同じ頃、東京ではQUADが。欧州ではNATOやG7のサミットが開催された。バイデンは五月下旬から六月に開催の会議の日程に合わせ、日本と韓国や欧州を歴訪した。いずれもテーマはロシアと中国の包囲だ。冷戦後の米大統領の最初のアジア歴訪で中国を訪れなかったのはバイデンが初めてだ。オバマもトランプも米大統領が東アジアを歴訪するときには必ずセットで北京を訪問したが今回はスルーした。東京での日米首脳会談後の「日米共同声明」※294 では、菅総理との声明でも出された「台湾海峡の平和と安定の重要性」の文言が、尖閣諸島での防衛協力よりも前に明記された。バイデンは会談後の共同記者会見で「米国は台湾を防衛する」※295 と発言した。政府サイドがすぐに否定するがバイデンの「台湾防衛」発言は確信犯のように繰り返されてきた。

（二）米国中心のQUAD、IPEF、PBP、PGII、AP4

バイデンは日米首脳会談に先立ち一帯一路に対抗するIPEF（インド太平洋経済枠組み）発足を発表。参加した十三か国首脳らとさっそくオンライン会合を開いた。インドと豪州首脳も駆けつけQUADの首脳会合も東京で開催した。QUADを中国は「アジア版NATO」だと警戒してきた。全球安全倡議（GSI）はまさに「中国版NATO」になろうとしていた。中国牽制狙いの友好国囲い込みはこれだけではない。六月下旬に米国同盟国のサークル発足発表がさらに続いた。太平洋島嶼国を支援し囲い込むPBP（Partners in the Blue Pacific：青い太平洋：ブルーパシフィックにおけるパートナー）。G7サミットで発表した一帯一路対抗のPGII（グローバル・インフラ投資パートナーシップ）。NATO

サミットには日韓豪ニュージーランドも参加した。この四か国でNATOサブグループのAP４（アジア太平洋パートナー）が構成された。

日本はそこでどう関わるのかだ。中国にとって米中の間にいる日本を敵に回せば損だ。対立する米国との関係で仲介者として利用する上でも、経済回復を進める上でも。しかし悪循環が起きていた。

日本ではバイデン大統領に見られる振り子のような動きはできない。しかも岸田総理大臣は内政と国内世論を意識する。二〇二二年五月上旬の英国訪問で記者会見に臨み、そこで「ウクライナは明日の東アジアかもしれない」[※296]と述べ、続けて「台湾海峡の平和と安定」に言及した。当然中国は反発する。五月下旬に東京での日米首脳会談やQUAD首脳会合の開催直後、『人民日報』は米国と一体行動する日本を「アジアに〝狼《おおかみ》〟を引き入れようとしている」と批判した。だが岸田は六月下旬に初参加したNATO首脳会議でも「ウクライナは明日の東アジア」というまったく同じ言葉を発信した。中国外務省は七月初めに「昨日のアジアをまず考え過去の侵略を反省せよ」と歴史認識問題を指摘し「軍備を増強」し「NATOをインド太平洋に拡大させようとしている」と警戒心を露わにした。中国は「ここぞ」というときに絞り込んで日本にお灸《きゅう》をすえているように見える。

民主主義と権威主義のトップに立つ米中は、喧嘩をしても譲歩し、首脳会談で危機管理ができる。対立と接近の間で振り子のような動きをする。しかし日本と中国の間では大きな喧嘩はない代わりに首脳会談も一回しかない。日本の総理大臣は中国の首脳と積極的に会談すればよいのだ。だが中国はもはや日本が単独で交渉しても簡単に動く国ではなくなった。力関係が開いた日本は中国にとって重要度の低い小さなワンオブゼムになった。日本はテコか「協力者」としての役回りしかできない。

会っても中国は動かず、逆に譲歩を迫られるだけでは日本国内では右派政治家や保守系世論が許さない。内政では政権が党内で影響力を拡大できなければ、中国首脳との会談は遠ざかる状態だ。選挙の度に右派議員や反主流派らが反中世論と共鳴し、短期で引きずりおろそうとうごめき始めるからだ。一方、安全保障では日本は中国側に飲み込まれることを恐れ、米国やQUADなどにしがみつき、後ろ盾にして中国と向き合う。力が陰り始めた米国の方も日本に対中牽制の肩代わりを求める。この中国との意思疎通の欠けた日本は中国に対する牽制で米国より前面に突出し、中国に歯向かうように見え、警戒心を抱かせるのだ。

「党大会への影響は許されない」──米国への接近

米国とウクライナや台湾問題をめぐり対立し続ける中、二〇二二年秋の第二十回党大会で習近平は三期目の総書記と国家主席留任を目指す。失敗は許されない。米国の揺さぶりに神経質になった。

バイデンが日韓と欧州を歴訪する直前の五月中旬、中国外交トップの楊潔篪は『人民日報』で習近平政権の「外交思想」※297に関する論文を発表した。安定した環境で党大会を行うには一言釘を刺さねばならない。それは「党大会」への影響を懸念した米国への「懇願」にも見えた。楊潔篪は二〇二二年が中国にとって重要な節目となる「第二十回党大会」の年であることを指摘し、「国際社会での『小グループ』づくりは共通課題解決での協力を弱める」「米国に相互尊重と共存を求める」「『台湾』などの核心的利益を守る」「『封じ込め』『冷戦思考』に断固とした対応をとる」と訴えた。

バイデンが日韓を訪問した後の五月下旬、今度はブリンケン国務長官が楊潔篪に回答するかのように「中国へのアプローチ」※298と題する政権の対中政策演説を行った。ブリンケンは、中国は「国際秩序を変えよう（reshape）としている唯一の国だ。普遍的価値から我々を遠ざけようとしている」「軌道修正をあてにはできないからだ（we cannot rely on Beijing to change its trajectory）。だから中国を取り巻く戦略的な環境を形成している」と指摘した。だが一方で「米国は中国との衝突や新冷戦を避けたいのだ」と訴えた。

ただし中国は「いまの国際秩序は米国中心主義だ。米国だけを例外にするな」と言い返した。おりしも新疆ウイグル自治区を視察していた国連の人権高等弁務官には習近平が「不需要对别国颐指气使的〝教師爺〟（人権状況には理想的な国はない。教師面するな）」※299とオンライン会談で訴えた。

しかしもともと米国と中国の論理は違う。米国から見れば冷戦後に米国の秩序だけになったところに中国主導のシステムが登場した。その自国中心のルールや価値観を押し付けるやり方に、受け入れる側では警戒感が起き、自らを守ろうと包囲網ができるのは自然なはずだ。これを中国側から見れば、中国を変形させようと関与政策でシェイプ（shape）とヘッジ（hedge）を行ってきたのは米国だということになる。米中とも被害者ぶりを主張する平行線の議論を続ける。それでも楊潔篪はその後六月中旬に大統領補佐官のサリバンとルクセンブルクで対面会談を行った。楊潔篪とサリバンが動くことは前年以来、習近平がバイデンと首脳会談を行う前触れになっていた。七月下旬の米中首脳電話会談開催の手筈《てはず》を整えた。その会談が直前で「ペロシ訪台」報道に見舞われる。

中国国内はコロナ拡大で荒波を進んでいた。党大会への懸念材料になっていた。若者の就業率も下がっていた。党大会で指導者が権力基盤を固めるには「功績」が重要だ。内に混乱があるときには外での国際政治の主導権掌握でも一層強い態度を取らねばならない。国内からの揺さぶり圧力と外との闘いの間で悪循環に陥っていた。どちらに対しても強権で臨むしかない。二〇一二年の第十八回党大会では日本の尖閣諸島国有化と重なり、反日暴動の容認といったナショナリズムの高揚で、政治に対する不満をそらし国民一体の結束を図った。だが感情の炎上は政権批判にもつながった。ＳＮＳが発達した今日では同じことはできない。威圧の常態化で反発する周辺国をさらに米国側に遠ざけることにもなる。

中国のコロナ対策は「ゼロ・コロナ」だ。感染者を徹底的に抑え込む。二〇二〇年一月の流行当初、人権を考慮することなく都市封鎖し「容疑者」のように感染者とその周辺住民を隔離、検査、治療し中国製ワクチンを接種する防疫体制を進めた。患者ゼロは共産党の方針であり、患者の存在は地方政府や行政や医療機関の責任追及に発展する。コロナ対応が優先で一般診療は後回しだ。これで二〇二〇年にはいち早く経済復興につなげ世界経済にも貢献した。中国政府は『新華社』を通じて「感謝すべきだ」と世界に胸を張った。この成功体験がある。だが二〇二二年の北京冬季五輪開催が近づき人流が拡大するにつれ、また感染者が増えたのだ。

経済に打撃を与えた。中国人が重視する不動産価格が下落し、学生の就職難が広がった。西安市では一月一日に健康だったと見られる妊婦が診察を拒まれ死産した。PCR陰性証明の期限が切れて自由に移動できなかったのが理由だ。混乱は都市部を中心に全土に拡大した。原因は新たに流行したのがオミクロン株という特殊なウイルスで、軽症で済むことが多いものの感染力が従来型より圧倒的に強いことだった。相手は自然だ。生き物だ。生き物には「対話」と「柔軟性」が必要だ。

しかし中国は計画経済の名残を持つ国だ。新しい現象に対応できない状態なのだ。個々人を中心にボトムアップする社会ではなく、国家全体を守ることが人々を守ることだと考える社会だ。結果的に過度な防疫体制ゼロ・コロナが全国一律で押し通される。二月の北京冬季五輪後に拡大防止のモデル都市だったはずの上海で感染が拡大し、三月にロックダウンも始まった。外国人が多く住み人々の問題意識は高い。だが医療体制が充実している大都市の中心部は患者を収容できても、地方都市や農村部に同じことはできない。上海や北京の中心部だけを対象に真面目過ぎるゼロ・コロナを解除することはできない。特別区扱いにすれば都市は満足しても逆に地方の不満が爆発する。

日本は感染者が中国よりもはるかに多いが、メディアや政治が動揺する世論を吸い上げ、政策の微修正を繰り返してきた。問題がないとはいえないが中国に比べて医療体制は整備され開業医が全国津々浦々にいる。医療保険も比較的整っている。ワクチン接種の進展がある。中国にはこのいずれもそろっていない。

ゼロ・コロナではなくウィズ・コロナで良いではないか。そのためには治療薬導入で海外の協力を得ることだと指摘した体制内専門家がいた。武漢でのヒトヒト感染を最初に公表して以来、コロナで陣頭指揮を執ってきた鍾南山らだ。[※300]指摘は削除された。仮に医療体制が整っていない地域も含めて一律ウィズ・コロナにすれば多くの患者は看病を受けられず多数の死者を招く。命に関わる問題は全国一律ではないのかということになる。ゼロ・コロナを止めれば「百六十万人の死者が出る」[※301]という試算が出された。権威ある米国の科学誌『ネイチャー・メディシン』で発表された上海・復旦《ふくたん》大学と米国インディアナ大学などの学者の共同論文だ。

そしてこうした論争はそのまま政治問題に結び付き、不満が中央政府に飛び火する。党大会の年であれば権力闘争に発展しかねない。

上海では四月、都市封鎖に民衆の怒りが爆発した。住宅街を視察した上海市トップの李強《りきょう》書記が封鎖地区の住民から街頭でつるし上げられ、撮影された動画が拡散した。李強書記は習近平主席との関係が深く次の首相候補だと目されていたが、民衆に政権批判の口実を与え、コロナ対応の誤りは反主流派の揺さぶりに利用される可能性もあった。秋の第二十回党大会こそが人事が動くタイミングでもあり、習近平としては支持者で布陣を固めたい。処遇は微妙だと見られていた。だが党大会で李強は序列第二位に引き上げられ、全人代での首相就任がこのとき内定する。この人事で習近平の権力掌握の強さを内外に示すことになるのだ。一方民衆には不満が残り、党大会後の「白紙運動」で爆発する。

「ペロシ訪台には武力で」――日本に示した意思

二〇二二年七月末、バイデンと習近平の五回目の米中首脳電話会談が行われた。五日後の八月初めにペロシ下院議長が台湾を訪問することがすでに首脳会談前から分かっていた。確かに民主主義社会が優れていることは自明の理である。しかし権威主義国家との安全保障での勝負では言論の自由のある国は言論の自由のない国に隙を見せることになる。

「ペロシ訪台」はメディア報道と記者会見が先行した。七月中旬に英国メディアの『フィナンシャル・タイムズ』によって報じられた。東南アジア歴訪の後、台湾、韓国、日本へ行くという。西側は自由だ。中国は統制だ。中国外務省は予想通り「力を伴った措置を取る」と警告した。七月末の首脳会談が迫っていた。バイデンの記者へのリアクションだ。「習近平と十日以内に電話で話す」と述べ、「ペロシ訪台を米軍は良く思っていない」と答えた。中国では論客の胡錫進・『環球時報』前編集長が米国SNSのツイッターで「ペロシの航空機を撃墜しろ」と煽った。これは削除された。ペロシのいる下院外交委員会では共和党マコール議員も「一度決めたら行くべきだ」と煽っていた。マコールは新型コロナの生物兵器説を唱えていた対中強硬派だ。米国は中間選挙を秋に控えていた。米国では政権揺さぶりが世論から起きる。首脳会談後のペロシ訪台を止めていれば「バイデンは習近平に弱腰だ」と共和党のみならず民主党内部からも突き上げがあったはずだ。中国国内の「政権揺さぶり」は党の上層部で起きる。八月恒例の重要会議「北戴河会議」も控えていた。バイデンと首脳会談まで行いペロシ訪台を阻止できなければ習近平の責任追及が起きる。国内の経済停滞やゼロ・コロナへの不満で八方ふさがりだ。

七月二十八日、真剣勝負になったバイデンと習近平の電話会談は二時間行われた。会談で習近平は「戦略的競争相手」と中国を位置づける米国の対中認識は誤りだと訴えた。バイデンは「台湾独立を支持しない」「中国は一つだ」と原則を述べた。実はこの首脳会談は中国では人民解放軍の創建記念日「建軍節」に合わせて行われた。翌日の『人民日報』※302には次の三つのニュースが同じ第一面に載った。一つは米中首脳会談だ。そして同じ日に開催された重要会議「中央政治局会議」に関する記事だ。「自我革命」「現代化」など中国が最強の国を目指す上での決意を表すワードを並べた。もう一つが前日の建軍節の記念活動だ。習近平は制服組トップや国防相らを従えて革命軍事博物館を訪れ、五年後の建軍百周年に向けて最強の軍隊実現を目指そうと訴えた。米国に軍の結束を示すとともに、まだ武力解放のタイミングではないことを強く意識したといえる。

　そして八月初めにペロシは訪台した。紳士協定とはいえ米台の政治交流の制限という中国との約束を破った。中国にはバイデンが信用できないということになった。習近平主席は内にも外にも台湾に強硬に出る口実ができた。条件がそろったからにはやらねばならない。準備計画をすべて実行に移した印象だ。ペロシ訪台の直後から台湾本島を取り囲む形でミサイル発射や戦闘機の飛行などの訓練を実施した。米国とのグループ間対決への強い意志を示すため、ロシアなど友好国のペロシ訪台批判声明をまとめて公表するとともに、武力統一の可能性に改めて言及した『台湾白書』※303を発表した。だが訪台は中国から見れば、二〇〇五年の反国家分裂法制定以来、中国が反対してきた外国勢力の干渉にあたる。バイデンとの二〇二一年十一月の首脳会談でも習近平が「以台制華（台湾介入で中国を牽制すること）」は戦争につながると警告していた。これで中国との衝突リスクを管理してきたはずの米国のガードレールは破綻する。避けてきた対決が先鋭化する。

　ペロシ訪台で中国は日本にも強硬な意思を示した。中国が八月四日に台湾周辺に発射したミサイル九発のうち五発は日本の与那国島《よなぐに》近海や波照間島のＥＥＺ内に落下した。与那国島にはミサイル監視レーダーがある。同じ四日にペロシは東京入りし、翌朝、岸田文雄総理大臣と朝食を共にした。ミサイルは岸田政権に対する抗議だと言えよう。四日にカンボジアで開催中のＡＳＥＡＮ外相会議の席で中国の王毅は林芳正との日中外相会談を予定していたがドタキャンした。初めからキャンセルするための日程だったのではないか。一方、米国のブリンケンと王毅はもともと予定がなかった。七月下旬に米中首脳電話会談が行われたばかりだ。八月は話せば非難の応酬になることは分かっている。九月末の国連総会で二人は会談したことが米中両政府から発表された。日本とは国連総会でも会談はなかった。八月にＧ７は台湾海峡での中国の軍事演習に懸念表明する外相声明を出した。Ｇ７外相声明に対する中国の抗議は北京の日本大使だけにピンポイントで行った。日本に関して分かってきたのは、交渉相手にするのは大国の米国だけであり、中国は日米の間の離反を図っているということになる。

ペロシ下院議長の台湾訪問は、有権者を意識した民主主義世界のポピュリズムそのものだった。確かに民主化した台湾社会に寄り添う西側世界の意思と、台湾武力解放で起きる安全保障の危機を中国に明確に認識させなければならない。ウクライナ戦争開戦以降、対中牽制のテーマは台湾への米国の政治介入に収斂した。「ウクライナに武力侵攻したロシアと同様、中国も同じことを台湾に行いかねない」。この言説が説得力を持った。しかしその方法は軍事力による抑止と外交による解決の意思との両方を理性的に示すことだ。「中国を毛嫌いする」感情ではない。一党支配の中国にはバイデンが政権与党の民主党議員の対中強硬策を容認したことはまったく理解ができないはずだ。ペロシは、自身の訪台が中国に軍事行動の口実としてどう利用されるか。米中の間にいる日本の有事、中国から受ける威圧をどこまで検討したのだろうか。

3　習近平三期目──中国式ウクライナ和平案

二〇二二年の秋から年末にかけて中国は党大会を、米国は中間選挙を軸に動いた。習近平は党大会で一層の強権を敷いた。外交では中間選挙をかろうじて制したバイデンと大統領就任後初対面をした。岸田総理とも対面で会談した。

十月中下旬に第二十回党大会[※304]が行われた。ここで習近平は党総書記ポストの三選、すなわち国家主席の三選を決め、「皇帝」のようなポジションに就いた。自らを含む中央政治局常務委員七人全てを地方勤務時代から習近平を支えてきたイエスマンでそろえた。李克強を含む共青団出身者を排除し、後任の首相候補に李強を据えた。李強は習近平の腹心で上海市トップの書記だった当時から次期首相と目されていた人物だ。だが四月にゼロ・コロナで市民の行動制限が続いたとき誘導に手抜かりがあり、街頭で住民らからつるし上げられる動画がネットにアップされて拡散された。その李強だ。それだけ習近平の権力は強いという説得材料になった。党規約には西側の理念と異なる「中国式現代化」の理念で最強の国を目指すことが明記され、習近平の地位確立が強調された。もはや「これだ」と言えばすべてが決まる習近平ワールドだ。

党大会閉幕日には内外メディアの前で、胡錦濤を退出させるドラマを見せた。中国政府は胡錦濤の退場について「体調不良だった」と発表した。確かに七十九歳だ。二〇一九年の軍事パレードのときも白髪姿で天安門の上に現れたが、勢いが感じられなかった。「精神的な体調不良」だと仮定すれば辻褄《つじつま》はあう。だがおぼつかない足取りながら胡錦濤本人は明らかに抵抗していた。この党大会が決めた中央常務委員人事に胡錦濤は相当不満だったはずだ。習近平が強権を発揮して三期目の続投を決める一方、胡錦濤を支えた若手エリート集団「共青団グループ」を政治局常務委員人事から一人残らず外したからだ。胡錦濤の出身母体の共産主義青年団（共青団）出身者ら、首相の李克強、首相候補だったはずの胡春華《こしゅんか》などがいずれも外された。彼らもひな壇に並んでいた。しかし退場する胡錦濤に習近平は平常心を装う。中国も同調圧力の国だ。空気に合わせて誰も気を遣わない。李克強も無視するが胡錦濤に肩を叩かれブルッと反応する。胡錦濤を支えた前首相の温家宝も共青団出身だ。しかし温家宝は京劇役者のように口を真一文字に結んで天空を見つめる。テレビで私たちが見せられたのは芝居ではない。体調不良による発作という「事故」が起きたことで共青団と普遍的価値に対する習近平指導部の「拒絶」を露呈した。それが危機管理に対する意識の高さから即興でショーに仕立て上げられたのだ。世界は習近平の権勢に震え上がったはずだ。米国はこうした体制ができ上がる事を事前に計算していた。

すでに九月、米議会では台湾への軍事支援や政治的位置づけを強化する台湾政策法案[※305]を委員会採決していた。これを「国防権限法二〇二三」[※306]に盛り込む形で年末に成立させた。十月の党大会前にバイデン政権は中国の先端技術産業の発展を阻止する「半導体関連製品の輸出規制」[※307]を発表した。日本など国外で生産されたものも対象だ。党大会直前にはさらに国家安全保障戦略（ＮＳＳ）[※308]の正式文書を発表した。「国際秩序を変える意思と能力を兼ね備えた唯一の競争相手（the only competitor）」「最大級の地政学的な挑戦（America's most consequential geopolitical challenge）」として中国が警戒されている。ただし政権発足時の前年二〇二一年三月に発表したＮＳＳの暫定指針（ガイダンス）にあった、中国との「競争が衝突に発展しないようガードレールを設ける」という言葉が、二〇二二年十月発表の正式文書からは消え去った。ウクライナ戦争開戦以降、主敵はロシアだ。ガードレール構築で民主主義国を守るつもりが、逆に感情的な溝を作り、中国とロシアなど権威主義諸国を集団化させ、民主主義の国々と集団で対決する構図に至った。この集団対決はウクライナ戦争を長引かせる要因の一つになっているといえるだろう。

米国では十一月上旬に民主党バイデン政権の実績評価ともなる連邦議会の中間選挙が行われ、下院は野党・共和党がわずかにリードし、下院議長は共和党に替わる。民意が米中関係を揺さぶる「トランプ状態」が再現する懸念が出てきた。選挙前の厳しい対中政策も、バイデン政権が共和党の揺さぶりを反映したものだ。分断状態の米国は「反中国」だけが超党派で一致する国になっていた。

それでも習近平は、中間選挙後の十一月中旬、バイデンと初めての対面による米中首脳会談[※309]を行った。東南アジアで連続開催された国際会議の場に合わせた。インドネシアのバリＧ20での三時間半もの会談で両首脳はウクライナでの核兵器の使用に反対することで一致した。

習近平は、台湾問題は核心利益中の核心、レッドラインだと改めて釘を刺した。カナダのトルドー首相との間では喧嘩のような会話が、Ｇ20取材に来たメディアの前で交わされた。米国との関係が極めて密接なカナダに対する中国の姿勢を見せつけるかのようだった。バンコクＡＰＥＣでは岸田文雄とも初めて対面の日中首脳会談を行った。わずか四十五分の「友好」を確認しあう程度だが、日中とも首脳同士が会えば民衆は後をついていく。

一方、習近平はロシアを差し置いて中央アジアで足場を築き始めていた。九月、習近平はコロナ後初めての外遊でロシアの影響下にあったはずの中央アジアを歴訪した。最初の訪問国カザフスタンで習近平は大統領から「偉大領袖（偉大な領袖）」だと持ち上げられた。ウズベキスタンで上海協力機構首脳会議が開催されたタイミングだった。ウズベキスタンの大統領も「卓越領袖（卓越した領袖）」だと称えた。リーダーを意味する「領袖《りょうしゅう》」のワードは翌月の中国共産党「第二十回党大会」で党規約に盛り込まれる見込みだったが、結局は見送られた。両大統領はフライングしたのだ。上海協力機構はソ連崩壊後に中ロで築き上げた枠組みだ。会議にはロシアからプーチンも参加した。習近平との中ロ首脳会談の写真は『人民日報』でウズベキスタン大統領との三枚の写真に押し出されるかのように下の方に置かれた。※310 画像31

ウクライナ戦争で孤立するロシアと中国が距離を取り、ロシアや旧ソ連衛星国の中央アジア諸国を従え始めていることは明らかだった。習近平は十二月にはサウジアラビアを訪問し、人権問題で緊張する米国との関係よりも中国を重視させることに成功した。中国は権威主義国家の集団を固めた。この後、年明けの二〇二三年二月には「気球事件」で米中関係が悪化する真《ま》っ只中《ただなか》でイラ

人民日報
RENMIN RIBAO
2022年9月
16
星期五
习近平接受乌兹别克斯坦总统米尔济约耶夫授予“最高友谊”勋章
习近平同乌兹别克斯坦总统米尔济约耶夫会谈
习近平会见俄罗斯总统普京

31 習近平プーチン会談は小さな扱い（上海協力機構首脳会議）
『人民日報』2022年９月16日

ンからライシ大統領が訪中する。中国政府の主導の下でサウジとイランが国交回復に至る。欧州も動いた。二〇二二年十一月初めにはパリG20の前にドイツのショルツ首相が、十二月初めにはEUのミシェル大統領が訪中し、習近平と会談した。習近平はEUに対しても全球発展倡議（GDI：グローバル発展イニシアチブ）への賛同を呼びかけた。米国が中国を牽制するときその背後にいるユーラシア大陸国家の動きを意識せねばならない構図になった。まさに「ユーラシア大陸中心部を制するものは世界を制する」と訴えた十九世紀の英国の地政学者マッキンダーの「ハートランド理論」だ。実はウクライナ侵攻一か月後に、王毅がアフガニスタンを電撃訪問しバラダル第一副首相と会談した。王毅はこのときアフガニスタンのことを「亜洲之心（アジアのハート）」[※311]と呼び「一帯一路」への参加を歓迎したのだ。ウクライナ侵攻直後、中国がロシア側に就くのか否か。そこで中国が戦略として意識しているものとして、国内外の学者が盛んに引用したのも「ハートランド理論」[※312]だった。

　中国が外に手を伸ばすとき、必ずと言っていいほど国内から揺さぶりを受ける。EUのミシェル大統領訪中直前の十一月下旬、北京や上海を始めとした大都市で学生を中心とした抗議デモが起きた。誰もが手に「A4判」の白紙を掲げたことから「白紙運動」「白紙革命」と呼ばれた。

　習近平の十一月の外遊が国内で報じられたことで中国の民衆は「コロナ後の世界」を知り始めた。社会は揺れ始めていた。当時カタールで開催されたW杯の映像が中国国内で放送され、観客席では誰もマスクをしていないことも衝撃だったようだ。筆者にも中国の友人たちが「三年我慢してきた」とSNSで訴えて来るようになった。三年続くゼロ・コロナ政策の反動だ。宇宙船「神舟十五号」での宇宙飛行士帰還が成功し、世界に名立たる国であることも証明できた。この当時のコロナの症状は軽い。しかしコロナはコロナだ。すべてが一律の中国ではゼロ・コロナ政策も全国一律だ。しかも経済が停滞し若者の就職にも影響し始めていた。

　街頭デモでは白紙を掲げた若者たちの間から、「習近平下台（やめろ）」という天安門事件で当時の首相に「李鵬《りほう》下台（やめろ）」と叫んだのと同じシュプレヒコールも登場した。ＳＮＳでつながった東京で、在留中国人たちにも母国の若者と連帯したグループがいた。十一月二十七日の同じ時間帯に東京・新宿駅西口の地下街に数十人の中国人が集まり「習近平下台」を訴えた。筆者も麻布の中国大使館の前で、「団結」の鉢巻きをまいた二十人ほどの学生たちが、東京の「大学名」や「反戦」「全学連」「人民に銃口を向けるな」という文字が書かれた大きな赤旗を振り、大声を上げるのを目撃した。いつもは右翼が多いが彼らは左翼だった。東京も含めて白紙運動参加者にはＬＧＢＴの権利を訴える人たちもいて、中国の反政府運動の性格は二〇一一年のジャスミン革命や反原発運動の頃からまた変化した。

強権をさらに強めた習近平は足元を常に警戒している。習近平は二〇二二年初め以来、「歴史周期率」[※313]という言葉を繰り返し「王朝」は不満を持った民衆によって必ず倒されるときが来るという教訓を語り出した。その悪循環から抜け出すには民衆の声を聞き「自我革命」で自らを変革させるしかないと戒めた。党大会の報告では主に政治腐敗摘発の文脈でこの言葉を述べていた。しかし「白紙運動」を受けて習近平はゼロ・コロナ政策を緩和した。もともと予定していたのを突然前倒ししたのだ。これも「自我革命」を意識したのは間違いない。デモと同じ頃にあったのが江沢民の病気による死去だ。江沢民の葬儀には党大会でつまみ出した胡錦濤も参列させてその映像が公開された。しかし葬列には民衆を近づけず、天安門広場の警備も厳重になった。一九八九年の天安門事件が、胡錦濤と同じ「共産主義青年団（共青団）」出身で学生に理解のあった元指導者の胡耀邦《こようほう》が逝去したことがきっかけになったことが想起されたからだろう。ミシェル大統領に習近平は学生たちがゼロ・コロナでストレスをためていると述べ、この政策に習近平が反省を抱いていることを示唆した。ミシェルはワクチン接種を急ぐことだとアドバイスしたという。[※314]ゼロ・コロナ政策緩和後の十二月初め、「共青団」は学生たちの行動、すなわち白紙運動が政策の改善に役立ったと評価するメッセージを出した。習近平指導部が主導して共青団に発表させたのだ。共青団に対して学生たちには信頼があることが分かっているからだ。党の幹部から共青団は一掃され、李克強首相も退いた。だが今後も習近平政権を支える集団として共青団は存在感を示し続けるのだろう。

その李克強が二〇二三年十月下旬、突然心臓発作で亡くなった。故郷の安徽省などでは追悼活動が広がった。自然発生的だったようだ。ネット上には退任後に訪れた地方都市で民衆に笑顔で迎えられたときの動画が拡散した。その経済政策や西側との融和、民衆に寄り添う姿勢、李克強ら共青団の改革マインドが評価されたのだ。李克強をたたえることで習近平への不満を婉曲的《えんきょくてき》に表しているともいえる。北京では告別式が行われたが厳重な警備が敷かれネット上の動画も削除された。二〇一八年に来日したとき、筆者は歓迎レセプションに参加した。参加者の中に李克強は積極的に入って握手をし、筆者も手を握った。骨太で乾いた掌だった。「友好発展こそ世界から期待されている」というスピーチに好感を持った。だが彼の政策や意思は日本では評価されても中国の現状に必ずしも馴染むものではないだろう。李克強には河南省書記時代の二〇〇〇年ごろ、違法な売血を容認してエイズ患者を増大させるなどの不作為と隠蔽疑惑があった。周囲を抵抗勢力に囲まれて指導力を発揮できなかったことが想像される。一方、習近平政権は反発を買っているとはいえ盤石だ。

気球事件――米国との没交渉を中国は勢力拡大に利用

二〇二三年二月初めに、中国が米国本土に飛ばした気球への対応をめぐって米中関係が一気に悪化した。中国は米国との対話が停滞した間に、中国式安保構想に従う国を拡大させ、ウクライナ和平にまで乗り出した。

「事件」発生前までバイデン政権は中国との決定的対立を避け接近に舵を切り始めていた。ウクライナ戦争が膠着《こうちゃく》状態にあり、その打開策ではロシアの後ろ盾になっている中国との対話が重要になっていることや、ウクライナから連想される台湾武力解放を避けねばならないという意識があった。一月に発表された米シンクタンクＣＳＩＳ[※315]が一年近くかけてまとめたシミュレーションでは、台湾をめぐって米中が衝突すれば日本も巻き込んだ戦争になり、中国は敗退するものの、日米台にも多大な犠牲が出ることが明らかになったのだ。

習近平政権もバイデンと同様だった。米国と溝を作ったままではロシアが仮に倒れた場合、中国は包囲される。台湾をめぐって米中衝突を招く事態はいつでも起こりうる。台湾への米国の介入も最小限に抑えたい。国内ではゼロ・コロナで疲弊した経済回復に米国との改善が望ましい。しかしこの流れは「気球事件」で頓挫した。

二月初め、ブリンケン国務長官が訪中するという情報が米国側の報道で流れてきたころ、米国モンタナ州の上空を白い無人の気球が飛ぶのが発見された。航空機が飛ぶ高度よりはるかに高い場所だ。米国防総省は中国が上げた監視用の気球だと発表した。米国の各メディアは「スパイ気球だ」と反発した。ブリンケンは習近平主席と会見するはずだった。中国外務省はすぐに「遺憾」の意を示し「気象観測用の気球が誤って米国本土に達した」と釈明した。習近平が通報を指示したと見られている。王毅はブリンケンに電話をし「判断ミスを避け、対立を制御することだ」と訴えた。だがブリンケンは「遺憾の意を承知しているが」としながらも訪中を延期した。バイデン政権は対応の甘さを野党共和党から突き上げられた。米国は真珠湾攻撃や九・一一テロなどを除いて外国から攻撃を受けたことがない。そして米国防総省は東海岸サウスカロライナ州沖の大西洋上空で空軍機によって気球を撃墜した。ここから米中のボタンの掛け違いが始まる。中国側は外交担当トップの王毅政治局委員、外務省、国防省がそれぞれ撃墜に対し抗議表明した。

米中関係の改善の機運は遠のいた。むしろ復帰に時間がかかった。この二月初めからの米中ディスコミュニケーションの状態は中国にとっては時間稼ぎにもなる。

米軍による撃墜という表の行動とは異なりバイデン政権は巻き返しを始めた。二月中旬、ミュンヘン安全保障会議に王毅が出席することが発表された。その直後の一般教書演説では、バイデン大統領の中国との関係に関する表現は「対立ではない。競争だ」[※316]と慎重で押し通した。ミュンヘン会議直前にバイデンはさらに「〝飛行物体〟についての演説」[317]をわざわざ行い、「習近平と会って米国の方針を説明したい」と表明した。だが習近平は三月初めの政治協商会議で「米国などによる封じ込め、包囲、抑圧が中国に未曾有《みぞう》の挑戦をもたらした」[318]と米国を名指しで批判した。

米国と「気球事件」をめぐって没交渉になる中、中国が米国に対抗して進めたことがある。気球事件の前からこだわってきた中国式安保構想「全球安全倡議（GSI：グローバル安全保障イニシアチブ）」を具体化することだ。参加する仲間を増やせば米国による封じ込めは怖くない。二〇二三年一月初め、就任後に初訪中したフィリピン・マルコス大統領との首脳会談で「GSI」について議題にしたことが共同声明に記されている。気球撃墜直後の二月中旬にはカンボジアとの「運命共同体共同声明」で「GSI」構想拡大を謳った。この後、王毅が外遊しミュンヘン安全保障会議でGSIをテーマに講演したのだ。ここでブリンケンとも言葉を交わした。挨拶程度の会話をしたと米中双方が発表した。一方、王毅は会談したウクライナのクレバ外相に「GSIについて検討したい」と答えさせている。この後王毅はモスクワでプーチンと会談した。ロシア政府もGSI支持を表明した。

この後だ。二月下旬に中国外務省はウクライナ和平案[319]を中国式安保構想「全球安全倡議（GSI：グローバル安全保障イニシアチブ）概念文書」[320]とともに発表した。GSI概念文書は中国による和平案のコンセプト・ペーパーとして宣伝された。ミュンヘンでの王毅のGSI提唱は、ウクライナ和平に向けた中国政府の地ならしだったのだ。中国が米国の空白を狙って足場を固めた。公表された「和平案」にはロシアの撤退も中国の具体的行動も示されていない。しかし中国は直前に国連安保理で張軍・大使が演説し、二〇一五年の「ミンスク合意」への支持を改めて表明した。[321]ロシアがウクライナ東部二州から撤退する代わりに、特別な地位を持つ自治を認める合意だ。ウクライナのゼレンスキー大統領は中国の和平案に賛同はしないものの習近平との会談への意欲を示した。これにより和平における中国の存在感を強くアピールできた。

訪中したベラルーシ大統領のルカシェンコもGSI支持を表明した（三月の共同声明）。そしてGSIは中東情勢をも動かした。お互い断交していたサウジアラビアとイランの外交関係正常化協議が中国の仲介により全人代開催中の三月に北京で行われ成立したのだ。中国との共同声明（二月）ではイランはＧＳＩに支持を表明、サウジも賞賛を表明した（二〇二二年十二月の共同声明）。サウジとイランの正常化協議で王毅は「ＧＳＩ実践の初の成功例」だと自画自賛した。米国は驚いたはずだ。全人代の期間中には中国政府特使として外務省の翟雋《てきしゅん》がイスラエルとパレスチナを訪れ関係改善に向けた協議に入った。

そして三月下旬には習近平がモスクワを訪問しプーチンと会談した。中ロ共同声明[※322]ではウクライナ和平交渉の早期再開を訴えた。ただしウクライナ戦争解決についてロシア軍の撤退や仲介する中国政府の具体的な行動には一切触れていない。その一方で米国などによる対ロ制裁、冷戦思考、小グループづくりによる封じ込めに中ロ共同で反抗したのだ。米英豪のＡＵＫＵＳを名指しし批判した。ロシアが中国のＧＳＩ（全球安全倡議）を支持することが明記され、中国がロシアに経済支援することも決まった。再三にわたってプーチンから習近平と会談したいと表明があって実現したのだ。会談を終えた後、プーチンが習近平を玄関口まで見送るところまでが映像で公開された。首脳会談からは中国がロシアを自らの影響力強化に利用しようとしていることが見て取れた。

ソロモン諸島や日本に対しても中国はすでにＧＳＩを提唱している。四月中旬にはＢＲＩＣＳの要の国、ブラジルのルラ大統領が訪中した。ブラジルはすでにＢＲＩＣＳ首脳会議でＧＤＩ（全球発展倡議）に支持を表明しており、ウクライナ和平でも中国の和平案を支持した。米国に接近した前大統領のボルソナロ政権と逆コースを歩み始めた。[※323]六月中旬に訪中したパレスチナ自治区のアッバス議長も共同声明でＧＳＩへの高評価を表明した。アッバス議長滞在中に『環球時報』は社説でＧＳＩ構想に基づいたイスラエルとパレスチナ問題解決への意欲を示した。

「デリスキング」提唱、EUは米中双方を牽制

中国が権威主義の国々を取りまとめて影響力を拡大させるに従い、中国とロシアの間には隙間風が感じられるようになった。周囲にも変化が出てきた。米国と中国の中間にいる国々が双方を天秤《てんびん》にかけるように中国にも接近し始めた。米中分断とウクライナ戦争の激化で各国、特にEUが懸念を深めていることがある。

まずロシアのいっそうの硬化だ。各国が停戦を中国に求めることはロシアから見れば、条件次第では中国が遠ざかり、ロシアだけが包囲されることを意味する。二〇二三年三月下旬に習近平がロシアを訪問し発表した中ロ共同声明では「核兵器を自国外に配備しない」ことも宣言した。しかしこの数日後にロシアはベラルーシに戦術核を配備することを表明した。核兵器は抑止になる。ベラルーシはロシアと同盟関係にあり、ウクライナと国境を接している。ウクライナ侵攻前にロシア軍が集結した場所でもある。ロシアがベラルーシを使ってウクライナの威圧を企てていると思われる。だが核兵器のベラルーシへの配備は中国との共同声明に違反することを意味する。

次にほぼときを同じくしてフランスとEUのトップが北京を訪れる日程が持ち上がる。人権問題では西欧は中国に反発はしても、経済では中国は欠かせない。安全保障で中国との対立がエスカレートすることは好ましくないのだ。中国にとってEUは大国の範疇だ。周辺国である日本よりワンランク上だ。中国がEUと近づくことは米国に対してもロシアに対しても力になる。EUのフォンデアライエン委員長は訪中に先立って三月末に「EUと中国の関係※324」をテーマに演説した。そして中ロ関係の変化や中国によるサウジアラビアとイランの仲介を意識し「プーチンの戦争に中国がどう関わるのかがEUと中国の関係を決定する」と明言した。その上で、「EUは中国との関係を切りたくない」「デカップリング（分断）ではなくデリスキング（リスク回避）だ」と訴えたのだ。これは中国の供給網切り離しにこだわっていた米国へのメッセージでもある。そして中国は変化した。このタイミングで四月に日本の林芳正外務

大臣もようやく中国を訪問した。フォンデアライエン演説に呼応するかのように、中国の傅聡《ふそう》・駐ＥＵ大使が「ロシアとは（戦争開始前に一致した）無制限の関係ではない」と『ニューヨーク・タイムズ』[※325]の取材に答えた。「中国はウクライナとの間で仲介者としての地位を獲得しようとしている。ロシアに軍事援助は行っていない。ただしロシアのＮＡＴＯに対する防衛戦争は理解できる」と述べたのだ。

四月上旬にフランスのマクロン大統領とフォンデアライエン委員長がともに訪中した。中国との経済関係は切り離せない。しかもフランスは西側国家の中で比較的早い一九六四年に中国を承認し、国際政治で米国とは異なる独自路線を歩んできた。伝統的に共産主義に対してもシンパシーを持っている。マクロンは習近平との会談で「ウクライナ和平における中国の役割に期待する」[※326]と訴えた。フランスは押せば動く国だと中国は確信したのだろう。広東省へ視察に行くマクロンに習近平が同行するというサービスもあった。訪中から帰国する機内で米国メディア『ポリティコ』などの取材に応じたマクロンは、「台湾をめぐる米国の論理と中国の過剰反応の議論に欧州は巻き込まれるべきではない」[※327]とさらに踏み込んだ。中国は喜ぶ。しかしこのマクロンの主張にフランス国内では反発が広がり、Ｇ７の間でも考え方が分かれた。

ゼレンスキー大統領も和平交渉で西側と中国側と双方を頼った。それは頼られる日本を含めた西側と中国側から見ると、和平実現後の国益、国際政治の主導権も意識して、双方が優劣を競い合う展開だ。ゼレンスキーは三月下旬にキーウを電撃訪問した日本の岸田文雄総理大臣と会談した。共同声明はロシアの「即時かつ無条件撤退」[※328]を訴えた。会談はモスクワでの習近平とプーチンとの中ロ首脳会談と重なり、欧米メディアは日本がウクライナに中国と異なるアプローチをとることに期待した。習近平は良い意味で対抗心を持ったはずだ。そしてフォンデアライエン訪中後の四月下旬、ついにゼレンスキーは習近平と電話で会談した。[※329]習近平はロシアの撤退にはまったく言及しなかった。だが「冷戦思考を捨てて停戦に持ち込む」と決意を述べ、和平交渉のための政府特使の関係国派遣を約束した。一方、ゼレンスキーは「一つの中国政策を支持する」と述べ、中国は台湾問題で得点を稼いだ。そのゼレンスキーは五月中旬から広島で開催されたＧ７サミットに電撃参加し参加各国との会談に臨んだ。このバイデンやフォンデアライエンも参加したＧ７サミットの首脳声明[※330]は、中国に対して「ウクライナ撤退でロシアに圧力をかける」ことを要求したほか「台湾海峡の平和と安定の重要性」を盛り込み、中国を牽制した。だが同時に中国を意識したデカップリングを否定し、「デリスキング（リスク回避）に基づくアプローチ」で協調するというＥＵが米国を牽制したともとれるメッセージも採用された。分断による股裂《またさ》きに苦しむ日本のような国には朗報だ。

中国はウクライナ戦争開戦以来、ロシアに寄り添ってきた。しかし五月のＧ７サミット直前には、ロシアを除外して中央アジア五か国首脳との「中央アジアサミット」を西安で開催した。かつての長安だ。中国がシルクロード沿線諸国を従えた時代を想起させたものだ。この後、中国政府の李輝《りき》・特別代表が和平交渉でロシアやウクライナなどを訪問し始めた。中国は中東、欧州、中央アジアとの関係強化を実現した。このユーラシアを手中に収められるというモチベーションこそが中国を動かす力になった。八月には中国とロシアが主導する新興五か国グループのＢＲＩＣＳが首脳会議を開き、加盟国を十一か国に増やした。中国、ロシア、インド、ブラジル、南アフリカに、関係修復したばかりのサウジアラビアとイラン、アラブ首長国連邦、エジプト、エチオピア、そして後に撤回するが、アルゼンチンが加わるのだ。発表された「ヨハネスブルク宣言」は米国中心の戦後国際秩序への対抗心を見せた。世界経済における新興市場や途上国の発言力強化を訴え、ＩＭＦや「ブレトンウッズ体制」の改革を要求した。

経済停滞、内向きになる中国

表の国際政治での中国は勇ましい。だが国内ではゼロ・コロナ政策を終了した後の経済成長が思わしくない。中国の経済成長の多くを頼ってきた不動産部門が減速している。若者の失業率の発表を取りやめたことから、中国国内でも悪化する就職状況に対する反発を恐れたものと受け止められている。中国政府に不満を持つ若者の反乱も、習近平後の時代まで見据えれば、ＳＮＳを通じた西側とのつながりが「アリの一穴」となり、政権の致命傷になることもあるかもしれない。

中国は巨大な国だ。このことは不動産部門が不況でも、外国の投資、貿易、国内消費など、経済問題を解決するポイントがほかにもあることを意味する。そして中国の内政が米中関係などの国際政治と密接に結びついていることをも示す。米国の経済は中国と関係を切ることはできない。しかし国際政治の上では、中国の減速を米国は願ってきた。中国を弱体化させるためなら米国は何でもやるだろう。一方、西側社会との経済協力が必要な中国が、米国との対立から単独で脱却するのは難しい。そこで米国には「中国を米国好みの国に改革できるかもしれない」という野心が再び頭をもたげる。米国経済界は三月下旬のアップルのティム・クックを皮切りに、五月に入るとのゼネラル・モーターースのメアリー・バーラ、テスラのイーロン・マスク、ＪＰモルガン・チェースのジェームズ・ダイモンなどのＣＥＯが「中国詣《もうで》」をした。バイデン政権からも六月のブリンケン国務長官の訪中に続き、閣僚が相次いで北京を訪れた。七月に訪中したイエレン財務長官は関係責任者らと十時間に及ぶ会談を行い、中国との経済切り離し（デカップリング）を求めていないことを改めて伝えるとともに、経済減速を踏まえて「市場経済に基づいた改革」「不透明な経済慣行の是正」を求めた。だが米国が中国に近づくときにはシェイプ（型はめ・誘導）とヘッジ（牽制・歯止め）のアメとムチの両方を使う。ヘッジでは「中国特別委員会（House Select Committee on the CCP）」が野党・共和党が主導する米連邦議会下院に二〇二三年一月に設置され、台湾問題から半導体摩擦に至るまで、中国と米国との関係見直しを図る警告や提言を議会やメディアを通じて発表し、バイデン政権の対中政策への批判を続けている。

この米中の間にある日本の選択肢は限られている。日中の関係促進では、お互いの世論によって影響されるところが大きい。中国が民衆の不満のガス抜きを行うために、政策的に矛先を日本に向けることはこの先もあるはずだ。また体制の安定のために中国にとって「有害な」言論や人物に対する摘発も厳しさは続くだろう。一方、日本では言論の自由があるものの、反中の感情と世論が高まっている。中国はこの日本の「反中」が逆流するのを警戒する。

第九章　日本の対中政策を世界が見守る

中国が権威主義のまま最強の国家になろうとしている今日、「天安門事件での制裁を続け、天皇訪中も行うべきではなかった」という議論がある。日本の判断は正しかったと筆者は考える。ただし中国が一貫して日本や米国とは異なる道を歩む現実を私たちは直視してこなかった。強大化して初めてそのことに気付き慌てているのではないだろうか。冷戦後の三十年、何をやってきたか。中国による日本への接近、威圧、牽制に対しては、その都度、単発的な一回性の対応しか行ってこなかったのではないか。

外交青書などにみる日中関係の位置づけ

日中関係を位置づけた文言を『外交青書』や『共同声明』『共同宣言』などで拾うことにより、対中政策の変遷が見えてくる。一九九六年に日米は防衛協力の牽制対象を冷戦時代のソ連から中国に切り替えるため、ガイドライン見直しの協議を始め、翌年策定された。米国が中国を警戒し始めたことを受け、日本は常に米国の対中政策を意識し変化に合わせて中国に対する評価を少しずつ変えてきた。二〇一三年には初めて日本の「国家安全保障戦略」を策定し安保面での対中姿勢を示した。ウクライナ戦争が始まると二〇二二年改定版の「国家安全保障戦略」で、中国の行動に「最大の戦略的な挑戦」という強い言葉が投げかけられた。概ね以下のような変化がある。次頁・図表32

一	「外交の主要な柱の一つ」	一九八二年版『外交青書』以降
二	「最も重要な二国間関係の一つ」	一九九八年の江沢民訪日の「共同宣言」以降
三	「戦略的互恵関係」	二〇〇六年の安倍総理（第一次政権）訪中以降
四	「戦略的互恵関係」 「国際社会の懸念事項」	二〇一一年版『外交青書』以降 二〇一三年版「国家安全保障戦略」
五	「日本の海洋主権に対する挑戦」「深刻な懸念」	二〇二一年版『外交青書』
	「建設的かつ安定的な日中関係」	二〇二二年版『外交青書』 同年版「国家安全保障戦略」
	「最大の戦略的な挑戦」「深刻な懸念」	二〇二二年版「国家安全保障戦略」 二〇二三年版『外交青書』　同年版『防衛青書』
六	「戦略的互恵関係」 「最大の戦略的な挑戦」「深刻な懸念」	二〇二四年版『外交青書』以降

32 日中関係の位置づけの変遷

冷戦終焉後の三十数年間、日本の外交は同盟国の米国が世界をどう捉えるかを中心に回った。ただし日本は戦略的に米中二つの大国の間でその双方の働きかけに乗っかった。冷戦直後の米中関係は良好だった。日中関係は日米関係や米国の顔色を今日ほど強く意識することなくある程度フリーハンドで進めることができた。対中感情も良かった。民主主義の国の外交政策決定には民意という要素が関わる。

一方、中国の外交には下からの民意の尊重という要素はない。そして一貫して米国と対等の地位につくことを目指してきた。間にある日本を利用し、ライバル視し、日米の分断を図り、米国を動かすテコに日本を使う。中国の対日牽制手段の変遷を追う。まず「歴史問題」で牽制した。ナショナリズムは日中の世論を動かし社会を束ねる。並行して「国際政治の主導権」を争った。米国は一強だった時代、弱かった中国の将来に期待した。しかし中国が強国になると日中も、米中も変わる。日本とは「国益」である尖閣問題でぶつかる。中国は異なる政治体制のまま国際秩序を塗り替え、世界は米国主導では動かなくなった。警戒した日米は中国牽制で一体化し始める。米中も対峙し始める。日本でも米国でも民意の多くは中国を許していない。政治は反中感情に引きずられる。だが中国の隣国として日本は米国一辺倒というわけには行かないだろう。これが、日本の対中外交を規定する日米中の現在地だ。次頁・図表33

1　外交の主要な柱の一つ《一九八二―一九九八》

日中関係を「外交の主要な柱の一つ」とした言葉は一九八二年版の『外交青書』に登場する。一九七九年に米国と国交を正常化するのと同時に、閉鎖のような状態から改革開放政策へと転換し、世界にプレーヤーとして登場したばかりだ。以来、中国に天安門事件と市場経済化があり日本で五五年体制が終わろうと、日本政府は一九九八年まで中国の位置づけを変えなかった。冷戦時代、世界は米ソ対決と、先進国を中心とした大展開の中で動いた。日本の外交の基軸は日米関係であり、一九八一年に日米は共同声明で「同盟関係」だと明記した。一方、中国では同じ一九八一年六月に第十一期六中全会で文化大革命が全面否定され、中央軍事委員会主席に就任した鄧小平が実権を握った。中国は日本を一九八二年の共産党大会で「大国」として位置づけ最重視した。中国は貧しく弱く、政治理念の上では

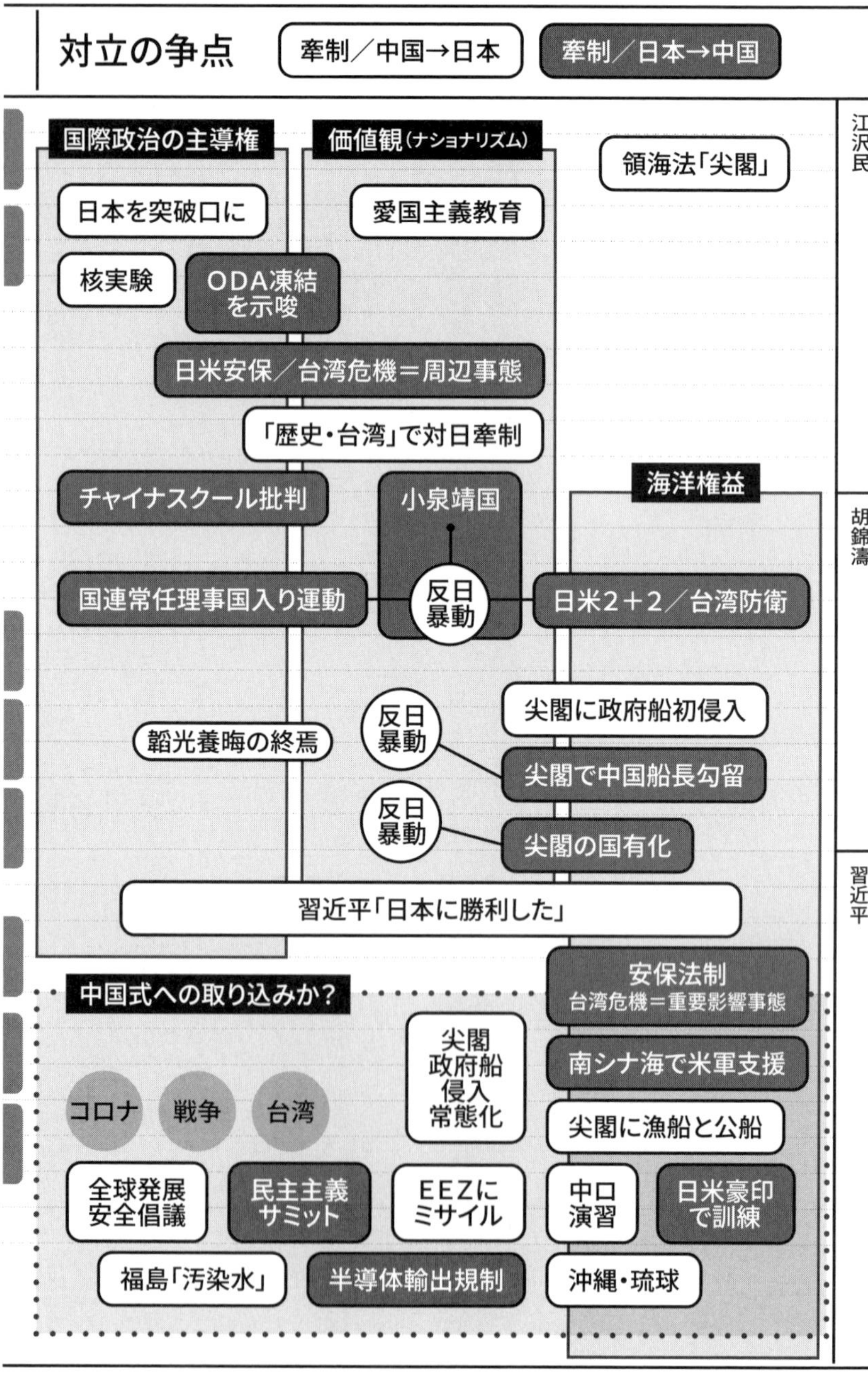
対立の争点
牽制／中国→日本
牽制／日本→中国
江沢民
胡錦濤
習近平
国際政治の主導権
価値観（ナショナリズム）
領海法「尖閣」
日本を突破口に
愛国主義教育
核実験
ODA凍結を示唆
日米安保／台湾危機＝周辺事態
「歴史・台湾」で対日牽制
海洋権益
チャイナスクール批判
小泉靖国
国連常任理事国入り運動
反日暴動
日米2＋2／台湾防衛
尖閣に政府船初侵入
韜光養晦の終焉
反日暴動
尖閣で中国船長勾留
反日暴動
尖閣の国有化
習近平「日本に勝利した」
安保法制
台湾危機＝重要影響事態
中国式への取り込みか？
尖閣政府船侵入常態化
南シナ海で米軍支援
コロナ
戦争
台湾
尖閣に漁船と公船
全球発展安全倡議
民主主義サミット
EEZにミサイル
中ロ演習
日米豪印で訓練
福島「汚染水」
半導体輸出規制
沖縄・琉球

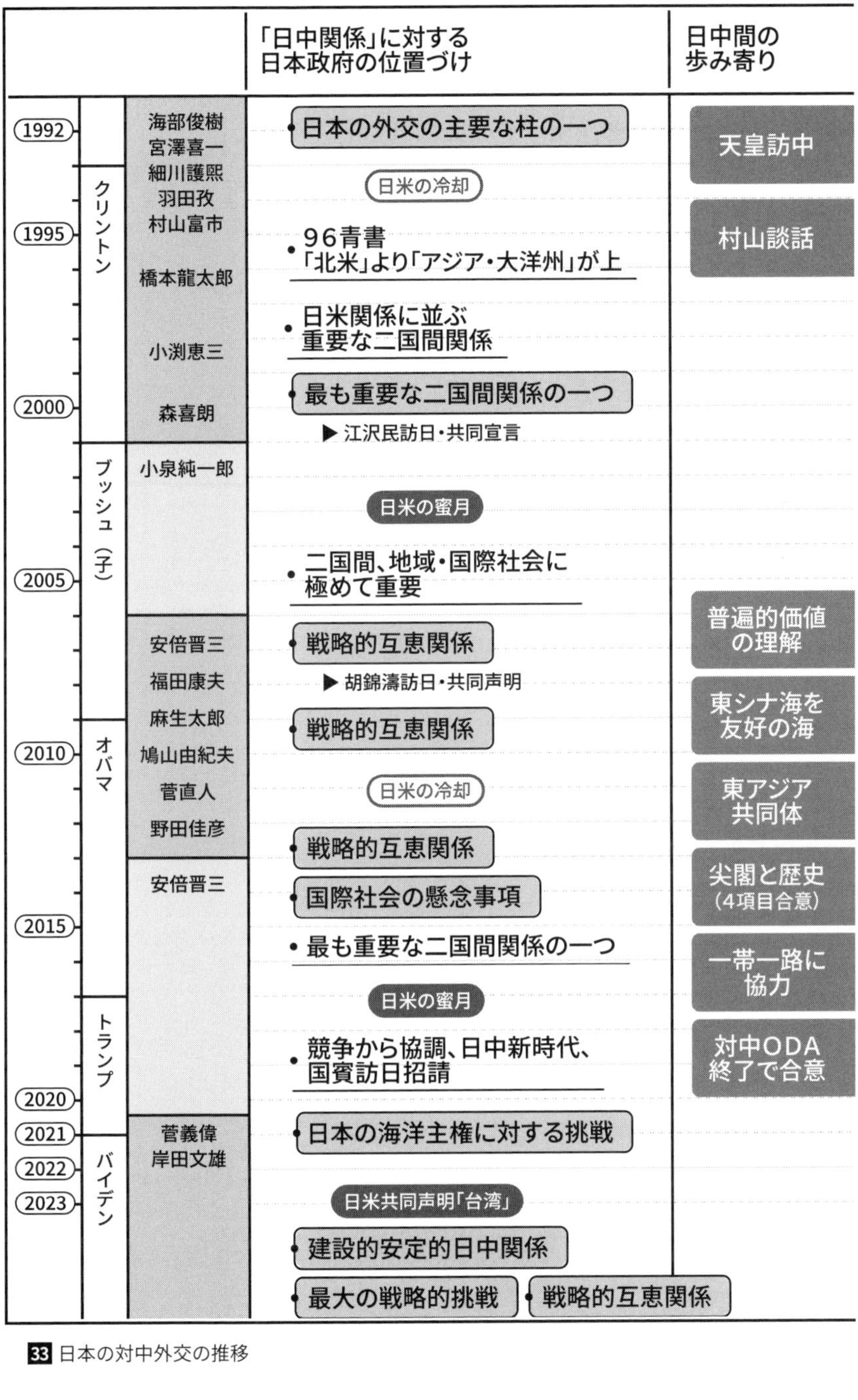

「日中関係」に対する日本政府の位置づけ
日中間の歩み寄り
1992
1995
2000
2005
2010
2015
2020
2021
2022
2023
クリントン
ブッシュ（子）
オバマ
トランプ
バイデン
海部俊樹
宮澤喜一
細川護熙
羽田孜
村山富市
橋本龍太郎
小渕恵三
森喜朗
小泉純一郎
安倍晋三
福田康夫
麻生太郎
鳩山由紀夫
菅直人
野田佳彦
安倍晋三
菅義偉
岸田文雄
日本の外交の主要な柱の一つ
日米の冷却
96青書
「北米」より「アジア・大洋州」が上
日米関係に並ぶ重要な二国間関係
最も重要な二国間関係の一つ
▶ 江沢民訪日・共同宣言
日米の蜜月
二国間、地域・国際社会に極めて重要
戦略的互恵関係
▶ 胡錦濤訪日・共同声明
戦略的互恵関係
日米の冷却
戦略的互恵関係
国際社会の懸念事項
最も重要な二国間関係の一つ
日米の蜜月
競争から協調、日中新時代、国賓訪日招請
日本の海洋主権に対する挑戦
日米共同声明「台湾」
建設的安定的日中関係
最大の戦略的挑戦
戦略的互恵関係
天皇訪中
村山談話
普遍的価値の理解
東シナ海を友好の海
東アジア共同体
尖閣と歴史（4項目合意）
一帯一路に協力
対中ODA終了で合意

33 日本の対中外交の推移

「竹のカーテン」の向こう側にいた。そして日中関係は二国間だけで完結し、世界情勢との関わりは小さかった。

冷戦崩壊──「民衆」が外交政策に発言を始めた

冷戦が終わると中国がぐっと近づいた。当時の米国では「世界は民主主義に収斂する」と考えられた。東南アジアの有力国や韓国などが一九九〇年以降、先の成長を見越して中国と国交を結び台湾と断交した。日米は貿易摩擦を演じていた。同盟のタガは緩み、中国が生む経済的利益に対しても「奪い合う関係」だった。

市場経済化で離陸する一九九二年の中国のGDPは、米国の十三分の一、日本の八分の一だった。この年に「天皇訪中」があり日本は「未来志向」で中国と向き合おうとした。一方、中国は相反することを同時に行った。核実験を再開する。新たに施行した領海法に尖閣諸島領有を明記する。領海法に日本の外務省が抗議すると中国外務省の徐敦《じょとん》信《しん》次官（当時）は、「我々外交部は抵抗したが、領海法に力が及ばなかった。船が来るとかにならない。地図の上だけでの処理だから我慢してください」と釈明したという。中国の中で、西側に接近する動きと国際社会に物申す動きとがぶつかっていた。

中国と異なり、日本では民衆が動けば政治は動くはずだ。だがこのとき民衆は何をやっていたのだろうか。冷戦時代が終わるまで、日本人にとっては、「外交」はエリートだけに任せておけば回る意識だった。政治家から見れば外交は票にならなかった。天安門事件までの中国に対する心象風景は、NHKが一九八〇年に始めた紀行番組『シルクロード』と「喜多郎」の音楽であり、「パンダ」だ。海外のニュース映像が日本で瞬時に報じられるようになったのは一九八〇年代後半からだ。外交に関心を持ち始めた。総理府（現在の内閣府）の世論調査を見ると、天安門事件で日本人の対中親近感は急落した。しかし親近感を持たない人々を下回らなかった。フランスのミッテラン大統領が「中国に未来はない」と言えば日本人は「アジアは遅れている。だが日本だけは別格だ」と考えた。暴動の弾圧自体は、韓国の「光州事件」やフィリピンの「ピープルパワー革命」、すなわちマルコス現大統領の父親の政権崩壊の過程でも起きていた。そして冷戦崩壊前後から国際ニュースへの関心は高まった。だが海外を見る尺度やフレームは喜怒哀楽の感情が支配し続けた。この「感情」によってニュースを切り取るのは日本人の悪い癖だ。日本で中国に対してまず変化し始めたのも問題意識というより対中感情だ。

天皇が一九九二年の訪中で北京から西安に到着した次の日、「貴花田《たかはなだ》関（現・貴乃花《たかのはな》）とタレントの宮沢《みやざわ》りえさんが婚約する」というニュースが飛び込んできた。「天皇訪中」のニュースはかき消された。もう庶民にはどうでもよい。当時は日本の政治においては、冷戦のタガが外れたことで押さえつけられていた左派やリベラル派が前面に出た時代だ。五五年体制崩壊は一九九三年だ。そしてこの後にくる対中感情悪化のきっかけは、中国の「核実験」が日本の抗議を無視して連続して行われたことだ。それが世論調査にも表れている。ようやく発言し始めた親中派の期待が核実験で幻滅に変わったのだ。加えて市場経済化した中国が日本とメディアや人の往来を通じ民衆レベルで初めて向き合い始めたことも背景にある。日本では同じ時期にバブル崩壊があり、日本人はやがて中国に負けるのではないかと思い始めた。日本政府は対中ODAの凍結を示唆した。※331 力の差を見せつけるのなら「金はいらないだろう」と日本では誰もが考えた。中国に関するネガティブ・ニュースがあふれ始めた。政治は中国を叩けば票になった。一部政治家から「南京事件はでっち上げだ」「戦争は侵略目的で行ったものではなく、アジアの植民地解放——大東亜共栄圏を目指したものと認識している」といった放言や失言が繰り返し飛び出すのもこの時代からだ。

日本では一九九五年八月、終戦五十周年の「村山談話」で、総理大臣だった社会党委員長の村山富市《むらやまとみいち》が過去の植民地支配などを謝罪し関係のリセットを目指した。だが、「談話」後も中国の核実験は続いた。リベラルなメディアまでが核実験に猛反発した。『朝日新聞』※332 は「核実験を続ける国に多額の政府の途上国援助（ODA）を無条件に供与するのは、釈然としない。政府は、こうした事態が改められなければODAの供与のあり方を見直す、というきちんとした姿勢を、中国側に示すべきだ」と訴えた。政府はついに無償資金協力を凍結する部分的な制裁を行った。

一方、中国ではそもそも、対中ODAは放棄した戦争賠償の代替だと認識されてきた。[※333]民衆レベルも言論自由化で「もらえるカネをトップが放棄」したことを初めて知り、署名活動で政府を追及し始めた。そこに日本の対中ODA凍結の話が逆流した。中国政府は日本側の戦争責任の放棄だと指摘し、戦時中の歴史問題を取り上げて批判し始めた。日本が抗議すると、中国人が個人資格で日本政府や企業を相手に日本の裁判所で損害賠償請求訴訟、すなわち戦後補償の民間訴訟を起こすようになった。中国政府も「(一九七二年の日中共同声明は)中国人民個人が日本政府に賠償を要求する請求権まで放棄したものではない」[※334]と主張し訴訟を容認した。

『人民日報』[※335]は「米国の核の傘の中にいる日本がODAを政治利用した」と怒りを表した。中国と日本は初めて〝喧嘩状態〟になった。十一月の大阪APECでは江沢民が途中、慰安婦問題で揺れるソウルに立ち寄り、金泳三大統領との共同会見で日本を批判し、そのまま大阪に乗り込んだ。

日米防衛協力見直し――対象は「ソ連」から「中国」に

そのときに米国の対中戦略の軸足が変わる。

台湾では民主化が根付き一九九六年三月に台湾総統の初の直接選挙が行われる。これを中国はミサイル発射で威嚇した。主に「中国国内世論」を意識したものだろう。核実験、歴史認識批判、民主化弾圧。その重みが一般の日本人に初めて認識された。ミサイルが飛んだ台湾海峡危機直後の一九九六年四月に訪日したクリントン大統領は、自衛隊の後方支援を得る新しい日米防衛協力のガイドライン(指針)を示し「中国ヘッジ」を日本に任せた。経済分野では中国をめぐって日本と競争を続けた。すでに核実験があり、日本では米国よりはるか前に中国の恐ろしさに気が付いていた。しかし日本は脅威を甘受しやりくりしてきたのだ。ここで中国は歴史認識に加えて台湾や尖閣諸島の問題にまで牽制手段を広げて圧力をかけてきた。

総理府（現・内閣府）・世論調査で中国に親近感を感じない日本人が親近感を持つ人を初めて上回ったのは一九九六年だ。「親しみを感じない」が五十一・三％で「感じる」が四十五・一％と一気に差をつけた。これと反比例するように、日本では台湾に対する人気が高まり、李登輝総統が新聞のインタビュー記事で「哲人政治家」[※336]といった言葉で称えられた。

だが一九九六年版の『外交青書』から中国を含む「アジア及び大洋州」が項目順で、米国を含む「北米」と入れ替わりトップになった。日本にとって感情面で「親しみを感じない」世論が拡大しても、外交における中国の重要性は改めて再認識されるべきこととなった。そして米国の対中戦略の変化に合わせて一九九八年の『外交青書』の対中関係の位置づけは「最も重要な二国間関係の一つ」と表現を変える。二〇〇一年のＷＴＯ加盟で中国が米国の経済秩序に参入することも視野に入ってきた。

2　最も重要な二国間関係の一つ《一九九八―二〇〇六》

日本と中国がプライドを傷つけあった

この八年間はバブル崩壊で沈む国と市場経済化で昇る国とのナショナリズムがぶつかる時期となった。

一九九八年十一月に江沢民主席が国賓として来日する。このとき共同宣言文書で記した両国関係の位置づけが「最も重要な二国間関係の一つ」だ。「お詫《わ》び」の文言が記されなかったことに中国側は不満を表明したとはいえ、中国のメンツを最大に重視した言葉といえよう。二〇〇六年に両政府は「戦略的互恵関係」に変えた。それはこの八年間に双方がライバルになり民衆同士が感情で対立した反省に立って、まさに戦略的にクールな関係で協力していく必要が生じたからだ。日本人の対中感情は悪化し続け、二〇〇四年に「親近感を持つ人」との割合が逆転すると戻らなくなった。中国には世論調査がなかったが同様であったといえよう。だが民衆レベルでは「夫婦」のような感情的対立を経なければ相手のことが分からなかったはずの重要な時期でもある。

中国は一九九七年の香港返還を経て、国の上から下まで列強に奪われた誇りを取り戻そうと燃え上がっていた。意識はすでに「中華民族の復興」だ。「貧しさから抜け出したと、ある程度、北京など大都市のみんなが実感を持ったのは一九九七年ごろだ」と中国政府高官が後に語っていた。WTO加盟で米国秩序の中心に立とうとしていた時期だ。日中はライバル関係になった。そこに民衆が政治のプレーヤーとして関わり始めた。民衆が初めて国際政治の実態を知るようになりネットやワイドショーという場で自らスピーカーを持った。

一方の日本の空気だ。大きなグローバル経済での競争のしわ寄せで不況の真っただ中にいた。後のトランプ政権の米国で起きたようなことが当時すでに起きていた。四大証券会社の一つ「山一證券《やまいちしょうけん》」が廃業を発表し、社長の野澤《のざわ》正平《しょうへい》が「社員は悪くありませんから」と号泣したのが一九九七年十一月のことだった。コンビニで中国人店員が目立ち始め東京にいても仕事や居場所が中国に奪われることが実感できた。今日と違い、デカップリングということにはならなかったが、もう一度、世界のトップに立てる拠り所を探し、「過去の歴史」を肯定的に捉えたいと考えた。上がる国も下がる国もプライドをぶつけ合ったのだ。

ナショナリズムに目覚めた日本では東京裁判史観への反発から、一九九七年一月に「新しい歴史教科書をつくる会」が生まれた。やがて中学校向けの『新しい歴史教科書』と『新しい公民教科書』は文科省の検定に合格する(二〇〇一年四月)。※337 東条英機《とうじょうひでき》を主人公に東京裁判をテーマにした映画『プライド』が製作され一九九八年五月に公開された。政治家の言動が右傾化した。侵略を肯定するような放言・失言が頻出するようになった。中国はその都度「軍国主義者だ」と批判した。

しかし米中が接近すると日本は何もできなくなる。一九九七年十月に江沢民は訪米する際、往路でハワイ真珠湾に立ち寄り、日本を意識した大戦中の米中共闘をたたえる演説を行った。一九九八年六月のクリントン大統領訪中では、日本に立ち寄らず中国との間だけを往復した。日本では「ジャパン・パッシング（日本通過）」と揶揄された。中国から見れば米国は中国に接近するのに、同じアジアの日本は中国に厳しい。米国の手先になっているのが腹立たしいのだ。そこを利用し国内をまとめたのが江沢民であり、日本に対する歴史認識批判だ。「歴史」の反省を迫る発言が繰り返された。

江沢民来日は一九九八年十一月だ。この前月十月初めに韓国から政権交代したばかりの金大中《キムデジュン》大統領が来日するが、日本は歴史問題で協調する中韓への対応に差をつけ分断を図った。金大中は日本文化の解禁など具体的な日韓関係改善を目指していたからだ。日韓共同宣言には「痛切な反省と心からのお詫び」という日本側のお詫びの言葉を明記した。韓国はさっそく十月下旬に日本の映画や漫画の禁止を解除した。実は江沢民来日の予定日が金大中より先であった。それが中国国内で起きた洪水対応と重なって延期になり、順番が入れ替わったのだ。中国側も具体的なお詫びの文言を文書に入れるよう要求した。しかし日本側にはすでに何度も謝罪したはずだという認識がある。そこで編み出したのが「最も重要な二国間関係の一つ」という宣言文書における日中関係の位置づけであり、「過去の一時期の中国への侵略によって中国国民に多大な災難と損害を与えた責任を痛感し、これに対し深い反省を表明した」という言葉も併記した。これは一九七二年の日中共同声明で表明した「責任を痛感し、深く反省する」の言葉を踏襲したものだ。だが江沢民は不満だったのか共同宣言を交わしたものの調印しなかった。さらには天皇主催の晩さん会など行く先々で江沢民は「歴史的教訓を汲《く》み取れ」と述べて牽制した。

当然、日本にしこりが残る。一九九九年四月に東京都知事に就任した石原慎太郎は、公の場で中国を「シナ」と呼び嫌悪を表し、出演した番組が高い視聴率を取った。世論調査の「次の総理大臣候補」でも上位につけた。世紀をまたいで二〇〇一年四月に就任した小泉純一郎総理大臣は、規制緩和など経済改革で負担を与える分、国民のプライドを尊重しバランスを取った。公約通り毎年一回の靖国神社参拝を始めた。国民も熱狂した。視聴率と政権支持率の数字は正比例した。

「小泉劇場」で政治と外交を知った日本人

「小泉政治」がそこに乗った。「有権者の多くはワイドショーで政治を総括する。永田町から遠い人たちのところにどうやって政策を語っていくべきかが課題だ」とまさに秘書官の飯島勲《いいじまいさお》が述べている。当時、日本の庶民は民放テレビのワイドショーを見て、政治家や外交官僚の個人的なキャラクターにまで関心を持つようになっていたのだ。

日本の外務省では小泉政権発足直前、情報収集のために使うはずの「外交機密費」をめぐって、競走馬購入などに流用していた要人外国訪問支援室長が逮捕されるなど不祥事が相次いだ。小泉政権の初代外務大臣は人気のあった田《た》中眞紀子《なかまきこ》だ。大衆の支持を追い風に改革への手腕が期待された。しかし田中は大臣就任直後から、北朝鮮の金正男《キムジョンナム》の不法入国事件への杜撰《ずさん》な対応で危機管理に不得手なことを露呈した。中国への対応でもナショナリズムに傾く小泉総理との間をうまく調整できなかった。

小泉は八月十三日に就任後初めて靖国神社を参拝した。田中外務大臣はこの直前のASEAN外相会議で中国外相の唐家璇と会談した。日本語が話せる唐家璇は会談終了後テレビカメラの前で、靖国神社参拝を「やめなさいとゲンメイしました」と答えた。ところがこのゲンメイが「厳命」か「言明」なのかが曖昧なまま動画が拡散した。田中もまた中国の強硬姿勢に屈服する印象を与えた。東京に戻ると記者会見で靖国に「行かないで頂きたい」と述べ総理に参拝中止を進言する考えを示した。これは「閣内不一致」だ。そこに九・一一同時多発テロが起きた。米国国務省職員の避難に関する機密情報への言及をめぐって米国ともギクシャクした。田中大臣は改革すべき外務省との対立を助長し、二〇〇二年一月末に更迭された。

政治や政策には表に出して良いものと極めて高度な専門的知見によって処理すべきものとがある。田中大臣をめぐる騒動は、ワイドショーで報じられることでこれらが切り分けられることなく公に晒《さら》される。あるいはパフォーマンスによって利用される現象が起きた。対中国外交においても。しかしその一方で、日本の外交姿勢を社会常識や庶民感覚に照らして問い直す空気をつくる意味ではよい働きをした。

そうした中で、二〇〇二年五月に日本の瀋陽《しんよう》総領事館に二歳児を含む北朝鮮脱北者が駆け込む事件が起きた。入り口で中国当局に拘束された。たまたま共同通信のカメラマンが事前情報を摑《つか》んで張り込んでいて一部始終を捉えていた。ウィーン条約を無視した中国当局の行動、日本外務省と中国側との癒着した関係がさらされた。何とか二週間後に韓国に亡命できたが、映像がなければどうなっていたか。これが外務省の中国専門集団「チャイナスクール」叩きを引き起こし、中国課幹部職員の多くは一時、別分野の専門部署に異動した。

日中関係は流動化していた。

経済面では協力し合い稼ぎたい。しかし対中世論が感情面で悪化する。政権内部も一枚岩ではなかった。中国側も事情は似ていた。胡錦濤体制に替わり対日政策が改善と悪化の間で揺れ始めた。『人民日報』のジャーナリスト馬立誠が「日中関係改善」を呼び掛けたところ本人が国内で袋叩きに遭った。だが当時の日本には中国と太いパイプを持つ政治家もいた。自民党も反中で一致している訳ではなかった。二〇〇三年八月上旬に日中平和友好条約調印二十五周年の式典が北京で開催されると、小泉総理と距離を置く橋本龍太郎《はしもとりゅうたろう》元総理大臣や官房長官だった福田康夫が参加した。二〇〇四年二月には連立与党・公明党の神崎武法《かんざきたけのり》代表が訪中した。胡錦濤は公明党との政党間関係が国家間の関係でも重要だと述べ、靖国問題への対応に期待を示した。[※338] しかしこの間も日本では小泉の靖国参拝は続いていた。一方、中国側は二〇〇三年八月の平和友好条約調印二十五周年式典の直前に旧日本軍の遺棄化学兵器で死傷事故が起きると、遺棄化学兵器の問題で日本に初めて補償要求を行った。同じ八月には、国有石油企業が東シナ海の日中中間線付近で初めてガス田開発を始めたことが日本の資源エネルギー庁によって確認された。二〇〇四年三月に民間活動家七人が尖閣諸島に上陸するのを初めて容認した。これは日本の警察が逮捕し送還した。

小泉の靖国参拝には日本の財界も自粛を求めていた。二〇〇四年八月、北京でのサッカー・アジアカップ決勝で日本公使の車が壊される暴動が起きた。日本が中国を下した試合だ。直後に小泉総理との会合でトヨタ出身の奥田碩《おくだひろし》・日本経団連会長が「日中は首脳会談ができる雰囲気にして欲しい」と申し入れた。[※339] 日中悪化の裏ではドイツや米国の自動車産業が中国で利益を伸ばしたからだ。奥田は中国政府にも働きかけており、二〇〇五年には駐日大使だった王毅の東京公邸から奥田が出て来るのを筆者も見た。奥田は王毅大使と会合を持ち橋渡し役をこなした。経済交流は熱かった。胡錦濤は二〇〇四年九月に訪中した河野洋平《こうのようへい》衆議院議長の前で、日中関係を「政冷経熱（経済関係は盛んだが政治関係は冷却）」という言葉で表現した。以来「政冷経熱」の認識が広く共有されることとなった。

微妙な関係を行く日本と中国は二〇〇五年四月にぶつかった。反日暴動が北京や上海を含む全土で起き、日本大使館や総領事館も襲われた。

米国追随で前に出過ぎた――中国が日本を牽制

当時の小泉総理は自らの思想信条のことに過剰にこだわっていた。実は前年十一月のチリAPECの場で胡錦濤主席との首脳会談が行われた。設定前に中国側からは「来年、靖国参拝しなければ首脳会談を行う」。いや「会談後も記者に『参拝する』と表明しなければ首脳会談を行う」[※340] と神経質なやり取りが両国間であり会談に臨んだ。しかし二〇〇五年四月に反日暴動は起きた。靖国神社参拝が直接の引き金になったわけではない。二〇〇四年の靖国神社参拝は一月に終わっており、二〇〇五年は暴動後の十月に参拝する。確かなことは靖国参拝問題に加え、二〇〇五年二月に台湾海峡防衛と日本の国連常任理事国入りといういずれも中国が譲れない問題で日米が協力合意したことへの反発があったことだ。双方でナショナリズムが高揚していた上、中国国内では胡錦濤が政治主導権を掌握できず、西側に融和的な姿勢が弱腰だと批判されていたこと。台湾問題で米国に追随する日本が前に出過ぎていると保守派が反発を強めたことが考えられる。

当時、米国のブッシュ政権は中国に接近し、日米の関係も小泉純一郎総理との信頼関係が構築できていた。中国は日本を痛めつけることで米国の出方を試そうとした可能性もある。ただしこの日米関係の安定がなければ、中国の日本への反発行動はもっと拡大していただろう。国連常任理事国入りはこの後九月の国連総会で却下された。そして二〇〇五年十月と二〇〇六年八月の終戦記念日にも小泉は靖国神社を参拝したが、反日暴動がすぐに起きることはなかった。

その翌月の二〇〇六年九月。自民党総裁の任期満了に伴って、小泉総理から安倍晋三へ政権交代する。そのタイミングで日中は示し合わせたかのように関係改善する。そして結んだのが「戦略的互恵関係」だ。歴史認識のような価値観対立に縛られず、戦略的に是々非々で協力し合う関係として位置づけた。

3　戦略的互恵関係《二〇〇六—二〇一〇》

第一次安倍政権に替わる二〇〇六年に日中双方はスイッチを入れたように関係を改善させた。安倍総理は最初の外遊で中国を訪れると、日中の外交関係を「戦略的互恵関係（戦略的利益に立脚した互恵関係）」と位置づけた。国力で日本が中国に抜かれれば両国に感情的な摩擦が生じることは織り込み済みだ。その上で歴史認識など価値観対立を超えた戦略的な協力を目指した。「戦略的互恵関係」は二〇二二年まで十六年間続く。ただしこの十六年間は二つに区切れ、それぞれモードが変わる。ここでは二〇一〇年までを扱う。

尖閣諸島周辺の中国船の活動活発化や米国のアジア回帰に合わせて、二〇一一年版『外交青書』は「戦略的互恵関係」と並行して、中国に対し初めて「国際社会の懸念事項」という言葉を使うことになる。

政権基盤が弱かった日本と中国

二〇〇六年から二〇一二年までの六年間は日中の政権ともに基盤が弱く、国内主導権を握れず荒波にもまれる。中国は小泉政権から替わった第一次安倍政権に期待した。しかし一年で交代した。以降日本では総理大臣が毎年替わり、二〇〇九年に自民から民主へ。二〇一二年に民主から自民へと二度政権交代する。「回転ドアのように替わる」と中国側は日本を揶揄したが、中国も米国も変転した。中国は二〇〇八年から尖閣諸島領海に政府船を侵入させるようになった。翌二〇〇九年に「韜光養晦」路線を見直し、強気の積極外交に転換した。米国は安全保障戦略を中国に集中対応する「アジア回帰」に変えた。問題はこのときの米中の変化に日本の政治や社会はどこまで気付いていたかだ。

胡錦濤政権も主導権掌握は弱く背後から江沢民や利権集団の影響を受ける状態だった。その中で中国共産党は中央外事工作会議を初開催した二〇〇六年以降、党主導で国際政治での中国の発言権を強化する外交、「国際関係の民主化」を求める外交に転換させる。「突破口」である日本との関係改善はその文脈の中にある。一方、融和派の胡錦濤体制も足元から切り崩しにあう。二〇〇七年の重要会議で党の序列で胡錦濤の後継者候補が直系の李克強から習近平に差し替えられる。政策が反主流派や利権集団、民衆からも揺さぶりにあう。この状態が二〇一二年に習近平体制に替わるまで続く。この六年間、中国ににらみを利かせるべき米国も経済状況が悪化し、リーマン・ショックで逆に中国に救済を求める。二〇〇九年に大統領はオバマに交代するが、強気に変わる中国への対応が後手に回る。しかも米国と日本の民主党政権は沖縄の基地移転問題で対立していた。中国から見ると中国に下手に出る米国と、米国と離反する日本だ。ここからジェット・コースターに乗ったように日中関係は乱高下する。

この間、日中関係のポジティブな部分を拾えば、二〇〇六年の安倍訪中後に日中首脳の相互訪問が続いた。前年に反日暴動があったが、首脳同士が会えば民衆は後からついていく。二〇〇七年には温家宝首相が来日して国会で演説した。続いて福田康夫《ふくだやすお》総理が訪中した。二〇〇八年は五月に胡錦濤主席が国賓として訪日し、共同声明の文言に「戦略的互恵関係」と「普遍的価値の一層の理解と追求」「東シナ海を平和・協力・友好の海とする」と記した。胡錦濤は七月にも洞爺湖G8サミット出席で来日した。北京五輪を挟んで二〇〇八年末に中国政府船二隻が尖閣諸島の領海に長時間侵入したが、大ごとにはならず、二〇〇九年には麻生太郎《あそうたろう》総理大臣が訪中した。この後、中国と日本それぞれに変転がある。

中国は慎重外交の「韜光養晦」路線を終わらせ、「台湾・チベット・ウイグルは核心利益だ」と強気な主張を始める。日本ではここで自民党から民主党に政権が交代する。交代した鳩山由紀夫政権は中国への接近を加速させ、「東アジア共同体」構想を打ち出した。国家主席就任が内定していた副主席当時の習近平を招き、天皇との会見までゴリ押しで設定した。一方で米国との関係は冷却した。沖縄の米軍普天間基地の県外移設を訴えた。中国にとって鳩山政権は好都合だった。そのことは日本に介入する好機となったのではないか。この後、強気と接近が交錯する。二〇一〇年に尖閣諸島沖で中国漁船と海上保安庁巡視船が衝突した事故をきっかけに反日暴動が起きる。しかし二〇一一年に日本が東日本大震災に見舞われると、中国は資金提供と燃料の無償援助、救援隊派遣、ポンプ車の提供などを行った。日中韓首脳会議開催のタイミングで温家宝が訪日し、福島の避難所を慰問した。

「にもかかわらず」である。二〇一二年に反日暴動がまた起きた。「尖閣諸島」の日本政府の国有化が直接の理由であるとはいえ、ほかに中国側の対外戦略の変更が重なった。振り返ってみよう。まず二〇〇九年以降の、中国の西側への向き合いの転換だ。鄧小平の慎重路線「韜光養晦」からの脱却に加えて、日中共同声明に記したはずの「普遍的価値尊重」否定を宣言した。日中で合意した東シナ海ガス田共同開発は無視された。米空母の中国接近を阻止するようになった。その米国と日本の関係が冷却していた。中国から見て安全保障面での日本は米国とワンセットだ。だが鳩山政権は中国に接近した一方で、米国と距離を置いた。日本はいったい米中どちらを取るのか、中国が日米の離反を図る誘惑にかられる場面だ。日本国内ではリベラルな民主党政権に保守派の反対勢力を取り込むだけの力量がなかった。

日本も中国も「自国が一番」のナショナリズムで結束し、世論が動いていた時期だ。保守化が強まる社会を改革志向の政権がまとめるのには相当な困難があった。日本では結局、民主党三代目の野田政権は尖閣諸島国有化で中国に対峙した。リアクションとして中国の反日デモが暴徒化した。揺さぶりを受ければさらに日本のナショナリズムは燃え上がる。日本の週刊誌は「中国をやっつけろ」※341「日中戦争」※342という見出しで売った。日本のメディア情報はネットで中国にまた逆流した。

中国でも、胡錦濤政権で同じことが起きていた。改革・融和志向の胡錦濤は保守派による政権揺さぶりを抑え込む力がなかった。ナショナリズムに走る社会を制御できなかった。反日デモの主体は民衆だが、さまざまな政治勢力が彼らを煽り、利用する関係は日本と共通だ。胡錦濤政権の対日融和派の人脈を、鳩山政権は天皇会見までセットして築いたはずだ。これが日中関係改善に生かされなかった。中国の政治・社会状況の変化を日本の民主党政権は把握できなかった。日本の世論も中国の「二層構造」と、それを指導者がコントロールできていないことを理解していなかったのだ。中国国内でも胡錦濤政権の言っていることとやることとが百八十度異なる現象がしばしば見られた。二〇一一年七月に四十人が死亡した温州高速鉄道事故では情報の隠蔽から公開へ。言論解放から統制へと突然、変化した。まず隠蔽だ。事故車両を地中に埋める。遺族の弁護を禁じるなどの隠蔽や言論封鎖があった。しかしネットが炎上したところで首相の温家宝が初七日の日に現場に入り、「情報の公開、透明が重要だ。政府は生命の安全に責任を負う」と述べた。ところがその直後だ。遺族に最高金額の賠償金支払いを決めた後、メディアに対して報道禁止令を出したのだ。右から左へとブレないと安定を保てない状態に追い込まれていたのだろう。性質は異なるもののブレが見られたのは中国も日本も同じだ。

　反日暴動後の二〇一三年初め、胡錦濤体制から習近平体制に替わるころだ。日中衝突の間、沈黙を迫られていた人権派弁護士の浦志強《ほしきょう》や改革派の知識人らが相次いで東京にやって来た。阿古智子《あこともこ》教授の紹介で一緒に飲んだ。暴動を振り返って彼らは異口同音に「対日世論は誘導されている」「尖閣諸島問題で日本を攻撃したネット世論は、主流の声ではない」「中国の声は一つではない」と主張した。翌年再来日すると、浦志強は「双規（法治を無視した中国の捜査手法）について中国政府を追及したい」と訴えた。浦志強はこの後、中国国内で逮捕された。習近平政権の言論統制が強まったのだ。

4 戦略的互恵関係＋国際社会の懸念事項《二〇一二─二〇一九》

一強の長期政権──安倍と習近平の安定

二〇一〇年と二〇一二年に尖閣諸島をめぐって民主党政権の日本は、胡錦濤政権の中国とぶつかった。この間、二〇一二年に日本政府が発表した『外交青書』には、国民の眼を意識した「国民の支持を得て進める外交」という項目が第四章の中に一本立てられた。外交は本来、エリートである専門家が行うべきものだが、国民の眼を意識することは重要だ。しかし参加した民衆に振り回されるのであれば本末転倒だ。二〇一二年の終わりに第二次安倍政権と中国の習近平体制へほぼ同時に替わってから、トランプ政権が中国と対立し始める二〇一八年までの六年間、日中関係は安定した。なぜだろう。

まず日中双方とも政権基盤が盤石だった。二人とも自身が保守派で基本的に現状の国内体制を良しとする。そして前政権において日中関係が国内権力闘争のネタにされるのを見て反面教師にした。体制の異なる相手国を見据える国内の視線は日本でも中国でも厳しい。だが日本ではタカ派の安倍があえて「中国に接近する」と言えば自民党内の右派は大筋納得する。右派政党は自民党に吸い込まれた。対中融和の党内反主流派もリベラル野党も反対の声を上げることはない。国民も安倍政治を見て動きを決める。一方の中国の習近平は強権を敷き、世論を管理し民衆の暴走を止めている。これが日本への接近で功を奏した。

日中関係安定の背景として次に上げられるのが、冷却していた米国との関係を日本が改善をはかり結束したことだ。その上で中国に、喧嘩をする構えを見せながら接近した。脅威になった中国に向き合う上では相手に侮られないよう、脇《わき》を締める必要があるのだ。

民主党政権下で官僚は動いていた。日本政府は米国のアジア回帰といった対中戦略の変化に合わせ、二〇一一年版『外交青書』で中国に対して初めて「国際社会の懸念事項」という言葉を使い、国防力強化や海洋活動活発化に警戒を示した。

さらに政権交代した第二次安倍政権は二〇一三年十二月に初の「国家安全保障戦略」を策定し、ここでも中国の対外姿勢と軍事動向について「国際社会の懸念事項」だという表現を踏襲した。前年の米国の「国防の優先課題」が示した「米国の安全保障に与える懸念」にも歩調を合わせた。この動きに反応したかのように中国は二〇一三年十一月下旬、尖閣諸島上空に防空識別圏を設定した。安倍も中国に反発を示す。「安保戦略」発表直後に靖国神社に参拝し、中国政府に「中国人民は安倍氏を歓迎せず、指導者も安倍氏に会うことはない」と言わしめた。筆者自身も当時、中国共産党関係者が「相手が批判しているのに実力のある中国が握手するのはありえない」と話すのを聞いた。周知のとおり、安倍総理は憲法改正を目指していた。そして集団的自衛権の容認から安全保障関連法案を成立させる過程で「国家安全保障戦略」を打ち出した。だが一方で中国に接近し抱きついたのだ。無用の対立を避けるためだ。二〇一四年十一月に安倍と習近平の首脳会談実現にこぎつけた。会談実現のために靖国問題や尖閣問題などの認識の相違を尊重する文書をまとめた。警戒する相手であればこそ、トップ同士で意思疎通ができれば日本の有権者は安心する。十二月の総選挙では自民党は圧勝した。

安倍政権は翌二〇一五年、安保関連法制十一本を成立させた。その中に「台湾防衛」を念頭にした「重要影響事態法」を含んだ。だが日中首脳会談は継続できた。中国の許容範囲内だったようだ。その台湾と中国との関係も良好だったからだ。二〇一五年十一月にはシンガポールで習近平主席と馬英九総統が会談する。独立派の蔡英文政権に替わるのは翌二〇一六年五月だ。

運もあったが安倍の外交は中国をして戦略家だと言わしめた。カウンター・バランスをとった外交が得意だったといえよう。

二〇一七年一月に政権発足のトランプ大統領と信頼関係を築いた。一方で米中関係が先行き不透明な時期に安倍は「一帯一路」構想への協力を表明する。安倍が一帯一路への協力を示した後、尖閣領海に侵入する船の数は月十二隻から八隻に減った。十月の衆院選で解散した日には、東京で中国大使館主催の「国慶節」レセプションが開かれ、安倍晋三が総理大臣として十五年ぶりに出席した。スピーチでは自らの訪中の意向を表明し、習近平の来日を呼び掛けた。これも選挙運動だった。与党は衆議院議席が三分の二となる圧勝をした。二〇一八年には五月にまず李克強首相が来日した。安倍は「日中は競争から協調の時代に入った」と述べ、李克強は「関係は正常な軌道に戻った」と応えた。十月の安倍訪中において「対中ODA」は終了で一致した。

安倍政権が日中関係を良好に保つことができたのは、ロシアも含めた強国との連携を中国接近とカウンター・バランスさせたからだろう。今日、QUADと呼ばれる日米豪印の協力は、安倍晋三が就任前からこだわっていた中国包囲の「アジアの民主的安全保障ダイヤモンド」※343構想が始まりだ。これを安倍は「自由で開かれたインド太平洋」という名称で二〇一六年八月にケニアで正式発表する。予想通り中国はこれを米国主導の中国包囲網「美日印澳〝菱形包囲圏〟（米日印豪ひし形の包囲網）」だと警戒した。だが安倍は表では中国の「一帯一路」に協力を表明した。さらにロシアのプーチン大統領と安倍は二十七回も会談した。北方領土問題を前進させようと二〇一六年十二月には故郷の山口にも招待した。クリミア半島侵攻でロシアが孤立する中でも日本は接近し続け、批判を浴びたが、これは中国とロシアの対日批判を牽制する力にもなった。安倍にとって外交での活躍は高支持率につながったが、国内で森友学園や加計学園などの問題追及を振り切る上で、政権に都合の良い「追い風」となったことを指摘しておかなければならない。

同様に習近平も反腐敗運動で政敵を摘発し、言論も弾圧して主導権を握った。結果的に日本に接近しても国内からの反対の声は抑え込まれた。二〇一八年七月には尖閣諸島に出航する海警局を人民解放軍と同じ中央軍事委員会の指揮下に置き、漁船の突発的な動きをコントロールするようになった。

感情的対立の米中が規定する日中関係

だが米中対立が激化して以降、日中関係も激変が続く。日米中の力関係で、米国一国だけでは中国に対峙できない。日米協力が必須《ひっす》になる状況になったこともある。このあいだ政治はメディアを通した感情によって影響される部分が大きくなった。民衆が感情を重視したからだ。世界の中心にいる米国のトランプ大統領が、外交も含めた重要事項をツイッターで瞬間的な思い付きに感情を交えて発信するようになった影響は大きい。事実よりも感情が影響力を持つ現象「ポスト・トゥルース」は従来から存在したが、トランプ登場で英国のオックスフォード辞典に掲載され、誰もが知る言葉になった。

感情とはいうまでもなく、怒りとビジュアルであり、愛情もある。当時のトレンドワードは「ファーウェイ」「周庭（アグネス・チョウ）」「ジェノサイド」といったところだ。これらのワードをSNSが実態より大きく増幅し、政治に結び付けられた。トランプ政権は二〇一七年末に対中関与政策の見直しを宣言し、二〇一八年から中国と関税引上げによる貿易戦争に入って先端IT企業ファーウェイへの攻撃を始めた。日本は米中に挟まれて、油断すれば米中の間でサンドバッグ状態になるところだが、安倍総理大臣とトランプ、習近平との個人的信頼で二〇一八年を乗り切った。日本の民衆は中国よりも、むしろ韓国との慰安婦や徴用工をめぐる対立の方に目を奪われていた。

二〇一九年六月、大阪G20出席で来日した習近平主席に日本政府は国賓としての訪日を正式に招請した。しかし日中関係は荒れ始めた。同じ頃、香港ではデモ弾圧で若い活動家らが悲鳴を上げていた。日本語が流暢《りゅうちょう》な周庭は中心人物というよりも日本などへの情報発信者だった。日中関係悪化の決定的なきっかけは日本人のスパイ容疑の拘束だ。政府系シンクタンクに招待されていた北海道大学教授が北京で拘束された。反中世論が一気に高まった。香港で起きていることに日本も無縁ではないと知ったのだ。さらには米国が中国の脅威を指摘しているのに、日本は認識が甘いと突然気が付いたのだ。米中の間では、すでにトランプ大統領は二〇一九年六月に大阪G20で習近平と会談して以降、中国との首脳会談を絶やして牽制を乱発していた。自民党右派議員らも動き出した。青山繁晴《あおやましげはる》らが習近平国賓訪日反対の決議文を提出した。

そこに二〇二〇年から中国で新型コロナが広がった。コロナ禍の対面できない閉塞感《へいそくかん》が状況を悪化させた。対面会談は物理的に不可能になり、オンラインとSNSが外交の場でも広がった。中国は外交官が米国などを相手に、いわば喧嘩を売りながら譲歩を迫る「戦狼外交」で対抗した。だが安倍政権は当初、国賓訪日への雰囲気づくりに熱を入れて「春節祝賀」のメッセージを発表したほか、中国に不足したマスクや医療器具を支援した。やがて日本など世界でもジワリと感染者が増え始めた。日本は各国に遅れて、三月初めに中国などからの入国制限強化と習近平国賓訪日延期を同時に決めた。「中国への配慮から水際対策が後手に回った」と国会で批判を浴びた。三月下旬に東京五輪の一年延期が決まった。中国はこの東京五輪への協力で恩を売り、二〇二二年開催の冬季五輪を成功させる上で、見返りを期待していた。

二〇二〇年発行の『外交青書』は日中関係に関する記述が融和的な表現になった。「戦略的互恵関係」という二〇〇六年（『外交青書』では二〇〇七年）から日中関係を位置づけてきた言葉は消えた。冒頭には「最も重要な二国間関係の一つ」という一九九八年の江沢民国賓訪日での「日中共同宣言」で示して以来、毎回使われてきたワードを置いた。「国際社会の懸念事項」という中国の軍事・安保面の活動に対して指摘した言葉もなくなった。そして習近平主席の「国賓訪日について原則一致」したことが明記された。ただしコロナの拡大を踏まえ訪日時期については双方が改めて調整していくこととされた。この友好行事と中国についての位置づけの変更とは関係している可能性がある。

しかしコロナ禍でも中国公船の尖閣諸島領海侵入は続いた。日中関係が良好であれば自国のルールを強引に押し付けることを中国は行わないだろうというのが、日本人の感覚だ。米国と対立する中国が日本とは接近する一方で、日米の連携を試したと思われる。中国はすべてが戦略で動く。だが民主主義の日本では感情が政策決定の要素となる。「国賓訪日」に反対する自民党の右派議員や保守系メディアが船を繰り出し尖閣諸島に近づいた。それを中国公船が追尾した。

二〇二〇年九月、司令塔の安倍総理が、政権在職歴代最長を更新すると体調不良を理由に辞任を表明した。右傾化する世論をまとめる右派政治リーダーが退いた。これ以降、日中関係は漂流した。安倍に対して評価は分かれるかもしれない。しかし日本には外交という本来は専門性が必要な分野で世論に過剰に配慮する癖がある。反中の空気が溢《あふ》れ出すのを文鎮のように抑えていたのはタカ派の指導者の安倍晋三だ。民主党政権時代を思い出して欲しい。世界が保守に振れる中では改革派が右派にまでウィングを広げて中国に接近していくのは難しい。皮肉だが習近平が言論統制し、安倍が日本社会を取りまとめていたがゆえに日本と中国は接近できたのだ。

米国では、二〇二一年一月に大統領が民主党のバイデンに替わると、トランプ時代に広がった反中世論を無視できず、中国に台湾問題などで牽制を行う。一方で首脳レベルでは、就任直後から習近平との会談をほぼ定期的に電話かオンラインで続けた。しかし日本は中国と「喧嘩と対話」を交互に繰り返すことができるような大国ではない。米国に追随する牽制だけが強調される状況に陥った。

右派世論が日中外相会談をつぶした

バイデン大統領はトランプ政権の対中牽制を引き継いだ。そこに日本も協力する。だがバイデン政権と習近平政権との間では、首脳会談やその露払いとなる外相や外交責任者同士の協議も、電話、オンラインでも対面でも頻繁に行われている。その後、ウクライナ戦争開戦を挟んで二〇二二年十一月には国際会議の場で三時間半に及ぶ米中首脳の対面会談が実現した。一方、日中の間では、日本政府によると菅義偉総理大臣は就任時に習近平と挨拶を兼ねて電話で三十分の会談を行った。岸田文雄総理大臣も政権交代直後の二〇二一年十月に三十分の電話会談を行った。二〇二二年十一月の国際会議の場では対面会談が実現したが、わずか四十五分という短さだ。

日本の中国との要人往来を縛る要因は国内にもある。習近平主席の国賓訪日については中国に対して訪日招請を取り下げたわけではない。だがこのあと二〇二二年発行の『外交青書』は「国賓訪日」に言及していない。国内右派の政治家や保守系メディアを中心とした世論の反発が続くのが理由のひとつだろう。

日本では岸田政権発足直後の二〇二一年十一月、林芳正外務大臣が王毅外相から就任時の電話会談で訪中の招請を受けたが、右派の多い自民党外交部会から反対されて先送りにした。「会談して中国の行動が変わればいいがそうはならない。何のために対話しているんだよ」という声が政治家の間で出ているという話を筆者も聞いた。確かに中国への接近について世論や政治家が反対するのはきわめて健全かもしれない。選挙の多い国では当落に影響する。だが世論は誤った判断をしている場合もある。二〇二二年五月に結局オンラインで日中外相会談が行われた。

このあと六月初めに駐日大使だった孔鉉佑《こうげんゆう》が講演で、「外務大臣の茂木氏、林氏それぞれに中国訪問を求めたが前向きな話がない。聞かれるのは国政選挙の前には(訪中は)ない。余計な波風は立てたくないという」と日本側の反応を公表した。八月に予定した対面会談はペロシ訪台のあおりを受けて直前に中国側からキャンセルされた。これが日中首脳でもわずか四十五分という短い会談につながるのだ。

米中対立。それに伴う日本国内の世論の反中感情の高まり。毎年替わる総理大臣。政治が感情で動く時代。東京五輪も国葬も何をやっても国論を二分する時代だ。世論を説得して中国に接近する体力はない。だが林大臣は政権発足直後にまず訪中するべきであった。そして日本国内の反発に耐えればよかったのだ。国内事情で外交の方向を変えれば相手の国から信頼されなくなる。中国という強権で命令が優先される国にはこの社会が理解できないだろう。しかも中国は日本の右派と対中融和派との分断を狙っている。その中国に乗ってはいけない。会談を行ってもボイコットしても尖閣諸島領海への侵入で中国は譲歩しないだろう。尖閣問題で中国と対抗するには、日本は衝突しないよう対話を繰り返し、共産党の隅にまで意思を浸透させるしかないのだ。

5　建設的安定的日中関係＋最大の戦略的な挑戦《二〇二三——》

二〇二二年二月に始まったウクライナ戦争は台湾問題を西側全体でクローズアップさせた。中国は当然警戒する。だが日本の外交政策にもこの状況を反映させなければならない。

二〇二三年四月発行の『外交青書』は日中関係の位置づけで「建設的かつ安定的な日中関係」という言葉を前面に打ち出した。「建設的」とは「主張すべきは主張する」意思を意味するのだという。すでに中国側も日本と同じ「戦略的互恵関係」という言葉は使わなくなり、二〇一九年以降は「新時代要求的中日関係（新時代にふさわしい中日関係）」と呼ぶようになっていた。ニュートラルであり、世界の変動を乗り越えるための無難な言葉だといえよう。

同時に二〇二三年『外交青書』からは習近平主席の国賓訪日についての記述が消えた。前年二〇二二年版では「安倍総理大臣から招請した習近平国家主席の国賓訪日については、日中両政府はまずは新型コロナの収束に専念すべきであり、今は具体的な日程調整をする段階にはない」と記していた。さらにトーンダウンしたのだ。

日本の外交政策は米国の対外政策に大きな影響を受けていることは言うまでもない。すでに二〇二一年版の『外交青書』には、中国について「深刻な懸念」とともに「日本の海洋主権に対する挑戦」という言い回しで、「挑戦」という表現が登場していた。ただしここでは「日本の海洋主権」に対象を限定していた。この「挑戦」の文言が継承され、後述するように二〇二二年十二月の日本政府の「国家安全保障戦略」では「最大の戦略的挑戦」とさらに強い表現に変わった。これが二〇二三年版の『外交青書』や『防衛白書』にも登場する。この「挑戦」という言葉は、米トランプ政権が二〇一七年十二月に出した「国家安全保障戦略（NSS）」が中国とロシアを「米国に対する挑戦」と切り捨て、さらにバイデン政権が発足当初の二〇二一年三月に発表したNSSの暫定指針（ガイダンス）、ウクライナ戦争開戦後の二〇二二年十月のNSS正式文書で中国だけを「国際秩序に挑戦を行う」「唯一の競争相手」「最大級の地政学的な挑戦」と指摘したことに同調している。だが喧嘩と接近を繰り返すことのできる米国と違い、中国から見た日本は突出していないだろうか。

日本を取り巻く内外の荒波を整理する。

まず考慮されるのはバイデン政権の対中包囲の政策であり、その後のウクライナ戦争による世界の対中認識の変化だ。ここで復元力の強い米中の間で、テコの役割が強調される日本の立ち位置が動きを縛る。

ウクライナ戦争──日中関係を世界が注視する

ウクライナ戦争は世界が台湾問題と日中関係に関心を持つきっかけになった。

ロシアの暴走を止められる有力な国は中国だ。西側各国は中国にロシア説得を期待する。その中国は米国による包囲を受けて、生き残りを図るためロシアに接近する。ここに台湾問題が関わってくる。米国は中国の強国化に歯止めを掛けるために、トランプ政権の時代から世界に向かって台湾への武力進攻という危機を強調してきた。中国から見れば悲願の平和統一すら阻止されることになる。すでに戦争前から総理辞任後の安倍晋三が「台湾有事は日本有事」

と訴えていた。ここまでは日本国内のポピュリズム的色彩もないわけではなかった。しかし戦争が始まっても中国は期待通りに動かない。この状況から中国はロシアと同じやり方で台湾に進攻するという懸念が世界に広がる。岸田総理が「ウクライナは明日の東アジアかもしれない」と述べたことが、世界、特に欧州の台湾問題への関心を呼び起こした。

政治が喚起した世論が政治にフィードバックする。そして日本政府が動いた。五月のバイデン来日で発表された日米共同声明には「台湾海峡の平和と安定」と「平和的解決」という言葉が菅政権のときに続いて改めて明記された。七月発行の『防衛白書』には台湾有事を想定した自衛隊の活動シミュレーションが初公表された。当然、中国は反発した。ペロシが訪台後に東京で岸田総理と朝食会を持つことが伝わり、林外務大臣との対面の外相会談を直前にキャンセルした。ミサイル発射を発射し、日本の防衛省の発表によると、九発のうち五発を日本の排他的経済水域（EEZ）内に落下させた。防衛省はそのコースや着弾地点を分析公表して探知能力を示した。この分析を米国の『ニューヨーク・タイムズ』などが引用した。有事の際の具体的な備えが急がれた。八月上旬には日本の防衛大臣経験者や右派政治家らを中心としたシンクタンクによって、台湾からの邦人避難机上訓練が行われた。※344

中国から見て日本が米国への追随で前に出過ぎたとき、中国は従来も実際の行動に出た。EEZへのミサイル発射と外相会談中止は反発行動だ。だが過去に反日暴動の容認やレアアース禁輸を行ったときのような激しさはない。それは米中が対立しているとき、日本のテコとしての役割は重要だからだ。

さらにはウクライナ戦争と台湾有事の連想で、米中の間にある国々の中で日本が注目を集めるようになったことも中国の動きを抑制的にさせているといえる。ある日本政府関係者は二〇二二年七月に「日中関係は、世界全体の状況がどうなっているかを認識しなければ前に進めて行くことができない。そういう時代に入ってきている」。そう述べていた。日中関係は米中関係が位置づけを規定する単純な構図だったのが、もはや日本は米国のみならず、豪州、インド、欧州、ロシアなどと中国との関係を考慮し判断せねばならない状況にある。それぞれの国が中国との懸案を抱える上に、米国と中国の対立の行方、そこで日本がどう対応するかを見守っている構図なのだ。国際社会で日中関係を見つめるのは米国だけではなくなりつつある。

日本を中国式安保構想に取り込みたい中国

日本国内ではペロシ訪台一か月前の参院選直前、安倍晋三元総理が暗殺された。しかも暗殺の背景から「旧・統一教会」と安倍派を中心にした幅広い保守系政治家との冷戦時代から続く関係が抉《えぐ》り出された。右派はまとめ役を失った上、動きにくくなった。この日本の政治状況の中で、中国側からは亡くなった安倍晋三元総理の昭恵《あきえ》夫人に習近平夫妻と李克強の双方から弔電が送られた。ペロシが訪台後に東京で岸田総理と朝食を共にした際には、予定していた日中外相会談をキャンセルした。しかしこの直後、岸田政権への接近に舵を切る。おりしも九月二十九日には日中国交正常化五十周年を迎える。中国は節目の記念日を重視する国だ。そのときまでに軌道を戻そうという意思が働いていた。

外相会談キャンセルのわずか二週間後、日本の秋葉剛男《あきばたけお》・国家安全保障局長を中国側が招請し、楊潔篪政治局委員と天津で七時間にわたって会談した。中国も日本も、政治が世論によって左右されることを意識したといえる。日本の政治家は世論に弱い。しかし中国も事情は同じだ。外務大臣という明確な政府代表者と簡単に会談すれば弱腰だと受け取られる。相手が国家安全保障局長のような官僚であれば純粋に実務の協議を進められる。もともと、国家安全保障局長と中国政府高官との定期協議の枠組みがあり、中国が担当する番だったためこれを利用したのだ。中国側の発表によると秋葉剛男に楊潔篪は中国が進める全球発展倡議（ＧＤＩ：グローバル発展イニシアチブ）と全球安全倡議（ＧＳＩ：グローバル安全保障イニシアチブ）の意義を訴えた。[※345] すなわちＧＳＩという安全保障も含めた中国式秩序の枠組みに日本も賛同して欲しいということだ。

八月下旬、岸田がコロナに感染したときには習近平から見舞いのメッセージが届いた。九月末の日中国交正常化五十周年には、取りざたされていた要人同士の会談は実現しなかった。だが習近平が岸田に祝電を送った。そこには「我高度重視中日関係発展（私は中日関係の発展を高度に重視している）」※346と明確に述べられていた。「我」とは習近平のことだ。

十一月のバンコクＡＰＥＣでの対面による日中首脳会談※347で習近平は岸田に対して「新時代要求的穏定和建設性的中日関係（新時代にふさわしい建設的かつ安定的な中日関係）」というワードを使い、日本政府側のワード「建設的かつ安定的な日中関係」と一致させた。首脳会談後の『環球時報』は具体的に全球安全倡議（ＧＳＩ）の名前を上げ、「日本と中国の安全保障構想も例外ではない」「両国間にトゲのような困難」がある中で「知恵と知識と忍耐が必要だ」と呼びかけた。習近平も岸田に対してＧＳＩをアピールした可能性がある。

しかし日本の中国に対する動向は、いまや西側全体が見ている。そして日本は中国ではなく同盟国の米国と足並みをそろえた。だがこの日本を取り巻く構図を理解してなのか、中国側の反発は極めて慎重だ。

日本政府は、十二月中旬に改定した「防衛三文書」の一つ、「国家安全保障戦略」で「挑戦」という言葉を使い、中国に対する警戒度を上げた。「中国の対外的な姿勢や軍事動向等は、我が国と国際社会の深刻な懸念事項」「最大の戦略的な挑戦」だと位置づけたのだ。この同じ「深刻な懸念事項」「最大の戦略的挑戦」という言葉は、二〇二三年版の『外交青書』『防衛白書』にも記された。トランプ政権、バイデン政権の「国家安全保障戦略」で使われた「挑戦」や「競争」に合わせたものだ。中国政府は日本の「台湾防衛」への介入や米国製ミサイル購入計画※348といった具体的な動きに対して批判を続ける。

世論は日本でも中国でもこの表面的な政治の動きに反応する。二〇二二年十一月発表の「言論ＮＰＯ」の世論調査は、日本が米国と中国包囲で連携することに中国の世論が急激に反発を高めていることを示した。ただし中国政府は、十二月の南京事件の記念日には歴史ナショナリズムを煽るようなメッセージは出さなかった。日中双方の世論の炎上を避けることや、世界が南京事件とウクライナ問題とを結びつけるのを敬遠したなどの理由があったものと思われる。

一方、世界が日本の動きを見つめる中で、ウクライナ和平をめぐって二〇二三年三月下旬に、日本と中国が解決に向けた主導権を競う場面があった。中国は習近平主席がモスクワでプーチン大統領と会談した。ロシアは中国の和平案を評価し、停戦協議開始を訴えたもののロシア撤退には一切触れない共同声明をまとめた。共同声明では「福島原発放射性汚染水（処理水）」問題への懸念も盛り込まれた。

同じ日に、日本の岸田総理大臣は隠密裏にウクライナを訪問し、ゼレンスキー大統領との会談で「ロシアの一連の行為は決して許されない暴挙」だと表明した。中国主導で進められる可能性のあった和平交渉を、日本がある程度、牽制した形だ。岸田が和平を進める決定的なカードを示すことができたわけではない。しかし中国の和平案について、ゼレンスキー大統領が、ロシア軍の撤退が規定されていないのであれば不適切だと主張したことを、岸田は帰国後に国会報告で世界に公表した。日本の動きを欧米メディアは同じアジアで中国とは別のアプローチで対抗したと受け止めた。これらのことが、中国政府がウクライナ和平特使として李輝・代表を関係各国に訪問させる動きにつながる。

一方、米中対立を望まないEUのフォンデアライエン委員長が訪中する。訪問に先立って三月に「デカップリング（分断）ではなくデリスキング（リスク回避）だ」と宣言し、米中の雪解けを求めた。EUには米国ほどの影響力はないが、日本もEUの変化を追い風に中国に接近しやすくなった。林芳正外務大臣の訪中がこのEUの宣言の後に続く。「米国同盟国の日本」と「中国周辺国の日本」をめぐって超大国が綱引きをしている。それが今日の状態だ。米国か中国なのか。その間で独自の道を歩めるのか。同じ苦悩を世界が味わっている。岸田総理も中国とは「建設的・安定的な関係を築きたい。首脳会談について考えていきたい」という中国接近のシグナルを発信した。中国も日本を手放すわけには行かない。米国を動かす上で日本を温存しておく。これが同じ米国同盟国の中でも中国と隣接する韓国、米国に隣接するカナダ、米英との安保枠組みＡＵＫＵＳに参加するオーストラリアを相手にするのとの違いだ。だが日本の政権の足元では民衆、つまり有権者が反中感情を高めている。

ANTI-JAPAN 2.0

おわりに

「知らないもの同士」の向き合い

筆者が北京に特派員として駐在したのは一九九〇年代。一九九二年に市場経済に転換して西側の仲間になると日本や米国が期待していたころだ。駆け出しのジャーナリストとしてこのとき経験した、中国のなりふり構わず共産党が勝ち抜くことを中心に考える「癖」はいまも変わらない。そして中国の動きを瞬間的な感情で判断する日本の「癖」も変わらない。

一九九五年八月、日本の謝罪を中国が期待した「村山談話」発表直前に、北京で中国人元慰安婦らの記者会見が取材に来た内外メディアの目の前でいきなり中断される「事件」が起きた。ホテルの一室に設けられた会見場に警察が踏み込んできたのだ。筆者もそこにいた。会見は日本政府に中国人が個人として戦争被害の補償を求め、東京地裁で提訴したことを発表するものだ。元慰安婦で山西省出身の万愛花《ワンアイファ》さん（当時六十五歳）が泣きながら話し始めた。強制連行被害の老男性らも隣にいた。会見開始後すぐ、「中止しろ」「届け出のない非合法な会見だ」と叫びながら公安省・北京市公安局の警察官らが乱入して来た。当時の記録媒体はＶＴＲテープやフィルムだ。各社のカメラから抜き出し強引に没収した。日本での報道を抑えるためだ。しかも彼らは我々記者の名前と顔を認知していて、抵抗すると「安江伸夫《やすえのぶお》！　何をする」と叫んだ。顔認証もＧＰＳもない時代で普段から人間の目で監視していたのだろう。

中国政府は国交正常化時に日本に対する戦争賠償の請求権を放棄した。だが個人には損害の補償を求める権利がある。一九九五年当時、日中両国は中国の核実験をめぐって報復合戦を行っていた。中国は核保有国としての存在を世界に訴えるために実験を再開した。フランスが南太平洋で再開したことも理由だ。被爆国の日本は抗議を示すため対中ＯＤＡ（政府開発援助）の凍結を示唆した。すると中国は、「ＯＤＡは請求権を善意で放棄した戦争賠償の代替だ。ＯＤＡを日本が凍結するのであれば中国は民間人個人が補償の請求訴訟を日本政府に対して起こすことを奨励する」と警告した。その提訴会見を中国当局は弾圧したのだ。中国側から見たら積極的に発信してもいいはずのニュースをなぜ抑えたのか筆者には不思議だった。

元慰安婦の会見中断はこのタイミングでの日本側の反発を中国が警戒した結果とみられる。村山談話は当初、六月に国会決議として出すはずだった。しかし自民党の右派政治家の村上正邦《むらかみまさくに》らがつぶした。日本でも東京裁判の否定などナショナリズムがくすぶっていたころだ。それが細い道を通ってようやく八月十五日に発表される。その「談話」発表直前の八月七日午後、北京での元慰安婦らの記者会見を中国当局が弾圧したのだ。村山談話発表直前に元慰安婦らが北京で会見したニュースが流れると、中国発の「反日」のメッセージが強調されることになる。日本の社会は面白くない。これが日本の右派政治家に再び追い風となり、「村山談話」発表の障害になると中国は考えたのだろう。

このとき、警察との間に入って没収したＶＴＲの返還を仲介したのは中国外務省だ。「皆さんのために努力したんですよ」。中国政府の中でも外務省は西側の事情がよく分かっていて、情報発信の方針を決める中国共産党中央宣伝部と外国メディアとの間で板挟みになっていた。党中央宣伝部は政府よりも上にいる機関だ。数日後、筆者が警察にＶＴＲテープを取りに行くと記者会見場にいた警察官と遭遇した。現場でもみあいになったとき、筆者はその警察官の上着のボタンを引きちぎってしまった。筆者が詫《わ》びたら、「あんなもの簡単に修理できるよ」と笑って、元に戻った自分の上着のボタンをつまんだ。警察も外務省も党の指示で動く。党の中央宣伝部が決めて警察に執行させ、西側に党の意向を伝えるとともに批判の矢面に立つのが中国外務省の仕事だということがこのときよく分かった。

この当時、日本社会は、江沢民《こうたくみん》が一九九四年に始めた「愛国主義教育」が中国の民衆を反日に洗脳しているのだと感情的に見ていた。ある意味では正しい。だがそればかりではない。中国にもまず語り継がれてきた民衆の主張や感情があって、極めて戦略的にスイッチをオンオフする。それが政府にとって役に立つか、逆に不都合なのか。コントロール不能になる恐れはないのかによって誘導をしている。あらかじめ自国に都合の良いストーリーを作り、そこに内外の政治も社会もはめ込もうとしている。判断基準は共産党独裁体制の安定であり生き残りだ。国際政治では日本などに対抗して主導権を握り、国益を得られるか否かだ。すべては指導者が決める。反主流派や民衆は政府に合わせている。下からの積み上げではない。そこが自由に政権政党を選べる日本社会にはなかなか理解できない。

この閉鎖的な中国国内と自由な外の世界との結節点に立つ中国の外交官である王毅《おうき》はなぜ生き残れたのだろう。秦《しん》剛《ごう》退任の後、再び外相に就いた王毅はかつて二〇〇四年から駐日大使を務めていた。このとき筆者も交流した。日本向けと中国向けとで顔を使い分けるのが上手いという印象を持った。ちょうど小泉純一郎《こいずみじゅんいちろう》総理大臣の靖国神社参拝が続き日中関係が荒れた時期だ。王毅は日本に厳しいことを言い続けた。「総理大臣、外務大臣、官房長官の三人については靖国《やすくに》神社に参拝してはならないという日中間の紳士協定があったはずだ」。だがそれは党のメッセージであり、日本への弱腰批判がすぐに飛び出す中国国内の反応を強く意識したものだ。二〇〇六年五月、靖国参拝に怒る一方で、政権交代後の新総理就任が予想されていた安倍晋三《あべしんぞう》ら日本の政治家とともに、表参道ヒルズでクールビズのファッションショーに出演しキャットウォークを歩いた。王毅大使が着たのはホワイトの布地の中山服、いわゆる人民服だと中国では報じられた。外務大臣だった麻生太郎《あそうたろう》とゴルフに興じる様子も撮影させた。二〇〇七年に大使を終えたときの離任レセプションに筆者も参加した。ステージで「二十以上の日本の有名な山に登りました」という話を披露し会場から喝さいを浴びた。登山客から「すみません、王さんですか」と尋ねられるのが嬉《うれ》しかったと述べて愛《あい》嬌《きょう》を振りまいた。こうした王毅の言動は中国本国にも伝わる。日本の同じ自民党内に反中と対中融和の硬軟両方の姿があることを本国に発信していたことになる。

今日の中国は、国内の言論封鎖と世界への強硬姿勢という二つの殻で自らを守っているように見える。「西側は異形だ」と考え世界の多様性との向き合いに踏み出せない。強国になったので妥協する必要はないと、傲慢《ごうまん》になっている可能性はある。ウクライナ戦争前の二〇二二年一月初め、対米強硬派の学者だったはずの閻学通《えんがくつう》が、国際政治を学ぶ清華大学の学生らの世界認識を嘆いた。「今日の学生は世界の栄枯盛衰、多様性を理解できない」「西洋諸国は悪だ。中国だけが正義。無実であると信じている」[※349]。だがその後、中国政府の対外政策はますます内向的になるとともに、過剰防衛に踏み込んでいる。戦争や米国との対立など世界の激変が落ち着くまで、国を閉じて限られた国々と自己流の外交を行えばよいと考えているという仮説も成り立つ。二〇二三年七月以降、独自の秩序と価値観を支える法律を相次いで成立、施行させた。一つは「対外関係法」だ。外交において米国を念頭に対中制裁や内政干渉に強硬に反抗する法的根拠を示した。二つ目は「改正反スパイ法」だ。国家安全を揺るがす行為を取り締まる権限を一層強化した。中国は日本に積極的に投資を求めてくる一方で、長年北京に駐在する日本の製薬会社の日本人幹部社員を反スパイ法違反容疑で逮捕した。そして「愛国主義教育法」だ。従来は実施要領だったが初めて法制化した。

外交では九月中旬のＧ20サミットを習近平《しゅうきんぺい》が欠席した。Ｇ20は、金融危機リーマン・ショックが米国から広がる二〇〇八年に初回会合が開かれ、そこで胡錦濤《こきんとう》が世界経済を救う五十七兆円相当の財政出動を発表した。以来、中国の国家主席が何を発信するのかが注目されてきた会議だ。習近平主席はこのあいだ洪水被害にあった黒竜江省を慰問した。夏に各地を大雨と洪水が襲った。治水対策は政権支持に直結する問題だ。国内経済は不振が続く。成長で依存してきた不動産の分野が失速し債務が拡大している。若者が仕事に就けない。外遊で見せ場を作るよりも国内世論を優先した。そもそも今日の中国の不況は、初回Ｇ20で表明した五十七兆円の財政出動が、国内で借入金を増やし、建設資材の在庫を膨らませ、不動産価格を高騰させたことに端を発する。習近平が出席していたら「中国は無理をするなよ」と、西側の世論から揶揄《やゆ》されていただろう。

二〇二三年には代わりに李強《りきょう》首相がＡＳＥＡＮの関連会議とＧ20に参加したが、同席した岸田総理やバイデン米大統領とは簡単な会話を交わしただけだ。そこから見えてくるものは内外に対する「守り」だ。九月下旬のニューヨークでの国連総会にも韓正《かんせい》・副主席が参加した。ただし中国は米国とロシアをしっかりとつなぎとめた。国連総会に出席すべき王毅は米国へは行かず、マルタ島でサリバン米大統領補佐官と十二時間にわたって会談する。続いてロシアを訪問してプーチンと会談した。サリバンと中国の政治局委員との会談は王毅も、前任の楊潔篪《ようけつち》のときも米中首脳会談実現への地ならしを意味した。中国にとって米国だけは特別扱いだ。バイデンも習近平と早期の首脳会談実現を探り、APEC首脳会議の場での米中二国間の首脳会談開催で協力していくことが決まった。ロシアの大統領府は十月中旬の「一帯一路フォーラム」に合わせたプーチン訪中決定を早々に発表し、北京で中ロ首脳会談を行った。

二〇二三年十月初め、中東ではパレスチナ自治区のガザ地区を実効支配するイスラム組織のハマスが突然イスラエルを攻撃し始め、イスラエルも応戦した。ガザ紛争では始まりでこそイスラエルが被害者だった。だがイスラエルはガザのハマス攻撃を続け、そのイスラエルを支える米国は停戦の阻害要因になった。これ以降、国際環境はまた中国に有利になったように思える。中国の根っこにあるのは世界のトップに行くことだ。中国はいまユーラシア大陸の中心に立つことを意識している。

ウクライナ戦争の課題は明確だ。ロシアの侵攻を早急に止めることであり、国連総会では非難決議が圧倒的多数で採択された。ロシア軍の撤退や占領地の扱いなどで各国の意見が割れて、中国も和平案を示したが、議論を民主主義国家の西側が主導してきた。

しかし中東ガザ紛争後の中国、日本を含む世界は新しい局面に入った。民主主義の中心にいる米国の動向にも世界の批判が集まっているのだ。強い発言力を持つはずの米国はイスラエルに歯止めを掛けることができずにいる。米国内のユダヤ社会の支持を意識した。イスラエルを追い詰めることはできない。国際社会における米国の評価は下がった。中国は米国の包囲を突破し上のステージへ行くチャンスと見たのではないだろうか。中国の弱体化を図る米国の失策を待ち、漁夫の利を得、勝ち上がるチャンスだと。そして切り崩せる国や集団を取り込んでいく。

世界もハマスとイスラエルの両者の間で仲介できる国として、中東で影響力を拡大する中国に期待した。中国はパレスチナが独立を宣言した一九八八年から正式な国家として承認している。衝突前の六月中旬、北京にパレスチナのアッバス議長が国賓訪問で滞在していた。そのとき中国は、パレスチナ問題を中国式安保構想「GSI（全球安全倡議)」に基づいて解決する意欲を共産党系の『環球時報』の社説で示した。[※350] アッバスも中国との共同声明でGSIや中国式秩序理念の「人類運命共同体」を支持すると表明した。GSI構想の受け入れにはパレスチナのほか、ハマスを支援しているイラン、サウジアラビア、シリアも前向きだ。このいずれの国も中国と「戦略パートナーシップ」という強い協力関係を結ぶ。三月にはイランとサウジの外交関係復活を中国が仲介した。王毅は当時、「GSIを実践した初の成功例」だ宣伝した。イランとサウジはBRICSにも加盟する。一方イスラエルは中国との経済的なつながりが強く、ガザ紛争発生時点で日本人とほぼ同数の千人の中国人が現地に滞在していた。

衝突発生直後に、『環球時報』の社説は米国の長年の中東政策を批判し、イスラエル側に偏り火に油を注いできたことが背景にあると指摘した。しかしこの後に一年ぶりの米中首脳会談が控えており中国は米国のために一肌脱いだ。中国は持論の、「パレスチナ国家」の承認と「イスラエル」との「両国方案(二つ政府の共存による問題解決)」を世界に訴えた。米国、中国、ロシアの動きが慌ただしくなった。ブリンケンはイスラエルを始め中東各国を歴訪する一方、王毅と電話会談を行った。イランの説得を念頭に、影響力行使を中国に求めた。米国はパレスチナを国家として承認していない。パレスチナ側とのパイプは細い。しかもハマスはパレスチナ自治政府と一体ではない。ハマスの後ろ盾であるイランとは一九七九年のイラン革命以来外交関係がなく没交渉だ。だがそのイランは「両国方案」に反対で、国家として認めるのはパレスチナだけだ。

ブリンケンの依頼を受けて王毅はすぐにイラン、サウジアラビア、トルコ、エジプトの外相と立て続けに電話会談した。王毅はブリンケンに対して当然、「両国方案」を受け入れるよう求めたはずだ。会談以降、ブリンケンもバイデン大統領も紛争解決の出口は、「パレスチナ国家」の承認と「二つ政府の共存」にあると発言し始めた。王毅は翌週にはパレスチナ、イスラエルの外相とも相次いで電話会談を行った。

中国が中東の緊張緩和に向けた道筋を提示できれば、中国に対する世界の評価は高まるだろう。共産主義という不動の価値観の中国は、異質な価値観と交わることで生まれる国内の論争を長年警戒してきた。この宗教も絡む問題を一国だけで解決するのはリスクがある。国際会議開催による解決を模索し、そこで広げたのがGSIと「人類運命共同体」という大風呂敷《おおぶろしき》だ。政府特使の翟雋《てきしゅん》がパレスチナ、イスラエルや周辺諸国を歴訪し、中東問題を話し合うカイロ平和サミットに参加した。キルギスでの上海協力機構参加国関連会議では李強首相がイランの副大統領と会談した。十一月下旬にイスラエルとハマスの双方が人質や拘束された人々を解放するための一時休戦に入った。この間、国連安保理では十一月の議長国となった中国の王毅が、関係各国による閣僚級会議を開催し、全面的停戦とパレスチナ国家の樹立などを訴えた五項目の和平案を提示した。だが休戦は一週間で終わった。衝突から二か月で死者は双方で約一万六千人になり、戦闘再開でまた増えていった。

米国は開戦以来、国連安保理の停戦決議に拒否権を行使し続けた。イスラエルの自衛権に関する言及がないと反発したのだ。各国が賛成か棄権に回る中で米国は十一月下旬の一時休戦にはOKだが停戦はNOだという。国内ではユダヤ系米国人の発言力が強い。二〇二四年の米大統領選挙では彼らの声を尊重せねば負ける。これらは米国の限界でもある。米国はイスラエルにブリンケン国務長官が繰り返し訪れたほか、バイデン大統領も現地入りしネタニヤフ首相と会談したが、停戦はかなわない。

ロシアもこの機会を欧米への対抗に利用した。世界の関心は中東ガザ情勢に向かい、ウクライナ戦争のニュースはあまり伝えられなくなった。その陰でロシアと中国との共闘が目立つようになった。ガザでの開戦以来、プーチン大統領は自らのウクライナ侵攻を棚に上げて、米国こそが安保理などでパレスチナ問題の解決を妨げてきたとして責任追及の声を強めた。中国に同調した。このロシアの動きは十月中旬のプーチン大統領の一帯一路フォーラム参加による訪中と重なった。ロシアと中国は二〇二三年に首脳が相互訪問を実現することになる。孤立から抜け出すチャンスと見たのか、プーチンは北京入りする前日にイスラエルのネタニヤフ首相、イランのライシ大統領を始め、パレスチナのアッバス議長、シリア、エジプトのトップらと相次ぎ電話会談を行い、存在感を示した。

一時休戦終了後の十二月上旬にもプーチンはサウジアラビアなどを訪問してムハンマド皇太子らと会談した後、モスクワを訪問したイランのライシ大統領と会談した。王毅も十二月中旬にイランの外相と電話会談した。イランとの交渉は難航した。ライシは米国による制裁を批判し経済援助を求めるばかりで、米国との間の亀裂《きれつ》を広げはしても、ハマスとイスラエルとの融和からは外れていく。

十一月中旬に米国サンフランシスコで開催されたＡＰＥＣ首脳会議の場で、対面の米中首脳会談が一年ぶりに行われた。ガザ情勢も協議されたが最大のテーマは二〇二四年一月の台湾総統選挙をめぐる米中の確執の管理だ。台湾の与党・民進党は独立を党是に掲げる。しかし独立すれば中国は武力統一を図る。ここで米中がぶつかればリアルな戦争になることが想定される。そのことが逆に米中関係を決裂させるわけには行かないという判断につながる。米中首脳は、台湾独立反対を確認しあっている。だが二〇二四年十一月の米大統領選挙がここでも視野に入る。米国の世論には台湾の意思を大国が封じ込めることが受け入れられない。この民意に阿《おもね》れば選挙に勝つかもしれない。だがそれは安全保障においては危機になる。台湾海峡の不安定化と同時に朝鮮半島の有事も想定される。米中はお互い相手の出方を見てすくみあっている状態だ。

日本にはこの不安定な米中、両陣営の間でどちらにも偏らず、「テコ」になりうる立場を狡猾《こうかつ》に利用することが求められている。ウクライナ、そして中東をめぐる紛争は、民主主義陣営と権威主義陣営との綱引きの中で膠着《こうちゃく》状態に陥らせてはならない。だが日本の顔は見えてこない。九月の内閣改造で外務大臣に就任したばかりの上川陽子《かみかわようこ》が十月のカイロ平和サミットに参加し、パレスチナのアッバス議長やエジプトの大統領らと会談した。ハマスを支えるイランとは、岸田文雄《きしだふみお》総理大臣がモスクワ訪問直前のライシ大統領と「一時休戦」を挟んだ十二月初めに電話で会談したほか、十二月中旬にはスイスのジュネーブで上川外務大臣がアブドラヒアン外相と会談した。しかしいずれも協議の半分は、直前に起きた親イランの武装組織による日本企業の船舶拿捕《だほ》の問題解決に費やされた。

本論の冒頭で示したように、強大になった中国との関係の行き先を考える上で、日本には米中双方の最新の動きを冷静に分析することが求められる。本論で展開した中国の変遷を簡単に整理し、今後を展望する。

習近平体制に替わったのは二〇一二年十一月だ。以来、中国が一党支配から「一人支配体制に変わった」との考えを、垂秀夫《たるみひでお》前駐中国大使が退官した直後、二〇二三年十二月二十九日の『読売新聞』のインタビューで示した。ニューヨーク・タイムズも同様の指摘を行っている。習近平は冷戦後の中国が大国に発展する過程で必然的にそこに追い込まれたのではないかと筆者は考えるのだ。

天安門事件と冷戦終焉《しゅうえん》に続くソ連解体後の中国の歩みを振り返ると、今日まで常に国家の対外主張と国内民衆の政府への突き上げと闘い続けてきたことが分かる。

鄧小平《とうしょうへい》が市場経済に体制転換させたことで中国は急速に発展した。米国主導のグローバリズムに乗る一方で、自由化で勢いづく軍や経済界、民間の主張を手なずけねばならない。江沢民は対米関係改善や経済発展の突破口として日本の協力を仰いだ。しかし国内結束には反日ナショナリズムが役立った。歴史認識で日本を追及した。日米共同の台湾問題への介入にも歯止めを掛けた。胡錦濤政権では、GDPで日本を抜いて米国に迫る発展が視野に入ると強気の外交政策に転換した。世界に対して国際政治における中国の発言力強化、米国と対等な発言権を要求した。だが、民主の理念を大切にした胡錦濤は国内では激しい揺さぶりを受けた。民衆の異議申し立てが盛んになり、反日ナショナリズム運動も暴動に発展した。軍や政府の一部は利権集団化し汚職や内外との不必要な摩擦を起こした。権益擁護を主張し海洋進出を積極化させた。南シナ海や日本の尖閣《せんかく》諸島がターゲットになった。西側の中国に対する強い警戒を招いた。日本では反中感情を煽《あお》る結果となった。これがまた中国社会を刺激した。日本など西側からメディアで逆流したからだ。日本とは過去の歴史問題がある。二〇一二年の反日暴動では民衆の怒りが日本のみならず党政府の弱腰姿勢にも向かったのだ。

ここで習近平政権に替わった。国家安全を国防から治安まで一括管理する体制を構築した。西側勢力や彼らと結びついた国内一部民衆が、中国周縁部、すなわち香港、台湾、チベット、ウイグルなどを舞台に中国に対する政権転覆を図る恐れがあると認識された。周縁部からの切り崩しへの対処ではロシアがＮＡＴＯによる東方拡大に見舞われたことが反面教師になった。習近平政権下で反日暴動はなくなった。国内の感情的なナショナリズムの高揚にも警戒している。二〇一二年の暴動で懲りているのだ。習近平政権では尖閣諸島への侵入は政府船が主導し、中国からすれば「規則化」させた。言論弾圧に加えて、反スパイ法違反容疑で日本人も含めた外国人を拘束した。

そして二〇一八年ごろから、トランプ政権の対中政策変更とバイデン政権での対中包囲政策の維持、コロナ禍の拡大、ウクライナ戦争、ガザ紛争と、短期間に世界の局面が大きく変わった。

中国が特別扱いする米国は国内政争で不安定になっている。民主党と共和党とで感情的な分断が起き、対立する支持者同士が一致できるのはもはや「反中国」だけという状態だ。だが皮肉なことに中国の発展を阻止しようとする米国の包囲や牽制《けんせい》は、中国が民主主義に理解を示すことを逆に困難にした。中国を追い詰めるどころか米国と対立する国々をグループ化させる結果を招いた。中国と同様に発展と安定を最優先で考え、米国式の民主化や人権擁護要求を受け入れにくい国情を持つ権威主義の国々を中国は集めた。

中国も順調ではない。国内の経済回復が思わしくない。社会に不満が充満する。経済不振の大きな要因は、民間の経済や民衆の活力を習近平政権が抑え込んできたことにあることは明らかだ。解き放てば政権突き上げの力になり得る。抑え込めば失速する。この経済の窮状に対して中国は計画経済時代のような手法を繰り返している。長期展望を見据えた国家財政の投入で救済を図る一方、民衆の感情、情緒、病理に対しては政治イベントによるナショナリズム鼓舞や経済の好調な部分だけを切り取った宣伝報道などで誘導している。

この先どうなるのだろう。

将来の中国の政治体制が変わる可能性がないわけではない。だが現在の内外の条件を考える限り、今日の中国は独裁を止めることも民主化することもできない。私たちは中国に対する認識をここから出発させて行かねばならないだろう。民主化に伴って起きる混乱や暴動に構造的に耐えられる国ではない。価値観や信念は人間の性格のようなもので、財政赤字といった数値と異なり、簡単に変更できるものではない。「習近平後」に出現する政権でも簡単には変わらないだろう。習近平の地位は高くなり、民衆は指導者の命令に従う一方で、一部では面従腹背でやりくりしてきた。習近平を支える六人の中央政治局常務委員は浙江《せっこう》省などの地方勤務時代からの「部下」だ。しかし中央政治の経験は豊富ではない。習近平の健康に万が一のことがあれば六人の間で後継者争いが起きることも想定される。政権が流動化すれば民衆は立ち上がる。米国が介入する。西側の世論が後押しする。その不安定に日本は耐えなければならない。

民主化は簡単ではない。世界には日本のように民主化に成功した国がある。ただし「大正デモクラシー」がかつて挫折《ざせつ》した経験を持つ。ロシアや東欧の一部の国のように民主化から逆行した国もある。ロシアは民主的選挙で選ばれた指導者が反対勢力やメディアをつぶし、憲法を改正して独裁を敷いた。中東や北アフリカ地域の民主化運動・ジャスミン革命は挫折した。民主化を目指し維持するためには民衆に信念がなければならない。民主化には前提となる必要条件がある。格差の縮小、政治腐敗の追放、それを担保する司法や警察、問題を追及するメディアの存在などだ。それを理解するための国民教育も充実させなければならない。民主化する過程ではデモや暴動は避けられず、米国などの介入も当然あるだろう。日本の戦後の民主化は米国の占領下だからできた部分もある。中国は米国の介入を受け入れるわけがない。その状態の中で、二〇一九年の香港の民主化運動のように米国の協力を得ようと中国国内から内通する者もあらわれるだろう。

二〇二四年一月の台湾総統選挙では、台湾独立志向が強い民進党・頼清徳《らいせいとく》が次期総統に決まった。結果は圧勝ではなく世論は二分した。国会議長である立法院長には中国に融和的な国民党の韓国瑜《かんこくゆ》が選ばれた。しかし台湾と米国との距離が近づくことを中国は警戒している。二〇二四年に大統領選挙を迎える米国の先行きは不透明だ。トランプは二〇一六年の選挙で当選した直後に台湾の蔡英文《さいえいぶん》総統と電話会談した。台湾情勢は米中双方が相手を揺さぶるための危険なカードになることが想定される。中国は国際政治における安心材料を手元に置く必要がある。それがまずロシアだ。三月にはロシアでは大統領選挙があり、予測通りプーチンは再選された。中国とロシアは外に力と存在感を示す上で結束をさらに固めていくだろう。そして米中の力のバランスが不安定になったときを利用して、北朝鮮はミサイル発射や核実験などを行い、中ロを引き付けて存在感を主張する。米中関係は先行き不透明であるがゆえに改善を模索する。米中同士は直接衝突を避けようとしているのだ。日本や韓国は米中双方から秩序を構築・維持する要として、またターゲットとして狙《ねら》われやすい。注目すべきは、中国は日本や韓国を米国から引きはがして取り込もうとする過程にあることだ。日本や韓国は同盟国として米国と同一歩調をとるが、中国にとって米国を動かすテコとして使える。よって日韓を徹底的に打ちのめすことは逆に損になる。同様に米国と関係が深いフィリピンとは中国は南シナ海問題をめぐって対立を先鋭化させた。米国を牽制するための見せしめだろう。フィリピンは地理的に台湾にも近い要衝だ。しかも米国を動かすテコになるだけの国力はない。

中国の外交政策を確認する。日中関係では二〇二三年十一月の首脳会談以降、この数年言及されなくなった「戦略的互恵関係」のワードを復活させることで一致した。ただし日本側では「最大の戦略的挑戦」と「深刻な懸念」の表現も残している。是々非々で関係強化を図る。違いを尊重しあおうという意味だといえよう。日本と中国は安全保障面では緊張が高まり衝突する懸念がある。しかし経済協力や東アジアの安定を維持、米国との橋渡しになるという面では、お互い相手を必要としていることを確認したのだ。

十二月末に五年ぶりに第四回・中央外事工作会議を開催した。二〇一八年の第三回・中央外事工作会議ではグローバル・ガバナンス・システムの改革、すなわち米国中心だった国際秩序を中国が改革すると宣言し、米国への対抗心をあらわにしていた。それが第四回会議ではグローバル・ガバナンスに積極参加し、変革をリードすると、米国と協調する姿勢に変わった。一方で、中国になびく権威主義国家や周辺国などの国々を、中国式安保構想のGSI（全球安全倡議）とそれを支える「人類運命共同体」の理念で取りまとめると謳った。中国式国際秩序の形が見えたのだ。続けて駐外使節工作会議も三年ぶりに行われ、呉江浩《ごこうこう》駐日大使を含む世界各国に駐在する大使らを集めた。ここで習近平が示した外交の新方針は強硬だった。「外交官は党の方針に忠実であれ。『以箭在弦上的備戦姿態』、すなわち弓に矢をつがえて戦争準備態勢に入れ。国際社会の支持を得る上で多国間での『統一戦線工作』をうまく活用せよ」と訴えた。中国に融和的な国々を切り崩せ。裏を返せば敵対的な国や勢力は切り捨てろという意味だ。

王毅は二〇二三年四月に当時の林芳正《はやしよしまさ》外務大臣と会見したとき、「日本国内に米国の誤った対中政策に追随する勢力がいる」と述べた。日本国内の保守派・タカ派の反中世論を切り捨て、米国側か中国側かどちらに就くのかの選択を迫った。牽制した上で少なくとも米中の間に日本が等距離で立ち続けることを求めているという見方もできる。「処理水」もそこで利用されたのだ。習近平主席は二〇二三年十一月の日中首脳会談で岸田総理に対して、「アジア的価値観を大切にしてほしい」と訴えた。米国式のものではないアジア的、儒教的なメンツを大切にする価値観だという。

日本に働きかける中国の戦略では民意の分断を狙っている。日本国内の社会構造をみてみよう。与野党が超党派で「反中国」で一致する米国のような展開にはならない。それどころか融和派とタカ派の間で議論は成立しない。二〇二三年四月には沖縄・宮古島沖で墜落した陸自ヘリの墜落原因について、技術的原因と発表されたにもかかわらず、「中国に撃墜された」という議論がネット上で炎上した。この同じ日に中国軍の艦船が宮古島沖を通過したからだ。「時間的にずれている」と否定しても「中国との衝突」を信じる議論の方が勝っていた。代表的な月刊総合雑誌までが「陸自ヘリは中国に撃墜されたか」と報じた。日本のタカ派の反中は嫌中だ。融和派の親中は袋叩《だた》きを避けて沈黙する。だが親中・反中で分断したまま中国に向き合うことは日本の利益になるのだろうか。これは中国にとって取り込みやすい構図だ。親中派だけが中国に近づけばそれでよいのだろうか。

日本で国内世論が分かれたままでは、中国と本音で話す以前に「中国好み」の日本の一部だけが中国に取り込まれることになりかねない。現状では取り込まれた融和派は中国の暗部に目をつぶる。一方で暗部にばかり注目していれば、情報提供者は売れる暗部のニュースしか伝えなくなる。それでは全体像は分からない。反中・嫌中感情を抱えたまま「形」だけ中国と交流することになる。日本が中国側の対日融和派だけと交流しても真の中国を理解したことにはならない。しかも日中が対立するときには中国国内でも融和派は「売国奴だ」と叩かれる。それは日本が切り捨てようとする中国の対日強硬派を逆に勢いづけることになるのだ。この状態は日本が望む中国の民主化への道や、西側に由来する民主主義の周辺諸国に対する、中国的な「包容力」の涵養《かんよう》を却って遠ざけるのではないだろうか。

中国に向き合う日本の国内政治の現状はどうだろう。中国が日本に強く出るケースとしては、二〇一〇年前後の日本の民主党政権時代のように、政権が短期で入れ替わり、政権基盤が弱体化したと認識した場合にもある。政権の出方を見定めるため、さまざまな変化球を投げて反応を見る。それが中国だ。

岸田文雄総理大臣は二〇二三年九月十三日に支持率上昇を期待して内閣改造を行った。外交大臣、防衛大臣も替わった。中国から見れば継続していた日本の政策がリセットされることを意味する。その岸田政権を十一月以降、自民党の政治資金事件が襲った。最大派閥の安倍派を中心に、資金集めパーティー収入の一部を不正に選挙資金などに流用した疑いで東京地検特捜部が捜査に乗り出した。政治の公平性が問われる。自民党内の安倍派などの派閥の解散も宣言した。岸田政権は支持率を落とし、同じ自民党中心の政権になるだろうが、政権交代も視野に入って来た。内政にとらわれる。国際政治では独自行動ができず影が薄くなった。日本に隙《すき》ができれば中国は揺さぶりに入る。岸田総理大臣と上川外務大臣は、そして次の政権も、この混乱の中で日中首脳会談や中東外交をこなさなければならない。

すでに中国は独自の秩序を構築しつつある。それを壊すことは出来ない。民主主義と権威主義の国々がグループを作って対立するようになったからには、相手を否定するのではなく、併存するところから解決策を考えて行くべきだ。まずお互い理念の多様性を認め、相手を尊重しあっていかざるを得ないだろう。その上で、日本でいえば体制の異なる中国から一方的に侵食されないように、どう守るのかを検討したい。

日本は明治以来慣れ親しんできた西側式の理念や問題意識とは別に、中国式の枠組みや理念を理解する必要がある。処理水、スパイ容疑での拘束、中国の日韓に対する取り込み、台湾接近への警戒。すべていったん俯瞰《ふかん》的に中国式枠組み、国家安全観の問題として解釈すべきではないだろうか。譲歩ではない。中国の秩序を尊重することで解決につながる可能性がある、逆にメンツを立てず、断片的問題についてのみ批判し追及し続ければ解決は遠のくだろう。

中国側に一方的に押し切られたくないのであれば、集団で米中双方の独走を引き留めるカウンター・バランスになることを検討せねばならない。この日本と同様の問題意識に直面している国々がある。温度差はあるとはいえ、一部の米国同盟国やEU、グローバル・サウスも日本と連携できる関係にある。日本はすでに活動し始めているが、米国の別動隊として中国と陣取り合戦に参戦していると受け止められるのはマイナスだ。これらの国々は中国を封じ込めることだけを考えているわけではない。日本は米中双方の間でキャスティング・ボートを握れる立場にいる。日本が米中を動かし、彼らの間で仲介に立てるのであれば、それはウクライナ戦争やガザ紛争の解決への扉も開けられることになるはずだ。

日中関係の一番の課題は、お互いの衝突があっても乗り越える強靱《きょうじん》性と復元力を持つということだ。相手から威圧を感じても過剰反応や軽挙妄動しない。隣国同士、対立や反日デモ、東京では反中デモがあるのは当たり前だと見ればいいのだ。中国側にも同じように認識してもらいたい。そして私たち日本人は、中国という国は民衆が溜《た》めた感情でさえ政府が政治力で抑え込むこともあれば「代弁」もする国だということをよく理解し、隠れた中国の「民衆」の本音がどこにあるかを常に意識すべきだろう。

「反日」の法則
アップデートされた

令和6年（2024年）9月8日　第1刷発行

著者 ……………………… 安江伸夫

発行者 …………………… 川端幸夫

発行 ……………………… 集広舎
〒812-0035 福岡県福岡市博多区中呉服町5番23号
電話 092-271-3767　FAX 092-272-2946
https://shukousha.com/

装幀 ……………………… スタジオ・カタチ

校正・校閲 ……………… 校書青信堂

組版 ……………………… 月ヶ瀬悠次郎

印刷・製本 ……………… モリモト印刷株式会社

ISBN 978-4-86735-051-5 C0031

「反日」の法則《アップデートされた》

著者／安江伸夫（やすえ・のぶお）

1957年、東京都出身。元テレビ朝日北京支局長。

北京留学中に天安門事件（1989年）に遭遇。1990年〜1995年に特派員として北京に駐在。この間、冷戦構造とソ連の崩壊、計画経済から市場経済へ、ネットの誕生をウォッチ。豊かになれば中国も民主化し米国のようになるというユートピアが信じられた時代から今日まで中国の変化を取材し続けてきた。テレビ朝日では現在も生の帯番組（グッドモーニング、モーニングショー、ワイドスクランブル）の制作に携わる。

日本大学大学院総合社会情報研究科講師（「国際メディア論」担当）。

著書に『習近平政権の言論統制』（2014年、蒼蒼社、共著）、『中国ネット最前線』（2011年、蒼蒼社、共著）など。

索引

▼ キーワード

あ

か

さ

た

な

は

ま

や

ら

わ

和諧社会 34, 116, 169, 172

和諧世界 34, 35, 179

話語権（中国の発言権）
34, 110, 158, 176, 177, 182, 184, 185, 190, 205, 266, 315, 354

ワシントン・コンセンサス 176, 191

和平演変（平和的転覆） 57

和平崛起（平和的台頭） 170

英　数

A級戦犯合祀 115

AI 206, 236

APEC（アジア太平洋経済協力会議）
15, 48, 63, 65, 86, 127, 144, 150, 164, 192, 198, 204, 207, 211, 247, 268, 280, 284, 326, 346, 352, 369, 378, 381

APEC首脳会議 15, 65, 247, 378, 381

ASEAN（東南アジア諸国連合）
192, 323, 350, 377

AUKUS（オーカス） 80, 93, 105, 111, 257, 259, 261, 266, 274, 302, 303, 307, 333, 371

A2AD（Anti Access Area Denial（接近阻止・領域拒否）戦略）
35, 89, 125, 189, 191, 287, 288

BRICS
93, 105, 111, 205, 212, 216, 217, 258, 313, 315, 316, 333, 336, 379

BRICS首脳会議 216, 315, 333

BRICS外相会議 315

BRICS拡大外相会議 315

CNOOC（中国海洋石油総公司） 123

COP26（国連気候変動会議）
258, 260, 261, 274

ETIM（東トルキスタン・イスラム運動）
38, 168, 228, 255, 284

EU（欧州連合） 17, 18, 20, 195, 229, 245, 250, 328, 334-336, 370, 388

GDP（国内総生産） 33, 83, 84, 87, 90, 94, 98, 146, 178, 184-186, 188, 194, 213, 344, 382

GDI（グローバル発展イニシアチブ、全球発展倡議）
92, 93, 111, 257, 261, 266, 302, 303, 308, 315, 316, 328, 333, 368

GSI（グローバル安全保障イニシアチブ、全球安全倡議）
36, 93, 100, 105, 111, 303, 315, 316, 332, 333, 368, 369, 378-380, 386

G2論（米中G2論）
→ 米中G2論（G2・G2構想）

G7 209, 316, 323, 335, 336

G7サミット
21, 109, 169, 209, 285, 316, 336

G8サミット 21, 34, 109, 122, 166-169, 190, 209, 285, 355

G20 76, 81, 184, 190, 210, 212, 216, 224, 230, 231, 235, 242, 246, 259, 261, 268, 285, 293, 296, 326, 328, 361, 362, 377

G20サミット 184, 216, 235, 285, 377

IMF（国際通貨基金） 191, 336

IOC（国際五輪委員会） 111, 263, 264

NATO（北大西洋条約機構）
13, 39, 71, 77, 93, 110, 111, 183, 187, 194, 243, 250, 258, 261, 301, 304, 307, 308, 314, 316, 317, 335, 383

東方拡大 39, 301, 307, 383

日韓豪ニュージーランド首脳会合
316, 317

ODA（政府開発援助） 98, 101, 102, 143, 151, 163, 230, 345, 346, 360, 374

PKO（国連平和維持活動） 107, 163

▼ キーフレーズ

▼ 人名

参考文献

H. ニコルソン(斎藤眞, 深谷満雄 訳)『外交』東京大学出版会, 1968年9月1日

W. リップマン(掛川トミ子 訳)『世論(上下)』岩波書店, 1987年7月16日 (原著: Walter Lippmann, “Public Opinion”, Harcourt, Brace and Company, 1922)

ジェームズ・マン(鈴木主税 訳)『米中奔流』共同通信社, 1999年12月10日

劉傑『中国人の歴史観』文藝春秋, 1999年12月15日

アレン・S.ホワイティング(岡部達味 訳)『中国人の日本観』岩波書店, 2000年3月16日

石井明(編集), 朱建栄(編集), 添谷芳秀(編集), 林暁光(編集)『記録と考証 日中国交正常化・日中平和友好条約締結交渉』岩波書店, 2003年8月7日

高井潔司, 日中コミュニケーション研究会『日中相互理解のための中国ナショナリズムとメディア分析』明石書店, 2005年10月1日

ピエール・アスキ(山本 知子 訳)『中国の血』文藝春秋, 2006年2月15日

劉傑(編集), 三谷博(編集), 楊大慶(編集)『国境を越える歴史認識 ── 日中対話の試み』東京大学出版会, 2006年5月22日

高木誠一郎『米中関係 ── 冷戦後の構造と展開』日本国際問題研究所, 2007年4月27日

ジェームズ・マン(渡辺昭夫 訳)『危険な幻想』PHP研究所, 2007年4月16日

遠藤薫『間メディア社会と〈世論〉形成:TV・ネット・劇場社会』東京電機大学出版局, 2007年5月1日

森一道『「香港情報」の研究 ── 中国改革開放を促す「同胞メディア」の分析』芙蓉書房出版, 2007年6月1日

川島真(編集), 服部龍二(編集)『東アジア国際政治史』名古屋大学出版会, 2007年6月10日

田中修『検証 現代中国の経済政策決定 ── 近づく改革開放路線の臨界点』日本経済新聞出版社, 2007年9月10日

スーザン・L. シャーク(徳川家広 訳)『中国危うい超大国』日本放送出版協会, 2008年3月30日

西茹『中国の経済体制改革とメディア』集広舎, 2008年6月28日

佐藤卓己『輿論と世論』新潮社, 2008年9月25日

菱田雅晴『中国 ── 基層からのガバナンス』法政大学出版局, 2010年2月1日

馬場公彦『戦後日本人の中国像:日本敗戦から文化大革命・日中復交まで』新曜社, 2010年9月17日

服部龍二『日中国交正常化 田中角栄、大平正芳、官僚たちの挑戦』中央公論新社, 2011年5月25日

リチャード・マグレガー(小谷まさ代 訳)『中国共産党 支配者たちの秘密の世界』草思社, 2011年6月6日

岡本隆司『中国「反日」の源流』講談社, 2011年1月13日

リンダ・ヤーコブソン, ディーン・ノックス(岡部達味 監修, 辻康吾 訳)『中国の新しい対外政策 ── 誰がどのように決定しているのか』岩波書店, 2011年3月16日

ヘンリー・A. キッシンジャー(塚越敏彦, 松下文男, 横山司, 岩瀬彰, 中川潔 訳)『キッシンジャー回想録 中国(上下)』岩波書店, 2012年3月28日

朱建栄『中国外交 苦難と超克の100年』PHP研究所, 2012年9月20日

古畑康雄『「網民」の反乱 ネットは中国を変えるか?』勉誠社, 2012年10月15日

矢吹晋『尖閣問題の核心 ── 日中関係はどうなる』花伝社, 2013年1月25日

興梠一郎『中国 目覚めた民衆 習近平体制と日中関係のゆくえ』NHK出版, 2013年1月10日

天児慧『日中対立：習近平の中国をよむ』筑摩書房, 2013年6月5日

関志雄『中国 二つの罠：待ち受ける歴史的転機』日本経済新聞出版, 2013年3月26日

遠藤誉『完全解読「中国外交戦略」の狙い』ワック, 2013年7月19日

矢吹晋『尖閣衝突は沖縄返還に始まる ── 日米中三角関係の頂点としての尖閣』花伝社, 2013年8月15日

青山瑠妙『中国のアジア外交』東京大学出版会, 2013年11月22日

馬場公彦『現代日本人の中国像：日中国交正常化から天安門事件・天皇訪中まで』新曜社, 2014年5月9日

ワン・ジョン（汪錚）,（伊藤真 訳）『中国の歴史認識はどう作られたのか』東洋経済新報社, 2014年5月16日

高原明生, 前田宏子『開発主義の時代へ 1972-2014』岩波書店, 2014年8月20日

阿古智子『貧者を喰らう国』新潮社, 2014年9月26日

後藤謙次『ドキュメント平成政治史3 幻滅の政権交代』岩波書店, 2014年12月25日

服部龍二『外交ドキュメント 歴史認識』岩波書店, 2015年1月20日

峯村健司『十三億分の一の男 中国皇帝を巡る人類最大の権力闘争』小学館, 2015年2月26日

田畑光永『勝った中国・負けた日本：記事が映す断絶八年の転変』御茶の水書房, 2015年4月14日

デイビッド・シャンボー（加藤祐子 訳）『中国グローバル化の深層：「未完の大国」が世界を変える』朝日新聞出版, 2015年6月10日

エヴァン・オズノス（笠井亮平 訳）『ネオ・チャイナ：富、真実、心のよりどころを求める13億人の野望』白水社, 2015年7月27日

マイケル・ピルズベリー（野中香方子 訳, 森本敏 解説）『China 2049』日経BP, 2015年9月7日

谷野作太郎（服部龍二, 若月秀和, 昇亜美子 編集）『外交証言録 アジア外交 ── 回顧と考察』岩波書店, 2015年12月3日

三船恵美『中国外交戦略』講談社, 2016年1月9日

小原凡司『世界を威嚇する軍事大国・中国の正体』徳間書店, 2016年1月29日

秋田浩之『乱流：米中日安全保障三国志』日本経済新聞出版, 2016年9月5日

フィオナ・ヒル, クリフォード・G. ガディ（畔蒜泰助 監修, 濱野大道 訳, 千葉敏生 訳）『プーチンの世界』新潮社, 2016年12月12日

グレアム・アリソン, フィリップ・ゼリコウ（漆嶋稔 訳）『決定の本質 キューバ・ミサイル危機の分析(1)(2)』日経BP, 2016年3月7日

谷野作太郎『中国・アジア外交秘話 ── あるチャイナハンドの回想』東洋経済新報社, 2017年4月7日

グレアム・アリソン（藤原朝子 訳, 船橋洋一 序文）『米中戦争前夜 ── 新旧大国を衝突させる歴史の法則と回避のシナリオ』ダイヤモンド社, 2017年11月2日

久保文明『アメリカ政治史』有斐閣, 2018年3月17日

国分良成『中国政治からみた日中関係』岩波書店, 2017年4月18日

中村元哉『叢書 東アジアの近現代史 第2巻 対立と共存の日中関係史 ── 共和国としての中国』講談社, 2017年6月23日

阿南友亮『中国はなぜ軍拡を続けるのか』新潮社, 2017年8月25日

朱建榮『世界のパワーシフトとアジア ── 新しい選択が迫られる日本外交』花伝社, 2017年12月15日

ロバート・マクマン（青野利彦 監訳, 平井和也 訳）『冷戦史』勁草書房, 2018年7月14日

川中豪『後退する民主主義、強化される権威主義：最良の政治制度とは何か』ミネルヴァ書房, 2018年7月30日

毛里和子『現代中国外交』岩波書店, 2018年12月13日

宮本雄二『日中の失敗の本質 ── 新時代の中国との付き合い方』中央公論新社, 2019年3月8日

ジョン・J. ミアシャイマー(奥山真司 訳, 杉原修 編集)『新装完全版 大国政治の悲劇』五月書房新社, 2019年3月31日

古谷浩一『林彪事件と習近平』筑摩書房, 2019年5月13日

張博樹(石井知章, 及川淳子, 中村達雄 訳)『新全体主義の思想史:コロンビア大学現代中国講義』白水社, 2019年5月29日

江藤名保子『中国ナショナリズムのなかの日本』勁草書房, 2019年10月20日

何清漣(福島香織 訳)『中国の大プロパガンダ』扶桑社, 2019年10月26日

益尾知佐子『中国の行動原理 ── 国内潮流が決める国際関係』中央公論新社, 2019年11月20日

石井知章(編集), 及川淳子(編集)『六四と一九八九:習近平帝国とどう向き合うのか』白水社, 2019年12月24日

喬良, 王湘穂(坂井臣之助 監修, 劉琦 訳)『超限戦 21世紀の「新しい戦争」』KADOKAWA, 2020年1月10日

加藤青延『目撃 天安門事件 歴史的民主化運動の真相』PHPエディターズ・グループ, 2020年4月6日

波多野澄雄, 中村元哉『日中の「戦後」とは何であったか ── 戦後処理, 友好と離反, 歴史の記憶』中央公論新社, 2020年10月21日

春名幹男『ロッキード疑獄』角川書店, 2020年10月30日

張雲『日中相互不信の構造』東京大学出版会, 2021年1月8日

中国人戦争被害賠償請求事件弁護団『JUSTICE』高文研, 2021年1月8日

岡田充『米中新冷戦の落とし穴:抜け出せない思考トリック』花伝社, 2021年1月25日

エリカ・フランツ(上谷直克ほか訳)『権威主義 独裁政治の歴史と変貌』白水社, 2021年1月29日

宮家邦彦『中国が抱える9つの国際問題』ビジネス教育出版社, 2021年3月19日

イワン・クラステフ, スティーヴン・ホームズ(立石洋子 訳)『模倣の罠 ── 自由主義の没落』中央公論新社, 2021年4月20日

兼原信克『安全保障戦略』日本経済新聞出版, 2021年4月23日

アン・アプルボーム(三浦元博 訳)『権威主義の誘惑:民主政治の黄昏』白水社, 2021年4月26日

柯隆『ネオ・チャイナリスク』慶應義塾大学出版会, 2021年5月15日

諏訪一幸「1989年6月27日付「報告・供覧」から読み解く日本の対中外交」『中国研究月報』2021年5月号, 中国研究所, 2021年5月25日

石川禎浩『中国共産党、その百年』筑摩書房, 2021年6月15日

佐橋亮『米中対立 ── アメリカの戦略転換と分断される世界』中央公論新社, 2021年7月20日

毛里和子『現代中国 内政と外交』名古屋大学出版会, 2021年8月20日

ジョン・W・ダワー(三浦陽一 監訳)『戦争の文化(上下)』岩波書店, 2021年12月3日

ボブ・ウッドワード, ロバート・コスタ(伏見威蕃 翻訳)『PERIL(ペリル)危機』日本経済新聞出版, 2021年12月17日

ラリー・ダイアモンド(市原麻衣子 監訳)『侵食される民主主義:内部からの崩壊と専制国家の攻撃(上下)』勁草書房, 2022年2月19日

シャーリ・マークソン(高崎拓哉 訳)『新型コロナはどこから来たのか 国際情勢と科学的見地から探るウイルスの起源』ハーパーコリンズ・ジャパン, 2022年4月21日

フランシス・フクヤマ, マチルデ・ファスティング(山田文 訳)『「歴史の終わり」の後で』中央公論新社, 2022年5月23日

福本智之『中国減速の深層:「共同富裕」時代のリスクとチャンス』日本経済新聞出版, 2022年6月22日

熊倉潤『新疆ウイグル自治区 ── 中国共産党支配の70年』中央公論新社, 2022年6月21日

城山英巳『天安門ファイル ── 極秘記録から読み解く日本外交の「失敗」』中央公論新社, 2022年7月7日

川島真(編集), 小嶋華津子(編集)『習近平の中国』東京大学出版会, 2022年11月2日

中澤克二『極権・習近平 中国全盛30年の終わり』日経BP・日本経済新聞出版, 2022年12月21日

安倍晋三(橋本五郎, 尾山宏 聞き手, 北村滋 監修)『安倍晋三 回顧録』中央公論新社, 2023年2月8日

フランシス・フクヤマ(会田弘継 訳)『リベラリズムへの不満』新潮社, 2023年3月17日

髙綱博文(編集), 門間卓也(編集), 関智英(編集)『グレーゾーンと帝国:歴史修正主義を乗り越える生の営み』勉誠出版, 2023年3月31日

高原明生(編集), 園田茂人(編集), 丸川知雄(編集), 川島真(編集)『日中関係 2001-2022』東京大学出版会, 2023年5月2日

後藤謙次『ドキュメント平成政治史4 安倍「一強」の完成』岩波書店, 2023年6月29日

『外交青書』日本政府・外務省
昭和57(1982)年版
平成2(1990)年版
平成23(2011)年版
平成24(2012)年版
平成29(2017)年版
令和4(2022)年版
令和5(2023)年版

『防衛白書』防衛省
平成28(2016)年版
平成29(2017)年版
平成30(2018)年版
令和元(2019)年版
令和5(2023)年版

日本政府ウェブサイト
外務省 → mofa.go.jp
内閣官房 → cas.go.jp
防衛省・自衛隊 → mod.go.jp
海上保安庁 → mlit.go.jp

「日中共同世論調査結果」言論NPO
第12回(2016年)、第18回(2022年)

『朝日新聞』
『日本経済新聞』
『毎日新聞』
『読売新聞』
『産経新聞』
『東京新聞』
『八重山日報』
『人民日报』
『人民网』
The New York Times

中国政府网 中央人民政府门户网站
(中国政府ウェブサイト)
→ www.gov.cn

中华人民共和国外交部(中国政府・外務省)
→ mfa.gov.cn

「例行记者会」中华人民共和国外交部
(定例記者会見)
→ fmprc.gov.cn

United States Department of State
(米国務省)
Press Releases(報道発表)

The White House(ホワイトハウス)
Statements(声明)
Readout(発表文)
Press Briefings(報道官会見)
Remarks(見解コメント)
Fact Sheet

IMF(国際通貨基金)
World Economic Outlook Databases

President of Russia(ロシア大統領府クレムリン)
→ kremlin.ru

TASS Russian News Agency
(ロシア国営タス通信)

註

1. 「外交部发言人就日本政府决定以海洋排放方式处置福岛核电站事故核废水发表谈话」中华人民共和国外交部、2021年4月13日
2. 『人民日报』2023年6月7日「中国代表在国际原子能机构理事会会议严厉抨击日本排放福岛核污染水计划」
3. 「王毅会见日本外相林芳正」中华人民共和国外交部、2023年7月14日
4. 『人民日报』2023年8月25日「商务部回应我国全面暂停进口日本水产品」「海关总署：全面暂停进口日本水产品」
5. 『环球时报』2023年8月30日「社评：高度警惕东京的一肚子坏水」
6. 「秦刚大使接受凤凰卫视《风云对话》栏目采访实录」2022年3月27日、中华人民共和国驻美利坚合众国大使馆
7. “Cooperation between the United Nations and the Council of Europe” United Nations Digital Library System, Apr. 26, 2023
8. 『央视网』2023年6月25日「[国防军事早报]瓦格纳人员撤离俄南部军区总部所在区域」
9. 『凤凰网』2023年6月24日「冯玉军解读“瓦格纳叛乱”与俄罗斯的未来」
10. 『人民日报』2023年7月22日「开创我军党的领导和党的建设工作新局面 为实现建军一百年奋斗目标提供坚强政治保证」
11. 『人民日报』2023年6月4日「赓续历史文脉谱写当代华章—习近平总书记考察中国国家版本馆和中国历史研究院并出席文化传承发展座谈会纪实」
12. ANGUS MADDISON, “Chinese Economic Performance in the Long Run, 960-2030 AD”, Home Maddison
13. “Trump’s claim that Korea ‘actually used to be a part of China’”, The Washington Post, Apr. 19, 2017
14. 『中國共產黨歷次全國代表大會數據庫』1982年9月1日「胡耀邦在中國共產黨第十二次全國代表大會上的報告」
15. 『中国报道周刊』2005年1月16日、阎学通「“和平崛起”的分歧、意义及策略」
16. 『人民网—中国共产党新闻』江泽民「一个新的信号」1999年4月25日「江泽民文选第二卷—党和国家主要领导人选集、文选、专集」
17. 『人民网』2008年7月17日「反恐专家谈安保：北京奥运的敌人究竟在哪里？—奥运—」
18. 『观察者网』2010年12月28日「中国周边外交要学会逆境求生（国际先驱导报）」
19. 江迅『亞洲週刊』2013年3月17日 第27卷 10期「習李體制啟動習近平內部講話曝光」
20. 『中国长安网』2023年4月15日「国家安全机关提醒警惕危害国家安全行为」
21. 『新华网』2015年5月20日「习近平：巩固发展最广泛的爱国统一战线」
22. 「三民主義：民族主義 第一講__三民主義 民國十三年一月二十七日」台湾・文化部・国父記念館
23. 『新华网』2001年7月1日「江泽民：在庆祝中国共产党成立八十周年大会上的讲话」
『中国政府网』2011年7月1日「胡锦濤在庆祝中国共产党成立90周年大会上的讲话」
『新华社』2021年7月1日「习近平：在庆祝中国共产党成立100周年大会上的讲话」
24. 『時事』明治18(1885)年3月16日「社

説」(『慶應義塾大学出版会』都倉武之「慶應義塾・福澤諭吉ウェブでしか読めない時事新報史」より)

25. 陳生保「中国語の中の日本語」国際日本文化研究センター、1996年12月17日

26. 『中国共产党新闻网』「较早把《共产党宣言》译成中文的五个中国人」

『马克思主义文库』「共产党宣言—马格斯 安格尔斯 合著(陈望道 译;1920年8月第一个译本第一版)」

27. 孫文「大アジア主義」1924年11月28日、神戸商業会議所など5団体に対する講演。(伊地智善継・山口一郎編『孫文選集』第三巻、社会思想社、1989年6月、375頁)

28. 銭其琛(訳:濱本良一)『銭其琛回顧録—中国外交20年の証言』東洋書院、2006年12月27日、185頁

29. 『新华网』2013年9月7日「习近平发表重要演讲 吁共建"丝绸之路经济带"」

30. "Record of Historic Richard Nixon-Zhou Enlai Talks in February 1972 Now Declassified", The National Security Archive, During 21-28 February 1972.

31. 春名幹男『ロッキード疑獄』角川書店、2020年10月30日、273-344頁

32. 「日米首脳共同声明」外務省、2021年4月16日

33. 「ECFA時期中共對臺工作重點研析」中華民國法務部、2011年4月

34. 『中国政府网』2022年4月20日「外交部:中所两国在公开透明基础上进行安全合作」

35. 『朝日新聞』2013年12月10日「慰安婦問題、取り上げぬ合意 日中外交当局、92年の天皇訪中前」

36. 『凤凰网_资讯频道』2013年9月「九一八,看中国人的日本观凤凰网」

37. 『中国政府网』「《中国军队参加联合国维和行动30年》白皮书」

38. 『手机网易网』2021年12月20日「1991年海湾战争,美伊双方150万兵力作战,为何最大赢家是中国?」『腾讯新闻』2021年2月25日「1991年海湾战争如何触动了中国_」

39. 周晓沛「中亚五国建交之行」外交部外交政策咨询委员会、2010年9月3日

40. 『中国网』2005年9月10日「"和平使命—2005"—中俄联合军事演习」

41. 『中央政府门户网站』2009年7月26日「"和平使命—2009"中俄联合反恐军事演习全记录」

42. 『新华网』2012年4月「海上联合2012中俄海上联合军事演习_」

43. 『中国政府网』2015年5月18日「中俄"海上联合—2015(I)"中俄参演舰艇抵达演习海域组成海上联合集群_滚动_新闻_」

44. 『人民网』2017年6月26日「俄媒:波罗的海演习使中国了解大西洋 中俄关系达新高度—军事—」

45. 「中俄首次海上联合巡航圆满结束」中华人民共和国国防部、2021年10月24日

46. 岩見隆夫『陛下の御質問』文芸春秋、2005年6月3日第3刷、60-63頁

47. 『人民日报』2022年10月24日「中共二十届中央领导机构成员简历」

48. "China commemorates Nanjing Massacre victims, calls for peace", Global Times, Dec. 13, 2022

49. 『红歌会网』2023年1月20日「祥云:难忘的历史 永久的怀念—回忆老首长李际均将军-红色人物」

50. 『中国海洋在线』「二〇〇四年第一季度」「二〇〇五年第一季度」「二〇〇六年第一季度」

51. "U.S. Tries to Interpret Silence Over China Test", The New York Times, Jan. 21, 2007

52. 『博讯新闻』2005年4月16日「上海爆过激行为 陈良宇难辞其责」

『独立评论』2005年4月27日、朱学渊「读《解放日报》评论员文章后的忧虑」

53. 『加拿大都市网』2010年10月25日「反日变调 宝鸡游行出现高房价多党制标语」

54. 『参与』2012年9月15日「反日游行新动向 出现针对内政不满的游行抗议标语(多图)」

55. 『法律百科网』「公安机关处置群体性事件规定(2000年4月)」

56. Jonathan Hassid "Safety Valve or Pressure Cooker? Blogs in Chinese Political Life" China Research Centre, University of Technology, Sydney, Broadway, New South Wales 2007, Australia

57. 『人民网』2008年5月19日「日本搜救队员对遇难者的默哀让人肃然起敬」

58. "China denies serious food poisoning cases involving recalled dumplings" Xinhua, SHIJIAZHUANG, Jan. 24 (2009年1月24日21時44分33秒)、(新華社英語版)。

59. 『环球时报』2021年12月30日「日媒炒作:解放军军机进入日本ADIZ次数是半年前的5倍|日本|解放军|中国_新浪军事」

60. 『文学城』2006年9月29日「陈也算无话可说 江泽民为何默许胡锦涛撤陈良宇职」

61. 『大纪元』2012年9月17日「组图:反日游行开始算后帐?幕后黑手现端倪」

『中国茉莉花行动部落』2012年9月15日「政法委组织抗日游行,周永康伺机军事政变」

62. 『人民网』2014年7月29日「中共中央决定对周永康严重违纪问题立案审查—反腐倡廉」

『日本経済新聞』2014年8月4日「日中首脳、11月会談へ調整 習主席が意欲」

63. 『南方网』2004年8月9日、杨成绪「韬光养晦 有所作为—邓小平外交思想浅议 中心组学习 理论频道」

64. 『江泽民文選』中共党史出版社、2006年8月10日「当前的国际形势和我们的外交工作(1998年8月28日)」「江泽民总书记在第九次使节会议上发表重要讲话」

65. 『人民网』2000年5月21日「中日文化观光交流大会在京举行 江泽民胡锦涛出席 森喜朗致书面贺词 日中文化观光交流使节团5000多人出席」「在会见中日文化观光交流大会使节团主要成员时江泽民就中日关系发表重要讲话」

66. 『中国共产党新闻』2004年8月30日「第十次驻外使节会议在京举行—时政—」

67. 『新华网(新浪首页)』2003年6月2日「八国集团首脑会议在法国埃维昂开幕」

68. 『人民网』2014年5月4日「第一节 科学发展观的形成和发展—理论—」

69. 「中国共产党党内监督条例(试行)」中央纪委国家监委网站、2003年12月31日

70. 『中国共产党新闻』2004年8月30日「第十次驻外使节会议在京举行—时政—」

71. 『新华网』2001年7月1日「江泽民:在庆祝中国共产党成立八十周年大会上的讲话」

72. 马立诚「对日关系新思维」『战略与管理』2002年12月、所収

73. 『平成16年度エネルギーに関する年次報告(エネルギー白書2005)』「6.東シナ海資源開発問題」資源エネルギー庁、2005年

74. 『中国新闻网』2006年8月3日「国务院参事:99%群体事件由民众利益受侵害引发」

「一九九三年至二〇〇三年十年间，中国群体性事件年均增长十七个百分点，十五人以上的群体事件去年已增长到八点七万起。」

75. "TRANSCRIPT OF PRESS CONFERENCE BY SECRETARY-GENERAL KOFI ANNAN AT UNITED NATIONS HEADQUARTERS, Meetings Coverage and Press Releases", UNITED NATIONS, Mar. 21, 2005

76. 中国人戦争被害賠償請求事件弁護団『JUSTICE』高文研、2021年1月8日

77. 『新浪网』2005年9月16日「胡锦涛在联合国成立60周年首脑会议上的讲话」

78. Robert B.Zoellick "Whither China: From Membership to Responsibility?", United States Department of State, Sept. 21, 2005

79. 『中国网』2005年9月10日「"和平使命—2005"—中俄联合军事演习」

80. Joshua Cooper Ramo, 'The Beijing Consensus', Mar. 18, 2004（英国政府The Foreign Policy Centreより）

81. 『中国新闻网』2006年8月23日「中央外事工作会议在京召开 胡锦涛发表重要讲话」

82. 『新华网』2006年9月6日「温家宝总理接受欧洲媒体采访」

"Interview Given by Chinese Premier Wen Jiabao to Media of Finland, the UK and Germany", 中华人民共和国驻立陶宛共和国代办处（china-office.gov.cn）, Sept. 6, 2006

'WEN JIABAO: Democracy is a value pursued by all mankind and a fruit of civilization created by mankind.'

83. 『中国政府网』温家宝「关于社会主义初级阶段的历史任务和我国对外政策的几个问题_2007年第10号国务院公报」「科学、民主、法制、自由、人权，并非资本主义所独有，而是人类在漫长的历史进程中共同追求的价值观和共同创造的文明成果。」

84. 『新华网』2006年4月24日「理性风趣共鸣 胡锦涛主席在耶鲁大学演讲答问记」

85. 『中国新闻网』2006年8月23日「中央外事工作会议在京召开 胡锦涛发表重要讲话」

86. 『察哈尔评论』2019年12月9日、郁志荣「首次钓鱼岛领海巡航的价值何在？」

87. 『东方网-文汇报』2005年9月20日「陈良宇在爱知世博会"上海周"开周仪式上致辞诚邀各位朋友2010年欢聚上海上海市政府决定姚明为上海世博会形象代表」

88. 『凤凰网资讯』2007年2月2日「中国证实东海春晓油气田投产」

89. 『中国政府网_中央人民政府门户网站』2007年10月24日「胡锦涛在中共第十七次全国代表大会上的报告全文」

90. 『中央电视台』2008年2月29日「[視頻]日本毒饺子在中国境内投毒可能性极小」

91. 『新华网』2008年3月21日「拉薩"3・14"打砸抢烧事件真相」

92. 『多维博客』2008年4月21日「王千源被母校开除 父母被迫离职(ZT)」

93. 『天水在线』2008年4月15日「章子怡撰文支持奥运 谴责西方媒体不实报道（图）—」

94. 『独立中文笔会』2008年3月28日、刘晓波「西藏危机是唯物主义独裁的失败」

95. 『中央政府门户网站』2008年5月7日「中日关于全面推进战略互惠关系的联合声明」

「为进一步理解和追求国际社会公认的基本和普遍价值进行紧密合作，不断加深对在长期交流中共同培育，共同拥有的文化的理解。」

「「戦略的互恵関係」の包括的推進に関する日中共同声明」外務省、2008年5月7日。「国際社会が共に認める基本的かつ普遍的価値の一層の理解と追求のために緊密に協力するとともに、長い交流の中で互いに培い、共有してきた文化について改めて理解を深める。」

96. “Fonterra blames sabotage for contaminated formula,” Radio New Zealand RNZ News, Sept. 16, 2008

『农博网』2008年9月17日「揭发三鹿奶粉遭污染 新西兰直接向北京拉警报_农博财经_」

97. 『独立评论』2008年12月10日「零八宪章」

98. “President Barack Obama’s Inaugural Address”, The White House, Jan. 20, 2009

99. 『人民网』2009年2月6日、宋鲁郑「中国为什么要怀疑西方的“普世价值”—中国共产党新闻—」

100. “Military Power of the People’s Republic of China 2009”, Office of the Secretary of Defense

101. 『光明日报-光明网』2011年11月7日08版、中国人民外交学会会长 杨文昌「“韬光养晦”:博大精深-」

「第十一次驻外使节会议在京召开」中华人民共和国外交部、2009年7月20日

102. 『中国日报网』2009年11月17日「胡锦涛与奥巴马会谈 会后发表《中美联合声明》(全文)」

“U.S.-China Joint Statement”, The White House, Nov. 17, 2009

103. “President Obama Holds Town Hall with Chinese Youth”, The White House, Nov. 16, 2009

104. 『BBC 中文网 港台消息』2009年5月14日「曾荫权六四言论引发风波」

105. “China and Japan-Getting their goat” The Economist, Sept. 16th 2010 edition

106. 『联合早报』2011年3月10日「中国偷跑 春晓油田已投产」

107. 『观察者网』2010年12月28日「中国周边外交要学会逆境求生(国际先驱导报)」

108. “Test of Stealth Fighter Clouds Gates Visit to China”, The New York Times, Jan. 11, 2011

109. 『新华网』2012年1月12日「中国今年出境旅游人数将达7700万人次」

110. 『共产党员网』2012年12月19日「访外交部长杨洁篪:国际形势跌宕起伏中国外交稳中求进」。「我们大力深化同周边国家务实合作(中略),启动中日韩自贸区谈判。」

111. 『人民网』2012年1月17日、钟声「人民日报:中国维护领土主权的意志不容试探—日本频道—」。「企图对钓鱼岛附属岛屿命名,是明目张胆地损害中国核心利益之举。」

112. 余建斌「例行巡航 宣示主权」『人民日报』2012年3月21日

113. 『人民网』2012年4月23日「少将谈南海问题:韬光养晦须和有所作为相结合—中国共产党新闻—」

114. 後藤謙次『ドキュメント平成政治史3』岩波書店、2014年12月25日、508-509頁。

『中国网络电视台』2012年5月15日「允许“世维会”在日开会 野田未能与胡锦涛会谈_新闻台」「野田与温家宝就钓鱼岛问题激烈交锋 日媒批其缺乏战略_新闻台_」

115. 『环球时报』2012年8月17日「中国若要灭日本最多一个月」

116. 『环球时报』2012年8月27日「中日若開戦将是中国洗刷一個世紀恥辱的戦争」

117. 野田佳彦インタビュー(山口二郎、中北浩爾・編集)『民主党政権とは何だったのか—キーパーソンたちの証言』岩波書店、2014年7月31日、235頁。

118. 『人民网』2012年9月14日「商务部：中国消费者有权对日“购岛”表达立场—财经—」

119. 『人民网』2012年11月9日「中国共产党第十八次全国代表大会在京开幕 胡锦涛代表第十七届中央委员会向大会作报告—十八大专题报道—」、「中国奉行防御性的国防政策，加强国防建设的目的是维护国家主权、安全、领土完整，保障国家和平发展。」

120. 『新浪新闻』2013年6月9日「习近平再提太平洋有足够空间容纳中美两个大国习近平奥巴马太平洋_」

“Remarks by President Obama and President Xi Jinping of the People's Republic of China Before Bilateral Meeting”, The White House, June 7, 2013

121. 『人民网』2013年6月10日「习近平向奥巴马阐明钓鱼岛、南海问题立场」

122. カート・キャンベル氏［前米国務次官補］記者会見、「日本記者クラブ」2013年7月16日

123. “Remarks by the President in Address to the Nation on Syria”, The White House, Sept. 10, 2013, ‘America is not the world's policeman.’

124. “U.S. Directly Challenges China's Air Defense Zone”, The Wall Street Journal, Nov. 27, 2013

125. “Statement on Prime Minister Abe's December 26 Visit to Yasukuni Shrine” U.S. Embassy & Consulates in Japan, Dec. 26, 2013

126. 「日米首脳会談（概要）」外務省、2014年4月24日

“Joint Press Conference with President Obama and Prime Minister Abe of Japan”, The White House (archives.gov), Apr. 24, 2014

127. 『人民网』2014年7月29日「中共中央决定对周永康严重违纪问题立案审查—反腐倡廉」

128. 「日中関係の改善に向けた話合い」（4項目合意）外務省、2014年11月7日

129. 『新华网』2014年11月29日「习近平出席中央外事工作会议并发表重要讲话」「要切实加强务实合作，积极推进“一带一路”建设，努力寻求同各方利益的汇合点，通过务实合作促进合作共赢。」

130. 『人民日报』2015年9月4日「在纪念中国人民抗日战争暨世界反法西斯战争胜利 70周年大会上的讲话」

131. 「王毅部长在2015年国际形势与中国外交研讨会开幕式上的演讲（全文）」中华人民共和国外交部、2015年12月14日

132. 『环球时报』2015年10月14日「社评：与日本敞开斗对中国战略上不值」

133. 『新浪新闻』2016年3月16日、国防大学教授・公方彬「中国要想崛起于世界，必须调整对日战略中国日本」

134. 『中华网』2015年10月9日、国防大学政委刘亚洲「中日迟早会对抗 一旦开战中国输不起_新闻频道」

135. 『搜狐』2015年4月13日「日本到底什么样？赴日旅游后网民这样说！」

136. 『网易体育』2015年10月2日「姚明国庆携全家低调游日本 走在路上受粉丝追捧_」

『腾讯网』2015年10月5日「日本之行升温！范冰冰李晨奈良喂鹿 牵手秀恩爱_娱乐_」

137. 『中央政府门户网站』2014年4月15日「中央国家安全委员会第一次会议召开 习近平发表重要讲话」

138. 『中国政府网』2014年11月1日「中华人民共和国反间谍法（主席令第十六号）」

139. 『新浪新闻』2016年2月20日「习近平：党和政府主办媒体必须姓党|新

闻舆论」

140. 『搜狐』2016年6月16日「中国军舰进入日本领海？国防部回应符合航行自由原则」

141. 『人民网』2016年7月24日「外交部：日本不是南海问题当事国，没有资格对中方说三道四」

142. 『中国日报网』2016年12月4日「2016年国际形势与中国外交研讨会在京举行」

143. 「习近平同特朗普开始举行中美元首会晤」中华人民共和国外交部、2017年4月7日

『人民网』2017年4月17日「驻美大使崔天凯谈中美元首会晤：中美关系已经翻开新的」

144. "Trump rips China on Twitter: 'They do NOTHING for us with North Korea'", Fox News, July 29, 2017

145. "Full text: Trump's 2017 U.N. speech transcript", POLITICO, Sept. 17, 2017

146. 『日本経済新聞』2017年9月22日「金正恩氏の21日の声明全文」

147. Jia Qingguo "Time to prepare for the worst in North Korea", East Asia Forum, Sept. 11, 2017 (Jia Qingguo：贾庆国)

148. "Trump: China's North Korea envoy 'had no impact on Little Rocket Man'", POLITICO, Nov. 30, 2017

149. 『新华网』2017年6月28日「受权发布：中华人民共和国国家情报法」

150. 『人民网』2017年10月24日「中国共产党第十九次全国代表大会在京闭幕 习近平发表重要讲话」

151. 『人民网』2017年11月10日「习近平同美国总统特朗普共同会见记者」

152. 『央视网』2017年12月10日「外交部部长王毅在2017年国际形势与中国外交研讨会开幕式上的演讲_新闻频道_」

153. "The United States National Security Strategy", NSS_BookLayout_FIN_121917.indd, The White House, Dec. 18, 2017

'These competitions require the United States to rethink the policies of the past two decades—policies based on the assumption that engagement with rivals and their inclusion in international institutions and global commerce would turn them into benign actors and trustworthy partners.'

154. 『中国政府网』2017年12月28日「习近平接见2017年度驻外使节工作会议与会使节并发表重要讲话_」

「外交人员既要政治过硬，又要本领高强。」「外交大权在党中央，党中央对外交工作实行集中统一领导。」

155. 『中国人大网』2018年3月20日「关于《中华人民共和国宪法修正案（草案）》的说明」

156. Taiwan Travel Act, BILLS-115hr535enr.pdf, Jan. 3, 2018

"Opinion: Trump's Taiwan Travel Act to wreak havoc for Taiwan", CGTN, Mar. 20, 2018

157. 『新华网』2018年6月18日「新华时评：以战止战，不得不为-」

158. 『中国政府网』2018年6月24日「服务民族复兴、促进人类进步—习近平总书记在中央外事工作会议上的重要讲话引起热烈反响_」

159. 「外交部召开驻外使节座谈会贯彻落实中央外事工作会议精神」中华人民共和国外交部、2018年6月24日

160. "H.R. 5515-115th Congress(2017-2018): John S. McCain National Defense Authorization Act for Fiscal Year 2019", Congress.gov Library of Congress, Aug. 13, 2018

161. "US destroyers sailed through Taiwan Strait", CNN Politics,

July 21, 2018
162. "Remarks by Vice President Pence on the Administration's Policy Toward China" The White House, Oct. 4, 2018
163. Bolton, John R. "The Room Where It Happened: A White House Memoir" Simon & Schuster. Kindle. 2020.
164. "Text-S. 2736-115th Congress (2017-2018): Asia Reassurance Initiative Act of 2018", Congress.gov Library of Congress, Dec. 31, 2018
165. 『人民网』2019年1月2日「习近平：在《告台湾同胞书》发表40周年纪念会上的讲话」
166. "BILLS-116hr133enr. The Taiwan Assurance Act of 2020" Congress.gov Library of Congress, Jan. 3, 2020
167. 『中国政府网』2018年12月11日「王毅出席2018年国际形势与中国外交研讨会」
168. "State Department preparing for clash of civilizations with China", Washington Examiner, Apr. 30, 2019
169. "Clash of civilizations' theory will come to no good end", Global Times, May 26, 2019
170. "China (includes Tibet, Hong Kong, and Macau)-China", United States Department of State, 2018
171. 『中国政府网』2019年3月18日「新疆的反恐、去极端化斗争与人权保障_白皮书」
172. "Remarks by Vice President Pence at the Frederic V. Malek Memorial Lecture, FOREIGN POLICY", The White House (archives.gov), Oct. 24, 2019
173. "Hong Kong Human Rights and Democracy Act of 2019", Congress.gov, Oct. 16, 2019
174. "'Absolutely No Mercy': Leaked Files Expose How China Organized Mass Detentions of Muslims", The New York Times, Nov. 16, 2019
175. "Xinjiang's Architect of Mass Detention: Zhu Hailun", ICIJ, Nov. 24, 2019
176. 『澎湃新闻』2019年12月13日「王毅在2019年国际形势与中国外交研讨会开幕式上演讲_澎湃国际」
177. 『言論テレビ』2019年6月21日「安倍晋三・内閣総理大臣 櫻LIVE-櫻井よしこ」
178. 『人民网』2014年4月15日「习近平：坚持总体国家安全观 走中国特色国家安全道路」
179. Christopher Walker and Jessica Ludwig, "The Meaning of Sharp Power: How Authoritarian Influence," Foreign Affairs, Nov. 16, 2017
180. "Tom Cotton repeats debunked conspiracy theory about coronavirus", The Washington Post, Feb. 17, 2020

"China's coronavirus has no links to weapons research, experts say", The Washington Post, Jan. 29, 2020
181. "Mike Pompeo accuses China of setting back coronavirus prevention", CNBC International, Mar. 6, 2020
182. 『新华网』2020年5月14日「中共中央政治局常务委员会召开会议 习近平主持-」

「要深化供给侧结构性改革，充分发挥我国超大规模市场优势和内需潜力，构建国内国际双循环相互促进的新发展格局。」
183. MICHAEL R. POMPEO, SECRETARY OF STATE "Communist China and the Free

World's Future", United States Department of State, July 23, 2020

184. "Text-H. R. 649-116th Congress (2019-2020): Uyghur Human Rights Policy Act of 2019", Congress.gov Library of Congress

185. "US Navy ends 2020 with another Taiwan Strait transit" Stars and Stripes, Dec. 31, 2020

186. "Taiwan not part of China, Pompeo says", Taipei Times, Nov. 14, 2020

187. "US sends warship through Taiwan Strait for first time under Biden", CNN, Feb. 4, 2021

188. 「《节能与新能源汽车技术路线图2.0》正式发布」2020年10月27日、中国汽车工程学会。「至2035年，碳排放总量较峰值下降20%以上；新能源汽车将逐渐成为主流产品，汽车产业基本实现电动化转型」

189. Y.A., "The Virtues of a Confrontational China Strategy," The American Interest. mht, Apr. 10, 2020

190. 『中国政府网』2020年12月14日「王毅谈百年变局与世纪疫情下的中国外交」、「中国国际问题研究院举办"2020年国际形势与中国外交研讨会"」

191. "Determination of the Secretary of State on Atrocities in Xinjiang, PRESS STATEMENT, MICHAEL R. POMPEO, SECRETARY OF STATE",-United States Department of State, Jan. 19, 2021

192. "U.S. secretary of state nominee Blinken sees strong foundation for bipartisan China policy", Reuters, Jan. 19, 2021

193. "'Genocide' is the wrong word for the horrors of Xinjiang", The Economist, Feb. 13, 2021

194. "State Department Lawyers Concluded China Committed Crimes Against Humanity in Xinjiang but Not Enough Proof to Prove Genocide in a Court of Law", Foreign Policy, Feb. 19, 2021

195. "Readout of President Joseph R. Biden, Jr. Call with President Xi Jinping of China", The White House, Feb. 10, 2021

『人民日报』2021年2月12日「习近平同美国总统拜登通电话」

196. "Remarks by President Biden on America's Place in the World", The White House, Feb. 4, 2021.

'we'll also take on directly the challenges posed by our prosperity, security, and democratic values by our most serious competitor, China.'

197. "Remarks by President Biden at the 2021 Virtual Munich Security Conference", The White House, Feb. 19, 2021

198. "Interim National Security Strategic Guidance", The White House, Mar. 3, 2021

'the only competitor potentially capable of combining its economic, diplomatic, military, and technological power to mount a sustained challenge to a stable and open international system', 'establish guardrails against misuse or malign action, and reduce uncertainty and manage the risk that competition will lead to conflict.'

199. "Remarks by President Biden in Press Conference", The White House, Mar. 25, 2021

'this is a battle between the

utility of democracies in the 21st century and autocracies."

200. 2021 Annual Threat Assessment of the U.S. Intelligence Community, Apr. 13, 2021

'The Chinese Communist Party (CCP) will continue its whole-of-government efforts to spread China's influence, undercut that of the United States, drive wedges between Washington and its allies and partners, and foster new international norms that favor the authoritarian Chinese system.'

201. "Intelligence on Sick Staff at Wuhan Lab Fuels Debate on Covid-19 Origin", The Wall Street Journal, May 23, 2021

202. "ORIGINS-OF-COVID-19-REPORT". HOUSE FOREIGN AFFAIRS COMMITTEE

REPORT MINORITY STAFF LEAD REPUBLICAN MICHAEL T. MCCAUL, Aug. 2021

203. "Declassified-Assessment-on-COVID-19-Origins" Office of the Director of National Intelligence, Oct. 29, 2021

204. "United States Innovation and Competition Act of 2021", Congress.gov Library of Congress, June 8, 2021

205. 『央视网』2021年8月22日「"西贡时刻"再现 20年战争, 美国得到了什么?为阿富汗留下了什么?」

『凤凰网』2021年8月17日「嘲笑美国在阿富汗的狼狈之后 中国人更应该警惕起来_」

206. "America's hasty retreat from Afghanistan should be warning to Ukraine that it can't count on Washington-Russian security chief", RT Russia & Former Soviet Union, Aug. 19, 2021

207. 『新华网』2021年10月9日「纪念辛亥革命110周年大会」

「我们坚持"和平统一"」「祖国完全统一的历史任务一定要实现, 也一定能够实现!」

208. 「共識化分歧 團結守台灣 總統發表國慶演說」中華民國總統府、2021年10月10日

209. "Supporting Taiwan's Participation in the UN System" -United States Department of State, Oct. 26, 2021

210. "Taiwan's President says the threat from China is increasing 'every day'", CNN, Oct. 28, 2021

211. 『中国政府网(新华社)』2021年9月10日「习近平同美国总统拜登通电话」。「习近平强调, 中国古诗曰:"山重水复疑无路, 柳暗花明又一村。"中美自1971年双边关系"破冰"以来, 携手合作, 给各国带来实实在在的好处。」

212. 『中华人民共和国国务院新闻办公室』2021年9月21日「习近平在第七十六届联合国大会一般性辩论上的讲话(全文)」。「我愿提出全球发展倡议」「中国将力争2030年前实现碳达峰、2060年前实现碳中和」「中国将大力支持发展中国家能源绿色低碳发展, 不再新建境外煤电项目」

213. 『人民日報』2021年11月17日「习近平同美国总统拜登举行视频会晤」「中共中央关于党的百年奋斗重大成就和历史经验的决议(2021年11月11日中国共产党第十九届中央委员会第六次全体会议通过)」

"Background Press Call by Senior Administration Officials on President Biden's Virtual Meeting with President Xi of the People's Republic of China", The White House, Nov. 16, 2021

214. "WTA seeks full, fair and transparent investigation into sexual assault allegations against former Chinese leader",

The Official Home of the Women's Tennis Association, WTA Tennis, Nov. 14, 2021

215. Opinion Biden administration soon to announce diplomatic boycott of the Beijing Olympics, The Washington Post, Nov. 16, 2021

216. "Remarks by President Biden and Prime Minister Trudeau of Canada Before Bilateral Meeting", The White House, Nov. 18, 2021

217. "Press Briefing by Press Secretary Jen Psaki" The White House, Nov. 19, 2021

218. 米兰「彭帅被删微博全文」2021年11月4日

219. "Remarks By President Biden At The Summit For Democracy Opening Session", The White House, Dec. 9, 2021.

'strengthen our own democracies and push back on authoritarianism'

220. "The Signing of the Uyghur Forced Labor Prevention Act", United States Department of State, Dec. 23, 2021

221. "Text-S. 1605-117th Congress (2021-2022): National Defense Authorization Act for Fiscal Year 2022", Congress.gov Library of Congress, Dec. 27, 2021

222. 『澎湃新闻』2021年12月27日「2021年中国外交：秉持天下胸怀, 践行为国为民—在2021年国际形势与中国外交研讨会上的演讲 (thepaper.cn)」

223. 『新华网』2021年6月1日「习近平在中共中央政治局第三十次集体学习时强调 加强和改进国际传播工作 展示真实立体全面的中国」

224. 『日本経済新聞』2021年4月26日「台湾海峡の安定に関与「賛成」74% 日経世論調査」

225. Admiral Philip S. Davidson "Hearing to receive testimony on United States Indo-Pacific Command in review of the Defense Authorization Request for Fiscal Year 2022 a", U.S. Senate, Mar. 9, 2021.

'I am worried about them moving that target closer. Taiwan is clearly one of their ambitions before then, and I think the threat is manifest during this decade, in fact, in the next six years.'

226. Admiral John C. Aquilino "Hearings, United States Committee on Armed Services", U.S. Senate, Mar. 23, 2021. 'There are spans from today to 2045. My opinion is this problem is much closer to us than most think, and we have to take this on, put those deterrence capabilities like PDI in place, in the near term and with urgency.'

"Advance Policy Questions for Admiral John C. Aquilino, USN Nominee for Commander, U.S. Indo-Pacific Command" U.S. Senate, Mar. 23, 2021

'The Japan-South Korea relationship remains strained due to historical and cultural issues. While Japan and South Korea must work through these issues on their own, I am concerned that others may try to exploit the situation and drive a wedge between the United States and either ally'

227. "Milley: US 'absolutely' could defend Taiwan from China", The Hill, Nov. 3, 2021.

Joint Chiefs of Staff Chairman Gen. Mark Milley 'Near future,

probably not, but anything can happen'

228. 台北駐日経済文化代表処「安倍晋三氏、「台湾有事は日本有事」」2021年12月2日

229. 『中国政府网』2019年12月23日「习近平会见日本首相安倍晋三」「相互支持对方办好东京奥运会和北京冬奥会」

230. 『中国政府网』2021年10月8日「习近平同日本首相岸田文雄通电话」「祝贺日本成功举办东京奥运会, 欢迎日方积极参加明年2月北京冬奥会」「日方期待北京冬奥会顺利召开」

『中国政府网』2020年9月25日「习近平同日本首相菅义伟通电话」

「中方支持日方明年举办一届成功的奥运会」

231. STEVEN GREENHOUSE," New Tally of World's Economies Catapults China Into Third Place", The New York Times, May 20, 1993

232. "National Security Strategy 1994", National Security Strategy Archive, Administration: Bill Clinton, July 1, 1994

'We are developing a broader engagement with the People's Republic of China that will encompass both our economic and strategic interests.'

233. 「橋本総理とクリントン大統領から日米両国民へのメッセージ(日米共同記者会見概要)」外務省、1996年4月17日

234. "Joint US-China Statement, Released by the White House", United States Department of State, Oct. 29, 1997

235. 『中国共产党新闻网』2020年12月13日「蒋介石后悔拒收琉球群岛」

236. "Taiwan Gives U.S Protests on China And Okinawa Pact", The New York Times, June 13, 1971

237. "OKINAWA RETURN A MILITARY ISSUE" The New York Times, Apr. 23, 1972

'the State Department blandly says today that it is returning the area to Japanese administration without any judgment on the sovereignty issue.'

238. Nicholas D. Kristof "An Asian Mini-Tempest Over Mini-Island Group" The New York Times, Sept. 16, 1996. 'Ambassador Walter F. Mondale has noted that the United States takes no position on who owns the islands and has said American forces would not be compelled by the treaty to intervene in a dispute over them'

239. 『読売新聞』1996年11月28日「尖閣諸島は安保条約の適用対象 有事には防衛義務 米国防次官補代理が見解」

240. "Clinton 1st to OK China, Taiwan '3 No's'", Los Angeles Times, June 8, 1998

"He gave the imprimatur of the presidency to what are sometimes called, in shorthand, the "3 no's." He said the United States will not support independence for Taiwan; any solution that creates "two Chinas" -or one China and one Taiwan; or its admission to organizations, such as the United Nations."

241. "American Gives Beijing Good News: Rebels on Terror List", The New York Times, Aug. 27, 2002

"China: Uighur Group Added To U.S. List Of Terrorist Organizations", Radio Free Europe/Radio Liberty, Aug. 30, 2002

242. “President Commemorates 60th Anniversary of V-J Day”, The White House, Aug. 30, 2005

243. ジェームズ・マン(渡辺昭夫訳)『危険な幻想』PHP研究所、2007年4月16日、103-108頁

244. 『人民网』2008年4月20日「美西南地区华侨华人和中国留学生抗议CNN不实报道」

245. “Inside the Ring. Division rejected”, The Washington Times, Aug. 17, 2007

246. 『博讯新闻』2008年10月8日、陈维健「中国政府二千亿为美救市的乌龙事件, 简体中文新闻」

『亞洲週刊』2008年10月5日、紀碩鳴「中國救美國也是救自己?」

247. Zbigniew Brzezinski, “Moving toward a reconciliation of civilizations”, China Daily, Jan. 15, 2009. ‘But to promote all what we need an informal G2. The relationship between the US and China has to be truly a comprehensive global partnership, parallel our relations with Europe and Japan.’

248. “In Tokyo, Our Common Future”, The White House, Nov. 14, 2009

‘the United States and China will both be better off when we are able to meet them together. That’s why we welcome China’s effort to play a greater role on the world stage’

249. 『中国人大网』2009年11月18日「胡锦涛同美国总统奥巴马举行会谈」

「尊重对方核心利益和重大关切是中美两国建立战略互信的前提。(中略)我们希望美方理解和支持中国政府有关立场和关切, 妥善处理台湾问题, 不允许“藏独”、“东突”分裂势力利用美国领土从事反华分裂活动。」

「奥巴马强调, 在台湾等问题上, 美国承认和尊重中国的主权和领土完整, 无意干涉中国的核心利益。」

250. Hillary Rodham Clinton Secretary of State, “Remarks on Regional Architecture in Asia: Principles and Priorities”, U.S. Department of State Archive, Honolulu, Hawaii, Jan. 12, 2010

‘the United States is back in Asia. But I want to underscore that we are back to stay.’

251. “The 2010 Quadrennial Defense Review QDR as of 29JAN10 1600.docx” the United States Department of Defense, Feb. 1, 2010, ‘REBALANCING THE FORCE’

252. “National Security Strategy 2010”, The White House, May 27, 2010

‘We welcome a China that takes on a responsible leadership role in working with the United States’

253. “Joint Press Availability with Japanese Foreign Minister Seiji Maehara” U.S. Department of State, Oct. 27, 2010

‘SECRETARY CLINTON: Well, first let me say clearly again that the Senkakus fall within the scope of Article 5 of the 1960 U.S.-Japan Treaty of Mutual Cooperation and Security.’

254. Hillary Rodham Clinton “Remarks With Vietnamese Foreign Minister Pham Gia Khiem” U.S. Department of State, Oct. 30, 2010

‘SECRETARY CLINTON: Well, first, with respect to the Senkaku Islands, the United States has never taken a position on sovereignty, but we have made it very clear

that the islands are part of our mutual treaty obligations, and the obligation to defend Japan. We have certainly encouraged both Japan and China to seek peaceful resolution of any disagreements that they have in this area or others.'

255. "Remarks By President Obama to the Australian Parliament", The White House, Nov. 17, 2011

256. 'Sustaining U.S. Global Leadership: Priorities for 21st Century Defense', the Department of Defense, Jan. 2012. 'China's emergence as a regional power will have the potential to affect the U.S. economy and our security in a variety of ways'

257. 『环球时报』2012年9月4日「希拉里, 深度强化中美互疑的人」、「如何对待中国, 考验的不是美国有多少军事力量, 有多少盟友, 它考验的是美国是否会自己骗自己, 只相信自己愿意相信的亚太寓言」

258. 『大纪元(epochtimes.com)』2012年9月11日「习近平"消失"9天后 媒体头版刊发其党校讲话 暗杀 遇刺」

259. "President Obama's National Security Strategy in 2015", The White House, Feb. 6, 2015

260. "U.S. Freedom of Navigation Patrol in the South China Sea. pdf", U.S.-CHINA ECONOMIC and SECURITY REVIEW COMMISSION, Nov. 5, 2015

261. "Opinion | Essay; The Biggest Vote By William Safire", The New York Times, May 18, 2000

262. "Determination of the Secretary of State on Atrocities in Xinjiang",-United States Department of State, PRESS STATEMENT, MICHAEL R. POMPEO, SECRETARY OF STATE, Jan. 19, 2021

263. "Full transcript of ABC News' George Stephanopoulos' interview with President Joe Biden", -ABC News (go.com), Aug. 19, 2021

"U.S. position on Taiwan unchanged despite Biden comment-official", Reuters, Aug. 19, 2021

"Taiwan-US relations: Biden vows to protect island in event of Chinese attack", CNN Politics, Oct. 22, 2021

264. "U.S.-Russia Presidential Joint Statement on Strategic Stability", The White House, June 16, 2021

"Remarks by President Biden in Press Conference", The White House, June 16, 2021

"News conference following Russia-US talks", President of Russia (kremlin.ru), June 16, 2021

265. "Ukraine's Zelensky approves strategy for 'return' of Crimea from 'military adversary' Russia & names NATO membership as key goal" — RT Russia & Former Soviet Union, Mar. 26, 2021

266. "Russia's National Security Strategy: A Manifesto for a New Era", Carnegie Endowment for International Peace (carnegiemoscow.org), July 6, 2021

267. 『人民日报』2022年2月5日「中华人民共和国和俄罗斯联邦关于新时代国际关系和全球可持续发展的联合声明」。「指出中俄新型国家间关系超越冷战时期的军事政治同盟关系模式。两国友好没有止境, 合作没有禁区, 加强战略协作不针对第三国, 也不受第三国和国际形势变幻影响。」

268. 『人民网』2022年2月24日「世界格局“东升西降”“西强东弱”态势依旧—国际—」

269. “Telephone conversation with President of China Xi Jinping”, President of Russia (kremlin.ru), Feb. 25, 2022, ‘Xi Jinping stressed that he respected the actions of the Russian leadership in the current crisis.’

270. 「习近平同俄罗斯总统普京通电话」中华人民共和国外交部、2022年2月26日

「中方支持俄方同乌方通过谈判解决问题。」

271. 『联合国新闻』2022年2月25日「俄罗斯否决谴责其进攻乌克兰的决议草案」

272. 『中美印象』2022年3月12日「胡伟:俄乌战争的可能结果与中国的抉择」

273. Minxin Pei “How China Views the Ukraine Crisis”, Project Syndicate, Jan. 28, 2022

Minxin Pei “Ukraine crisis a gift for China that keeps on giving” Nikkei Asia, Feb. 15, 2022

274. “Biden Officials Repeatedly Urged China to Help Avert War in Ukraine” The New York Times, Feb. 25, 2022

275. “China Asked Russia to Delay Ukraine War Until After Olympics, Biden Officials Say”, The New York Times, Mar. 2, 2022

276. “Russia Asked China for Military and Economic Aid for Ukraine War, U.S. Officials Say”, The New York Times, Mar. 13, 2022

277. “Xi Jinping ‘unsettled’ by Russia’s invasion of Ukraine, says CIA Director”, The Newsology, Mar. 11, 2022

278. 「王毅应约同乌克兰外长库列巴通电话」中华人民共和国外交部、2022年3月1日

「中方赞赏乌方开设外国侨民撤离专列, 这符合国际人道主义精神。希望乌方采取一切必要措施确保在乌中国公民安全, 并继续为中国公民撤离提供保障和便利。」

279. 『自由亚洲电台』2022年2月22日「刘亚洲被查, 对台海是祸还是福」

280. 『人民日报』2022年3月19日「习近平同美国总统拜登视频通话」

“Press Briefing by Press Secretary Jen Psaki”, The White House, Mar. 18, 2022

281. “DoD Transmits 2022 National Defense Strategy > U.S. Department of Defense > Release”, U.S. Department of Defense, Mar. 28, 2022

282. 『清华大学战略与安全研究中心』2022年5月6日「阎学通:为什么中国应对俄乌战争需要平衡策略?」

283. 『凤凰网』2022年5月10日「中国驻乌克兰前大使高玉生:俄乌战争的走势和对国际秩序的影响」

284. 『俄罗斯卫星通讯社(SPUTNIK)』2022年4月1日「俄外长拉夫罗夫在新德里与印度总理莫迪举行会谈」

285. 『人民日报』「王毅将主持召开第三次阿富汗邻国外长会」2022年3月29日

286. 『人民日报』2022年3月29日「美国对危机负有不可推卸的责任(钟声)—从乌克兰危机看美式霸权①」

287. 『澎湃新闻』2022年4月4日「乌克兰称发现410具平民遗体, 俄罗斯否认“大屠杀”」

288. 『人民日报』2022年4月22日「习近平在博鳌亚洲论坛2022年年会开幕式上发表主旨演讲 提出全球安全倡议 强调人类是休戚与共的命运共同体 各国要坚定信心 同心合力 和衷共济 合作开创未来」

289. 『人民日报』2022年5月20日「金砖

国家外长会晤关于“应对国际形势新特点新挑战 加强金砖国家团结合作”的联合声明(摘要)」

290. 『人民日报』2022年6月24日「金砖国家领导人第十四次会晤举行」

291. 『人民日报』2022年6月25日「习近平主持全球发展高层对话会并发表重要讲话」

292. 「王毅阐述中所安全合作三项原则」中华人民共和国外交部, 2022年5月26日

293. 『央视快评』2022年9月17日「推动构建更加紧密的上海合作组织命运共同体」

294. 「日米首脳共同声明」「自由で開かれた国際秩序の強化」外務省、2022年5月23日

“Japan-U.S. Joint Leaders' Statement: Strengthening the Free and Open International Order”, The White House, May 23, 2022

295. “Remarks by President Biden and Prime Minister Kishida Fumio of Japan in Joint Press Conference”, The White House, May 23, 2022

296. 「東南アジア及び欧州訪問についての内外記者会見」2022年5月5日、首相官邸

“Ukraine plight could be replicated in East Asia, Japan's Kishida warns”, Reuters, May 6, 2022

297. 『人民日报』2022年5月16日、杨洁篪「深入学习贯彻习近平外交思想 进一步开拓对外工作新局面」

298. ANTONY J. BLINKEN, SECRETARY OF STATE“The Administration's Approach to the People's Republic of China”, United States Department of State, May 26, 2022

299. 『人民日报』2022年5月26日「习近平会见联合国人权事务高级专员巴切莱特」

300. Wei-jie Guan, Nan-shan Zhong, “Strategies for reopening in the forthcoming COVID-19 era in China | National Science Review”, Oxford Academic (oup.com), Apr. 6, 2022

『财新网』2022年4月19日「钟南山: 中国在新冠时代重新开放的五点建议-知识分子-财新博客」

301. “Modeling transmission of SARS-CoV-2 Omicron in China”, Nature Medicine, May, 10 2022

『观察者网』2022年5月11日「研究显示, 中国若“躺平”或将面临近160万新冠死亡病例」

302. 『人民日报』2022年7月29日「习近平同美国总统拜登通电话」

「习近平在参观“领航强军向复兴—新时代国防和军队建设成就展”时强调 再接再厉 锐意进取 埋头苦干 奋力实现建军一百年奋斗目标」

「分析研究当前经济形势和经济工作 审议《关于十九届中央第九轮巡视情况的综合报告》」

303. 「国务院台办、国务院新闻办发表《台湾问题与新时代中国统一事业》白皮书」中共中央台湾工作办公室、国务院台湾事务办公室、2022年8月10日

304. 『人民日报』2022年10月17日「中国共产党第二十次全国代表大会在京开幕」

305. “Text-S. 4428-117th Congress (2021-2022): Taiwan Policy Act of 2022”, Congress.gov Library of Congress

306. “Chairman Menendez Announces Historic Inc...”, United States Senate Committee on Foreign Relations, Dec. 7, 2022

307. “FOR IMMEDIATE RELEASE BUREAU OF INDUSTRY AND SECURITY Oct. 7, 2022”, The

Department of Commerce's Bureau of Industry and Security (BIS)

308. "Biden-Harris Administration's National Security Strategy.pdf (whitehouse.gov)", The White House, Oct. 12, 2022

309. 『人民日报』2022年11月15日「习近平同美国总统拜登在巴厘岛举行会晤」

"Readout of President Joe Biden's Meeting with President Xi Jinping of the People's Republic of China", The White House, Nov. 14, 2022

310. 『人民日报』2022年9月16日「习近平会见俄罗斯总统普京」

311. 『人民日报』2022年3月25日「王毅同阿富汗临时政府代理副总理会谈」

312. Alexander Brotman "Ukraine and the Shifting Geopolitics of the Heartland" Geopolitical Monitor, Sept. 21, 2022

313. 『人民日报』2022年6月30日「跳出历史周期率的新时代答案—习近平总书记引领百年大党推进自我革命纪实」

314. "Remarks by President Charles Michel following the meeting with Chinese President Xi Jinping", Consilium (europa.eu), Dec. 1, 2022

315. "The First Battle of the Next War: Wargaming a Chinese Invasion of Taiwan", Center for Strategic and International Studies (csis.org), Jan. 9, 2023

316. "State of the Union 2023", The White House, Feb. 7, 2023

317. "Remarks by President Biden on the United States' Response to Recent Aerial Objects", The White House, Feb. 16, 2023

318. 『新华网』2023年3月6日「习近平在看望参加政协会议的民建工商联界委员时强调 正确引导民营经济健康发展高质量发展」

319. 「关于政治解决乌克兰危机的中国立场」中华人民共和国外交部、2023年2月24日

320. 『人民日报』2023年2月22日「全球安全倡议概念文件」

321. 「常驻联合国代表张军大使在安理会审议乌克兰问题的发言」中华人民共和国外交部、2023年2月17日

322. 『人民日报』2023年3月22日「中华人民共和国和俄罗斯联邦关于深化新时代全面战略协作伙伴关系的联合声明」「中华人民共和国主席和俄罗斯联邦总统关于2030年前中俄经济合作重点方向发展规划的联合声明」

"Press statements by President of Russia and President of China", President of Russia (kremlin.ru). Mar. 21, 2023

323. 『人民日报』2023年4月15日「中华人民共和国和巴西联邦共和国关于深化全面战略伙伴关系的联合声明」

324. "Speech by the President on EU-China relations", European Commission, official website, Mar. 30, 2023

325. "China's Ambassador to the E. U. Tries to Distance Beijing From Moscow", The New York Times, Apr. 5, 2023

326. 『人民日报』2023年4月7日「习近平同法国总统马克龙举行会谈」

327. "Europe must resist pressure to become 'America's followers, 'says Macron", POLITICO, Apr. 9, 2023

328. 「日本とウクライナとの間の特別なグローバル・パートナーシップに関する共同声明」外務省、2023年3月22日

329. 『新华网』2023年4月26日「习近平同乌克兰总统泽连斯基通电话」

330. 「G7広島首脳コミュニケ」外務省、

2023年5月26日

331. 『朝日新聞』1994年10月11日「中国の核実験、円借款に影響も 河野外相が示唆」

332. 『朝日新聞』1995年5月17日「許されぬ中国の地下核実験(社説)」

『朝日新聞』1995年8月18日「中国核実験への憤りと悲しみ(社説)」

『朝日新聞』1996年6月9日「中国は「あと一回」をやめよ(社説)」

333. 徐显芬「二战后日本提供援助与中国放弃赔偿间关系的再探讨」『武汉大学学报』第70卷 第6期 2017年11月、所収

334. 華東政法学院教授・管建強「『日中共同声明』等の対日戦争賠償請求権問題に関して」

335. 『人民日报』1995年9月9日第3版面、古平「不智之举」

「日本现在拥有核保护伞, 支持核威慑理论, 有什么理由对中国有限的核试验说三道四?」

336. 『朝日新聞』1996年5月17日「「哲人政治家」のまなざし 李登輝総統と会見」

337. 新しい歴史教科書をつくる会『つくる会の歩み』

338. 『人民网』2004年2月12日「胡锦濤会见日本客人」、「胡锦濤高度评价了中日两国政党间的友好交流关系。他说, 中日两国政党交往不仅是两国关系的重要组成部分, 也是两国关系发展的一大特色, 为中日邦交正常化和两国关系健康发展发挥了不可替代的重要作用」

339. 『朝日新聞』2004年10月1日「「政冷経熱」打開手探り 日中首脳往来途絶え3年(時時刻刻)」

340. 小泉純一郎「原発ゼロ、総理が決断すればできる. 安倍靖国参拝」日本記者クラブでの記者会見、2013年11月12日

341. 『週刊文春』2012年10月4日号「怒りの大特集 中国をやっつけろ!」

342. 『週刊ポスト』2013年 9月20日号「「日中戦争」はもう始まっている」

『週刊文春』2012年10月18日号「緊急大特集 日中"戦争" 世界はどっちの味方か?」

343. "Asia's Democratic Security Diamond by Shinzo Abe", Project Syndicate, Dec. 27, 2012

344. 「徹底検証:台湾海峡危機 日本はいかに備えるべきか」日本戦略研究フォーラム、2022年8月27日、第2回政策シミュレーション成果概要 (jfss.gr.jp)

345. 『人民网』2022年8月18日「中日第九次高级别政治对话在天津举行—国际—」

346. 『人民日报』2022年9月30日「习近平同日本首相岸田文雄就中日邦交正常化50周年互致贺电」

347. 『人民日报』2022年11月18日「习近平会见日本首相岸田文雄」

「日中首脳会談」外務省、2022年11月17日

348. 『环球时报』2023年1月14日「社评:追求和平, 日本才能走出"二战阴影"」

349. 『国关新青年』2022年1月12日、阎学通「00后大学生常以"居高临下"的心态看待其他国家」

350. 『环球时报』2023年6月14日「社评:全球安全倡议, 让巴以和平有了更大想象空间」